国家出版基金项目
NATIONAL PUBLICATION FOUNDATION

中 | 国 | 参 | 政 | 党 | 丛 | 书

中国农工民主党史

中国农工民主党中央委员会 著

華文出版社
SINO-CULTURE PRESS

总　序

2018年3月，习近平总书记在看望参加全国政协十三届一次会议的民盟、致公党、无党派人士和侨联界委员时明确指出：中国共产党领导的多党合作和政治协商制度作为我国一项基本政治制度，是中国共产党、中国人民和各民主党派、无党派人士的伟大政治创造，是从中国土壤中生长出来的新型政党制度。习近平总书记的重大理论判断，为我们理解中国的政党和政党制度提供了根本遵循。

一个国家实行什么样的政党制度，是由其特定的历史传承、文化传统、政治经济状况和现实国情等因素决定的。中国共产党领导的多党合作和政治协商制度植根于中华优秀传统文化，孕育于近代以来中国民主革命的历史进程，形成于协商建立新中国的伟大实践，发展于社会主义革命、建设、改革的伟大事业，完善于中国特色社会主义新时代，它是中国近现代社会发展的必然结果，是马克思主义政党理论与中国实际紧密结合的产物，是中国共产党、各民主党派和中国人民的共同政治选择，符合中国的基本国情，体现了中国人民的政治智慧。中国新型政党制度以合作、参与、协商为基本精神，以团结、民主、和谐为本质属性，具有政治参与、利益表达、社会整合、民主监督和维护稳定的重要功能，实现了执政与参政、领导与合作、协商与监督的有机统一，是人民当家作主的重要实现形式和社会主义协商民主的重要制度载体。它能够实现利益代表的广泛性，体现奋斗目标的一致性，促进决策施策的科学性，保障国家治理的有效性，在发展全过程人民民主中发挥了重要作用。

中国新型政党制度中包括中国共产党和八个民主党派，以及无党派人士。八个民主党派是中国国民党革命委员会（简称民革）、中国民主同盟（简称民盟）、中国民主建国会（简称民建）、中国民主促进会（简称民进）、中国农工民主党（简称农工党）、中国致公党（简称致公党）、九三学社、台湾民主自治同盟（简称台盟）。

长期以来，中国共产党同各民主党派长期共存、互相监督、肝胆相照、荣辱与共，形成了通力合作、团结和谐的新型政党关系，奠定了“共产党领导、多党派合作，共产党执政、多党派参政”的政治格局。中国共产党处于领导地位和执政地位。中国共产党是中国特色社会主义事业的坚强领导核心，各民主党派、无党派人士自觉接受中国共产党的领导，拥护中国共产党的领导地位和执政地位。中国共产党对各民主党派、无党派人士的领导，主要是政治领导，即政治原则、政治方向和重大方针政策的领导，中国共产党支持各民主党派、无党派人士独立自主地开展工作，充分履行职能、积极发挥作用。民主党派不是在野党、反对党，也不是旁观者、局外人，而是中国特色社会主义参政党，在中国共产党领导下参与国家治理。民主党派的基本职能是参政议政、民主监督、参加中国共产党领导的政治协商。民主党派参政的基本点是，参加国家政权，参与重要方针政策、重要领导人选的协商，参与国家事务的管理，参与国家方针政策、法律法规的制定和执行。民主党派的参政地位和参政权利受宪法保护，这是人民民主的重要体现。民主党派围绕国家经济社会发展中的重大问题献计出力，是中国特色社会主义事业的亲历者、实践者、维护者、捍卫者。

各民主党派是在中国人民反帝爱国、争取民主和反对独裁专制的斗争中产生和发展起来的，其社会基础主要是民族资产阶级、城市小资产阶级以及同这些阶级相联系的知识分子和其他爱国人士。除致公党 1925 年成立于美国旧金山、农工党成立于 1930 年外，民主党派大都成立于抗日战争和解放战争时期。在中国共产党统一战线政策的影响和团结下，各民主党派不断加深对中国共产党的了解，特别是1948年中国共产党发布“五一口号”后，民主党派积极响应，纷纷表示“愿在中共领导下，献其绵薄，贯彻始终，以冀中国人民民主革命之迅速成功，独立、自由、和平、幸福的新中国之早日实现”，积极参加新中国的筹备工作。在血与火的斗争洗礼和比较选择中，民主党派在政治上实现了从同情和倾向中国共产党到公开表示自觉接受中国共产党领导、走新民主主义道路的根本转变。1949年新政协的召开，标志着中国共产党领导的多党合作和政治协商制度这一新型政党制度的正式确立，为各民主党派同中国共产党在更大范围和更深程度上的团结合作提供了制度保障。

在社会主义革命和建设时期，各民主党派积极参加国家政权和国家事务的管理，调动成员和所联系的群众参加各项民主改革和新中国的建设，参加社会主义改造，作出了重要贡献，其自身阶级属性发生深刻变化，逐渐成为一部分劳动者的政党。

进入改革开放和社会主义现代化建设新的历史时期，各民主党派努力加强自身建设，充分发挥各自特点和优势，在深化改革、扩大开放、建设社会主义事业、维护安定团结的政治局面、促进国家统一方面不断作出新贡献。随着中国特色社会主义事业的不断推进，各民主党派进一步发展成为各自所联系的一部分社会主义劳动者、社会主义事业建设者和拥护社会主义的爱国者的政治联盟，成为接受中国共产党领导、同中国共产党通力合作的亲密友党，成为进步性与广泛性相统一、致力于中国特色社会主义事业的参政党。民主党派的性质发生了根本变化，由阶级联盟转变为政治联盟。共产党领导、多党派合作，共产党执政、多党派参政的良好政治格局更加巩固，民主团结、生动活泼的和谐政党关系更加融洽。

中国特色社会主义进入新时代，以习近平同志为核心的中共中央统筹中华民族伟大复兴战略全局和世界百年未有之大变局，形成了习近平总书记关于做好新时代党的统一战线工作的重要思想，强调必须坚持好发展好完善好中国新型政党制度；提出各民主党派是中国特色社会主义参政党，基本职能是参政议政、民主监督、参加中国共产党领导的政治协商；提出要推动多党合作展现新气象，思想共识取得新提高，履职尽责展现新作为，各民主党派要做中国共产党的好参谋、好帮手、好同事。这些新理念新思想新论断，系统回答了在新时代“坚持和发展什么样的多党合作制度、怎样坚持和发展多党合作制度”“建设什么样的参政党、怎样建设参政党”等重大问题。各民主党派认真学习习近平新时代中国特色社会主义思想，不断加强自身建设，提高建言资政水平，为推进国家各项事业发展作出了重要贡献。

知所从来，思所将往。习近平总书记指出：“一切向前走，都不能忘记走过的路；走得再远、走到再光辉的未来，也不能忘记走过的过去，不能忘记为什么出发。”回首中国新型政党制度和各民主党派的形成和发展，同样有着值得铭记的历史和不能忘却的初心。民主党派几经变迁和考验，始终秉持进步理念、认真履行职能、保持自身特色，形成了许多优良传统和宝贵经验，给人以深刻启示。

自觉接受中国共产党领导，是民主党派不断发展的根本保证。中国共产党的领导是中国特色社会主义最本质的特征，是中国特色社会主义制度的最大优势。历史和实践充分表明，中国共产党的领导是民主党派加强自身建设、不断发展进步的根本保证。民主党派的发展史，就是对中国共产党在认识上不断深化、政治上不断认同、行动上不断靠拢的历史。中国共产党的领导核心地位越突出，民主党派自身建设就越有力，多党合作的政治格局就越稳固。迈进新的征程，各民主党派要坚持自觉接受中国共产党领导的政治立场不变、与中国共产党亲密合作和同心同德的政治态度不变，始终做到肝胆相照、荣辱与共。

致力于国家富强、民族复兴和人民幸福，是民主党派不断发展的价值追求。正确的价值取向和目标追求，反映着政党的进步性，决定着政党的生命力。我国民主党派之所以能够经历大浪淘沙、不断发展，就是因为从一开始就以国家和民族大义为团结奋斗的价值追求。围绕这一价值目标，民主党派在民主革命时期同帝国主义和国民党反动派进行不屈的斗争，最后同中国共产党走到了一起。围绕这一价值目标，在新中国建设 70 多年历程中，各民主党派发挥优势作用，凝聚奋进力量，作出重要贡献。迈进新的征程，民主党派只有始终高扬爱国主义旗帜，积极践行致力于国家富强、民族振兴和人民幸福的价值追求，才能更加有所作为、有所进步。

推进社会主义民主政治建设，是民主党派不断发展的重要基础。人民民主是社会主义的生命，也是我国多党合作制度的基石。中国共产党自诞生之日起，就以发展人民民主为己任，开启了中国民主政治发展新征程。中国新型政党制度，就是中国共产党与各民主党派共同推动中国民主政治发展的重大成果，同时又是在新的历史条件下进一步推进全过程人民民主、最广泛地动员和组织人民依法管理国家和社会事务的重要途径。在这一制度下，民主党派作为参政党的作用和优势得到充分发挥。迈进新的征程，各民主党派要始终坚持走中国特色社会主义政治发展道路，进一步把中国新型政党制度坚持好、发展好、完善好，使我国社会主义政治制度的特点和优势得到更充分体现。

坚持进步性与广泛性的统一，是民主党派不断发展的内在要求。民主党派的进步性，集中体现在同中国共产党通力合作，共同建立新中国，共同致力于推进中国特色社会主义事业。民主党派的广泛性，主要表现在其成员来自不同的社会阶层和群体，负有更多地反映和代表各自所联系群众的具体利益和要求的责任。没有进步性，民主党派与中国共产党的合作就没有存在的基础；没有广泛性，民主党派就失去了存在的意义。迈进新的征程，民主党派要紧跟时代步伐、适应形势发展，不断增强进步性、保持广泛性，认真学习借鉴执政党建设的创新理念、经验做法，转化为符合自身实际、体现各自特色的思路举措，始终沿着正确的方向健康发展，不断前进。

为了更好地继承和弘扬民主党派的优良传统，在中央统战部的大力支持下，各民主党派中央持续开展历史传统记录工程，在此基础上撰写了“中国参政党丛书”。这套丛书共八册，主要目的是回望过去，把握现在，展望未来。回望过去，就是系统梳理各民主党派产生、发展、演变的历史脉络，深入总结历史经验，帮助民主党派广大成员深入理解统一战线和多党合作因党而生、伴党而行的光荣历史，充分认识中国共产党对民主党派发展的指引和帮助，感悟民主党派老一辈领导人对中国共产党的深厚感情，传承他们的爱国情怀，弘扬优良传统，搞好政治交接；把握现在，就是立足中国特色社会主义进入新时代的历史方位，从中西对比中深刻认识中国新型政党制度的进步性和优越性，深刻理解多党合作所蕴含的制度价值、政治价值、思想价值和文明价值，坚定制度自信；展望未来，就是顺应中国特色社会主义进入新时代、世界面临百年未有大变局的大趋势，从完善我国基本政治制度、发展全过程人民民主的高度，贯彻落实中共中央关于加强参政党建设的部署和要求，从中国共产党百年奋斗的伟大成就和历史经验中汲取智慧和力量，始终做同中国共产党通力合作的亲密友党和好参谋、好帮手、好同事，在全面建设社会主义现代化国家新征程中再立新功。

我们相信，在以习近平同志为核心的中共中央坚强领导下，我国各民主党派一定能够紧跟时代步伐，保持正确政治方向，谱写蓬勃发展、凝心聚力的崭新篇章！中国新型政党制度这一具有中国特色、中国气派、中国底蕴的好制度，将会展现更加超凡的制度优势，迈出更加坚实的发展步伐！

“中国参政党丛书”编辑委员会

2022 年 8 月

序　言

农工党中央主席　陈竺

中国农工民主党是在第一次国共合作破裂和大革命失败后，邓演达等国民党左派以及进步人士为继承孙中山先生的新三民主义主张和联俄、联共、扶助农工三大政策，担负起领导反蒋革命斗争、推进国民革命使命而建立的革命组织。在探索中国革命的道路上，农工党与中国共产党风雨同舟、并肩战斗，在中国共产党的影响、帮助、指导、领导下，农工党不断进步提高，由一个中华人民共和国成立前饱受蒋介石反动派迫害的地下革命组织、与中国共产党密切合作的民主进步组织、完全自觉接受中国共产党领导的革命进步组织，发展成为中国特色社会主义参政党。

在新民主主义革命时期，农二党历经挫折磨难，逐步作出由同中国共产党团结合作到自觉接受中国共产党领导的历史抉择。1930 年 8 月 9 日，农工党主要创始人邓演达在上海主持召开第一次全国干部会议，宣告中国农工民主党的前身——中国国民党临时行动委员会成立，确定了“解放中国民族，建立平民政权，实现社会主义”的政治纲领。此后，在武装反抗蒋介石反动派的革命斗争中，虽历经挫折，仍奋勇前行。1935 年 11 月，率先响应中共中央《八一宣言》，改党名为中华民族解放行动委员会，成为最早同中国共产党合作抗日的政治组织之一，为抗日民族统一战线的建立、坚持和发展作出不懈努力。解放战争时期，确立同中国共产党全面合作的政治路线，1947 年 2 月定党名为中国农工民主党；1948 年积极响应中共中央“五一口号”，公开宣告接受中国共产党的领导，并积极参加新政协筹备和新中国筹建。

中华人民共和国成立后，农工党在中国共产党的领导下，以《中国人民政治协商会议共同纲领》（以下简称《共同纲领》）为行动纲领，进行全国党务整理，参与国家事务管理，参加新中国建设工作。团结和推动广大党员及所联系群众积极支持参加抗美援朝、土地改革、镇反运动和社会主义改造，为巩固新生人民政权、恢复和发展国民经济、推进社会主义建设作出重要贡献。此后，无论身处何种复杂形势，农工党始终坚持中国共产党的领导，经受住严峻历史考验。

中共十一届三中全会后，农工党坚定不移地贯彻社会主义初级阶段的基本路线，作出把工作重点转移到为社会主义现代化建设服务上来，号召全党为“四化”建设献计献策。面对改革开放的重大历史机遇，农工党紧紧围绕经济建设中心，认真履行参政议政、民主监督职能，积极参加中国共产党领导的政治协商，提出扶持和振兴中药事业、实施“科技兴国”“西新工程”等建议，深入开展“同心助医工程”、智力支边扶贫和社会服务等工作，成为建设中国特色社会主义的重要力量。

进入新时代，农工党坚持以习近平新时代中国特色社会主义思想为指导，坚持中国共产党的领导，继承和弘扬优良传统，开展系列中国特色社会主义主题教育活动，不断丰富政治交接内涵。全面加强自身建设，实施“政治建党、人才强党、履职兴党、作风固党、制度治党”战略，推动建设政治坚定、组织坚实、履职有力、作风优良、制度健全的中国特色社会主义参政党。积极履行参政党职能，坚持建言资政和凝聚共识双向发力，以推进健康中国和美丽中国建设为工作主线，充分发挥智力优势，提出完善国家医疗保障制度、区域灰霾治理、水污染与土壤污染防治、解决“一老一小”问题等高质量建议，为党和政府科学决策提供重要参考。坚持服务社会助力民生，在全国范围深入开展因病致贫、因病返贫情况调查，定点扶贫尽锐出战，品牌活动亮点纷呈，脱贫攻坚民主监督工作扎实推进，为打赢三大攻坚战、全面建成小康社会作出积极贡献。特别是在抗击新冠肺炎疫情中，农工党充分发挥医药卫生领域人才智力优势，截至2020年年底，向中共中央、国务院报送疫情防控建议专报13篇，提出关于“集中科研攻关，加快疫苗研发、审批、使用，加强与疫情严重国家合作开展临床试验，推动构建免疫共同体”“实施自主研发新冠病毒疫苗大规模免费接种”等系列建议；2.6万余名医卫界党员投身抗疫一线，全党捐款捐物价值近10亿元，以实际行动诠释和展现了伟大抗疫精神，谱写了农工党参政报国、履职为民的新篇章。

回顾波澜壮阔的历史进程，农工党能和中国共产党走到一起，绝不是偶然的巧合。农工党成立之初，就确立了完成民族解放、实现社会主义的目标。正是建党初衷的契合，农工党在革命斗争中，逐渐走上同中国共产党合作的道路，并且在历经挫折的考验后认识到，只有坚持中国共产党领导才能根本扭转中华民族衰败的命运，从而发自肺腑地作出接受中国共产党领导的政治抉择。这是历史的必然。

中共中央在致农工党成立90周年纪念大会的贺词中说：“农工党成立90年来，历经波澜壮阔的光辉岁月，形成了爱国、革命、奉献的优良传统。一代又一代农工党人同中国共产党并肩奋斗、携手前行，在我国革命、建设、改革的伟大进程中作出了重要贡献。”中共中央在致农工党第十六次全国代表大会的贺词中说：“实践充分证明，农工党作为中国共产党久经考验的亲密友党和中国特色社会主义参政党，是中国从站起来、富起来到强起来伟大征程中的一支重要力量，是决胜全面建成小康社会、夺取新时代中国特色社会主义伟大胜利的一支重要力量，是实现中华民族伟大复兴中国梦的一支重要力量。”中共中央的高度评价，是对农工党历史贡献和履职成就的充分肯定，农工党同志备受鼓舞和激励。

爱国、革命、奉献，是农工党的光荣传统，是农工党薪火相传的宝贵财富，也是农工党始终与民族共命运、与时代同发展的生动写照。

爱国是农工党与生俱来的品格。农工党先辈正是因为胸怀爱国之情、报国之志才聚集到一起，从创党之初就明确指出：“我们争斗的目的，是要彻底的肃清帝国主义在华的势力，取消一切不平等条约，使中国民族完全解放，要使平民群众取得政权，要实现社会主义。”此后一代代农工党人为实现民族独立和人民解放前赴后继、矢志不渝。尤为可贵的是，农工党确立了同中国共产党合作、接受中国共产党领导的正确道路，实现了热爱祖国与热爱中国共产党的高度统一。高举爱国主义旗帜，坚持中国共产党的领导，成为农工党不断追求进步的思想政治基础，成为在不同历史时期经受各种严峻考验并不断取得发展的精神动力。

革命是农工党坚定不移的主张。农工党创建之初就把革命作为首要任务，创立“平民革命”理论，为继承孙中山先生遗志、推翻蒋介石反动统治、建立平民政权而进行武装革命斗争。全面抗战打响后，农工党坚定支持中国共产党领导的抗日民族统一战线和全面抗战主张，积极参加“一·二八”淞沪抗战、察绥“民众抗日同盟军”抗战和“福建事变”，用鲜血和生命为抵抗外敌侵略、争取民族独立作出了不可磨灭的贡献。更为可贵的是，农工党不仅投身社会革命，还坚持自我革命。为纯洁党员队伍，实行进步主张，先后两次整党，中华人民共和国成立后又立即开展党务整理。改革开放以来，农工党扎实推进自身建设，严格依规从严治党，始终保持着不断进步的昂扬姿态。

奉献是农工党代代相传的本色。90 多年前，农工党就发出了为中国革命挺身而出、重上战场的宣告。一代代农工党人，秉持爱国革命理想，为争取民族独立和人民解放，同中国共产党团结合作、并肩战斗，用鲜血和生命诠释了大无畏的革命奉献精神。邓演达等一批农工党党员壮烈牺牲。中华人民共和国成立后，广大农工党党员围绕中心、服务大局，立足本职岗位勤政敬业，为民奉献。在中华人民共和国成立初期积极参加三大运动，支持并参与社会主义改造；在改革开放时期积极开展咨询服务，支援 1998 年抗洪，参加抗击“非典”，参与汶川地震救灾；在新时代致力大方县定点扶贫攻坚，投身新冠肺炎疫情防控，一代代农工党人为国为民、矢志奉献。两名农工党党员在抗击“非典”和新冠肺炎疫情斗争中因公牺牲，彰显了无私奉献的崇高精神。

在 90 多年发展历程中，一代代农工党人传承和弘扬优良传统，积累形成了很多宝贵经验。

我们深切体会到，必须坚持中国共产党领导，这是农工党沿着正确方向前进的根本保证。中国共产党的领导，是中国特色社会主义最本质的特征。农工党得以不断进步和成长，根本在于有中国共产党的正确领导。只有中国共产党才能救中国，只有中国共产党的领导才能发展中国，是农工党在长期实践中作出的必然选择，也是最基本、最重要的经验总结。

我们深切体会到，必须坚持我国新型政党制度，这是农工党彰显使命价值的根本途径。中国共产党领导的多党合作和政治协商制度，为包括农工党在内的各民主党派参与国家政治生活、实现报国之志、投身民族复兴伟业提供了广阔舞台和坚实保障。

我们深切体会到，必须坚持知行合一、行动至上，这是农工党锐意进取、不断前进的鲜明特征。农工党历来崇尚行动、反对空谈，从创党之初就将“行动”二字冠入党的名称，此后始终坚持行动至上理念，坚持正确的理论指导与扎实履职行动的有机统一，围绕中心、服务大局，把多党合作初心使命转变为锐意进取的精气神和真抓实干的自觉行动。

我们深切体会到，必须坚持强化自身建设、永葆进步性，这是农工党健康发展的力量源泉。坚持以执政党为师，严格依规从严治党，在自我教育、自我提高、自我完善中与时俱进，才能实现农工党的持续健康发展。

知所从来，思所将往。邓演达等农工党先辈所追求的目标，在中国共产党的领导下已经实现，中华民族实现了从站起来、富起来到强起来的伟大飞跃。以习近平同志为核心的中共中央，团结带领全国各族人民朝着中华民族伟大复兴的目标奋勇前进。作为接受中国共产党领导、同中国共产党通力合作的亲密友党和致力于中国特色社会主义事业的中国特色社会主义参政党，农工党有责任也有义务总结好 90 多年发展走过的道路和取得的经验，引导广大农工党党员一如既往坚定不移高举中国特色社会主义伟大旗帜，坚定不移践行我国新型政党制度，坚定不移加强中国特色社会主义参政党建设，做中国共产党的好参谋、好帮手、好同事。这就是我们编撰《中国农工民主党史》一书的主要目的。

一个时代有一个时代的主题，一代人有一代人的使命。希望全体农工党同志从历史中汲取前行的力量，在世界百年未有之大变局中，胸怀中华民族伟大复兴战略全局，传承和弘扬爱国、革命、奉献的优良传统，不忘合作初心、继续携手前进，在全面建设社会主义现代化国家、实现中华民族伟大复兴中国梦的新征程上作出新的更大贡献，谱写农工党无愧于时代、无愧于人民、无愧于历史的新篇章。

2020 年 12 月

目录

第一章　经历血与火考验，矢志爱国革命

一、酝酿成立革命组织，开展反蒋革命斗争 / 3

（一）第一次国共合作破裂和大革命失败后的形势 / 3

（二）国民党左派酝酿成立新的革命组织 / 7

（三）成立中国国民党临时行动委员会 / 11

（四）开展反蒋革命斗争 / 18

（五）邓演达殉难致武装起义受挫 / 22

（六）开展“倒蒋抗日”斗争 / 25

（七）参与策动福建事变 / 27

二、响应《八一宣言》，投身抗日斗争 / 31

（一）对中国共产党认识的深化 / 31

（二）响应中共《八一宣言》，召开第二次全国干部会议 / 32

（三）恢复发展各地方组织 / 35

（四）推动建立抗日民族统一战线 / 37

（五）参加抗日民族统一战线 / 39

（六）召开第三次全国干部会议，贯彻中共抗日斗争路线方针 / 40

（七）在抗日民族统一战线旗帜下投身全面抗战 / 43

（八）致力坚持与发展抗日民族统一战线 / 48

（九）积极参加民主宪政运动 / 50

（十）抵制国民党顽固派的拉拢与压迫，坚持偏向中国共产党的政治立场 / 52
（十一）倡议并参与组建“中国民主政团同盟” / 53
（十二）章伯钧等六位参政员访问延安 / 56
（十三）中共肯定解委会的历史贡献 / 57
三、响应“五一口号”，参与协商建国 / 60
（一）为争取和平民主而斗争 / 61
（二）积极参与和推进民盟改组 / 63
（三）同国民党一党独裁作斗争 / 64
（四）召开第四次全国干部会议，参加人民民主统一战线 / 69
（五）反对加深中国战祸的美蒋勾结 / 72
（六）投身国统区的爱国民主运动 / 76
（七）支援和参加人民解放战争 / 79
（八）为革命献身的农工党英烈 / 87
（九）响应中国共产党“五一口号” / 88
（十）参加新政协筹备与协商建国工作 / 91
（十一）参加中国人民政治协商会议第一届全体会议 / 95

第二章　投身新中国建设，参与社会主义改造
一、确立新的政治纲领和组织方针 / 101
（一）召开第五次全国干部会议 / 101
（二）进行全国党务整理 / 105
（三）开展马列主义毛泽东思想教育 / 106
（四）召开第六次全国干部会议 / 108
（五）确立医药卫生组织发展重点界别 / 112
二、参与新中国国家建设 / 114
（一）支持国民经济恢复发展 / 114
（二）拥护巩固人民政权的正义斗争 / 114

（三）支持和参加“三大运动” / 115
（四）参加“三反”“五反”运动 / 119
（五）拥护和支持过渡时期总路线 / 119
三、参加新中国国家政治生活 / 121
（一）参加中央人民政府工作 / 121
（二）参与制定中华人民共和国第一部宪法 / 122
（三）参加第一届全国人民代表大会 / 123
（四）参加全国政协二届一次会议 / 124
（五）参加国家重要政治和国事活动 / 126
（六）参加地方各级人民政府和人民政协工作 / 127
四、为新中国建设建言资政 / 128
（一）建议民主党派参加土改工作 / 128
（二）建议推进中医药事业发展 / 129
（三）提出知识分子团结改造的建议 / 130
（四）为经济社会发展建言献策 / 131

第三章　参加社会主义建设，经受住政治考验
一、贯彻“长期共存、互相监督”方针 / 137
（一）深入学习“长期共存、互相监督”方针 / 137
（二）召开六届三次中央全会 / 138
二、坚持服务与改造相结合 / 139
（一）经历整风运动和反右派斗争 / 139
（二）召开第七次全国代表大会 / 140
（三）贯彻服务与改造相结合的方针 / 143
（四）召开七届二次中央全会 / 144
（五）召开七届三次中央全会 / 146
三、经受住政治考验 / 148

第四章　实现拨乱反正，投身改革开放
一、全面拨乱反正，实现工作重心转移 / 155
（一）“文化大革命”后逐步有序恢复活动 / 155
（二）召开第八次全国代表大会，实现工作重点转移 / 157
（三）参与民主协商，参加国家政治生活 / 159
（四）积极服务现代化建设，开展智力支边活动 / 160
（五）为“四化”建设献计献策，“三老上书”助推中医药发展 / 162
（六）协助落实各项政策，建言知识分子工作 / 163
（七）促进祖国和平统一，加强海外联络工作 / 164
（八）加强思想政治工作，巩固发展组织建设 / 165
二、投身现代化建设，开创工作新局面 / 166
（一）召开第九次全国代表大会，确立新时期政治任务 / 167
（二）积极参加民主协商，发挥民主监督作用 / 170
（三）开展咨询服务活动，深化为“四化”建设服务 / 172
（四）加强海外联络，服务祖国统一大业 / 173
（五）全面加强组织建设，推进领导班子新老结合与交替 / 174
（六）持续加强思想建设，努力提高党员政治素质 / 178
三、坚定政治立场，维护安定团结政治局面 / 180
（一）召开第十次全国代表大会，提出服务改革发展稳定任务 / 180
（二）旗帜鲜明反对动乱，维护安定团结政治局面 / 183

第五章　推进参政党建设，服务改革发展稳定
一、服务改革发展稳定，加强参政党建设 / 187
（一）学习贯彻中共中央关于多党合作制度的文件 / 187
（二）参加民主协商，积极参政议政 / 188
（三）加强咨询服务，深化智力支边 / 191
（四）发展爱国统一战线，致力于祖国统一大业 / 192
（五）加强思想政治教育，巩固和健全组织 / 193

二、服务社会主义市场经济，积极履职尽责 / 195
（一）召开第十一次全国代表大会，部署更好为经济建设服务 / 195
（二）积极参与政治协商，认真开展民主监督 / 198
（三）深入调查研究，积极建言献策 / 199
（四）积极开展社会服务，大力加强扶贫工作 / 201
（五）加强“三胞”联谊工作，服务祖国统一大业 / 203
（六）持续加强思想建设，提高党员政治素质 / 204
（七）注重干部队伍建设，组织建设迈出新步伐 / 205
三、建设迈向新世纪的参政党 / 206
（一）召开第十二次全国代表大会，明确跨世纪目标任务 / 207
（二）参与民主协商，参加国家政治生活 / 209
（三）开展调查研究，积极参政议政 / 211
（四）发挥智力优势，为社会主义建设服务 / 216
（五）加强思想建设，坚持正确政治方向 / 217
（六）加强组织建设，巩固政治交接成果 / 219

第六章　落实科学发展观，服务全面建设小康社会
一、为全面建设小康社会凝心聚力 / 229
（一）胡锦涛总书记走访农工党中央 / 229
（二）召开第十三次全国代表大会 / 230
（三）认真履行参政党职能，积极参政议政 / 232
（四）积极开展社会服务，为构建和谐社会作贡献 / 238
（五）坚持正确政治方向，思想政治基础更加巩固 / 240
（六）适应多党合作事业发展需要，组织建设进一步加强 / 241
二、建设适应新世纪多党合作事业要求的参政党 / 242
（一）召开第十四次全国代表大会 / 243
（二）认真履职尽责，在多党合作事业中发挥积极作用 / 245
（三）落实中共中央新要求，积极推动环境保护和生态文明建设 / 251

（四）关注民生，积极开展社会服务 / 252
（五）坚持正确政治方向，巩固多党合作思想基础 / 255
（六）巩固政治交接成果，进一步加强组织建设 / 258
（七）探索建立党内监督机制 / 266

第七章　践行新型政党制度，推进中国特色社会主义参政党建设

一、深化政治交接，确立工作总体思路 / 271
（一）习近平总书记走访农工党中央 / 271
（二）召开第十五次全国代表大会 / 272
（三）召开第十六次全国代表大会 / 276
（四）确立农工党工作总体思路 / 280
二、服务新时代中国特色社会主义建设 / 283
（一）积极参加政党协商 / 283
（二）着力开展参政议政 / 291
（三）深入推进民主监督 / 300
（四）扎实开展社会服务 / 306
（五）积极助力新冠肺炎疫情防控 / 316
三、致力建设新时代中国特色社会主义参政党 / 319
（一）持续加强思想政治建设 / 319
（二）扎实推进组织建设 / 325
（三）切实强化履职能力建设 / 336
（四）全面加强作风建设 / 343
（五）着力深化制度建设 / 349

附录　大事记 / 353

后记 / 421

第一章

经历血与火考验，矢志爱国革命

在大革命失败后，为继承孙中山先生革命遗志，邓演达等革命同志成立中国农工民主党的前身——中国国民党临时行动委员会。农工党成立后，以完成民族解放、建立平民政权、实现社会主义为奋斗目标，作出了艰难的探索，进行了不懈的斗争。抗日战争时期，在经历了多次挫折失败后，农工党同志深刻认识到中国共产党在中国革命中的决定性作用和地位，逐步走上与中国共产党合作的道路。解放战争时期，农工党与中国共产党并肩奋斗、携手前行，为民族独立和人民解放事业作出了重要贡献。在革命斗争进程中，经历血与火的考验，农工党作出历史抉择，走上了自觉接受中国共产党领导的道路。

一、酝酿成立革命组织，开展反蒋革命斗争

大革命失败后，邓演达等国民党左派以及进步人士为继承孙中山先生的新三民主义主张和联俄、联共、扶助农工三大政策，肩负起领导国民革命的使命，酝酿成立新的革命组织。

（一）第一次国共合作破裂和大革命失败后的形势

1911 年，辛亥革命推翻了清王朝统治，结束了两千多年的中国封建帝制，但半封建半殖民地社会性质仍然没有改变，中国人民反帝反封建的革命任务依然没有完成。1921 年 7 月，中国共产党成立，中国革命进入新的历史时期。1924 年 1 月，中国国民党在苏联、中国共产党的帮助下，在广州召开了中国国民党第一次全国代表大会，重新解释三民主义为反帝

反封建的新三民主义，在事实上确立了联俄、联共、扶助农工三大政策，确认了共产党员以个人身份加入国民党的原则。这次会议的召开，标志着第一次国共合作正式形成。国共合作的实现，为旨在“打倒列强，除军阀”的大革命迅猛发展奠定了基础。1925 年 7 月 1 日，国民政府在广州成立，并组建国民革命军。

国共合作的形成，推动了以黄埔军校为基础的革命武装的建立以及工农群众运动的开展，壮大了革命声势，加快了革命步伐。1926 年 7 月 1 日，国民政府在广州誓师北伐。参加北伐的国民革命军共八个军约十万人，蒋介石任北伐军总司令，国民党左派人物邓演达任总司令部政治部（简称总政治部）主任。北伐快速推进，到 1926 年年底，北伐军队先后占领武汉、南昌、福州等重要城市，乘胜向长江下游进军。国民党中央政治会议于 11 月 26 日决定迁都武汉，以适应革命形势迅猛发展的需要。

随着政治军事形势发展，国民革命阵营内部分化，国内外反动势力以蒋介石为中心而集聚。1927 年 1 月，蒋介石公然违背国民党中央迁都武汉的决定，擅自主张迁都南昌，图谋将国民党中央和国民政府置于其总司令部的控制之下，并扣留途经南昌前往武汉的国民党中央委员和国民政府委员，挑起“迁都之争”。2 月 9 日，国民党左派人士举行高级干部会议，推举邓演达和吴玉章、徐谦等五人组成行动委员会，作为同蒋介石斗争的领导机关，提出了“实行民主，反对独裁，提高党权，扶助工农运动”等方针。邓演达受委派两次飞赴广州，动员尚在广州的中央委员去武汉。

1927 年 3 月 10 日至 17 日，国民党二届三中全会在汉口举行。在毛泽东、董必武、吴玉章、林伯渠等共产党人和宋庆龄、徐谦、邓演达、彭泽民等国民党左派人士的共同努力下，会议否决了关于定都南昌的决议；通过了维护孙中山联俄、联共、扶助农工三大政策和提高党权、反对军事独裁等决议；决定改变领导体制，撤销了蒋介石所担任的国民党中央常务委员会主席等职务。但因蒋介石已经掌握国民革命军主要的军事权力，会议决议对其制约有限。

在国民党二届三中全会闭幕以后，蒋介石凶残地发动和实施了一系列反共暴行。同时，他使用挑拨拉拢等手法，对武汉方面进行分化。4 月 12 日，蒋介石发出大屠杀命令，发动四一二反革命政变，在上海大肆捕杀共产党人和革命群众。接着，在国民党右派势力所及之处，江苏、浙江、安徽、福建、广东、广西等省相继以“清党”为名，疯狂搜杀共产党人、革命群众和国民党左派。北伐战争和国共合作遭受重大挫折。4 月 18 日，蒋介石在南京另行成立代表大地主大资产阶级利益的“国民政府”。19 日，发布第一号命令，通缉鲍罗廷、陈独秀、吴玉章、毛泽东、邓演达、彭泽民等共 197 人。蒋介石悍然发动反革命政变的行径，激起中国共产党和国民党左派人士的极大愤慨。4 月 17 日，武汉国民党中央发布命令，开除蒋介石的党籍，免去其本兼各职。4 月 22 日，宋庆龄、邓演达、何香凝、谭平山、吴玉章、林伯渠、毛泽东等 39 人，以国民党中央执监委员和候补执监委员等名义联名发表讨蒋通电。

蒋介石公开叛变革命后，武汉遭到反革命势力的军事攻击和经济封锁，武汉国民政府的内部危机日渐暴露。以汪精卫为首的国民党反动派也陆续露出本来面目，气焰十分嚣张。5 月 17 日，驻武汉西部的夏斗寅叛变，向武汉发动进攻；5 月 21 日，许克祥在长沙发动“马日事变”，大肆屠杀共产党人和工农群众；6 月 5 日，汪精卫解除鲍罗廷国民政府最高顾问的职务；6 月 6 日，朱培德在江西驱逐共产党人和革命分子出境；6 月 10 日，汪精卫在郑州召开会议，预谋反共；6 月 29 日，何键在武汉发出反共“训令”，要求武汉国民政府“明令与共产党分离”。邓演达极力维护武汉国共合作的局面，他曾于 6 月下旬两次深夜走访武汉国民政府主席汪精卫，劝他挺起脊梁，负起重任，仍可挽回危局。邓演达指出，只有依靠民众，才是生路；依靠军阀枪杆，结果是死路一条。汪精卫明言自己无能为力，请邓演达自便。随着局势日趋严重，邓演达陷入危险之中，何键的军队架起机枪对准他的住处。

6 月 30 日，邓演达给国民党中央执行委员会留下一封题为《告别中国国民党的同志们》的信后，化装离开武汉。他在信中强烈指责蒋介石、汪精卫集团曲解和背叛孙中山的革命三民主义和三大政策，屠杀工农群众和忠实党员的罪行。他断定，这样必然招致反革命的结果。邓演达离开武汉前，专门提醒当时在中国共产党党内担任重要职务的谭平山，提防在汉口重演“马日事变”，并把储备在总政治部的200多支枪交给湖南农民运动负责人郭亮。

7月14日，宋庆龄发表《为抗议违反孙中山的革命原则和政策的声明》，强烈谴责武汉国民党右派违背孙中山的意志和理想，驳斥了汪精卫为反对三大政策所作的诡辩，同国民党右派决裂。当日晚，汪精卫以武汉国民党中央政治委员会主席团名义，同孙科、谭延闿等秘密主持召开“分共会议”。国民党第二届中央执行委员、海外部部长和国民政府委员彭泽民参加这次会议，他和代表宋庆龄参会的陈友仁，都发表反对“分共”的强烈意见，均未被采纳。深夜12点，彭泽民不顾个人安危，赶到吴玉章、林伯渠处通报会议情况①。随后，在天亮前，彭泽民紧急通知国民党海外部内所有的共产党党员和进步华侨青年，命他们立即撤退、疏散，并每人发放100大洋疏散费，为保全革命力量作出贡献。

7月15日，国民党中央执委会第二届常务委员会第二十次扩大会议，以“分共”名义正式同中国共产党决裂，公开背叛孙中山制定的国共合作政策和反帝反封建纲领。随后，汪精卫集团对共产党员和革命群众实行大逮捕、大屠杀。至此，第一次国共合作全面破裂，由国共两党合作发动的大革命宣告失败。

大革命虽然失败了，但是大革命时期邓演达、彭泽民等人同中国共产党人的相互支持与合作，使他们加深了对中国共产党的认识与了解，加强了相互之间的联系与信任。这也为后来农工党走上与中国共产党合作的道路奠定了坚实基础。大革命失败后，邓演达、宋庆龄等国民党左派人士前往苏联，寻找复兴中国革命的道路。谭平山、章伯钧、彭泽民、肖炳章等人参加中国共产党领导的南昌起义，谭平山任起义成立的革命委员会主席团主席，章伯钧任革命委员会政治部副主任。

---

① 吴玉章著：《吴玉章回忆录》，中国青年出版社1978年版，第149、150页。

（二）国民党左派酝酿成立新的革命组织

1927年5月，种种迹象表明大革命即将失败。宋庆龄同邓演达、陈友仁、彭泽民、徐谦、陈其瑗等交换意见，提出要“相约集合同志为继承孙先生（中山）遗教而奋斗到底”①。1927年5月底至7月，邓演达、谭平山分别与章伯钧、郑太朴、施复亮等商谈组党问题，认为中国需要成立一个新的革命组织，以统一革命的领导，集中革命的势力，继续领导国民革命。对此，很多人都表示赞同。

邓演达等组党之议刚刚启动，武汉革命形势急转直下。邓演达化装成工人，秘密离开武汉，于8月15日到达莫斯科。在莫斯科，邓演达受到共产国际的热情接待。在8月17日的欢迎会上，他作题为《中国革命最近的严重局势之由来》② 的报告，接着与9月6日到达莫斯科的宋庆龄、陈友仁等商量，决定成立一个临时性的革命领导机关——中国国民党临时行动委员会。他们认为，中国革命不能中断，在目前情况下，有成立作为临时性的革命领导机构的必要。这个组织应当是一个独立的、中国式的、贯彻孙中山三大政策的革命团体，愿意同第三国际合作，同中国共产党携手。为此，邓演达一方面函促在上海的谭平山等人，要他们在国内尽量团结国民党左派和一切革命分子；一方面给在香港的彭泽民、何香凝等人写信征求共同发起建立革命组织的意见。

在充分准备的基础上，邓演达起草的《对中国及世界革命民众宣言》（又称《莫斯科宣言》），由宋庆龄、邓演达、陈友仁三人署名，以中国国民党临时行动委员会名义，于1927年11月1日在莫斯科发表。宣言严厉批评蒋介石、汪精卫“实已成为旧势力之化身，军阀之工具，民众之仇敌”，公开表示有必要组织“中国国民党临时行动委员会”，代行第二届

① 彭泽民著：《孙夫人“对时局主张”代表了中国人民》，《中华论坛》第二卷第2期，1946年9月，第3页。

② 邓演达著：《中国革命最近的严重局势之由来》，1927年8月17日，《党史研究资料》1987年第3期。

中央执行委员会职权，临时行使革命指导之机能，并筹备第三次全国代表大会，选出正式的中央执行委员会，以实现孙中山三民主义的革命纲领。宣言分析指出："中国民众之痛苦，根本原因在帝国主义与封建军阀、地主豪绅及大部分与他们联合的高利资本家的共同勾结所构成之中国政治经济势力的统治。""农民的势力必为中国革命的主要成分，工人必为中国革命之'机轮'，手工业工人、小商人以及青年学生的大部分，均必加入革命的行列。"宣言确认："中国被压迫剥削的革命民众，为工人、农民、手工业者、小商人及青年学生。其对抗的仇敌，为帝国主义、封建军阀、地主豪绅及与他们相结合之高利资本家者。"宣言提出："中国革命之结果，其政权主要的掌握在工农为中心的平民群众手上；其经济建设，必超越资本主义之毒害，向社会主义前进，中国国民党临时行动委员会亦即本此使命，在其伟大的领袖孙中山先生的精神领导下，去团结领导被压迫剥削的革命民众，向一切反动仇敌进攻，把'三民主义'的革命纲领完全实现。"宣言强调："中国国民党临时行动委员会"还不是一个脱离了国民党的新政党，而只是为了挽救中国国民党和复兴中国革命的一个临时性的"中国国民党左派的革命团体"，它的责任是"宣告南京武汉的伪党部中央之罪过，以革命手段中止其受第二次大会委托之职权，并临时行使革命指导之机能"。《莫斯科宣言》表达了宋庆龄、邓演达等继承孙中山遗志，完成民族解放、建立平民政权、走向社会主义的决心，为团结大革命失败后在政治上彷徨苦闷的革命同志树起了一面旗帜。

《莫斯科宣言》发表后，邓演达从莫斯科写信给已经到达上海的谭平山、章伯钧等人，要他们在国内尽量团结国民党左派和一切革命分子，迅速组织起来，开展革命活动。

宋庆龄、邓演达等前往苏联，主要是寻求苏联继续对中国国民革命事业的支持。在苏联，邓演达与共产国际领导人交换中国革命的意见，开展对苏联革命与建设的调查研究。但邓演达关于中国国民革命的一些想法不为苏联领导人和共产国际领导人所赞同。邓演达深感自己所坚持的"国共合作、国民革命"的主张，在苏联已经得不到同情和支持。同时，邓演达也认为俄国革命的经验不适合中国。1927 年年底，邓演达离开苏联，前往德国继续寻求中国革命的出路。在德国，邓演达开展革命理论研究，探索中国革命道路。他广泛读书学习，对马克思恩格斯著作，对历史、经济、哲学、政治制度等问题进行了广泛学习研究。

宋庆龄在晚年回忆这段历史时说："当我认识到斯大林不想继续帮助我们而听任蒋介石得逞时，我就不再在莫斯科多待了，我请母亲给我寄一些钱来，然后就到欧洲去。邓演达已在柏林，所以叶挺、章克和黄琪翔很快跟着去，希望建立一个革命小组。"①

从 1927 年到 1930 年间，邓演达先后到了苏联、德国、挪威、意大利、英国、法国、瑞士、奥地利、匈牙利、南斯拉夫、保加利亚、土耳其、伊拉克、叙利亚、印度等欧亚国家游历考察。他一方面博览群书学习研究，一方面深入基层调研考察，了解这些国家的经济、政治、文化、社会等情况以及工人、农民、市民的生活情况，做了大量的笔记，积累了大量知识，为寻求中国革命道路，锲而不舍、深入思考、勇于探索，形成"平民革命"理论，出版了《我们的思想系统及主张根据》②。

邓演达"平民革命"理论的主要内容和观点是：

关于哲学思想：坚持唯物论和唯物史观。

关于中国社会的性质：中国是一个处在前资本主义时代的半封建、半殖民地社会，因此，可以不必经过资本主义革命，不必在形成发达的资本主义之后再进入其他社会形态。

关于中国革命的性质：是带有民族性的平民革命，其实质是农民革命、土地革命。

关于中国革命的任务：是推翻帝国主义和封建军阀地主阶级统治，建立以工农为重心的劳动者政权——平民政权。

关于中国革命的前途：通过国家资本主义，最终实现社会主义。

邓演达的"平民革命"理论是对孙中山三民主义思想的继承与发展，

① 《宋庆龄致爱泼斯坦信》，引自伊斯雷尔·爱泼斯坦著，沈苏儒译：《宋庆龄：20 世纪的伟大女性（上）》，新星出版社 2015 年版，第 217—218 页。

② 邓演达著：《我们的思想系统及主张根据》，上海中华文化合作社 1929 年版。

主要蕴含旧民主主义革命观点，同时受到马克思主义思想的一定影响，包含新民主主义革命因素，具有较强的革命性和进步性。邓演达提出建立的新的革命政党，基本上延续了孙中山改组后的国民党阶级属性，即以工人阶级、农民阶级、城市小资产阶级和民族资产阶级为基础的民主革命联盟性质，但邓演达更强调以农民、工人为重心。

《莫斯科宣言》发表后，国内的爱国反蒋力量受到极大鼓舞，认为“有了希望”“有了法宝”。1927 年冬至 1928 年春，谭平山、章伯钧、朱蕴山、李世璋、郑太朴、张曙时、季方、马哲民、邓初民、王枕心、肖秉章、连瑞琦、丘学训、包惠僧、黎明、孙靖华、黄慕颜、江董琴、赵舒、张申府、丘萼华、戴盆天、陈豹隐等陆续来到上海，他们“要求民族的生存，要找革命的出路”，秘密集会，商谈组党问题。他们对《莫斯科宣言》的原则精神均表示赞成，但对新成立的政党名称出现不同意见。章伯钧等主张“中国农工党”，朱蕴山等提出“中国工农民众革命委员会”，张曙时等认为搞组织主要是行动，不在形式，赞成邓演达提出的“中国国民党临时行动委员会”。谭平山认为，孙中山先生在民国二年毁党造党，恢复革命，建议仿效孙中山先生的作法，成立“中华革命党”。当时大多数人认为国民党的名声不好，因而对谭平山的意见没有异议。随后，谭平山将讨论的意见分别写信告知在莫斯科的邓演达和在香港的彭泽民。

中华革命党的名称初定之后，公推谭平山起草《党纲》和《政纲》，并开始以中华革命党名义在上海进行活动。但谭平山提出的建党纲领在中华革命党内部分歧很大，邓演达也不赞成，认为这个纲领“只是戴了三民主义的帽子，更换了新三民主义的实质”①，因此，虽然被通过了，但始终没有公开发表。

1928 年春，谭平山主持，章伯钧、张曙时、朱蕴山、李世璋、郑太朴、丘学训、王枕心、马哲民、邓初民等人协商，推选谭平山、章伯钧、张曙时等人组成中华革命党主席团，在邓演达回国前由谭平山作为总负责

① 中国农工民主党中央党史资料研究委员会编：《中国农工民主党的奋斗历程》，中国文史出版社 1990 年版，第 80 页。

人主持全面工作，秘密中央机关设在上海福熙路国民里 14 号，由戴盆天夫妇住二楼看守。此外，部分核心人物还负责联系地区，如章伯钧联系北平，张曙时联系江苏，王枕心联系江西，黄慕颜联系四川，等等。

从 1928 年开始，中华革命党陆续在上海、北平、南京、江苏、四川、山东、江西、福建、安徽、天津和东北等地区开展革命活动，其中在江苏等地以中国国民党临时行动委员会的名义活动。初期活动计划，主要有：建立中国革命的理论，以指导革命行动；在地方建立据点，恢复各地原有国民党左派的组织；向文教界突破发展组织，联络青年学生，造成反蒋声势，推动反蒋斗争；利用军阀混战，联络反蒋军队，策动反蒋运动。

至 1928 年五六月间，中华革命党已打入上海各大学，发展和联系了大批青年学生，同时也受到各种政治集团的围攻。中华革命党接连创办《突击》《灯塔》周刊，还先后在上海法租界开设“爱的书店”、戈登路海防路口开设“晨曦书店”，作为发送宣传品、秘密销售书刊及其他进步书籍的据点。一些在大革命失败后流亡到上海的黄埔军校毕业生，如黄雍、俞墉、余洒度等先后参加中华革命党，专事联络黄埔同学策动反蒋活动，为之后成立“黄埔革命同学会”打下基础。

随着工作不断开展和影响力逐渐扩大，中华革命党面临的斗争形势更加严峻，一些地方的组织遭到反动当局摧残而陷于瓦解。至 1929 年下半年，中华革命党的处境日益艰难，活动很难打开局面，遂商定请邓演达回国主持。

中华革命党延续两年多的时间，有名称、有活动，但自始至终尚未确定一个被广泛认可并接受的纲领，还处于酝酿筹备阶段，但为正式建党进行了探索、奠定了基础。

（三）成立中国国民党临时行动委员会

1930 年 5 月，邓演达秘密回到上海，进行建党工作。1930 年 8 月 9 日，邓演达在上海主持召开第一次全国干部会议，正式成立中国国民党临时行动委员会（简称临委会）。之后，临委会开展了一系列活动，力图推翻国民党蒋介石集团反动统治，建立以农工为基础的平民政权。随着邓演达被害和参加“福建事变”失利，临委会的革命斗争受到严重挫折，但仍坚持在艰苦曲折的革命道路上探索前进。

1930 年 5 月初，邓演达由欧洲经印度到达香港，在香港与彭泽民、丘哲华等会晤商谈组党问题，旋即秘密回到上海。在上海，邓演达与谭平山进行会谈，由于政治主张的差异，谭平山不再参与建党工作，邓演达遂着手组织建党，起草政治纲领。在建党过程中，邓演达首先与中国共产党联络，希望同中国共产党建立反蒋的联合战线。但当时因受共产国际的影响，中国共产党党内“左”倾路线把民族资产阶级、城市小资产阶级当作革命的对象，邓演达的提议未被采纳。周恩来多年后回忆说：“1930 年邓演达回国后，曾找我们谈判合作反对蒋介石，可是我们没有理睬他。这是不对的。”①

关于建立新的政党，参与建党的同志争论比较多的是党的名称和政治纲领问题。

关于党的名称问题，讨论中有多种意见。邓演达主张：现在国民革命的任务尚未完成，孙中山的主张还未实现。要继承孙中山的旗帜，就要继承孙中山的组织。而且当务之急是反蒋，需要利用一切可以利用的力量，尤其是一些具有革命思想的现役军人，受过多年国民革命思想的熏陶，也不满于蒋介石的反动统治，这是可以大加利用的。国民党这块旧招牌，还有一定的用处。最后，多数人同意沿用《莫斯科宣言》中提出的名称，定党名为“中国国民党临时行动委员会”，并说明待将来还可以更改。黄子谷、黄慕颜等少数同志则力主名称要彻底抛开“国民党”。

关于党的政治纲领问题，在理论基础上遇到了不同意见的争论。为充分听取各方意见，邓演达一边起草，一边就党纲中的重大问题，如中国社会的结构、中国革命的性质、未来政权的性质，以及土地政策、外交政策、经济政策、文化政策、社会政策等，组织革命同志每周六在辣斐德路

---

① 周恩来：《关于党的“六大”的研究》，《周恩来选集》（上卷），人民出版社 1980 年版，第 167 页。

翁洲饭店进行讨论。讨论前后持续了两个月，参加的人员主要有邓演达、郑太朴、李世璋、章伯钧、谢树英、万灿、罗任一等人，有时还邀约陈翰笙、杨杏佛等人参与。政治纲领经过多次讨论，互相影响、互相启发，五易其稿后，意见大体上趋于一致。此外，还讨论了党的中央领导机构人事等问题。

诸事初定之后，便决定在上海召开党的成立大会，并在有中华革命党的组织基础和有革命同志人事关系的地方着手筹建地方组织。

1930 年 8 月 9 日，邓演达在上海法租界萨坡赛路 290 号①，主持召开有 10 个省区代表参加的第一次全国干部会议（简称一干会议），宣告中国国民党临时行动委员会（中国农工民主党前身）成立。

★ 邓演达主持第一次全国干部会议（油画），图中站立者为邓演达。

出席会议的有邓演达、黄琪翔、章伯钧、季方、郑太朴、朱蕴山、李世璋、郭冠杰、丘哲、潘震亚、杨树松、黎明、江董琴、王枕心、罗任一、万灿、谢树英、詹显哲、丘学训、丘萼华、杨逸棠、黄昌、庄明远、

① 民国时期流行音乐家黎锦晖寓所，今黄浦区淡水路 332 弄 1 号。

肖秉章、赵舒、漆其生、黄慎之、区克宣、黄中厘、李毓九、邹兰甫、张资平等30余人。

邓演达首先讲话，他说："中国革命已经到了绝续关头，继往开来的重任，落在我们肩上。在座各位都是在革命战线上奋斗过来的同志，更感责无旁贷，所以挺身而出，重上战场。"邓演达在强调"军事第一"的主张后说："今天是我们战斗的开始，是继续孙中山先生革命事业向前奋进恢复中国革命整齐步伐的第一步。现在请大家起立，向孙中山先生革命以来的先烈们致敬！"

与会者静默致敬。之后，邓演达宣读《我们的信条》：

（一）我们的哲学观点是历史的唯物主义；

（二）我们的事业是继续孙中山的革命；

（三）我们的任务是实现中国平民革命，解放全中国，向社会主义大道前进；

（四）为实现中国革命，联合世界上被压迫民族共同奋斗；

（五）我们是信仰一致、组织一致、行动一致的政治结合的战斗团体；

（六）我们采取民主集中制的组织原则。

全体人员一致通过《我们的信条》和邓演达起草的政治纲领《我们的政治主张》。会议选举中央干部会作为临委会中央领导机构。中央干部会由邓演达、黄琪翔、章伯钧、彭泽民、季方、丘哲、郭冠杰、郑太朴、朱蕴山、李世璋、丘学训、陈豹隐、江董琴、肖秉章、丘萼华、潘震亚、詹显哲、杨逸棠、谢树英、万灿、罗任一、王枕心、杨树松、李毓九、邹兰甫25人组成。其中，彭泽民和陈豹隐未出席会议，被选为中央干部会干事。邓演达被推选为中央干部会总干事。

会上决定了临委会中央机关各工作部门的名称和人选，即按民主集中制的原则，在中央干部会之下设立各个委员会，每个委员会设主席委员一人（有的设副职），委员五人至七人。具体包括：组织委员会，主席委员郑太朴；宣传委员会，主席委员章伯钧；设计委员会（后改为军事委员会），主席委员黄琪翔，副主席委员季方；民运委员会，负责工运、农运、青运工作，主席委员李世璋；总务委员会，主席委员季方，副主席委员罗任一；侨务委员会，主席委员彭泽民。8 月 23 日，临委会中央联席会议第二次会议决定增设训练委员会，由邓演达直接兼任主席委员。

会议从晚 19 时开到 22 时。会议通过的党纲《我们的政治主张》，贯彻了邓演达“平民革命”理论，其核心内容是“解放中国民族，建立平民政权，实现社会主义”。党纲特别强调：“我们反对欧美流行的三权分立制。”党纲设计的蓝图是：推翻蒋介石政权，建立以农工为重心的平民政权，把孙中山的三民主义和三大政策贯彻到底。

第一次全国干部会议的召开，标志着中国国民党临时行动委员会正式成立。8 月 10 日，临委会中央干部会发出的第一号通告指出：“民国 16 年（1927）7 月以后，整个的中国国民党已尽为反动势力所占据。”“现时南京的统治已明白的投降了帝国主义，已完全成为腐朽官僚的分赃机关。”“在这样的局势下面，我们的革命孙中山主义者，应该加紧的团结起来，把革命的孙中山主义纲领认清，去继续进行革命。”通告宣称：“本会受各省区革命同志的付托，已于本年 8 月 9 日重新集会，决定临时中央干部，并决定行动纲领。以后凡属本党忠实同志应即本此行动纲领坚决的向前奋斗。”通告号召：“我们要求忠实的革命同志，在统一的意志及严密的组织下面去行动。本干部会受各地同志的付托也必须努力以求责任的完成。务使于最短期间把反革命的统治推翻，革命的势力扩大，革命的纲领推行。并希望于最短期间得到新的革命根据地，把革命的本党同志重新集合起来，建立正规的中央，以完成孙中山主义革命的使命，使中国民族完全解放，人民直接掌握政权，实现社会主义的建设。”

临委会成立后，中央秘密机关暂设在上海爱麦虞限路 159 号[①]，邓演达、季方等常驻此办公。中央各部门亦分别租房设立秘密工作机关，如组

① 今上海市绍兴路 41 号。

织委员会设在麦根路32号，宣传和民运两个委员会设在爱文义路冠生里1389号，财务委员会设在威海卫路714号。此外，愚园路愚园坊20号、霞飞路和合坊57号，也是邓演达等临委会负责人经常集会和工作的场所。

临委会政治纲领《我们的政治主张》经一干会议通过后，8月16日召开的第一次中央联席会议决定成立“党纲整理委员会”，负责对党纲进一步修改。最后定稿将原稿中的“社会主义建设”改为“经济政策”，对“平民政权”一节稍有增删，将标题《我们的政治主张》改为《中国国民党临时行动委员会政治主张》。随后，铅印2000份散发，并在9月1日党的机关刊物《革命行动》半月刊创刊号上发表，同时由万灿译成英、德两种文字向海外公布。

《中国国民党临时行动委员会政治主张》的核心内容，就是邓演达高度概括的“解放中国民族，建立平民政权，实现社会主义”。全文两万多字，阐述了中国社会的结构、中国社会的历史前程、斗争的目的、斗争的手段、具体的方案等中国革命的基本问题。

关于中国社会的结构，指出中国社会的经济主要还是农业、手工业生产阶段；政治组织是封建官僚主义，是变形的封建统治。中国现时的社会，还是前资本主义的时代，受着封建势力和帝国主义势力的两重支配。这两重支配，都是使中国社会不能向前发展的大障碍。

关于中国社会的历史前程，认为中国只有两条出路，或者沦为帝国主义的殖民地，或者由中国大多数平民群众自己起来推翻帝国主义及封建军阀的统治，建立平民政权。平民政权建立后，实行国家资本主义，过渡到社会主义。只有后一种出路可以解放中国人民，可以达到社会主义。

关于斗争的目的，认定中国革命是以同时并存的三种革命对象，即帝国主义、封建军阀地主及依附前两者为生的高利盘剥的、反动的资本阶级为对象，是一个具有民族、民权、民生三种革命性质，而以社会主义为归宿的革命。简单地说，斗争目的是实现三民主义；具体地说，斗争的目的，是要彻底肃清帝国主义在华的势力，取消一切不平等条约，使中国民族完全解放，要使平民群众取得政权，要实现社会主义。

关于斗争的手段，肯定要达到斗争的目的，必须唤起并组织广大的民众，使其觉悟地参加反帝斗争，并与世界被压迫民族和阶级联合起来，做斗争的同盟。平民群众要夺取政权，必定要用平民群众的本身组织形成坚强的力量，去推翻千余年来传统的官僚政治。要实现社会主义，一定要以直接生产的农工为中心的平民政权巩固以后，运用政权去发展生产、统制生产，使生产组织化和社会化。

关于具体的方案，确定建立平民政权，必须是以农工为重心的斗争同盟，必须是以有组织的职业团体的代表构成中央和地方的政权，使参加生产的民众和政权接连而不发生隔离，以彻底铲除官僚制度。反对欧美流行的地域选举代议制和三权分立，由职业团体代表组成全国最高权力机关的国民大会，工人、农民的代表占60%，一切权力属于国民大会，在国民大会之下设立执行机关。外交上，废除一切不平等条约，与各弱小民族结成亲密的关系，建立反帝国主义的联盟。经济政策方面，除要廓清封建的剥削、资本主义自由竞争的剥削外，要进行有计划的经济建设，实行耕者有其田，均衡发展城市及农村经济。社会政策方面，要改善工人生活，确定八小时工作制，施行种种社会保险。文化政策方面，主张文化普及政策，推行无偿的义务教育制。

临委会的政治主张体现了邓演达等人对中国革命的认识。正如邓演达的战友季方所说："邓演达的许多革命主张和实践，在当时的历史条件下是非常难能可贵的，他对中国革命的性质、任务、前途的分析都是正确的。"① 同时，由于历史局限性，作为"小资产阶级的代表"② 邓演达没有充分认识到以工农联盟为基础的无产阶级在中国革命进程中的生力军作用。他提出的"斗争同盟"，虽然包括了工人、农民，但是没有重视无产阶级的领导作用，也没有找到有效路径来实现革命目标。所提出的具体方

① 季方著：《回忆邓演达氏的一生》，梅日新、邓演超主编《回忆邓演达》，广东人民出版社1999年版，第57页。

② 周恩来：《关于党的"六大"的研究》，《周恩来选集》（上卷），人民出版社1980年版，第167页。

案更类似于掌握政权后的施政纲领，而非推翻反动统治、建立革命政权的路线、方针。在民主革命时期，随着形势与任务的变化，临委会后来两次易名，但都始终遵循这一纲领的主要精神。也正是因为纲领存在缺陷，虽然临委会在成立后一直坚持革命精神，但没有展开有力有效的革命斗争，在前进道路上屡遭挫折。

（四）开展反蒋革命斗争

临委会成立后，从组织建设、宣传、民运、军事、人才培训等方面全面发动反蒋斗争，开展以推翻蒋介石集团反动统治为目标的革命活动。

发展和壮大临委会组织。确定组织工作的重要任务是建立一个集结革命力量的组织，建立一个行动的组织，建立一个短小精干的组织。规定成员“要以工农分子为主体，必须时刻努力去尽量吸收工农参加组织”，吸收分子以“不求分子之多，而求其精；有勇往直前的精神，有牺牲的决心”为原则，宁缺毋滥。按“忠实、决心、认识、能力”四个条件吸收基本党员，训练党务工作人员。设在上海的临委会秘密中央机关，每周举行中央联席会议。在邓演达的亲自主持下，由各部门汇报并布置一周的工作。在临委会中央之下，设中央区、北方区、南方区三个大区，大区以下依次设省（市）、县（市）组织，基层组织为小组。地方组织每月须书面向临委会中央报告工作。临委会中央除经常通过发布《通告》《指令》等指导地方工作外，还对各地组织分别派出特派员或通讯员，以加强临委会中央对地方组织的领导与联系。临委会先后在20个省市建立组织并开展活动，中央区有上海、南京、江苏、浙江、安徽五个省市，北方区有北平、天津、河北、山东、山西、西安、兰州、绥远、察哈尔九个省市，南方区有广东、福建、江西、湖南、湖北、四川六个省和香港。至1931年11月，临委会成员发展到近2000人，成员主要为文教界的知识分子，特别是高等院校的青年学生，同时还发展了一部分军政人员和少数工人。

大力开展宣传工作。临委会中央制定了《宣传大纲》，创办中央机关刊物《革命行动》杂志，目的在于唤起被压迫被剥削的平民群众，在革命的纲领下团结起来。《革命行动》问世不久，即被南京国民政府勾结租界当局查禁，至第五期不得不改用“银行周报”封面，以作掩护。1931 年 4 月，为进一步加强宣传工作，临委会中央在上海雷华里路创办中央机关报《行动日报》，主要登载国内外要闻和政治评论，宣传反帝反封建反蒋主张，该报由李世璋主编，王枕心发行。《行动日报》出版后，每日或派成员散发，或赠送报贩出售，颇受欢迎，在社会上产生了较大影响。该报印数持续增长，由最初 500 份激增到 50000 份，散发的范围也越来越广，甚至发放到南京国民政府的立法院、监察院。邓演达对《革命行动》杂志和《行动日报》十分重视，带头亲自撰写社论和文章。仅在《革命行动》杂志上，邓演达就先后发表《中国走向哪里去?》《奉军入关与时局》《世界经济的危机与内战中的中国》《中国内战与文化问题》《南京统治的前途与我们今后的任务》《南京钦定的国民会议和我们所要求的国民会议》等重要文章。临委会中央还定期编印《政治通报》，每期分“国际形势”和“国内形势”两部分，对当时的国内外形势作扼要分析和评议，作为内部通报发给各地组织。各个大区也创办了地方刊物，如上海创办《絜茜》，北平创办《低潮》《飞瀑》，广州出版油印宣传品，利用香港《东方日报》《天天日报》进行宣传。各地宣传的内容，都与临委会主张紧密配合，主要是阐明临委会纲领，鼓动反帝反蒋。

积极开展民运工作。邓演达认为，中国革命必须由平民群众自己起来解放自己；要推翻蒋介石的政权，就要得到平民群众的支持。临委会中央民运委员会下设工运、农运、青运、商运各部，并制定《民运工作纲要》，对开展民运工作的方式、计划成立的民众组织作出规划。临委会中央提出，民运工作一方面要尽可能地利用或打进现有各种民众组织，特别是工会和学生会；一方面要依现实环境之许可，设立各种社团，以党为中心，保持稳固而严密的结合。临委会中央计划先后组建“现代青年社”“全国农民解放同盟”“全国工人俱乐部”“全国商业协会”“中国教育建设协会”“现代学术研究社”“国民会议期成会”等群众组织，并指示各地方组织成立民运工作机构，组织和指导当地的民众运动。临委会尽管认识到民运工作在革命斗争中的重要性，并在反动统治力量较强的城市中进行了一些局部活动，但由于缺乏深厚的群众基础和工作经验，也由于邓演达不幸被捕后组织遭到破坏，民运工作并未全面开展起来。

把军事运动作为革命斗争的根本手段。邓演达强调“军事第一”，强调中国的革命斗争必然的要以武力抗争的形式展开起来，军事运动必须与群众运动相结合，军事必须听从政治，接受党的领导。邓演达亲自拟定《军事运动方针》，对现役军人包括黄埔出身的、保定军校和各地讲武堂出身的、各军事教育机关出身的等，都根据实际情况，分别提出了具体对待办法；要求对全国各地的军事力量的种类、派别、实力、驻地、训练等情况切实调查统计，并由驻在该地的成员随时报告。

扩大黄埔革命同学会组织。国共合作失败后，到达上海的黄埔军校毕业生于1928年11月成立黄埔革命同学会①。同学会总会会址设在上海法租界辣斐德路桃园新村8号，办有《黄埔》周刊。1929年10月，邓演达在给丘哲的信中表示，看过同学会的宣言；在11月的信中邓演达明确说“我总盼望黄埔的革命的同学能有一个真正的好的组织起来，替青年军人留一点历史的生机”②。邓演达自欧洲回国之后，对余洒度、陈烈、俞墉、徐会之、曹霄青、黄雍等同学会骨干说：“阻碍中国民族解放的主要敌人是蒋介石。我们要革命，就一定要反蒋。反蒋要有组织。你们都是革命的黄埔学生，要一致组织起来反蒋，恢复黄埔的革命精神。”③ 邓演达要求大家进一步扩大黄埔革命同学会的组织，将其纳入自己的直接指挥下。当时，同学会全国组织划分为三个区，珠江流域为南方区，长江流域为中央区，黄河流域为北方区。区设执行委员会，区以下设省、市分会。同学会先后在18个省、市设立了分会或支部。到1931年夏季，同学会会员以及受到这一组织影响的黄埔各期学生达5000人以上。许多黄埔学生认为，

① 黄勉斋著：《山东会务报告》，《黄埔》周刊（第三、四期合刊），1930年7月，第63页。

② 邓演达1929年11月18日致君达（季方）、岳化（丘萼华）、震华（庄明远）函，《文史资料选辑（第26辑）》，中国文史出版社1993年版，第53页。

③ 黄雍著：《黄埔革命同学会回忆》，《文史资料选辑》第19辑，文史资料出版社1961年版，第159页。

蒋介石拿我们做革命本钱，他成功了就不管我们的死活。今天邓先生再来领导我们革命，就是我们唯一的出路。黄埔革命同学会声势壮大、组织遍布，促使黄埔学生发生激烈分化，动摇了蒋介石对黄埔学生的控制，影响到蒋介石反动统治的军事基础。

联络各地的反蒋军事力量。邓演达利用其与国民党军队过去的关系以及国民党军队的派系矛盾，进行了大量联络和策反工作。陈诚、陈铭枢、杨虎城、邓宝珊、冯玉祥、阎锡山、郜子举、郭汝栋、孙震、邓锡侯、李家钰、刘湘、卢兴邦、胡伯翰等军事将领，或亲自或派代表到上海同邓演达联系，有的表示愿意响应、配合邓演达起义，有的甚至加入临委会。在联络军事反蒋过程中，邓演达对陈诚及其担任军长的第十八军寄予厚望。十八军中的一些下级军官对邓演达十分信赖，营长曹金轮和袁劲夫等20余人加入临委会。但他们对邓演达个人的崇拜，超过了对邓演达政治主张的理解。[①] 经过积极有效的组织联络，至1931年夏，拟响应武装起义的反蒋力量已有相当规模，各项武装起义的准备工作也渐次就绪。临委会中央成立军事委员会，制定武装起义计划，决定由邓演达任起义总指挥。

1931年2月，蒋介石扣留国民政府立法院院长胡汉民。汪精卫、孙科等在广东地方实力派陈济棠等的支持下，于5月在广州另立国民政府，与南京国民政府相抗衡，引发“宁粤危机”。1931年六七月，邓演达与陈铭枢、蔡元培三人密约，商议利用此机会，在南方建立反蒋“第三势力”政权。计划如果蒋介石命陈铭枢率部调解“宁粤危机”，则借机率十九路军从吉安经泰和、赣州回广东，占领广东东江和福建闽南一线。同时，陈诚率领十八军在驻地江西临川、淯江一带起义，夺取南昌。武汉、西安、河南、华北、福建等地所有联络好的部队一齐响应。邓、陈推蔡元培领衔，发表对时局宣言，呼吁停止内战、一致对外，在南方建立反蒋基地。陈铭枢回忆道：“我认为蔡元培有政治威望，择生（邓演达）有群众基础，我有军事力量，我三人合作计划实现，定可另开一新局面。”[②]

① 周惠生著：《十八军军运的前前后后》，农工党中央档案。
② 陈铭枢著：《“宁粤合作”亲历记》，《文史资料选辑》第9辑，中华书局1960年版，第55页。

反蒋活动得到不少国民党军政要员支持。李济深在邓演达回国不久一次就捐助10万元，孙科先后三次共捐助15万元并答应邓演达一旦起兵反蒋可助他100万元，冯玉祥捐助2万元，陈诚先后两次派人送来5000元，杨虎城通过连瑞琦每月捐助500元，郜子举通过其驻南京办事处每月捐助500元。此外，断金学会先后捐助万余元，邓演达胞兄邓演存先后支援邓演达2万元。

关于起兵倒蒋从何处发动，邓演达认为应该具备四个方面的条件：一要容易调集兵力；二要在军事上、政治上、经济上都有可能扼制蒋介石统治的要害；三要便于发动群众，而且有群众运动的基础；四要能赢得适当时机，与红军作政治谈判。据此，邓演达打算亲自到十八军中强制陈诚和该军立即起义，但未能成行。邓演达还设想，起兵反蒋之后可能站住脚跟，形成革命的割据并争取逐步发展。如果失败，则拉队伍上山，进行武装斗争，上山之后还有可能与共产党重新合作，虽然难免会有条件上的困难，终究是可以寻求谅解的。因为要完成中国革命必须打倒蒋介石政权，摧毁封建制度，驱逐帝国主义，消灭买办资本，这些同共产党合作都没问题。至于农民问题，双方实行耕者有其田，虽然方法上有些不同，大体方向则相似。分歧在领导权的问题上，到那时也是会解决的。①

（五）邓演达殉难致武装起义受挫

至1931年上半年，临委会的组织活动和反蒋军事准备在社会上产生了相当大影响，反动统治者的打击、拉拢也随之加剧。蒋介石派王柏龄到上海，与淞沪警备司令熊式辉合谋侦察临委会的活动，并悬赏30万元缉捕邓演达。鉴于当时情况十分险恶，很多同志担心邓演达的安全，力劝邓演达暂时离开上海以避风险。邓演达为回应同志关怀，激发全党斗志，在临委会中央《政治通告》中写道："革命是站在大众面前为大众而牺牲的事。在此反动极盛的局面之下，为农工平民大众而斗争，随时准备着被

① 罗任一著：《邓演达回国组党》，《邓演达》，文史资料出版社1985年版。

捕，随时都必须准备着被残杀。”邓演达总是本着“工作上需要坚持，行动上力求审慎”的态度，一直没有离开上海。

1931 年 6 月，在临委会上海市组织负责整理和分发文件工作的陈敬斋被调往福建工作，但他拒不受命，竟然卖党求荣，以知道邓演达行踪为投靠条件，给在南昌行营的蒋介石写告密信，同特务密谋伺机行动。8 月 15 日，淞沪警备司令部将临委会中央及各部门的机关地址侦察清楚，并发出逮捕邓演达、季方、罗任一、沈维岳、丁丁、杨允鸿等人的拘票。

1931 年 8 月 17 日下午 1 时，邓演达在上海愚园路愚园坊 20 号对江西起义干部训练班学员讲课，参加者有临委会中央财务委员会副主席委员兼上海组织负责人罗任一，北平、江苏组织选送的学员 9 人。陈敬斋事先探悉在上海举办训练班，给上海组织写信要求听讲，经允许到会听讲未及 1 小时，便佯称腹痛请求离席。陈走后即向特务告密。约下午 3 时，淞沪警备司令部侦察队长邓警铭带领特务会同公共租界总捕房密探，将愚园坊 20 号包围。在训练班讲堂里的邓演达、罗任一、邓维亚、周竞西、刘奎、王宾荪、金福光、黄锦耀、王素清、方矩、张昌 11 人被捕。同日，临委会中央各委员会机关和威海卫路 714 号罗任一住处、愚园路 612 号大同印刷所、辣斐德路桃园新村 8 号黄埔革命同学会总会等地均被查抄，沈维岳、郑太朴、余洒度、俞墉等 20 余人被捕。

邓演达等被捕后，全党上下都把营救邓演达及被捕同志作为重要任务。临委会中央举行了有邓演达胞兄邓演存参加的紧急会议，推举朱蕴山主持营救工作。随后，临委会及社会各界人士进行了多方营救，但均无结果。邓演达被押解到南京后，临委会不少同志提议武装劫狱，并制订行动计划。为实施营救，朱蕴山特地从上海迁居南京，并安排何自坚、张朴、韩尚真等赴南京开展工作。但在营救过程中，因蒋介石将邓演达转移关押，计划未能实施。

邓演达被押到南京之初，蒋介石授意陈立夫派南京国民政府中央政治委员会秘书齐世英，劝邓演达与蒋合作，被邓演达严厉驳斥。不久后，蒋介石又派南京国民政府教育部次长段锡朋找到谢树英，要求谢树英写信劝邓演达与蒋合作，被谢树英拒绝。九一八事变以后，蒋介石再派人劝邓演达，提出要邓演达公开声明取消组织，即任命邓演达为“剿匪”副总司令，遭邓演达严词指斥。蒋介石在1931年下野前，又命陈立夫派国民党中央组织部党务调查科李熙元见邓演达，提出在蒋下野期间，邓演达不写反蒋文章即可获释。邓演达说：“我写反蒋文章，不是我邓演达要写，是中国人民要我写。”①

在连番对邓演达进行诱降的同时，何应钦、何健等人联名致电蒋介石要求处死邓演达，称“邓演达在武汉时期为共产党张目，现又背叛党国，此人不除，不足以安天下，慰党国”②。戴季陶也向蒋介石进言：今天可怕的敌人，不是汪（精卫）陈（济棠）；能动摇政府根基、分散黄埔革命力量的，除邓演达之外无他人。③

1931年11月29日，蒋介石命其侍卫长王世和率领一排卫士，秘密将邓演达押至南京麒麟门外沙子岗残酷杀害，时年36岁。

1931年12月16日，邓演达被害消息透露出来。临委会迅速发出《中央通告》，号召临委会全体成员“一致携手踏着先烈光荣血迹前进，剿灭我们的敌人，完成我们神圣的事业”。12月20日，宋庆龄在《申报》发表宣言，严厉谴责蒋介石残害忠良的反动罪行，并表示：“深信中国之真正革命者，必不因反动势力之恐怖残杀而消极畏缩。且将因环境之压迫，民众之呼号，而益坚其牺牲奋斗之志，不顾一切，共进于革命之大道。”宋庆龄的宣言，是对反动势力的有力鞭挞，是对临委会同志的极大鼓励与支持。

1932年1月6日，经宋庆龄联合冯玉祥等作保，与邓演达同一天被捕的郑太朴、罗任一等同志获释出狱。他们在被关押期间坚贞不屈，没有辜负组织的信任和邓演达的期望。

邓演达牺牲以后，临委会顿失核心，中央机构陷于瘫痪，干部遭到迫

① 《南京英烈》第1辑，东南大学出版社1986年版，第276页。

② 史夫著：《浩气冲霄》，《邓演达》，文史资料出版社1985年版。

③ 黄雍著：《黄埔革命同学会回忆》，《文史资料选辑》第19辑，中华书局1961年版，第168页。

害，地方组织大多瓦解，一时呈现出纷乱的状态。一部分人如朱蕴山、李世璋、李毓九、黎明等因邓演达牺牲而失去革命希望，选择离开了临委会。一部分人如章伯钧、王枕心、郭冠杰等提出改变临委会名称，章伯钧在北平提出不能再戴着国民党的帽子，应当改名“农工党”。一部分人如季方等力主继续按邓演达的遗志进行下去，并在北平同邓昊明等成立“中国国民党临时行动委员会各省市联合办事处”。经过一番波折，1931 年 11 月，商定临委会中央暂由黄琪翔负总责。自此局面渐次安定，并逐步恢复活动。黄琪翔主持临委会中央工作后，开始有重点地整理组织，改组上海组织，加强北方组织，重建南方组织。临委会以黄琪翔的名义编辑出版《邓演达先生遗稿》《邓演达纪念集》，以激励广大成员继承邓演达遗教，继续革命。

临委会开展的反蒋斗争具有一定的规模和影响，标志着以邓演达为代表的革命同志为实现民主革命胜利而不屈不挠的革命精神，但其组织和行动上存在明显缺陷。一是缺乏群众基础。临委会虽然提出民运工作的诸多目标，但实际上并没有很好地开展，联系群众、组织群众的工作相当薄弱。二是缺乏坚强领导。虽然依托邓演达的个人威望争取了一批人参与，但大多不是出于共同政治信仰的团结，以致邓演达牺牲后临委会马上与很多人失去联系。三是缺乏革命武装。虽然推动倾向反蒋的黄埔毕业生扩大了黄埔革命同学会组织，并试图依靠其建立“平民群众本身的军队”，但黄埔革命同学会开展的主要是联络工作，没有建立和掌握一支强有力的武装力量。这些缺陷，从根本上决定了临委会的反蒋斗争难以取得所设想的目标。

（六）开展“倒蒋抗日”斗争

九一八事变后，全国人民对日寇的侵略罪行和国民党政府的不抵抗政策义愤填膺。1931 年 9 月 22 日，中共中央发表了组织反帝运动的决议。在中国共产党的号召和推动下，全国各地群众掀起了抗日反蒋的怒潮。临委会中央明确提出：在这种内外斗争的旋涡中，我们最重要的政治口号就是“倒蒋抗日”。临委会在 11 月 12 日发布的《对时局宣传大纲》中号召，在“当前反蒋和抗日的斗争中”，“中国农工平民大众团结起来”。11月15日，临委会发布《训令》提出：“我们主张，要抗日救国，必先倒蒋。蒋氏的政权一日不倒，中国民族一日不得解放。”11月22日，临委会正式颁布“倒蒋抗日”十条行动纲领，明确要同“全国广大的农工平民大众推翻南京的反动统治，以抗日救国为己任”。在全国此起彼伏的抗日运动中，临委会以实际行动积极参加和推动抗日斗争。

1931年冬，国民革命军第十九路军由赣南调驻南京上海一带，日寇正欲进攻上海。当时黄琪翔也居住在上海，同第十九路军军长蔡廷锴往来密切。[①] 1932年1月下旬，日寇在上海闸北寻衅，战争形势一触即发。蔡廷锴同黄琪翔商议对策，黄琪翔竭力主张第十九路军抗日。而南京政府何应钦电令蔡廷锴：“退出上海市区，以免冲突。”1月28日晚，日寇先后在闸北、江湾、吴淞等处大举发动进攻，第十九路军第七十八师奋起抗击，“一·二八”淞沪抗战打响。战事爆发后，黄琪翔亲赴前线协助指挥作战，并动员八十七师、八十八师黄埔出身的军官主动请战。临委会组织义勇军，由周士第任队长，编入第十九路军补充团参战，固守太仓城。临委会组织后援队，为第十九路军提供物资支援。临委会还创办《自卫》杂志和《上海闷葫芦报》，揭露日寇罪行，鼓舞军民抗日。战事推进中，第十九路军因得不到增援，面临弹尽援绝局面，在交通部邮政储金局工作的临委会成员杨建平，直接挪用该局巨额资金支援第十九路军。

3月初，临委会发表《对上海事件紧急宣言》，指出“东北数省沦亡，是不抵抗主义的产物，而现在全国文化经济中心区域——上海的失守和十九路军的败退，又是蒋介石汪精卫合演的连环套！”《宣言》谴责“南京统治阶级对内屠杀剥削民众，从事连年不断的野蛮内战，而对于帝国主义的侵略，不但无心抵抗，反至勾结招引”，表示“中国反动统治阶级和日本帝国主义同是我们的敌人”，主张“立即对日宣战”，“发动全国人民一

① 邓演达、黄琪翔与第十九路军将领陈铭枢、蔡廷锴、蒋光鼐等，均来自孙中山创建并直接领导的军队“援闽粤军”第一师。之后，第一师发展为国民革命军第四军，第四军在北伐战争中被称为“铁军”。第四军的一部分之后又逐步演化发展成第十九路军。

致武装抗日”。

第十九路军高举抗日救国旗帜，英勇奋战，展现了中国人民英勇抗敌的不屈精神，给日寇以沉重打击。1932 年 5 月 5 日，南京政府派员与日寇进行谈判，签订了丧权辱国的《淞沪停战协定》，激起了全国人民的极大愤慨。临委会积极参与发动学生、工人进行抗议，临委会成员严正带领抗议人群痛打国民党首席谈判代表郭泰祺。

1933 年上半年，日本帝国主义侵略者进犯察哈尔东部，逼近平津。冯玉祥汇集各方爱国武装部队，于 5 月 26 日在张家口成立“民众抗日同盟军”，在察哈尔同日本侵略者浴血奋战。临委会派周惠生、张云川率领华北一批干部和成员到张家口参加抗战，以实际行动支持同盟军抗日。周惠生任同盟军总司令部秘书，张云川任同盟军干部学校政治主任教官。

（七）参与策动福建事变

《淞沪停战协定》签订后，第十九路军被调往福建“剿共”，并被指令由海路从漳州、厦门登陆。蔡廷锴担心遭蒋介石暗算，请黄琪翔协助了解漳州、厦门一带的军情。黄琪翔电令在福建的陈祖康急速赴沪汇报。随后，黄琪翔派陈祖康、周士第、邓次侯，利用邓次侯与驻漳州军队的个人关系，借游览名胜古迹之名，察看漳、厦一带的军事部署情况。之后，经综合分析，陈祖康、周士第、邓次侯电告黄琪翔“转告十九路军，可以安全入闽”。

第十九路军入闽前，黄琪翔在与蔡廷锴交换意见时，达成“不抗日不足以图存，不反蒋不足以抗日”的共识。第十九路军入闽后，黄琪翔打算利用这个机会，与蔡廷锴等建立反蒋联盟，并将福建作为临委会恢复发展的基地。1932 年冬至 1933 年，临委会组织骨干成员从各地赶赴福建，会同前期在福建的成员，计有 100 多人。经蔡廷锴、蒋光鼐同意，并由第十九路军总部秘书长、临委会成员徐名鸿安排介绍，分别到福建各地担任行政工作、农村工作以及协助第十九路军开办军官训练班等。原在第十九路军担任军职的，有旅长云应霖、团长周士第、团副汪志道、参谋沈奎、营长何自坚等；在地方担任职务的，有钟绍奎、马鸿兴等人。

1933年6月，彭德怀率领的中国工农红军东方军入闽作战后，第十九路军主力在闽西北受到猛烈打击，损失惨重。黄琪翔遂于8月底在上海寓所与章伯钧、彭泽湘等临委会同志共商福建局势。大家一致认为，无论于公于私都要设法挽救第十九路军；第十九路军只有和中国共产党取得联系，商谈合作，反蒋抗日，才有立足生存之可能。于是，决定一方面由黄琪翔写信向在香港的陈铭枢征求意见，另一方面安排临委会成员设法在上海与中国共产党沟通，但未能取得联系。9月中旬，临委会成员陈公培（又名吴明）受第十九路军将领委派，携带蒋光鼐、蔡廷锴联名致毛泽东、朱德的信，前往闽西北交战前线寻找红军。彭德怀在延平王台（今南平市延平区王台镇）会见陈公培并进行谈判。陈公培对红军提出的停战条件没有异议。彭德怀给第十九路军将领写了回信，并请第十九路军再派人到瑞金同中共中央谈判。王台谈判之后，第十九路军和红军双方在闽西北前线处于休战状态。

10月18日，临委会成员徐名鸿以“福建省政府及第十九路军全权代表”身份，携带第十九路军将领的信件，由陈公培陪同前往中共中央驻地瑞金，受到毛泽东、朱德等中共领导人的接见。10月26日，徐名鸿与中华苏维埃共和国临时中央政府及工农红军全权代表潘汉年，代表双方签订《反日反蒋的初步协定》，约定双方为挽救中华民族的危亡，反对帝国主义殖民中国的阴谋，实现苏维埃政府及工农红军的抗日革命主张，准备建立反日的军事同盟。协定的签订解除了十九路军发动反蒋抗日革命斗争的后顾之忧，促使其走上联共反蒋抗日的道路。

10月下旬，临委会黄琪翔、章伯钧、麦朝枢等，应李济深、陈铭枢邀请从上海赴香港，在李济深住处讨论发动建立反蒋抗日革命政府事项，以及有关军事、政治、财政、外交等具体事宜，决定在香港的人员分批赴福州进行筹备活动。

11月上旬，临委会黄琪翔、章伯钧、郭冠杰、丘哲、麦朝枢、刘伯垂等陆续到达福州。临委会中央机关设在黄巷32号黄琪翔的住所。章伯钧向临委会福建省组织负责人黄农传达，临委会将要参加建立反蒋抗日革命政府的斗争，凡属临委会成员均须来福州集合。于是，黄农通信召集闽籍临委会同志来榕，并恢复临委会福建干事会，由丘锦章负责组织，余遇时负责宣传，黄农负责训练，郑少雄驻会。干事会会址设在福州中山社 12 号。

11 月 18 日，黄琪翔和李济深、陈铭枢、蔡廷锴、蒋光鼐、陈友仁、徐谦、李章达及第十九路军各军军长、总参谋长等在福州鼓山召开紧急会议。会上，对发动建立反蒋抗日革命政府的各项相关工作进行了全面讨论，对发动事变的时间、方式以及新政府的纲领、政策等重大问题作出最后决定，黄琪翔代表临委会表达了坚定的反蒋抗日革命立场。

11 月 20 日上午，“中国全国人民临时代表大会”在福州南校场[①]召开。参加会议的有来自全国 26 个省市的代表，华侨代表，第十九路军官兵，福建省各机关、社会各团体代表以及各界群众，共数万人。大会主席团由 17 人组成，黄琪翔被推选为主席团主席并主持会议。黄琪翔致开幕词，宣布大会的宗旨是“救护国家，保障人权”，为实现此目的，“必然排除帝国主义的侵略，打倒卖国媚外的蒋介石和他御用的南京国民党政府”。黄琪翔宣读《中国人民临时代表大会人民权利宣言》，获得大会一致通过。大会还通过《即日组织人民革命政府案》《制定新国旗案》。随即举行升旗典礼。

11 月 22 日，“中华共和国人民革命政府”正式成立，改年号为中华共和国元年，国旗为上红下蓝中嵌一颗黄五星。人民革命政府设军事、经济、文化三个委员会，财政、外交两个部，以及最高法院和政治保卫局等机构。临委会成员在人民革命政府中担任重要职务，其中，黄琪翔任军事委员会委员兼参谋团代主任，彭泽湘任人民革命政府秘书长，章伯钧任文化委员会委员、经济委员会委员兼经济委员会所属的土地委员会主任委员，郭冠杰任延建省副省长。[②]

---

① 今福州五一广场。

② 人民革命政府将控制的区域划分为 4 省 2 市：闽海省、延建省、兴泉省、龙汀省、福州特别市、厦门特别市。

★ 1933 年 11 月，临委会参与策动福建事变，黄琪翔（图中标③者）担任临时代表大会主席团主席。

福建事变受到各地民众和海外华侨的支持，但随即遭到蒋介石的军事镇压。在蒋介石分化瓦解和优势兵力的攻击下，福建事变于 1934 年 1 月终告失败。策动福建事变是临委会继承邓演达遗志的一次重要实践。福建事变的失败，不仅使临委会再次遭受巨大损失，而且证明“团结国民党左派，打击国民党右派”的设想难以实现。要抗日，蒋介石不让；要反蒋，力量又不够。如何继续孙中山的革命事业，完成邓演达的建党主张，临委会同志陷入了迷茫。

福建事变中，陈铭枢发起组织生产人民党，并任总书记，要求参加事变的各方人士均退出原有的党派，一致参加该党。对于临委会，他强烈要求取消组织。为维护参加事变各方的内部团结，临委会在福建人民革命政府发行的《人民日报》上，策略地以“中国革命行动委员会”名义发布《宣告解散启事》。

1934 年 2 月，福建事变失败后陆续转移的临委会领导人在香港集会，决定恢复组织，按一干会议通过的纲领继续战斗。同时，为积蓄革命力量，决定采取缩小目标、分兵各路的策略，分头在国内外进行活动。章伯钧、何世琨、李士豪、郭冠杰等东渡日本，黄琪翔、万灿、连瑞琦等西赴德国，漆其生等回上海，王一帆、周惠生等到北平，李伯球等留广州。临委会的中心设在香港，由彭泽湘、彭泽民、丘哲等负责留守，与各方面保持联系。

农工党在大革命失败后成立，随即开展反蒋抗日革命活动，反映出农工党早期对中国革命道路的艰辛探索，为谋求民族独立的不懈努力。由于没有广泛的群众基础，没有坚强的组织基础和革命武装，农工党反蒋抗日斗争屡遭挫折，但农工党坚持建党纲领，推进反蒋抗日矢志不移。

二、响应《八一宣言》，投身抗日斗争

屡遭挫折与失败，促使临委会同志在探索民族解放的道路上不断总结思索。1935 年 8 月 1 日，中共中央发表《为抗日救国告全体同胞书》（即《八一宣言》），呼吁停止内战，为抗日救国的神圣事业而奋斗。临委会同志深受鼓舞，积极响应，准备重振组织，参加抗日民族阵线。随即易党名为中华民族解放行动委员会（简称解委会），为建立、坚持和发展抗日民族统一战线积极努力，同中国共产党建立了日益密切的合作关系，为争取抗战胜利和实现民主政治而奋斗。

（一）对中国共产党认识的深化

从 1934 年春季起，陆续到达日本东京的临委会成员章伯钧、李士豪、李述中、王晞辰、何世琨、何仲珉、郭冠杰、李伯球、李健生、章振乾、丘锷仑、黄日昭、王昆、黄农等人，分成三个小组，每周集会一次，讨论交流对国内外政治经济形势的意见。同时，吸收一些旅日进步人士如朱程等人加入临委会组织。在德国柏林的黄琪翔、连瑞琦、万灿等，积极参加由中国共产党领导的“旅欧华侨抗日联合会德国分会”的爱国活动。黄琪翔和连瑞琦先后被推选为该会的负责人，同国民党控制的“留德学生

会”反动组织进行激烈斗争。一天，黄琪翔主持召开70多人参加的会员大会，国民政府驻德大使程天放竟要求德国警察阻止，并将黄琪翔和分会另一位负责人、中国共产党党员朱江户抓捕。经全体会员到驻德使馆抗议，程天放迫于压力才不得不打电话给柏林警察当局，将黄琪翔等人释放。

1935年夏，在日本的章伯钧、何世琨、李士豪、李伯球、何仲珉、李述中、王晞辰等和所联系的一些朋友到静冈县伊东井子头公园，就如何重新整顿组织、发动反蒋抗日等问题进行会商。大家一致认为：中国共产党是中国革命的主力，但也还要各方面的力量去配合行动，这就是我们要重整组织的目的。会商以后，临委会在伊东出版《解放》杂志，发表主张团结抗日文章，联络旅日进步分子加入临委会。

日寇占领东北之后，1935年制造华北事变，中日矛盾上升为主要矛盾。在民族危机日益深重的关键历史时刻，1935年8月1日，中共中央发表了《为抗日救国告全体同胞书》（即《八一宣言》），呼吁停止内战，为抗日救国的神圣事业而奋斗。《八一宣言》的发表，激起了全国抗日民主运动的高涨。黄琪翔、章伯钧、彭泽民等人分别在德国、日本、中国香港等地看到了《八一宣言》，都受到很大鼓舞，他们非常赞同中国共产党建立抗日民族统一战线的主张。在日本的临委会同志认为反日反蒋事有可为，章伯钧遂返回香港，准备重振组织，参加抗日民族阵线。章伯钧在离开日本返回香港之前，将大家会商的意见写信告知在德国的黄琪翔。黄琪翔复信表示赞成，并提出“共产党是斗争的主力，要搞革命就必须与红军取得联系”。[①] 章伯钧与黄琪翔的看法高度一致。

（二）响应中共《八一宣言》，召开第二次全国干部会议

1935年秋，章伯钧从日本回到香港，与彭泽民、丘哲、郭冠杰等会商，认为临委会有社会基础和工作基础，抗日救国应急起行动、重振组

① 中国农工民主党中央党史资料委员会编：《中国农工民主党的奋斗历程》，中国文史出版社1990年版，第95页。

织，为民族解放而奋斗到底。黄琪翔也赞成恢复组织，并汇来港币 3000 元作筹备经费。1935 年 10 月下旬，华北的张云川，广东的郭翘然，在日本的李士豪、李伯球、何仲珉等，先后到达香港，共同会商恢复组织的基本问题。讨论的主要内容有：

关于路线方针问题。认为中共中央发表了《八一宣言》，我们应当首先响应。章伯钧指出：现在中国共产党在法国所做的国际统一战线工作，颇有成效；国内的统一战线，也已渐能团结各个方面，趋向一致。我们应当同中国共产党合作，共同奋斗。

关于名称问题。一致认为临委会的名称需要改变，既要同国民党彻底决裂，又要适应革命形势的变化，以民族解放为己任，还要照顾到历史传统，保留“行动委员会”的称谓。

关于纲领问题。一致同意以邓演达时期的纲领为基本纲领，根据新的历史任务作适当修改，重点突出反对日本帝国主义的侵略。

关于指导思想问题。经过讨论商定，“以马克思列宁主义作为党的思想武器”。

讨论告一段落，推章伯钧、彭泽湘、李伯球、张云川起草《临时行动纲领》和《告同志书》，并着手筹备召开第二次全国干部会议（当时称为第一次临时代表会议）。

1935 年 11 月 10 日，第二次全国干部会议在香港九龙大埔道召开。参加会议的有章伯钧、彭泽湘、彭泽民、丘哲、郭冠杰、李伯球、张云川、李士豪、陈卓凡、杨逸棠、郭翘然、何仲珉、叶粤秀、杜冰坡、吴今、陈柏鳞等 20 余人。会议由章伯钧、彭泽湘、彭泽民共同主持。会议的主要内容是：一是决议将中国国民党临时行动委员会易名为中华民族解放行动委员会（简称解委会）。二是决定响应中共《八一宣言》，以“抗日、联共、反蒋”为党的总方针，以推动抗日为中心工作。三是通过了《中华民族解放行动委员会临时行动纲领》和《中华民族解放行动委员会告同志书》。四是选出了中央领导机构，黄琪翔、章伯钧、彭泽湘、彭泽民、丘哲、郭冠杰、李伯球、张云川、李士豪、陈卓凡、杨逸棠、郭翘然、杜冰坡、季方、罗任一、何世琨、杨清源、连瑞琦、庄明远 19 人当选为临时中央执行委员。推选黄琪翔为总书记，并决定黄琪翔在德期间，党务工作由章伯钧、彭泽湘、彭泽民、丘哲、郭冠杰集体负责。五是决定以北平、上海、广州为据点，建立华北、华东、华南三个大区机构，大力发展组织，开展抗日救亡运动。解委会中央机关暂设在香港跑马地。为指导全国工作，编印《政治通报》《工作通讯》等油印品。由喻松担任“总交通”，往返传递于香港、上海、北平之间。

第二次全国干部会议确立的同中国共产党合作的政治路线，标志着思想认识上的重大转折和历史飞跃，不仅认识到中国共产党是中国革命的主力、是中国革命胜利的保证，还认识到中国共产党及所领导的红军对于中国革命具有决定性作用。1936 年章伯钧与中国共产党党员金城交谈时，表示“中国的希望之所在，一要靠红军的胜利，二要靠各党各派的团结合作，和你我这些有民族热血的青年人”①。

1930 年临委会成立时，邓演达就曾主动寻求同中国共产党建立“反蒋的联合战线”，但当时的这种“联合战线”只是把中国共产党作为联合的对象，没有认识到中国共产党在中国革命中的领导地位和作用。而且当时中国共产党党内的“左”倾错误路线将民族资产阶级、小资产阶级列为革命对象，因而邓演达联合的提议被拒绝。当时邓演达曾感慨地说：“共产党在‘左’倾机会主义占上风的时候，统一战线是不能实现的，将来毛泽东一派领导，可能实现，因为他同我对中国农民问题的看法是一致的。”② 第二次全国干部会议提出的“同共产党合作”有其特殊的含义，就是要在中国共产党的影响、帮助和指导下，政治上同中国共产党保持一致，斗争中同中国共产党站在一边。③

第二次全国干部会议通过的《中华民族解放行动委员会告同志书》，

① 金城著：《六参政员的五日来去》，《人民政协报》1985 年 1 月 18 日第 4 版。

② 连瑞琦著：《与杨虎城共同反蒋的片断回忆》，《文史资料选辑》第 123 辑，中国文史出版社 1991 年版，第 33 页。

③ 中国农工民主党中央党史资料委员会编：《中国农工民主党的奋斗历程》，中国文史出版社 1990 年版，第 97 页。

是在中国最先响应中共《八一宣言》的一个宣言，[①] 标志解委会积极响应中国共产党抗日主张的鲜明政治态度。会议通过的《临时行动纲领》（以下简称《纲领》）指出，“今日的国际形势，正当第二次世界大战的前夜”，“日本必然凭借武力，夷中国为其完全的殖民地”，“中国人民惟一的出路，便是立刻发动民族革命的战争，对日作战”。《纲领》对国民党统治下的现实问题作了揭露与抨击，指出中国工农劳苦大众，特别是占人口最大多数的农民，要求生存解放之迫切；认为民族革命战争，没有广大的农民参加便无胜利的希望。因此，土地革命与反帝战争是绝对不可分离的。《纲领》指出，中国革命的性质，是民主主义的革命，中国现有的苏维埃政权和几十万红军的存在，这是一个为世所惊骇的事实。我们的任务，是承认苏维埃是其现有区域的政权形式，要敦促红军与全国反帝的军队和人民取得一致的行动，共同对日作战。《纲领》呼吁世界上的反帝国家和民众，应该结成联合战线，必须恢复联俄政策。《纲领》指出，要彻底完成民族革命战争这个神圣任务，必须全国人民合作，不能奢望依赖现政府或国民党单独来做。

（三）恢复发展各地方组织

二干会议后，解委会积极发展全国各地方组织。1935 年 11 月，解委会中央派张云川从香港回到北平，聚集成员传达二干会议精神。1936 年春，解委会中央派何世琨到北平，由何世琨、周惠生、张云川、王一帆四人组成华北局委员会，何世琨任书记，周惠生负责军事，以“经文”为代号，领导解委会在北平、天津、山东、河北、河南、绥远、山西的工作。1935 年 12 月 9 日，北平学生发动一二九爱国运动，解委会成员谭石亭、覃汉川、谢辑明、王守先、李湘若、张祚延、王泰、李雪冰、蒋春信等，在解委会北平市委员会的组织领导下，直接参加了一二九示威游行和宣传活动。

① 中国农工民主党中央党史资料委员会编：《中国农工民主党的奋斗历程》，中国文史出版社 1990 年版，第 98 页。

1936年年初，李士豪、何仲珉负责解委会华东区的工作。李士豪等到上海后，首先和留沪的罗任一、黄农、王寄一等取得联系，随即邀集浙江、江西、安徽、福建等省的干部举行会议，传达二干会议精神。由李士豪、何仲珉、杨清源、欧阳平、施建东五人组成华东局领导机构，李士豪任书记。华东局成立后，上海组织称为“特别党团”，由何仲珉、喻松、黄德芳等负责。上海组织工作从发动群众性的救亡歌咏活动开始，参加者有学生、工人和店员，一般是每个周末在中华职业教育社或八仙桥青年会，集中教唱救亡歌曲。歌声激发了爱国热忱，参加者越来越多，达到五六千人。在这个基础上，由暨南大学学生林雄负责建立了青运工作组，辖暨南大学和中国公学、大夏大学两个小组；由长期从事工运的李楚琛负责建立了工运工作组，下设电车工人和纺织工人两个小组，各小组设立了工人俱乐部作为经常性的活动据点。

1935年年底，由裘朝慎、张觉初、陈伊林、李宏略、丘锷仑五人组成了解委会广州市委员会，由裘朝慎任书记。1936年春，建立秘密外围组织青年联络点，后因发动抵制日货的示威游行遭当局镇压，青年联络点被破坏，陈柏麟等七人被捕。同时，从1935年起，在广东梅县、汕头、惠州等地区建立地方武装，在汕头组织“反日十人团”，开展抗日军事活动。

1936年夏，解委会成立日本东京支部，李述中为主要负责人。支部以“反蒋抗日”为号召，在留日学生中继续发展组织；坚持抗日主张，同亲国民党分子进行面对面斗争；广泛联系群众，组织各种会社，进行反蒋抗日宣传，并通过会社发动留日学生，对日本文部省利用“庚子赔款”培植亲日学生的阴谋活动进行坚决斗争。随着中国人民抗日怒潮日益高涨，东京支部的成员纷纷回国抗战。启程较晚的，遭到日本当局的迫害。1937年8月14日，陈炯煊、陈盛智等被捕，一直关押到12月才被“驱逐出境”。东京支部在中日民族矛盾极为尖锐的形势下，留在敌人心脏进行反蒋抗日活动，彰显了解委会成员勇敢坚强的战斗精神。

（四）推动建立抗日民族统一战线

中国共产党关于建立抗日民族统一战线的正确主张，引领要求抗日救国的力量迅速团结起来。为了促进抗日民族统一战线的早日建立，解委会积极通过各种渠道各种方式开展工作。

1936 年 7 月，国民党召开五届二中全会，蒋介石迫于全国人民的抗日呼声以及英、美等国家的压力，会上表现了对日寇态度的某些改变。9 月 1 日，中共中央向中共全党发出了《关于逼蒋抗日的指示》，指出目前中国人民的主要敌人是日本帝国主义，对蒋的政策应从“抗日反蒋”改为“逼蒋抗日”。1936 年 10 月，黄琪翔接陈诚电召由德国回国参加抗战，途经香港时与彭泽民、章伯钧、丘哲、彭泽湘、郭冠杰、杨逸棠、陈卓凡、李伯球等会晤，着重研究了对时局的意见。大家一致认为：当前的首要问题是如何推动联合，进行抗战，明确了在当时条件下由“反蒋抗日”转变为“逼蒋抗日”，并开始贯彻执行。

1936 年 11 月，解委会利用与杨虎城的原有关系，派中央委员罗任一为代表，从上海去西安与杨虎城联络，以促进联合抗日的早日实现。罗任一到达西安后，受到杨虎城的热情接待，并介绍罗任一与东北军主帅张学良见面会谈。参加会谈的有张学良、杨虎城、罗任一、卢广绩（张学良部下）、孙蔚如（杨虎城部下）五人，会谈的中心内容是如何联合抗日。罗任一在西安期间，还同杨虎城以郊游方式在野外进行交谈，并应杨虎城的邀请，到西安绥署步兵军官学校和十七路军军官大会上作国际形势和团结抗日的讲演。罗任一的西安之行对推动合作抗日起到积极作用。

1937 年 6 月 15 日，解委会为要求国民党刷新政治，顺从民意，发动抗日，由彭泽民发表了《致各界领袖书》，提出“举国人民正于和平统一、团结御侮的最高原则下，期望中枢当局早定国是，予人民以共同努力之具体救亡方针”，“民主政治必须迅速确立；各政治党派必须平等合作；国民代表大会之召开，应以民主主义为原则；立即释放全国政治犯，终止阻碍民权发展之防范工作与一切紧急条例”。

1937年春，解委会中央特派员彭泽湘到北平视察党务，进行抗日联合战线活动，联络北平数十位著名教授学者签名发表抗日宣言。6月，毛泽东通过河北民主人士李锡九邀请彭泽湘到延安共叙国是。彭泽湘在延安受到热情接待，毛泽东连续几个晚上到陕北饭店同彭泽湘叙谈。毛泽东向彭泽湘询问了广西、上海等地的情况以及两广军政人员对抗日的态度，分析了中国的历史和国家的形势，阐述了建立抗日民族统一战线的方针策略等。6月12日，毛泽东致电中国共产党北方局负责人，告知已与彭泽湘在延安谈好合作问题。同日，毛泽东致电潘汉年称“彭泽湘来延安谈，尚好，表示同意我们主张并愿合作。他……约半月到上海，我嘱他找你”[①]。从延安返回时，彭泽湘受林伯渠之托，将毛泽东给几位大学教授的信件带回北平转交。

★ 1937年8月，国共谈判期间，农工党领导人黄琪翔及夫人邀请双方谈判代表到南京黄琪翔寓所餐叙时的合影。左起：张群、叶剑英、郭秀仪、黄琪翔、周恩来、朱德。

① 中共中央文献研究室编：《毛泽东年谱（1893—1949）》（上卷），人民出版社、中央文献出版社1993年版，第680页。

西安事变和平解决后，第二次国共合作条件逐渐成熟。为团结抗战，周恩来、朱德、叶剑英等中共领导人到南京等地和国民党进行了多次谈判。在此期间，周恩来等同黄琪翔经常交往，周恩来希望黄琪翔发挥推动和促进作用。黄琪翔在这些交往中受到很大鼓励，完全同意中国共产党提出的团结全国人民，结成抗日民族统一战线的主张，表示愿为此尽到自己的责任和力量。

（五）参加抗日民族统一战线

1937 年 7 月 7 日夜，日寇在北平西南的卢沟桥附近突然向中国驻军发起进攻，中国官兵奋起抵抗，日寇全面侵华的七七事变爆发。7 月 10 日，彭泽民与章伯钧联名致电蒋介石和国民党中央，提出抗日救国的八项政治主张：一是提前召开国民代表大会，制定全国上下一致遵守的政治纲领，俾全国各阶层力量能迅速集中，各方政治意见能彻底融洽，以树立政府之坚实抗战基础；二是实现最低限度之民主政治，以增强人民对政府之信赖，并使人民得以自由发挥其抗战能力；三是建立特殊机关，统一各党派所领导之民众活动，俾全国宣传、组织与训练，完全趋于一致；四是成立武装民众之指导机关，指挥全国义勇军之活动，使其与正式军队之动作，有适当配合，借收指臂之效果；五是于全国各地成立在乡抗日志愿军，以备征兵制未完成前之调动；六是成立战时经济计划机关，计划战时必须之生产与分配，并分设于各省市，以促成战时计划经济之实现；七是对广大战区中的劳动人民、自由职业者、中小手工业者、失业公务人员等，须有妥善之救济方法；八是除汉奸外，宜从速开释全国政治犯，并取消以前有碍民众运动之各项特殊条例。这八项政治主张，表达了解委会抗日救国的强烈愿望与要求。国民党当局不但置之不理，且执意不承认解委会的存在，处处加以歧视和排斥。蒋介石 7 月在庐山召集谈话会，8 月在南京召开国防参议会，邀请了国民党以外的党派领袖和社会名流参加，唯独把解委会的负责人排斥在外。

9 月 22 日，国民党中央通讯社发表《中国共产党为公布国共合作宣言》（以下简称《宣言》）。23 日，蒋介石发表承认中国共产党合法地位及两党合作抗日的谈话，并表示对爱国民主党派“无不开诚接纳”。《宣言》和蒋介石谈话的发表，宣告国共两党重新合作和抗日民族统一战线的形成。在抗日民族统一战线的旗帜下，解委会以民族利益为重，采取了同国民党合作的态度，通令全党停止对国民党的斗争，积极参加和开展一切抗日活动，并尽量争取投入到抗日第一线。

12 月，黄琪翔从安徽到达武汉后，蒋介石为了分化解委会，指名要求黄琪翔参加国民党。黄琪翔将此事告知章伯钧、彭泽湘和丘哲，章伯钧等一致主张黄琪翔参加进去，为以后解委会的工作争取一些有利条件。1938 年春，华北、华东等地相继失陷，团结抗日的呼声遍及各地，迫使国民党在武汉改组国民政府军事委员会，并增设政治部，以陈诚为部长，周恩来、黄琪翔为副部长，丘哲任设计委员。黄琪翔、丘哲与周恩来、叶剑英以及在汉口的民主人士常相来往，商讨扩大和发展抗日民族统一战线问题。解委会成员朱代杰、庄明远、丘学训、陈继中、麦朝枢、何自坚、杨逸棠、黄禾春、黄心维等一批干部，均在国民政府军事委员会政治部任职。

在华南，李伯球等在广州成立了抗日救亡实践社、乡村抗敌工作服务团，开办农民夜校，创办《南针》《抗战农村》《抗战妇女》《抗战青年》《抗战华侨》等刊物，积极宣传推动抗日，团结组织抗日力量。

在华中，解委会负责人章伯钧、彭泽湘等于 1937 年冬季到达武汉，从华北、华东撤退下来的许多干部和党员也陆续到武汉集中。解委会成立了武汉临时工作组，通过青年抗日工作团、黎明剧团，在工人、学生和海员中进行抗日救亡组织和宣传活动，并吸收一批青年和工人加入解委会。1938 年 2 月 1 日，解委会在武汉创办中央机关刊物《抗战行动》旬刊，以“本民族至上，民主至要的意识，抒陈有利于国家民族的政见”为宗旨开展抗战宣传。

（六）召开第三次全国干部会议，贯彻中共抗日斗争路线方针

1938 年春，解委会负责人同中国共产党领导人在武汉举行会谈。先

是章伯钧同董必武商讨有关抗日游击武装的问题，着重商谈解委会在安徽组建的游击队与新四军的关系。随后，章伯钧、彭泽湘同周恩来、王明举行正式会谈。双方共同回顾解委会与中共过去的关系，一致表示今后应密切合作，共同战斗。这次会谈意义深远，使解委会受到了教育和鼓舞，认清了中国共产党“全面抗战”路线和“持久抗战”方针，深感参加抗战“心中有底了”，巩固了同中国共产党亲密合作的思想基础。

3 月 1 日，解委会在汉口璇宫饭店举行第三次全国干部会议，出席会议的有章伯钧、彭泽湘、张云川、何世琨、何仲珉、李士豪、王一帆、李伯球、郭翘然、丘哲、杨清源、朱代杰、邹静陶、万灿、张耀明、蔡一鸣等 20 余人。会议邀请在武汉的中共领导人周恩来、叶剑英、秦邦宪出席指导。会议由章伯钧、彭泽湘主持，会期一天。会议贯彻中国共产党的“全面抗战”路线和“持久抗战”方针，通过了解委会在抗战时期的政治纲领《抗日战争时期的政治主张》和《解委会抗战时期人民自卫武装组织条例》，推选了解委会中央领导机构。

第三次全国干部会议决定，除第二次全国干部会议选出的 19 名临时中央执行委员全部保留外，增选王一帆、何世琨、朱代杰、邹静陶、杨清源、王寄一六人为临时中央执行委员，组成临时中央执行委员会。会议决定仍以黄琪翔为解委会主要负责人，所有负责人均暂时不定职务。在黄琪翔未公开身份以前，解委会的实际工作由章伯钧、彭泽湘共同主持，并推定章伯钧为总联络人。会议决定，全国地方组织分为后方组织和沦陷区组织两个方面。后方组织应配合全国抗战，积极加强活动；沦陷区组织凡能保留的，应尽力保留下来，坚持工作。

会议通过的《抗日战争时期的政治主张》（以下简称《政治主张》），核心内容是要实行全民的全面抗战，坚持长期的持久抗战。《政治主张》认为中国这次抗战，是包含了除极少数汉奸外的一切人民的利益，是全国各阶级共同要求的全面抗战，这是中华民族图存的最后挣扎，也是中华民族复兴的起点。落后的中国要抗战并战胜穷凶极恶的日本帝国主义者，必须忍受长期痛苦，集中全国物力人力，用己之优长，攻敌之弱点。为此，根本的问题是改革政治。要改革政治方针，实行民主政治，改善人民生活，发展战时生产，改善财政政策，施行战时教育，加强民族团结，尊重侨胞权利。《政治主张》把中国共产党的抗战路线和方针用纲领的形式接受下来，作为解委会的抗战行动指针，全面加强了同中国共产党合作的政治基础。

第三次全国干部会议之后，解委会中央于1938年4月创办《前进日报》，围绕“抗战与民主”加强宣传工作，提出中国抗战要民主才能团结，要团结才能胜利。解委会中央还派出李士豪、何仲珉、张云川，分别赴浙江、江西、广东等沦陷区主持党务。

1938年秋，章伯钧、彭泽湘等和一批干部先后从武汉撤到重庆，在半山新村3号设立解委会中央机关。受战争影响，解委会地方组织在大后方仅有重庆、成都能开展正常组织活动；沦陷区能坚持活动的有江西、广东和浙江等地。其中，江西成员约200人，由何仲珉、王一帆负责联系，分别在南昌、泰和、吉安、修水、丰城等县市，进行组织活动和参加抗日活动。成员傅润生带领部分游击队员由九江偷渡长江时不幸落入敌手，被日寇活活剥皮惨杀。王枕心利用与国民党江西省政府主席熊式辉的私人关系，出任熊式辉兼任团长的江西青年服务团总干事并主持实际工作，掩护一批解委会成员和中国共产党党员在服务团内开展抗日宣传工作。浙江以诸暨为中心，在李士豪领导下建立了地下支部并隐蔽解委会身份，利用其他公开身份进行抗日政治工作和群众工作。广东主要以兴（宁）梅（县）地区为据点，在李伯球等领导下有成员100余人，通过各种关系隐蔽解委会身份开展发动群众、宣传教育等抗日活动。

为解决经费问题，解委会提出“发展生产，自给自足”的口号。1939年从赈济委员会争取资金创办了北碚民利制革厂，并附设有农场，由章伯钧任经理。解委会成员先后进入国民党一些工厂任职，如庄明远任江津中华纺织厂董事长，袁吉安任江津陆军敷料制造厂厂长，连瑞琦任陆军卫生用具制造厂厂长。这些工厂成为了解委会秘密活动的联络点和重要的经济来源。中国共产党领导人同民主党派负责人的秘密会谈，也经常在陆军卫生用具制造厂进行。

（七）在抗日民族统一战线旗帜下投身全面抗战

全面抗战打响后，大批解委会成员义无反顾奔赴抗日前线，投身抗击日本侵略者的战斗。

黄琪翔领导抗日部队参加抗战。抗战期间，黄琪翔先后担任第八集团军副总司令、总司令，第十一集团军总司令，第六战区副司令长官，中国远征军副司令长官等职，率领抗日部队参加了1937年的淞沪会战、1940年的枣宜会战、1944年的滇西反攻战役等抗日重大战役，在抗击日寇的正面战场上作出了贡献。1937年的淞沪会战中，日寇装备精良，海陆空联合作战，中国军队缺乏现代化武器，全赖血肉之躯与之相抗。但中国官兵同仇敌忾，以劣势装备与敌人顽强血战三个月，歼灭日寇七万余人，粉碎了日寇速战速决的美梦，也赢得了国际社会的同情和尊重。其间，解委会成员组织了“抗日后援队”“前线慰劳队”等，开展募捐支援前线，慰问抗日部队。杨逸棠、李卓贤、裘朝慎等一批解委会成员在前线与日寇浴血奋战，裘朝慎在淞江阻击战中英勇牺牲。1944年5月，黄琪翔作为中国远征军副司令，参与指挥远征军强渡怒江，发动了震惊中外的滇西反攻战役。经过长达六个月的顽强战斗，终于在11月上旬，粉碎了日寇的负隅顽抗，歼灭日寇五万多人。滇西反攻战役是中国抗日正面战场上最先开始战略反攻的一次战役，不仅肃清了滇西的日寇，解除了抗日正面战场的背后威胁，而且保障了战略物资运输线的畅通，为抗战全面胜利作出了重要贡献。

季方在苏北苏中地区参加领导抗敌斗争。七七事变后，季方前往上海参加宋庆龄发起建立的华东武装抗日自卫委员会。季方坚信：抗战必胜，但必须依靠中国共产党的领导；如依靠蒋介石政府的领导，则抗战必败。1939年春，为参与和领导苏北地区抗战，季方经香港飞抵重庆，取得国民政府战地党政委员会少将指导员身份，后经辗转于同年秋回到江苏。1940年夏，陈毅、粟裕领导的新四军北渡长江在扬州、江都沿江一带打击日寇，开创苏北敌后抗日根据地。但鲁苏战区副总司令兼国民党江苏省政府主席韩德勤执行国民党顽固派限制“异党异军”政策，不断制造反共事端。季方不辞辛劳，为团结抗日奔走于韩德勤和地方武装各处，动员他们同新四军联合抗日。在获知韩德勤决意反共，其下属第八十九军军长李守维召开作战会议准备与新四军决一死战的信息后，季方立即赶往新四军驻地向陈毅报告情况。陈毅从容应对，几天时间就将李守维部击溃，史称黄桥战役，为巩固苏中苏北抗日根据地奠定了基础。黄桥战役后，中共中央部署新四军苏北抗日部队东进至黄海边，陈毅、粟裕决定迅速派出部队东进，开辟南通、如皋、海门、启东一带的抗战新局面。但此时这块滨江临海之地，还盘踞着互不隶属的六七支杂牌部队，共三万多人，情况复杂。为扫除新四军东进障碍，急需做好这些部队的协调工作，季方接受陈毅司令员的郑重邀请，担负起这个光荣使命。季方请新四军派得力政工干部协助，陈毅遂派陈同生以新四军记者的身份协助季方。11 月初，季方前往苏中第四区专署所在地如皋县掘港镇，召开国民党系统党政军联席会议，提出同新四军合作抗战，要表里如一，精诚团结，不能暗地里搞鬼，军事上要统一指挥，政治上要统一领导，财政上要统筹统支，不能各自为政。会议决定成立苏四区（因当时南通为江苏省第四区）游击指挥部，季方担任总指挥。为了稳定局势，季方以群众团体的名义，电请新四军苏北指挥部接管苏四区。陈毅派陶勇率新四军第三纵队进入苏四区，但反动顽固分子徐承德带领的游击第六纵队不服从领导，趁季方、陶勇外出开会和新四军第三纵队主力西调之机，突然围攻设在掘港镇的苏四区游击指挥部，季方、陶勇闻讯赶回，调新四军第三纵队主力将徐承德部击溃。掘港保卫战后，新四军苏中第四军分区司令部于 1941 年 3 月正式成立，季方任司令员，兼任苏中行政公署主任。从此，南通、如皋、海门、启东地区建立起抗日民主根据地，实现了新四军苏北抗日部队东进至黄海边的战略目标。

季方的工作得到新四军高度评价，陈丕显曾指出：“当时在南通，季方是最有威望的。这个人的德行很好，他赞成我们的抗日民族统一战线，他以国民党战地党政委员会指导员的名义到南通来，召集苏四区党政军联席会议，成立了苏四区游击指挥部，他任总指挥。没有季方，就得靠打，才能统一通、如、海、启。有了他，那些杂牌部队收编过来了。”①

★ 1940 年，季方（右三）与陈丕显（右一）等人在苏中根据地。

朱程在晋冀豫、晋冀鲁豫边区领导抗日斗争。1934 年春夏，朱程东渡日本留学，次年在东京加入临委会。在中华民族生死存亡之际，他毅然中断学业，于 1937 年 5 月回国抗日，后在山西被聘为晋军军官教导团教官。七七事变后，朱程被安排到河北磁县，担任“河北民军总指挥部”训练工作。河北沦陷后，民军总指挥部转移至山西陵川，朱程任河北民军第十一团团长。朱程支持该团政治部主任、中共党员闻允志建立中共秘密支部，该团政工干部多数加入中国共产党。其后，朱程率部队在山西陵川县活动，配合八路军独立游击支队作战，建立起联合民运工作团，动员群众参军参战，训练抗日自卫队。河北民军总指挥张荫梧对朱程与八路军游

① 陈丕显同志在海安的谈话（1988 年 5 月 26 日），《肝胆照人显英才》（《江苏文史资料》第 99 辑），江苏文史资料编辑部 1997 年版，第 152 页。

击队合作极为恼怒，撕破其抗日伪装，杀害中共党员和抗日干部，破坏抗日民族统一战线。将朱程任团长的第十一团与第四团合并组成新第四团，欲剥夺朱程的指挥权。经过斗争，朱程保住第四团指挥权。张荫梧又指派高自登率部攻击朱程部。1939 年 6 月 15 日，朱程等由山西陵川返回冀西民军第四团团部，在途经河南北店时，遭张荫梧所属第五旅包围，朱程脱险，同行的中共党员安子西为掩护战友被捕，惨遭活埋（此即北店事件）。为推进敌后抗战，朱程决定率第四团脱离河北民军，根据八路军总部指示，于 6 月 30 日到达山西襄垣县强计村进行政治整训。7 月 7 日，朱程率第四团召开七七抗战两周年纪念大会，揭露张荫梧的反动面目，代表全团发表脱离河北民军宣言并通电全国。7 月 26 日，朱德、彭德怀亲笔致信朱程，鼓励他加强部队的军事政治教育。随后，八路军总部派朱光代表朱总司令、彭副总司令和中共北方局，到朱程部队的驻地慰问官兵，宣布从 7 月 1 日起，第四团所需的被服、粮食、菜金、生活补贴等全部由八路军总部供给。8 月，经八路军总部批准，以河北民军第四团为基础，建立华北抗日民军，朱程任司令员，由八路军前方指挥部直接领导。当时，日军在襄垣县夏店白晋公路上建有一重要据点，驻守着一支 500 余人的精锐部队。按照八路军前方指挥部“在白晋公路上寻机打击日寇”的指示，朱程亲自化装侦查，周密部署打响襄垣狮山公路伏击战。该战炸毁日军军车九辆，打死打伤敌人 120 余人，缴获枪械 80 余支以及弹药等一批军用物资。1940 年年初，华北抗日民军编入八路军第二纵队，番号为华北抗日民军第一旅，朱程任旅长兼冀鲁豫军区第五军分区司令员。此后，朱程所部在八路军前方指挥部的直接领导下，坚持敌后游击战争，深入敌占区打击敌人，拔除日寇据点，消灭伪军，肃清土匪等，为豫北开辟太行南区抗日根据地和巩固冀鲁豫边区（沙区）抗日根据地，作出重要贡献。1943 年 9 月，朱程在山东曹县反“扫荡”战斗中牺牲，冀鲁豫军区司令员杨得志认为：“我中华民族失一将才，边区部队失却了一个良好的指挥员”,[①] 兼具中国共产党党员和解委会成员双重身份的朱程被誉为“铁军将才”。

★ 1943 年 5 月，朱程（前左三）与冀鲁豫军区第四军分区敌军工作团同志在河南新乡辉县。

组织游击武装开展抗日斗争。第三次全国干部会议后，解委会中央向有条件的省区派出力量，先后在北平、天津、河北、浙江、江西、广东、安徽、福建、河南等地建立游击武装，开展抗日斗争。七七事变后，解委会北平组织由王守先等负责。王守先与同为中华民族抗日解放先锋队成员的支道三在河北涿县组建抗日游击队。后在斗争中，队伍被打散，支道三殉难。王守先于 1937 年 10 月被日军逮捕，遭受酷刑折磨，凶残的日寇用钳子拔掉他的十个指甲，但他坚贞不屈，最后日寇放出狼狗将他活活咬死。北平沦陷前夕，何世琨、王一帆、杨超人、蒋春信、王导、禹金菱、覃汉川等，按计划离开北平到达河南新乡，以新乡铁工厂的一批解委会成

① 山东省曹县烈士事迹编辑室编：《气贯长虹》，曹县烈士事迹编辑室 1984 年版，第 13 页。

员为基础，筹建抗日游击队。经王一帆争取，从第二战区司令部得到“豫北游击第二纵队”番号，由李旭东任司令，在豫北和漳河两岸的林县、临漳、大名、成安一带进行抗日游击斗争。上海、南京沦陷后，解委会派吴建东、张牧野到安徽开展敌后武装斗争，吴建东在桐城建立“皖中人民抗日义勇军”，张牧野在潜山建立“游击第一支队”，在抗战初期开展打击敌人、保卫家乡的斗争。1938 年 10 月，广州沦陷后，彭泽民领导成立“大鹏人民自卫总队”，在广九铁路东和大鹏湾、大亚湾一带打击日寇，配合中国共产党开展敌后抗日斗争。叶荃、张平在太平湾建立自卫武装，配合中国共产党东江纵队开展抗日斗争。1938 年冬，司徒卫中、梅日新建立了“民众抗日游击支队”，在粤北的新丰、佛岗、英德等地以及广州地区的番禺、增城、龙门、从化一带，开展抗日游击战。先后经过大小战役十余次，击毙日寇、伪军 100 余人，缴获大量军用物资。在残酷的对敌斗争中，李义容、李辉、何苟、王记仔、李文初、陈锦、陈培等数十人英勇牺牲。

（八）致力坚持与发展抗日民族统一战线

坚决反对国民党顽固派反共分裂行径。1938 年武汉保卫战后，日军在财力、物力、兵力方面左支右绌，难以立即再次发动大规模的战役。正如毛泽东在《论持久战》中所预见的，抗战进入战略相持阶段。日寇对侵华方针作出调整，采取“政治上诱降国民党政府、军事上打击八路军和新四军”的策略，逐渐将主力用来对付中国共产党领导的抗日武装及抗日根据地。1938 年 11 月，日本政府发表声明，公开向国民党政府进行诱降。12 月 29 日，逃到越南河内的汪精卫（汪兆铭）公开发表艳电，向日寇投降。1939 年 1 月 2 日，解委会发表《声讨汪兆铭通敌卖国》通电，指责汪精卫一年多以来无日不在地使抗战图存的局势陷于军心涣散、民气消沉、外援断绝、内争再起的绝境中，以达到其卖国求荣之目的，他今日之公开叛国，实为其过去行为发展之必然结果。通电要求国民政府对汪精卫严申国法，下令通缉，归案严办；对于潜伏各处的汪精卫党羽，应彻查缉办，以期除恶务尽。通电表明了解委会坚持抗战的鲜明态度和对叛国投敌行为的正义批判。

1939 年 1 月，国民党在重庆召开五届五中全会，决定设立“防共委员会”，通过《限制异党活动办法》等一系列反共文件。从此，国民党采取了消极抗日、积极反共的政策，到处制造摩擦，先后在华北、华南和陕甘宁边区发动了三次反共高潮。对国民党顽固派反共、反人民的分裂投降行径，中国共产党制定一系列正确的方针策略，有效应对几次濒于全面分裂的危机。解委会根据形势的变化，在政治上由抗战初期的“联共拥蒋”转向“联共反蒋”。在与国民党顽固派制造皖南事变的斗争中，解委会坚定地站在中国共产党一边。事变发生后，解委会等党派对国民党这种明目张胆破坏团结抗战的恶行极为愤慨，纷纷发表谈话或举行集会，谴责国民党军队的暴行，对新四军表示同情和支持。1941 年 1 月 11 日，章伯钧在《新华日报》发表《新春感言》表示，“务求举国党派之真诚合作，始能驱敌寇于国门之外”。1 月 12 日，彭泽民同宋庆龄、柳亚子、何香凝在香港联名发表《关于皖南事变致蒋介石及国民党中委书》，严厉谴责蒋介石国民党政府剿共对国家民族前途造成不堪设想的后果，“引起国人惶惑，招致友邦疑虑，又因以便利敌人之乘间抵隙，不得不望谋国内和平之巩固”，要求国民党“慎守总理遗训，力行我党国策，撤销剿共部署，解决联共方案，发展各种抗日实力，保障各种抗日党派，一举手措足之劳，即可转定抗战基础，安如磐石”。同时，在香港的解委会成员与其他爱国人士 400 余人，给蒋介石国民党政府发出制止内战的联名通电。

1941 年 3 月 1 日，第二届国民参政会第一次大会在重庆召开。在会前的 2 月 22 日，除国共两党参政员外，包括解委会在内的各抗日党派参政员联名致函蒋介石，提出实行民主政治、党派公开合法等要求，并表示蒋介石不接受，将不出席参政会。在多方压力下，蒋介石不得不在第二届参政会上表示“今后再亦决无剿共的军事”。各抗日党派团体对国民党的声讨和谴责，有力地配合了中国共产党打退国民党的第二次反共高潮。

蒋介石在军事上制造反共摩擦的同时，还派人四处活动，拉拢中间党派，图谋从政治上孤立共产党，并对解放区造谣诬蔑。1941 年 9 月 18 日，解委会发表《对时局宣言》，提出 14 项为争取“抗战必胜，建国必成”的政治主张，要求改革政治机关，确立民主方针，终止特务工作，扫除妥协分子，承认各党各派的合法存在。为揭露国民党顽固派对解放区的诬蔑，在周恩来和董必武的支持下，张云川代表解委会和民盟，于 1943 年春从重庆出发前往苏北解放区考察访问。几个月的考察，使张云川进一步清晰地认识到人民是抗日战争力量的源泉，中国共产党领导的人民军队是抗日战争取得胜利的希望，解放区是实行民主政治的榜样。张云川也被新四军领导人陈毅称为“中国共产党的诤友”。返回重庆后，张云川向中国共产党南方局领导人董必武报告，并接受塔斯社和路透社记者的采访，介绍解放区抗日、民主的真实情况。同时，张云川以“刚文”为笔名在新华社《群众》双周刊上发表《苏北见闻》，宣传解放区革命新风貌。随后，张云川又专程到昆明、桂林等地，沿途宣介解放区情况，历时两月余。为此，新四军将领罗炳辉、谭震林 6 月 18 日给张云川写信致谢，称：“贵同盟贵党诸君子，关怀敝党之一切政策实施，敝军之艰难作战，高谊隆情，使人感佩。尤以吾兄不辞山川跋涉之苦，代表贵同盟贵党亲临指教，惠我多多，弟等代表敝师全体同志，谨向兄致最敬之谢意。尚乞传语贵同盟贵党诸君子，为国珍重，为民主政治之实施贯彻到底。”

（九）积极参加民主宪政运动

抗日战争期间，中国的进步、中间、顽固三种势力之间的斗争，主要是围绕着抗战与民主两个问题展开。全面抗战一开始，全国人民都纷纷要求国民党废除一党专政，成立抗日联合政府，惩治汉奸卖国贼。1937 年 12 月，解委会负责人彭泽民由香港到汉口后，立即联络国民党冯玉祥、李烈钧等人，谋求实现民主改革、发展抗日力量，但受到蒋介石、汪精卫的横蛮排斥，被迫返回香港。1938 年 2 月，章伯钧、彭泽湘发表文章，希望国民党接纳各党各派的政治要求，开放党禁，实行民主，改善民生，商定全国一致遵守的以民主为骨干的政治纲领。3 月，蒋介石在汉口数次约见章伯钧和彭泽湘，交换对时局和成立国民参政会的意见，交谈中各说各的主张和理由，会谈没有任何结果。三四月间，国民党在武汉举行临时全国代表大会，会上通过《抗战建国纲领》，决定成立国民参政会。对此，解委会提出《我们对抗战建国纲领的意见》，要求国民党及早使纲领更加具体化、实际化，更应号召全国人民和在野党派进行讨论，发挥和补充这个纲领。7 月，国民参政会第一届一次会议在武汉召开，章伯钧受聘为国民参政员。会议在中国共产党参政员的带动与影响下，经过斗争确定了抗战到底的国策，宣布实行各党各派各界合作的抗日方针。会后，各党派的参政员掀起一个广泛的民主宪政运动。章伯钧代表解委会多次发表文章和谈话，积极参加有关实施宪政的活动。章伯钧提出，抗战与民主不可分离，是我们一贯的主张；希望国民参政会从半民意机关发展到完全的民主制度；应当确定各在野党派参加国民参政会，由其自行推选参政员，要保障参政员的权利。1939 年 9 月，在国民参政会一届四次会议上，中国共产党参政员提出"结束党治，实行民主宪政"的主张，章伯钧随即提出"结束党治，立施宪政"和"改革政治，以应付非常局面"等提案，对中国共产党参政员的提议予以有力配合。会议推选章伯钧等 25 人为国民参政会宪政期成会委员。同年 11 月，在重庆召开的宪政促进会筹备会上，章伯钧和董必武、沈钧儒、黄炎培等 25 人被推为宪政促进会常委会委员。

1941 年 8 月 18 日，解委会发表《对时局宣言》，要求召集各党各派各团体举行紧急会议，确定民主的领导抗战方针，释放一切政治犯，承认各党各派的合法地位。1943 年，国民党发动第三次反共高潮后，国统区掀起争取民主实施宪政运动。至 1944 年，随着民主运动高潮的到来、国共和谈的恢复，尤其是中国共产党提出"结束国民党一党专政，成立民主联合政府"的主张，解委会意识到中国政治的重大问题，是取消国民党一党专政和成立民主联合政府，因而增强了争取民主和抵制蒋介石压迫的勇气和信心。在这一时期，章伯钧代表解委会频繁参加发起和主持有关宪政运动的活动。1945 年春，解委会领导人多次在《新华日报》发表文章，呼吁召开紧急时局会议，建立民主统一政府，实行宪政。

（十）抵制国民党顽固派的拉拢与压迫，坚持偏向中国共产党的政治立场

早在 1938 年 7 月，蒋介石指示陈诚通过黄琪翔介绍，两次找章伯钧和彭泽湘，要求取消解委会，合组三民主义青年团，均被章伯钧等严词拒绝。后来蒋介石又派陈公博找到彭泽湘，要彭泽湘取消组织并表示可以提出条件，彭泽湘也坚决拒绝。陈立夫三次拜访章伯钧，要他参加政府担任部长，并称无论哪个部的部长都可任由选择，但条件是解散解委会。章伯钧表示要他单独参加政府不行，要中国共产党参加政府，才算真正的联合政府。[①] 1941 年 3 月，国民党当局在公布第二届参政员名单中，悍然取消章伯钧作为解委会唯一的参政员名额。在此期间，蒋介石还要黄琪翔向解委会转达他的意见：解委会是继承邓演达遗志的，现在全国抗战是进行民族主义革命，也是邓演达主张的一部分，解委会自应列入全国一致的抗战行列，在艰苦抗战中，也应由政府分配一些实际工作，打算由政府拨出一笔款子，指定一定地区，由解委会主持进行实验工作，安定秩序，组织生产，以厚国力，继续抗战。黄琪翔将蒋介石的意见转告章伯钧、庄明远、杨逸棠、丘学训等人，大家听后极为愤慨，一致认为：当前的抗战，我们实际上已经参加了，各有各的工作岗位和应尽的职责，我们继承邓演达的遗志，有具体的主张，有一致的行动，我们始终是在颠沛流离中坚持不渝地奋斗着，现在只希望政府有开明的政治表现，在团结抗战的大前提下和全国人民一道共同奋斗，以达到抗战胜利的目的，至于由政府分配实际工作，拨款划地进行实验，实非必要。解委会坚决抵制了蒋介石的威胁利诱。

抗战进入艰苦的相持阶段，国内政治斗争日益复杂化，解委会一部分成员对革命前途、组织的前途丧失信心而脱离了队伍。个别领导人慑于国

① 姜平著：《章伯钧与中国农工民主党》，广东人民出版社 2004 年版，第 117 页。

民党的压力，提出“在国共两党之间采取超然态度，持绝对中立”的主张，幻想在国共两党的斗争中采取不偏不倚的中间立场，走中间路线。但章伯钧等绝大多数解委会领导人坚决反对，认为国共两党的矛盾和斗争，实际上是“团结、抗战、进步”还是“分裂、妥协、退步”的选择，“超然的中立”是难以存在的，政治上没有什么绝对的中立，总是要偏向某一方面的，提出“我们是代表农工平民的政党，应当偏向共产党”。[①] 这种政治原则上的分歧日益尖锐，为了统一思想、纯洁组织、提高战斗力，争取实现民主抗战的主张，解委会中央决定开展整党，于 1940 年 10 月 10 日向全党发出《整党通知》，并派出中央工作团到各地负责贯彻检查整党情况。《整党通知》强调开展这次整党工作的必要性和重要意义，申明本党是代表工农平民谋解放的革命政党，当前任务在求民主政治实现，民族独立、自由和强盛，而最终目的则在于社会主义社会之建设。故关于组织工作的改进，必一扫过去萎靡散漫的积习，形成严整的阵容、严格的纪律及一般党员生活的规律化。规定“重质不重量之原则”，要求全体党员重新登记和宣誓，誓词提出“保证为完成民族解放，实现民主政治、争取社会主义而奋斗到底”。确定党员工作标准和《八条戒律》，作为全党同志新的行动准则，提出有关吸收新党员的要求。经过这次整党，清除了党内的意志消沉分子，吸收一批骨干参加组织，如王深林、郭则沉、严信民、韩兆鹗、杨子恒等。解委会吐故纳新，统一了思想认识，增强了战斗力和凝聚力。

（十一）倡议并参与组建“中国民主政团同盟”

1939 年年初，以国民党召开五届五中全会为标志，蒋介石集团破坏抗战、专制独裁的活动日益加紧。为推动民主运动的发展，在中国共产党的帮助下，1939 年 10 月，黄炎培、梁漱溟、章伯钧、沈钧儒、张澜等发起成立“统一建国同志会”，订有信约十二条，旨在集合各方热心国事之

① 中国农工民主党中央党史资料委员会编：《中国农工民主党的奋斗历程》，中国文史出版社 1990 年版，第 105、106 页。

上层人士，推动民主宪政运动的发展。皖南事变后，统一建国同志会的各党派人士认为：非民主团结，大局无出路；非加强中间派的组织，无由争取民主团结。1941 年 3 月 19 日，“中国民主政团同盟”（简称民盟）在重庆上清寺特园秘密举行成立大会，通过《中国民主政团同盟政纲》《敬告政府及国人》和《中国民主政团同盟简章》，选举黄炎培、左舜生、张君劢、梁漱溟、章伯钧五人为常务委员。推黄炎培为常务委员会主席，左舜生为总书记，章伯钧为组织部部长，罗隆基为宣传部部长。

民盟的成立得到中国共产党的大力支持。1941 年 10 月 28 日，《解放日报》发表题为“民主运动的生力军”的社论，对民盟的建立及其纲领给予高度评价。在民盟“三党三派”① 中，解委会是成立较早的政党，在邓演达的旗帜下经过百折不挠的奋斗，有一定的组织基础和干部班底。解委会积极发挥这些优势，对民盟的组织建设作出重要贡献。1942 年，李伯球奉派到广西桂林，推动建立了民盟桂林核心小组；随后回到广东，参加建立了民盟广东核心小组。在此基础上，丘哲、李伯球、杨逸棠参与成立民盟东南总支部。1944 年，郭则沉到西安联络民主人士杜斌丞、杨明轩等人，共同建立民盟西北总支部筹委会。1945 年，丘哲、彭泽民、李伯球、郭翘然参与建立民盟南方总支部。随后，曾伟、郭翘然先后参与成立民盟港九支部、广东支部。唐午园在武汉参与成立民盟湖北支部。1946 年 3 月，张云川在上海参与筹建民盟上海支部；5 月，韩兆鹗在南京建立民盟南京支部；6 月，郭则沉在贵阳建立民盟贵阳支部。此后，李柱等在江西建立民盟江西支部。

民盟成立后，解委会将工作重点置于民盟，解委会成员一般都加入民盟，以民盟名义开展活动。这种情况直到抗战胜利后才开始逐渐改变。解委会在章伯钧等领导人的带领下，积极争取中国共产党的帮助，联合进步民盟盟员，为实现民盟政治主张而斗争，坚持了比较正确的立场。如在反对蒋介石分裂活动中，在以实施宪政为中心的民主运动中，在调停国共两

---

① “三党”，即解委会、青年党、国家社会党；“三派”，即中华职业教育社、乡村建设协会和救国会。

党冲突的工作中，在1946年政协会议的斗争中，解委会始终与救国会等团结在一起，作为民盟内部的进步力量，为民盟同中国共产党的密切合作、互相配合，起到积极推动作用。

★ 1941年3月，解委会以章伯钧、丘哲为代表，参与筹组中国民主政团同盟（1944年易名为中国民主同盟）。图为中国民主政团同盟负责人在重庆上清寺合影，右一为章伯钧。①

坚持开展反对国民党独裁统治的斗争。1945年年初，抗日战争接近最后胜利，如何“打败侵略者，建设新中国”的问题，已经摆在中国人民面前。1945年1月，中国共产党提出“立即废除国民党一党专政，成立一个由国民党、共产党、民主同盟和无党派人士的代表联合组成的临时中央政府”，并提议立即召开各党派和无党派代表人士的圆桌会议。国民党顽固派坚持召开其一党独裁的“国民大会”，以对抗中国共产党提出的成立民

① 中国农工民主党中央研究室编：《口国农工民主党的历史道路》，中国社会科学出版社2017年版，第111页。

主联合政府的主张。在这场激烈的斗争中，解委会完全支持中国共产党的提议。为配合斗争，解委会于1945年2月创办机关刊物《中华论坛》半月刊，旨在“站在人民的立场，使民族民主革命的双重任务的彻底完成，为着民族解放和社会解放的伟大前途，努力尽责”①。《中华论坛》创刊后，除连续刊发章伯钧等解委会领导人文章外，还邀请郭沫若、邓初民、胡绳等知名人士积极发表政论文章，旗帜鲜明地揭露、抨击国民党的独裁统治和反共行径，呼吁召开紧急时局会议，建立民主统一政府，实行宪政。

（十二）章伯钧等六位参政员访问延安

为调停国共关系，听取中国共产党的意见，促成党派会议的召开与联合政府的成立，1945年7月1日，章伯钧与褚辅成、黄炎培、冷遹、傅斯年、左舜生六位国民参政员，由王若飞陪同从重庆飞抵延安，毛泽东、朱德、周恩来、林伯渠等到机场迎接并合影。2日下午，六位参政员与中共中央代表毛泽东、周恩来、刘少奇、朱德、任弼时、林伯渠、张闻天、王若飞正式会谈，气氛坦率诚恳，十分融洽。当日会谈后，中共中央设宴欢迎，宴后举行盛大的欢迎晚会。3日、4日下午，又举行了两次会谈，讨论关于国民大会和政治会议问题，一致主张废除国民党一党专政，建立联合政府等。会谈结束后，由中国共产党方面整理出《会谈纪要》，郑重委托六位参政员转交国民党当局。在延安期间，毛泽东单独约见章伯钧，希望今后加强中国共产党与民盟以及解委会之间的密切合作。章伯钧完全赞同，并诚恳地表示要全力地无保留地支持中国共产党的主张。② 在此期间，章伯钧对承担接待工作的延安交际处负责人金城说：“我过去也参加过共产党，后来脱离了，但是我没有忘记同党的关系。现在我虽然还不准备要求恢复党组织关系，但我要为党尽力的心愿从未改变。抗战开始，我在重庆就向周恩来先生正式表示，如果贵党对国事有何主张，需要各党派

① 《中华论坛》创刊号，第2页。

② 姜平著：《章伯钧与中国农工民主党》，广东人民出版社2004年版，第150页。

表态支持，则不必事先征求我的意见，尽管将我的名字签上。”[1] 回到重庆后，章伯钧在解委会中央机关向解委会干部介绍了延安之行。经过在延安参观机关、部队、学校和街道，他认为延安的生活是比较艰苦的，但是人们的精神面貌是愉快而振作的。干部、战士和群众都是精神抖擞、朝气蓬勃，团结一致，艰苦奋斗，积极工作，不畏困难，一片兴旺的抗战景象，使人深受感动和鼓舞！反观国统区，政治腐败，贪污成风，享乐腐化，上下争利，压迫剥削，民不聊生！章伯钧断言，国民党政府腐败已极，已失掉民心，是没有办法的了，在中国只有共产党才是我们的希望！[2]

（十三）中共肯定解委会的历史贡献

抗日战争时期，在用什么路线争取抗战胜利和建立什么样的国家的斗争中，解委会坚定地同中国共产党站在一边，不断抨击国民党顽固派的谬论，与中国共产党紧密配合，通过发表宣言、讨论发言等形式，严正地表明自己的态度。在重庆时期，解委会中央认定“中国共产党是抗战与民主中的最可靠的朋友”[3]，因而始终坚持在政治上同中国共产党保持一致，斗争中同中国共产党站在一边的政治立场。到抗战后期，解委会与中国共产党的关系已经非常密切，不仅仅是互通情况，而是每一件重大事项都主动向中国共产党通报，请中国共产党同志给予指导帮助。中共中央南方局领导人周恩来等是张申府、章伯钧家中的常客。[4] 解委会遇事总是同中国共产党密切配合，互相呼应，在重大问题上旗帜鲜明地表明自己的立场。如关于抗战的问题，认为“抗日战争是我们自己的责任，虽战至一兵一

① 金城著：《六参政员的五日来去》，《人民政协报》1985 年 1 月 18 日第 4 版。

② 周竞波著：《章伯钧谈延安之行》，《抗战时期农工的重要政治活动》，农工党重庆市委会收集的资料。

③ 中国农工民主党中央党史资料委员会编：《中国农工民主党的奋斗历程》，中国文史出版社 1990 年版，第 111 页。

④ 中国农工民主党中央研究室编：《中国农工民主党的历史道路》，中国社会科学出版社 2017 年版，第 120 页。

卒，剩最后一寸土地，还是要抗战而至取得最后胜利为止”，“要反对动摇犹豫分子妨碍抗战的一切企图”。关于民主的问题，将“建立平民政权”的目标调整为“实现民主政治”，强调“只有实现民主政治，才能动员全国的物力人力，才能保障抗战的最后胜利”，“反对国民党一党独裁”。关于团结的问题，指出“抗战是各党各派联合的抗战”，“各党各派联合的基本原则，是统一联合战线的形式，并非各党各派的消灭与解体”，“一切反共的鼓噪，显然是离间联合战线，替敌人作反间的工具”。关于中国共产党，肯定“在当前抗战阵线中，共产党是同样效忠国家，为民服务，参加抗战，更无特殊标榜反共的理由”，“在世界民主国家共产党的组织，都有法理上的地位，中国不容独异”。关于外交的问题，主张“加强同苏联的联合”，“要结成国际反侵略的坚固战线，以反侵略战争答复侵略战争，以反侵略的运动削弱侵略者的力量，才能真正到达和平之路”①。

1939 年 3 月 9 日，周恩来、邓颖超宴请解委会中央委员连瑞琦、唐午园，商议对国民党四川高级军政人员潘文华做工作的问题。6 月，解委会成员任谦策动甘肃农民暴动，这是周恩来、章伯钧等在解委会成员王人旋家里开会商定的，并由连瑞琦陪同任谦乘汽车到各处秘密接洽。1941 年 1 月，解委会中央以章伯钧、丘哲为代表，在重庆曾家岩 50 号同中国共产党领导人周恩来、董必武、叶剑英举行会谈。会谈中，章伯钧表达进一步加强同中国共产党合作的诚意，希望中国共产党在政治、经济、组织等方面予以切实的援助。周恩来等极为赞同，并愿给予种种支援。会谈后，周恩来等向中共中央报告：解委会近因当局之压迫，日渐左倾，现正整顿其组织，并提出联俄联共之中心主张，与我们建立密切之合作。该党凡在大是大非的斗争中，都站在共产党一边，采取了积极的态度。1941 年 3 月 22 日，中共中央编报的《政治情报》指出：解委会“与我们最接近，是

① 中国农工民主党中央党史资料委员会编：《中国农工民主党的奋斗历程》，中国文史出版社 1990 年版，第 111—112 页。

最同情我们的”。[①] 1942 年 2 月，周恩来、章伯钧等与刘文辉进行秘密会商，讨论团结西南实力派，联合抗日的问题。5 月 6 日，周恩来致电中共中央，报告他曾通过章伯钧等人的介绍，与左舜生、罗隆基同西南地方势力刘文辉、潘文华面谈两次。1943 年 9 月 17 日，周恩来致电董必武，提议通过章伯钧联络龙云，在龙云的行营中建立电台。1944 年，在日寇势成弩末、汉奸伪军开始徘徊动摇之际，张云川与章伯钧商定，经周恩来同意，赴华东、华北从事敌伪策反工作。1945 年，张云川到北平经解委会成员王大鲁介绍，与伪燕京道公署道尹马志滨见面，对马志滨进行策反。经过谈判，马志滨同意张云川意见，在抗战接近最后胜利时，命令伪燕京道所辖北平周围 11 个县的地方武装全部向人民军队投降，并配合人民军队向日寇进行反攻。

1945 年 1 月，周恩来在重庆曾家岩 50 号会见章伯钧、郭则沉、韩兆鹗、刘宗宽等解委会同志。周恩来分析了抗战胜利在望的形势，要求大家走团结和民主的道路，共同打败日本侵略者。周恩来还提到了中国共产党曾犯的“关门主义”错误，由于当时认为反对国民党的中间派是“最危险的敌人”，甚至比国民党还要坏，因此拒绝与之联合，这就把愿意革命和可以争取的朋友一概拒之门外，孤立了自己，帮助了敌人。在福建事变时，如果我们当时善于联合这些主张反蒋抗日的力量，共同对付蒋介石反动派，这对支持和发展国内日益高涨的抗日民主运动会起到极大的推动作用，并且可迫使蒋介石首尾不能照顾，趁此机会就可以消灭一部分敌人，粉碎敌人对中央苏区的“围剿”。可是由于“左”倾主义断言中间派是中国革命所谓“最危险的敌人”，竟然坐失良机，使敌人从容调兵东下，摧毁了福建人民政府，又掉转头来全力对中央苏区大举围剿，使革命遭到很大损失。这是一个惨痛的教训。[②] 周恩来表示，世界反法西斯战争已取得

① 中央档案馆编：《中共中央文件选集（1941—1942）》第 13 册，中共中央党校出版社 1991 年版，第 69 页。

② 杨力著：《争取中间势力》，《多党合作在四川》（农工党卷），四川人民出版社 2013 年版，第 11 页。

决定意义的胜利，当前要加强团结，积极开展抗日民主革命的统一战线工作，配合同盟国，迎接新形势的到来。周恩来强调，邓择生（邓演达）先生和我们是老朋友，今后我们要继续同你们做朋友，加强联系，密切合作，有事多商量。周恩来的这番话是对解委会抗日反蒋革命活动的充分肯定。

中国人民抗日战争是近代以来中国反抗外敌入侵第一次取得完全胜利的民族解放战争。中国共产党积极倡导、促成、维护抗日民族统一战线，最大限度地动员了全国军民共同抗战，在全民族抗战中发挥了中流砥柱的作用。正是在抗日战争中，包括解委会成员在内的广大人民群众了解和认识了中国共产党。解委会各级组织和广大成员积极投身抗战，在抗战的全过程始终坚持抗日、联共、民主、团结的立场，同独裁、分裂、妥协的顽固势力作坚决斗争，为抗战胜利作出了历史性的贡献。

三、响应“五一口号”，参与协商建国

抗日战争胜利后，中国面临两种命运、两个前途的大决战。国民党破坏国内和平，发动内战，坚持召开一手包办的“国民大会”。解委会为争取民主、和平，配合中国共产党，与国民党当局进行了不懈的政治斗争。至 1947 年春，国民党军队向解放区的全面进攻被粉碎，全国人民的爱国民主运动广泛开展，中国革命高潮即将到来。在新的历史形势下，解委会召开第四次全国干部会议，易党名为中国农工民主党，提出“发展民主政治，实现社会主义”的政治主张。在解放战争时期，农工党在政治上同中国共产党保持一致，积极开展在中国共产党领导下的新军事运动，为推翻国民党反动统治、争取民主革命胜利、建立新中国，进行坚决斗争，作出重大贡献。

（一）为争取和平民主而斗争

抗战胜利后，全国上下都渴望和平，建立一个各党各派联合的独立、自由、民主、统一的新中国。1945 年 8 月 25 日，中国共产党发表《对目前时局的宣言》，提出和平、民主、团结三大口号，得到各进步党派的拥护。蒋介石玩弄假和平阴谋，三次发电报邀请毛泽东到重庆谈判。8 月 28 日，毛泽东、周恩来、王若飞等人由延安飞赴重庆，章伯钧和其他民主党派负责人到机场欢迎。为表达反对内战、呼吁和平的立场，章伯钧在《新华日报》发表“对时局谈话”，表示“现在全国局势，正是中国历史的转折点，民主建国大业，任重道远，经纬万端，必须全民合作，党派团结。任何形式之内战及军事行动，都将遭到国人之坚决反对”，“希望国民党顺应世界潮流，接纳人民要求，立即结束党治，实行民主，给人民予民主权利，并承认现有一切抗日民主党派的合法地位”。章伯钧还强调：“目前解放区之军队及政权问题之解决，须着眼于实际的情况。因此等军队与政权，系由当地人民取自敌人，有功抗战，不能视为化外，予以敌视的态度。”①

同年 11 月 12 日，解委会发表《抗战结束后对时局宣言》，严厉谴责国民党发动内战，指出“八年的浴血抗战刚刚结束，而祸国殃民的内战竟又开端”，要求国民党当局“秉天下为公的原则，把民主权利交还人民，用民主方式解决任何有关军事政治纠纷”；谴责美国“在抗战终了之日，竟以大量的武器，无限制的租借，以至采取直接行动，以助长我国内战，则势将成为中国人民的仇恨”；呼吁全国人民“对于当前危害国家的内战，须以一切有组织的力量，加以制止”；主张迅速召开政治协商会议，由全国各党各派代表及社会贤达，根据国共两党会谈纪要，切实解决有关问题。②

① 《新华日报》1945 年 9 月 14 日第 2 版。

② 中国农工民主党党史资料研究委员会编：《中华民族解放行动委员会抗战结束后对时局宣言》，《中国农工民主党历史参考资料》第三辑，第 92—94 页。

为揭露国民党发动内战的实质，12 月 1 日，《中华论坛》刊发章伯钧《谈内战问题》的署名文章。文章认为共产党对和平民主是有诚意的，内战是国民党发动的；文章提出国民党把国家政权当作是党派的政治权力，而不顾人民的死活和国家的前途；文章号召全国人民理当剑及履及地挺身而出，把内战之火及早扑灭下去。[1]

1946 年，在蒋介石当局准备发动内战、妄图在短时间内消灭中国共产党的危急时刻，彭泽民于 5 月底接到周恩来的亲笔信，这封信是周恩来率领中国共产党代表团从重庆飞抵南京梅园新村之后写成的。信中说“泽民先生惠鉴：久违雅教，驰系时深。自日寇投降以后，举世和平民主之局大体已定，而前途曲折，困难尚多。目前，东北在当局武力统一方针之下已演成大战，全国内战危机严重已极，人民权力自由到处遭受极大剥夺。扭抟危局，端赖全国民主力量之一致努力，庶下促使当局改变政策，和平民主乃有实现之望。时局如此，至望先生与华南民盟暨憬然、贤初诸先生大声疾呼，号召社会人士共同反对内战，力挽狂澜，无任企盼。”彭泽民反复研读周恩来的来信，深知其分量之重，深感责任重大，决意不负重托。从此，他把全部精力投入到揭露和反对蒋介石内战阴谋工作中去，接连在《华商报》上发表 38 篇文章，揭露蒋介石发动内战的罪行；多次参加各种会议，公开发表演讲，谴责内战、反对独裁、要求民主，痛斥蒋介石。6 月 30 日，彭泽民等百余人联名在香港《华商报》发表致蒋介石电，呼吁停止内战，国内党争以政治协商方式化干戈为玉帛，救斯民于水火。

7 月 23 日，宋庆龄在上海发表反内战声明。7 月 28 日，彭泽民、丘哲、李伯球等 44 人联名发表致全国同胞电，指出：“内战益烈，全国惶惶。逖听孙夫人宋庆龄先生为民救死，为国求存之号召，义正词严，同深感奋。”“望全国同胞，一致督促政府，本中山先生之遗教，遵政治协商之决议，立化干戈，与民休息，国家幸甚。”表示完全“拥护孙逸仙夫人

---

① 章伯钧著：《谈内战问题》，《中华论坛》1945 年第 10、11 期合刊，中华论坛社刊行。

主张，制止内战，实现和平民主的联合政府”。9 月，彭泽民发表《孙夫人对时局的主张代表了全中国人民》一文，支持宋庆龄对蒋介石当局和美国政府提出的各项正义要求。张云川等也连续发表文章表明解委会及其广大成员要求和平、反对内战的态度。1946 年 11 月，《中华论坛》发行《邓择生先生逝世十五周年纪念特刊》，发表章伯钧《纪念邓演达先生》、彭泽民《邓演达的基本精神》等文章，呼吁解委会同志应继承邓演达精神，团结起来，反对国民党的一党专政，反对内战。

（二）积极参与和推进民盟改组

抗战胜利后，中国一度出现了所谓“和平民主”的气象，尤其是在政协会议召开前后，国民党为了改善自己在国内外的政治形象，争取各界支持，放松政治管制，党派活动因而活跃，一时涌现出 100 余个大大小小的党派。这些党派的政治态度和立场各有区别，但其政治地位大体处于国共两党之间，因此时称国共两党之外的第三方面，也即习惯所称的中间势力或中间党派。

1944 年春，国统区爆发了第二次民主宪政运动，中国民主政团同盟为扩大力量和影响，于 9 月 19 日召开全国代表会议，将中国民主政团同盟改组为中国民主同盟，取消“政团”，广泛吸收无党派民主人士参加，并要求盟员一律以个人名义参加。会议选举产生 33 名中央委员、13 位常委。在新成立的民盟领导机构中，解委会成员章伯钧、张申府、丘哲、张云川、郭则沉、韩兆鹗被选为中央委员，章伯钧、张申府被选为中央常委，章伯钧任组织委员会主任。为加强领导和推动各地民主运动的发展，民盟先后建立了八个地方组织，解委会许多成员积极参与了一些地方组织的建立并成为领导骨干。

1945 年 10 月 1 日至 12 日，中国民主同盟在重庆上清寺特园召开临时全国代表大会，即第一次全国代表大会。大会选举了 66 名中央委员（包括原 1944 年 9 月 19 日选举产生的 33 名）、18 位中央常务委员，解委会成员丘哲、张云川、韩兆鹗、郭则沉、杨伯恺、李伯球、于灿烈、曾伟、章培毅、黎又霖被选为中央委员，章伯钧、张申府被选举为常务委员，确定章伯钧为组织委员会主任。

11 月 8 日，民盟发动《民主周刊》《中华论坛》等 27 家杂志发表联合声明，呼吁“要和平，不要内战”。11 月 19 日，解委会派代表参加重庆各界人士反内战大会，一致呼吁和平，反对内战，反对美国干涉中国内政，并倡议在全国各地分别成立反内战联合会，制止内战。12 月 1 日，章伯钧在《中华论坛》发表《谈内战问题》一文，呼吁全国人民把内战的星星之火及早扑灭下去，坚决要求国民党必须遵守政治解决、不打内战的诺言，并由各界党派代表组成促进全国和平统一联合会议，专以制止内战。12 月 16 日，以周恩来为首的中国共产党政协代表团到达重庆，提出在政协开幕之前，国民党必须停止军事进攻，实行无条件停战。这一主张得到解委会等民主党派的大力支持。12 月 24 日，解委会与民盟等党派领导人与无党派人士发起成立陪都各界反内战联合会，并分别致电毛泽东和蒋介石，呼吁国共双方立即停止军事冲突，制止内战，实现和平，迅速召开政治协商会议，主张凡双十协定中已决定的事项，协力促其实行，尚未决定的事项，由政治协商会议商讨决定。

（三）同国民党一党独裁作斗争

经几度商谈，1946 年 1 月 5 日，国共双方达成《关于停止国内军事冲突办法的协议》。根据停战协定，1 月 7 日，由周恩来、张群、马歇尔组成的三人军事小组正式成立。1 月 10 日，周恩来、张群签署了《关于停止国内冲突的命令和声明》，双方还向所属部队发布了停战令，于 1 月 13 日午夜起生效。然而，由于国民党始终没有放弃一党独裁，中国共产党联合包括解委会在内的民主力量，与之开展了激烈的政治斗争。

1. 政治协商会议代表之争

根据双十协定，参加政治协商会议的组成人员为四个方面的代表：国民党 9 人、中国共产党 9 人、民主同盟 9 人、社会贤达 9 人。党派代表由各党派自行推选，社会贤达的代表由国民党同中国共产党双方协商确定。

国民党为操纵会议，便使用伎俩拉拢青年党，企图拆散民盟和分化民盟代表团。在国民党的拉拢和收买下，青年党要求占政协会议 5 个代表名额。在周恩来等中共领导人的支持下，章伯钧等民盟领导人坚持民盟原定的 9 个代表席位绝不能减少。经反复协商，民盟仍占 9 席，青年党以独立单位参加政协，占 5 席。青年党所需的 5 个名额，由中国共产党主动让出 2 个，变为 7 席；国民党让出 1 个，变为 8 席；再额外增加 2 个。最终，政协代表人数由 36 人增加到 38 人。民盟的 9 个代表席位确定后，本着既要能与中国共产党代表团合作，又要维护盟内团结的原则，民盟确定代表团 9 人名单为张澜、沈钧儒、罗隆基、张君劢、张东荪、张申府、黄炎培、梁漱溟、章伯钧。在政协会议上，民盟和中国共产党默契配合、互相支持，一起邀请了 34 位国内有声望的学者名流，组成政协代表顾问团，为民盟和中国共产党代表提供咨询。34 位顾问中包括华侨问题方面的顾问彭泽民和经济方面的顾问周谷城。

2. 政治协商会议协议之争

1946 年 1 月 10 日至 31 日，政治协商会议在重庆召开。经过激烈的斗争，会议最终通过了“政府组织案”“国民大会案”“和平建国纲领”“军事问题案”“宪法草案”五项协议。中国共产党同以民盟为代表的中间党派，在反对国民党一党专制、发动内战，要求和平民主等基本问题上，有着共同认识。会议期间，中国共产党代表与民盟、无党派代表经常磋商，在一系列问题上采取联合行动。章伯钧作为民盟代表之一，秉持民盟立场，支持中国共产党主张，并就政协会议议题多次发言。

政治协商会议的中心议题是关于政治民主化和军队国家化的问题。在政治民主化方面，首要的问题是改组国民党一党专政的政府。1 月 16 日讨论“共同纲领”，章伯钧发言表示“共同纲领”应定名为“和平建国纲领”，内容应包括改组政府、地方自治、人民自由权利、军事调整、党派关系等，应把国民党第一次全国代表大会宣言、约法作为制定“纲领”的依据，同时要把中国共产党和其他政党的政纲及各界人民的意见都拿来参考。经过艰苦的谈判，会议通过《和平建国纲领》作为政府的施政纲领。在军队国家化问题上，争论非常激烈。国民党坚持必须先解决军队国家化，然后实行政治民主化。章伯钧发言告诫国民党“莫要崇拜单纯的武力，轻视人民。对于国共之争，切莫在军事上打主意，最安全的道路，是走政治的途径”。《中华论坛》配合政协会议中的争论，发表了张云川的专论文章。文章指出“没有真正的政治民主化，绝难达到军队国家化。国民党不取消一党专政，中央军还是中央军，仅片面要求共产党放下武器，国家化就是缴械给国民党。这不特共产党无法实亦不应放下武器，即一切要求民主的党派和全国人民，亦都不会同意共产党放下武器”。

政协会议召开期间，章伯钧担任政协会议综合委员会和宪法草案审议委员会委员，参加了国民大会组和宪法草案组；彭泽民担任民盟顾问团华侨问题顾问。各民主党派纷纷向会议提出意见书或建议书，要求国民党立即结束一党专政，切实保障人民的各项民主权利。会议经过多次讨论，确定军党分立、军民分治的整军原则和实行以政治军的办法，并决定由军事三人小组商定中国共产党军队的整编办法并进行整编，同时按照国民党政府军令部的计划整编国民党军队。

政治协商会议历时 22 天，于 1 月 31 日闭幕。政协协议的种种规定，还不是新民主主义性质的，但它有利于冲破蒋介石独裁统治和实行民主政治，有利于和平建国，因而在相当程度上有利于人民，受到人民群众的欢迎。

3. 维护政治协商会议协议

政治协商会议通过的五项协议，为争取时局好转、推延内战爆发发挥了积极作用，但国民党反动派不愿进行，也不能容忍任何的民主改革。会议期间，国民党暴徒制造“沧白堂”事件，破坏重庆各界为促进政协会议成功而组织的报告会。会后，国民党顽固分子攻击政协会议是国民党的失败，蒋介石也对政协会议表示不满。

政协会议刚刚闭幕，国民党顽固派即开始否定政协协议。是维护、执行政协协议，还是反对、破坏政协协议，就成了当时政治斗争的焦点。为维护政协协议，争取和平民主、反对内战独裁，解委会于 3 月 1 日在香港创办《人民报》（4 月 1 日迁广州出版），得到中国共产党和民主人士的鼓励和支持。在创刊号上，刊印了周恩来的贺词“人民之友”、董必武的贺词“人民呼声”、沈钧儒的贺词“以人民的利益为利益，为大众而呼唤”。《人民报》围绕国内政治斗争的焦点，在舆论上同国民党顽固派短兵相接，对于揭露国民党的内战独裁及其对中国共产党武装的造谣污蔑，对于教育团结人民同国民党反动派进行斗争，发挥了积极作用，在华南产生了较大的影响。

1946 年 3 月 1 日至 17 日，国民党在重庆举行六届二中全会。国民党反动分子把政协通过协议称为“党国自杀”，叫嚷“不能把统治权交给多党政府”，要求推翻政协协议。蒋介石在会上命令他的党徒对政协协议“就其荦荦大端，妥筹补救”。蒋介石扩大内战的行动，使政协协议成为一纸空文。

解委会针对国民党二中全会撕毁政协协议的行为，于 3 月 17 日至 23 日在《人民报》上，连续发表《论国民党二中全会》《政协所有协议不容许任何修改》《再论国民党二中全会》《谁破坏政协会议的决议，谁就破坏统一和平》《提高警惕，坚定信心》五篇社论，抨击国民党推翻政协协议的行径。先后指出，国民党二中全会通过违反政协协议的决议案，“引起了各民主党派、民主人士的一致严重抗议”，号召“一切民主党派、民主人士，提高警惕，坚持政协决议，……加紧发动群众，团结人民，去击碎反动顽固分子的最后抵抗”。

1946 年 5 月，国民党政府、中国共产党代表团和各民主党派中央相继迁往上海、南京。5 月 3 日，周恩来率中共代表团由重庆到南京后，一方面对蒋介石当局进行针锋相对的斗争，另一方面采取“鼓励左翼分子，稳定中间分子，孤立右翼分子”的方针对民主人士进行争取和教育工作。5 月 8 日，章伯钧率领一部分解委会干部由重庆飞抵上海，在上海愚园路联安坊 11 号设立中央机关。5 月底，章伯钧在南京夫子庙邀集到达南京的解委会干部韩兆鹗、王人旋、王一帆、武思光等举行座谈会，鼓励大家以后要做好继续斗争的准备。他说，内战将不可避免地要在全国范围内进行下去，中国共产党的军队将会向黄河以南推进，扩大战果。蒋介石虽然有美国武装起来的几百万军队，长期打下去，将以失败告终。随着当前局势的变化，国共两党以外的政治力量将进一步分化，有些人要到国民党政府里去做官，我们要继续同中国共产党密切合作，把民主革命进行下去。6月，南方的民主人士在时局动荡中出现了各种模糊思想，丘哲及时写信将情况报告周恩来。8月5日，周恩来给丘哲复信鼓励说："和平坚持，端赖各方协力，敝党仍当本和平民主独立之一贯方针，继续奋斗，誓为各方后盾。"

6月底，蒋介石在美帝国主义的扶持下，公然撕毁政协协议和停战协定，发动了全面内战，大举向解放区进攻。8月，解委会主办的《人民报》在广州被国民党当局查封。为了继续开展反对美蒋的斗争，8月16日，解委会中央机关刊物《中华论坛》半月刊在上海复刊，以战斗的姿态坚定表明对时局的态度和立场。章伯钧在《中华论坛》复刊号上发表了《严正的立场》，谴责美国反动势力与中国反动派为伍制造中国的内战，指出这场战争的前途将取决于民主的力量，最后被摧毁的不是中国共产党，而是国民党本身。彭泽民、张云川、郭冠杰、严信民等在《中华论坛》上发表大量反内战、争取和平的文章和时事评论，借助《中华论坛》为维护政协协议、争取和平民主、反对内战独裁开展了旗帜鲜明的斗争。

4. 拒绝参加国民大会

按照政协协议，必须先改组政府，废除国民党的一党专制，而后由各党派的联合政府主持召开国民大会。但在国民党政府未作任何改组的情况下，1946年7月3日，国民党政府最高委员会第197次会议作出决定，宣布于11月12日召开国民大会。章伯钧当即在《民主》杂志发表《对召开国大的意见》一文，指出这是国民党一党独裁的国民大会，不是经过政治协商的国民大会，改组政府等问题也因国民党阻挠，没有实现，希望最高当局顺应潮流，改变错误做法。8月13日，蒋介石在庐山发表文告，坚持国民党政府将如期召开国民大会。9月14日，章伯钧发表对时局谈话，再次呼吁"和平建国，民主统一"。

10月，国民党军队占领张家口后，国民党当局即下令于11月12日召开“国民大会”。中国共产党和民盟坚决反对国民党召开一党包办的“国民大会”，一些民主党派和民主人士为和平民主奔走呼号，希望蒋介石改弦更张。11月4日，中国共产党代表团发言人再次声明：召开“国大”是国民党政府违背政协协议及其程序的“一党片面行为”，是“毁法行为”，对此“中国共产党一概反对，一概拒绝参加”。《中华论坛》连续发表严信民、丘哲等人的文章，抨击国民党召开一党包办的“国民大会”，文章指出，张家口易手亦使国民党反动派误信其在军事上的优势，乃一意孤行，公然撕毁政协协议，举行“国民大会”。虽然有青年党与所谓“社会贤达”者点缀其间，然而究竟没有冲淡大会所表现的一党空气。文章表示，解委会是为中国农工平民谋民主自由和生存保障而奋斗的政治团体，决不再容有一党专政和军事独裁，以及官僚、买办、帝国主义者的政治压迫与经济奴役。11月15日，国民党当局强行召开“国民大会”，中国共产党和民盟拒绝参加，民盟宣布将参加“国民大会”的中国民社党开除出盟。出席国大代表1381人，大多数是10年前选举的旧代表。

“国民大会”召开以后，解委会负责人连续发表文章，指出：“国民大会”不因中国共产党和民盟之拒绝参加而如期召开，是为了“合法化”的独裁；我们决不再容有一党专政和军事独裁；假若有人要毁弃五项协议，那就是自掘坟墓。

12月25日，“国民大会”收场，通过了《中华民国宪法》。该法公布后，立即遭到中国共产党、民盟的同声谴责，纷纷发表声明不予承认。12月31日，民盟中央发表声明，“坚决否认伪国大制定的伪宪法”。蒋介石集团本想通过“国民大会”的召开和伪宪法的制定，使其独裁、内战、分裂、卖国的政策合法化，孤立中国共产党、打击民主力量，但结果使自己在人民中更加孤立。

（四）召开第四次全国干部会议，参加人民民主统一战线

抗战胜利后，解委会从1945年秋开始，在通过民盟发挥作用的同时，

积极进行组织恢复工作。各地方组织经过整顿恢复，部分建立了新领导机构。1946 年 11 月，国共和谈因国民党坚持召开一手包办的“国民大会”而破裂。11 月 18 日，中共中央致电各中央局、中央分局的电报中，第一次提出“人民解放战争”并同“建立民主的中国”和蒋介石“自取灭亡”联系在一起。11 月 21 日，中共中央召开会议，决定以“打倒蒋介石”来解决国内问题。国共双方政治军事斗争开始激化，国共两党以外的政治力量随之发生分化。面对新的政治形势，解委会决定调整和加强自己的组织，以独立的姿态为肩负的历史任务而奋斗，逐步从民盟中独立出来，形成与民盟合作的友党关系。在此背景下，解委会决定在 1947 年年初召开第四次全国干部会议。

在正式会议前，解委会在上海召开了为期十天的预备会，讨论了新形势下党的名称、党章、党纲及党的行动方针等重大问题，起草了大会各种文件。预备会上与会人士对党的名称和今后的路线问题展开激烈争论。关于党的名称，有的主张不改，有的提出改为社会民主党，有的要改为中国农工民主党。三种意见，都不是单纯的名称问题，而是各有不同的政治内涵。章伯钧等极力主张改称中国农工民主党，认为根据邓演达的政治主张与革命的基本精神，党多年来的奋斗都是代表农工平民的利益；农民问题是中国民主革命的核心问题，农民是中国革命最广大的主力军，工人是中国革命最先进的阶级，必须把农民的革命要求与工人的最先进的革命意识和力量结合起来，作为整个革命的中心；农工民主与各被压迫阶层的民主是分不开的，农工民主不是农工民主专政，而是农民、工人与其他平民的联合民主，它表明中国的民主革命，不是欧美式的资产阶级的民主革命，而是进步的以社会主义为归宿的民主革命。这一意见，最后得到与会大多数人的认可，获得会议正式通过。有极少数人对美蒋还抱有幻想，提出走“中间路线”，预备会议经过激烈的争论，最后统一了认识，一致认为中国革命没有“中间路线”可走，只有跟着中国共产党才有革命的前途。

1947 年 2 月 3 日，第四次全国干部会议在上海愚园路联安坊 11 号举行。出席会议的有章伯钧、丘哲、李士豪、李伯球、张云川、王深林、郭则沉、王一帆、韩兆鹗、罗任一、杨清源等40余人。由章伯钧作《党务报告》，会议决定将党名改为“中国农工民主党”。会议通过了《中国农工民主党党章》《关于党的纲领、路线和基本方针的决定》《中国农工民主党第四次全国干部会议宣言》。会议选举了新的中央执行委员会和中央监察委员会。中央执行委员会委员为章伯钧、丘哲、郭冠杰、张云川、李伯球、王一帆、王深林、李士豪、罗任一、杨清源、杨逸棠、郭则沉、庄明远、季方、严信民、何世琨、曾伟、杨子恒、连瑞琦、郭翘然、云应霖、黄农、黄琪翔、黄朋豪、汤仁溥25人，候补委员为丘辰、黄桐华、何仲昆、李健生、徐哲、张耀明、张觉初、任谦、安间石9人。中央监察委员会委员为彭泽民、韩兆鹗、陈卓凡、唐午园、王寄一、欧阳平、杨建平、王人旋、李如苍、陈其瑗10人，候补委员为黄慎之、叶粤秀、朱镜堂、祝世康、刘之谋5人。

2月15日举行第一次执监委联席会议，推选章伯钧、丘哲、罗任一、李伯球、王一帆、张云川、王深林、郭则沉、李士豪9人为中央执行委员会常委，章伯钧为执行委员会主席，彭泽民为监察委员会主席，丘哲为执监委联席会议秘书长，王深林为组织部部长，李伯球为宣传部部长。

第四次全国干部会议是农工党历史上的一次重要会议，是一次“改造党、健全党、扩大党”的会议。会议全面总结和高度评价了农工党的历史，强调党的政治路线自第二次全国干部会议以来同中国共产党密切合作是正确的。会议通过的党章，是农工党历史上的首部党章，对本党党员的条件、入党手续、中央及各级机构、党员党纪等都作了规定。会议决定扩大农工党的组织基础，同时加强与中国共产党、民盟、国民党民主派以及其他民主党派的联合与合作，参加中国共产党领导的人民民主统一战线。会议再次明确以社会主义为农工党的奋斗目标，继续紧跟中国共产党，把民主革命进行到底。会议提出：“根据国内外政治条件的变迁和过去领导武装斗争的教训，党的基本方针是进行和平的民主的斗争，没有单独组织武装斗争的必要。”① 会议检讨了组织工作和宣传工作的不足。对于组织工作，指出组织生活要以共同的政治思想、政治抱负、政治实践为基础，提出今后要经常地进行政治思想教育的工作；要特别培养党性观念，在民主集中制的组织原则下，不容许个人主义的突出和自由放任。对于宣传工作，指出过去没有大规模的展开宣传，或者没有发挥党的理论，限制了党的政治影响，而且宣传中以自己的立场和方法去分析现实和指导现实也做得不够，不能提高党的号召力和创造特有的风格；提出要加强党性宣传，运用党的立场和观点，阐发本党革命理论，并且要把握理论的武器，深入到农工平民群众中，随时随地开展宣传。

根据大会确定的“整顿原有组织，进行党员登记，加速发展组织，建立组织机构”的组织工作方针，农工党中央决定设立四个中央分局，分别领导相应区域农工党组织。华东局——领导上海、南京、浙江、江苏、福建、台湾、安徽、山东等地；华南局——领导广东、广西以及香港和国外的越南、印尼等地；华中局——领导江西、湖南、湖北等地；华西局——领导四川、云南、贵州、陕西、甘肃等地。四干会议后，农工党在上海、南京、北平、汉口、江西、广东、福建、浙江、安徽、江苏、四川、重庆、广西、湖南、山东、台湾、港九等地，包括一些县城，整顿和建立了地方组织。在云南、贵州和西北地区也建立了联系。

（五）反对加深中国战祸的美蒋勾结

1947 年 1 月 1 日，毛泽东发表《新年祝词》指出，国民党当局还没有表示任何起码的和平意图，他们在美国政府指使下，正在忙于以分裂的国大和独裁的宪法来装饰自己，以便使他们的战争和美国的援助合法化。1947 年 2 月底，国民党强令中国共产党驻南京、重庆、上海的代表全部撤退，随即进攻延安。1947 年 3 月 12 日，农工党发表《对时局宣言》（以下简称《宣言》），指出蒋介石的所作所为将使中华民族自相残杀的悲

① 中国农工民主党党史资料研究委员会编：《第四次全国干部会议决议案》摘要，《中国农工民主党历史参考资料》第四辑，第 16 页。

剧愈演愈烈。针对严峻形势，农工党提出了六项主张，表达反对国民党蒋介石集团的独裁、内战、卖国政策的原则立场和坚定态度：

第一，反对内战，反对分裂。《宣言》列举国共两党两次合作、两次分裂的史实，指出“两党合作的结果是成功，是胜利；反之，分裂的结果，只是民族的浩劫。今抗战方告胜利，国事尤属千疮百孔，孰料全面分裂又成。内战给予人民的是死亡，是毁灭，我们站在人民的立场上，坚决地反对内战，反对分裂，主张遵循政协道路，恢复和平”。

第二，国共问题，政治解决。《宣言》指出“武力统一政策，不仅解决不了问题，最后毁灭的还是自己。假使武力可恃，纳粹德国就不会垮台，中国的抗战也不会胜利”，主张“国共问题是政治问题，只能用政治方式来解决”。

第三，保障人权。《宣言》认为“保障人权，……在现代民主国家中，已经是人民生活的基本权利，但在今天的中国却成了全国人民一致奋斗的口号”，主张“为了人民的自由权利，为了社会的安定，也为了政府多项皇皇文告的威信，要请政府实践诺言，保障人权，开放言论结社自由，尊重在野党派合法地位”。

第四，保障国权。《宣言》认为中国人民近百年来窒息于帝国主义者之支配，经过八年长期抗战流血流汗的代价，才彻底废除不平等条约，换得了国家的独立，提高了国际的地位。但由于政府对东京台胞之被日警枪杀，荷、印、泰、缅、越等地华侨之浩劫，未能采取适当措置；更由于中美商约，航空协定，尤其驻华美军等，国家独立和主权，已经都成了问题，国际地位，更不知低落了多少。因而主张“我们又得提出保障国权，促起国人努力奋发”。

第五，废除经济统治政策。《宣言》认为经济统治政策为战时不得已之举，如果今天再继续下去，势必弄到全国经济社会之总崩溃而后已。《宣言》提出“要求政府即刻终止战时的经济统治政策，以全民命”。

第六，反对列强干涉中国内政。《宣言》指出“只要中国人有自尊心，只要中国是个独立国家，就应反对列强任何形式的干涉中国内政。特别是协助一方参加或鼓励中国内战，尤其应当坚决的反对”。因此，“我们要求即刻撤退所有驻华外军，一切外国势力离开中国”。

1947 年 4 月 18 日，蒋介石拉拢民社党和青年党，以及一部分反动政客，组成所谓的“多党政府”，引起中国共产党和各民主党派的反对。农工党在港中央委员彭泽民、郭冠杰、李伯球等发表了对“改组政府”的意见，表示蒋介石在“临到政治完全破产，人心尽去”的时候，玩弄“改组政府”的把戏，是为了“转移人民、分散人民、和缓人民”“以图挽救危机”；指出国民党当局宣称的所谓“中共问题，仍以政治解决为基本方针，附以‘铁路交通完全恢复的条件’”，这是明白宣告贯彻武力征服共产党，与政治协商途径背道而驰①。彭泽民还同李济深、何香凝、蔡廷锴、李章达等发表联合声明，指出“这样的政府改组是和政协决议显然极端背谬的”，“被邀参加政府的中国青年党和民社党也不能代表中国真正的自由主义者”。

1948 年 2 月 3 日，农工党与民革、民盟等民主党派一道，针对美国总统杜鲁门和国务卿马歇尔向美国国会提出援华法案一事，在香港联合发表声明，严厉谴责美国政府援助南京政府，助长中国内战，干涉中国内政。《声明》表示，“我们坚决反对此种加紧中国人民痛苦之对华借款，同时绝不承认南京独裁政府所签订之任何损害中国主权之卖国条约”②。

从 1947 年秋开始，美国不仅扶植日本，还提出“工业日本，农业中国”的口号，企图形成美日蒋的联合。从 1948 年春开始，国统区的人民便发起了反美扶日运动。美国驻沪总领事卡博特否认美国扶助日本，并对国民党当局施加压力，要求制止反美扶日的言论。6 月 4 日，美国驻华大使司徒雷登发表书面声明，否认美国扶助日本恢复经济和军事侵略势力，诬蔑中国人民反美扶日是“被利用”，并称“这可能遭致不幸之结果”。

① 中国农工民主党党史资料研究委员会编：《留港中委对“改组政府”的意见》，《中国农工民主党历史参考资料》第四辑，第 25—27 页。

② 中国农工民主党党史资料研究委员会编：《同各民主党派联合声明不承认卖国条约》，《中国农工民主党历史参考资料》第四辑，第 30 页。

这种恫吓更加激起了民主人士的愤怒。农工党党员郑太朴和其他民主党派成员 14 人分别致函司徒雷登，驳斥其谬论。

国内掀起的反美扶日运动，得到了在香港的各民主党派的积极响应，他们以实际行动给予支持和配合。章伯钧、彭泽民联合其他民主党派领导人发表《反美扶日宣言》，严正指出："美帝国主义欲奴役我中国，全力支持反动势力，以华制华。顾因诡计未易实现，乃复扶植日本复兴，竟公然承袭日寇'工业日本，农业中国'之亡华故智，而益以'资本美国'，认敌作友，借刀杀人，暴戾如狂，举世共见。"① 1948 年 6 月，农工党发表《对时局宣言》，谴责美帝扶植日本是"破坏波茨坦宣言及危害世界和平的具体行为"。同时，农工党与其他民主党派一起还利用各个抗日纪念日开展反美扶日活动。在 1948 年九一八纪念日，章伯钧发表谈话称："由于美帝扶日，共同侵略中国，来势汹汹，使当前的民族危机比'九一八'时候更加严重，但中国人民今天有了比八年抗战强大百倍的力量，必将发扬民族抗争精神，最后击败美帝一切的侵华阴谋。"他指出："今天蒋介石政府已公开作汪精卫第二，无保留的出卖国家主权利益，最近派张群赴日，是进一步投降美帝，勾结日本和南韩反动派，企图借外国侵略势力，共同进攻中国人民。我们必须发扬农工平民大众团结斗争的精神，推翻卖国政权及其基础，才能扫清帝国主义在华势力，彻底实现民族解放。"② 10 月 22 日，农工党与民革、民盟、民进、救国会、民联、民促、致公等八个民主党派联合向联合国大会提交并公开发表《为美帝侵华向联合国大会控诉书》（以下简称《控诉书》），全面、系统揭露美国的侵华政策。控诉书指出，抗战胜利后，美国一面假装调解人，帮助蒋介石欺骗、麻痹人民，一面又积极帮助蒋介石打内战。战后美国贷给蒋的借款，据官方发表的统计已超过 43 亿美元之巨，这些钱"主要是拿来供给蒋介石内战"，"美国政府利用蒋介石的腐败和中国的内战，来一步步遂行其内部去占领

① 中国农工民主党党史资料研究委员会编：《同各民主党派负责人联名发表反美扶日宣言》，《中国农工民主党历史参考资料》第四辑，第 35 页。

② 《章伯钧发表谈话揭露蒋日勾结》，《华商报》1948 年 9 月 18 日。

的政策”。《控诉书》还指出，“美国政府的这种侵华政策，是在防共反共的口号下进行的”。“当然在美国华尔街的主人、金融寡头看来，中国共产党是可憎的，因为他反对美帝国主义的侵略。但是，在我们中国人民看来，中国共产党给农民的土地，实行保护工商业，执行劳资两利的政策，这是适合于人民的要求的，它没有超过民主革命的范围。”“中国共产党不仅代表了无产阶级，而且也是中国的农民、工商业家的良友。”“今天中国所进行的内战，乃是中国人民反对独裁的革命战争。”美国政府支持蒋介石独裁政府，“实属于干涉中国内政的行动”。《控诉书》要求联合国责成美国政府立即撤退在华美军，立即停止援蒋，废除一切美国政府与蒋介石政权所订立的中美不平等条约，而代以新的真正平等的互惠条约。[①]《控诉书》揭露了美国干涉中国活动同蒋介石独裁统治和内战政策之间的内在联系，表达了农工党和其他民主党派反对美蒋的坚决态度，推进了国统区的爱国民主运动。

（六）投身国统区的爱国民主运动

四干会议后，农工党有目的地在国民党当局的党、政、军、警机关中发展党员，在各地区发展地方组织。到1948年下半年，已在9个省的153个县建立了组织，进一步加强了与中国共产党密切合作，积极配合中国共产党开展工作。上海、南京、浙江、广东、安徽、江苏、湖北等地的农工党组织，为中共领导的根据地输送知识分子、提供情报和物资弹药，参与营救被捕的中共党员，配合开展策反工作，联合开展武装斗争，发动党员、群众参加反蒋反美的爱国民主运动，取得了一定成绩。

国民党在发动全面内战的同时，加强了对人民的专制统治。1947年5月，反饥饿、反内战、反迫害的爱国学生运动爆发，北平、上海、南京、天津等地大学学生宣布罢课，组织请愿和游行示威。5月20日，多地学生在南京举行联合大游行。国民党当局出动大批宪警特务对学生实行

① 中国农工民主党党史资料研究委员会编：《同各民主党派为美帝侵华向联合国大会控诉》，《中国农工民主党历史参考资料》第四辑，第63—73页。

镇压，逮捕打伤学生150余名。5月21日，章伯钧、韩兆鹗向南京中央大学学生自治会发出慰问信并捐款，慰问信指出："贵会同学为国家和人民争取民主和平，并挽救教育危机，改善学生生活，领导此次请愿游行，竟惨遭非法摧残，实令人发指。兹送上法币各拾万元，聊助受伤同学之医药费。"章伯钧还于5月26日到中央大学讲演，支持学生运动。他肯定青年学生有血气，有勇气敢喊出人民的声音，为人民争取自由、民主和生存。他还表示，愿与学生并肩战斗，勉励"全国学生要团结"，要求国民党政府"将《维持社会秩序临时办法》赶快取消"，"把一切被封闭的报纸杂志刊物，让它自由出版"。10月26日，国民党特务非法逮捕了浙江大学三名爱国学生，并将他们杀害。"浙大血案"又引起了学生"争民主，反迫害"运动的新高潮。上海农工党光华大学支部的党员在中国共产党的支持下，联合上海各大学的学生发动了抗议大游行。

1948年1月底至2月初，上海同济大学学生和申新棉纺九厂工人为反迫害、反饥饿而罢课罢工。国民党出动大批军警宪特进行血腥镇压，造成了"一·二九"同济血案和"二二"申九血案。国统区学生和工人反迫害、反饥饿斗争更加激烈。农工党在南京中央大学、金陵大学、政治大学的党小组，发动、联络学生参加爱国运动。农工党驻沪办事处在上海参加策动学生两万余人印发传单，举行反政府大游行。办事处发言人发表谈话，号召学生联合起来，坚持斗争，反对美国侵华，反对卖国政府。在香港的章伯钧、彭泽民、李伯球、王深林、杨逸棠、郭冠杰等对学生的爱国运动发表了《声援宣言》，对上海学生英勇抗暴表示钦敬，指责国民党的暴行是丧心病狂的举动，呼吁国人制止暴行，迅速消灭独裁，实现民主。3月29日至5月1日，国民党操控的"行宪国大"选举蒋介石为"总统"。农工党于5月4日发表《声明》，指出国民党召开此次"行宪国大"，是在贯彻戡乱到底、卖国到底的反动政策，假托行宪之名，对内欺骗人民，对外逢迎美帝，使其独裁统治合法化。《声明》强调："本党对蒋介石的反动统治，坚决进行不妥协的斗争。对此窃国卖国尤有甚于袁世凯、曹锟之总统，尤为深恶痛绝，反对到底！"

国民党反动当局对各民主党派和民主人士充满敌意，不断地对民主党派进行残酷迫害，一批领导人和成员被殴打、监视，甚至遭到逮捕、杀害。1947 年 5 月，国民党当局在各地绑架、逮捕民主人士，多名农工党党员被捕。

1947 年 5 月 3 日，国民党中央社捏造出所谓毛泽东亲自签署的绝密文件《中共地下斗争路线纲领》，称民盟、农工党等党派为中共所操纵指使之工具，中共要“准备利用一切机会去动员民主同盟与农工党行动派的力量”，中共“各地委员及核心，经常派遣代表列席各地民盟、民联、行动三方面干部会议”等言语。对此，民盟、农工党和其他民主党派当即进行了揭露和斗争。5 月 12 日章伯钧致函国民党当局行政院院长张群，责问：“今必欲对参加政协而不参加国大、不参加政府之其他党派，安排罪案，进而剥夺其合法地位，不容其在野生存，此与民主国家之政制有何符合之义？”

为反击国民党反动派的迫害，农工党于 1947 年七八月间分别向各地组织和党员干部发出《政治通告》《组织通告》，指示要在严峻考验面前，坚强自己，加紧活动，永远站在人民的前面，坚持斗争。全党在严酷的白色恐怖下，应当“严密组织，保全机构，隐蔽分散，建立据点，扩大自己”，“在城市已经暴露的同志必须有计划地转移到农村工作”。这为广大党员迎接更艰苦的斗争作了思想上和组织上的准备。

1947 年 10 月 27 日，国民党当局宣布民盟为非法团体，强令解散。各民主党派和民主人士纷纷谴责国民党当局暴行。彭泽民等领导的民盟南方总支部发表《为民盟横遭摧残郑重声明》，指出民盟是一个非武装的公开合法政团，一向以主张和平为公开之号召，对南京政府抱“与人为善”之心，对于南京政府的高压政策，“横逆之加，处以忍让”，“以不苟同国民党之内战政策，竟遭南京非法解散”，是完全违背政协协议，违背全国人民公意的。声明宣示，国民党当局的这种暴力政策，“只会促进本盟在海内外的发展，更加强民主人士的团结”，坚定表示为了中国实现真正的和平、民主，将再接再厉，继续奋斗！

1947 年 11 月底，农工党领导人章伯钧等秘密前往香港，中央机关也随之由上海迁至香港，设在坚道 137 号。在上海设立中央办事处，由丘哲任办事处主任。自此，农工党在内地的活动完全转入地下。在香港，农工党与中国共产党、其他民主党派和民主人士团结合作，坚持开展反对国民党反动统治的斗争。章伯钧等在香港参加了民盟总部的恢复工作和民盟一届三中全会的筹备工作。

（七）支援和参加人民解放战争

1948 年秋，人民解放战争进入决战阶段。农工党于 1948 年 9 月 2 日至 11 日，在香港举行中央扩大会议。会议对即将建立的新中国国家性质及政策进行了深入讨论，热忱地期待着新政协的召开，积极迎接新中国的诞生。会上章伯钧作《政治报告》，组织部部长王深林、宣传部部长李伯球分别作组织和宣传工作报告，会议通过了《政治决议》和《组织决议》。

《政治决议》分析了国内外形势，确定了斗争的策略方针，阐明了农工党与中国共产党并肩战斗和长期合作的方针，强调“中国共产党是历史先进阶级——无产阶级坚强领导的组织，中国共产党采取新民主主义的道路，与本党历来主张以农工为中心的平民民主政权则完全相同。将来为实现社会主义的目的又是一致的。故我们与中国共产党不仅是今天反帝反封建反官僚资本的革命战友，而且是建设新中国的长期合作者。为了与中国共产党切实合作，本党应加紧团结农工平民大众与解放军并肩进行坚决的革命斗争，放手发动人民参加武装组织，开展武装斗争”。《政治决议》指明今后的具体任务，是彻底打败美国扶日援蒋的侵略政策，加速反动统治的崩溃。《政治决议》批判了“自由主义者”标榜的“中间路线”，并提醒“中间人士”如果受不起战争严格的考验，过高估计反动势力，过低估计革命势力，幻想和平早日到来，则刚好是中了美蒋的阴谋诡计。《政治决议》强调，“我们与中共不仅是今天反帝反封建反官僚资本主义的革命战友，而且是建设新中国的长期合作者”。“要加紧团结国统区人民，放手发动人民参加武装，组织武装。必须尊重中共战友，按照实际需要，在武装斗争中统一指挥，巩固合作”。

为便于指导各地组织的工作和斗争，扩大会议决定在农工党中央统一领导下采取分区指导的办法。在上海设立华东局，以连瑞琦为主任委员，指导上海、南京、江苏、浙江、安徽、山东、台湾各省市的工作；在广州设立华南局，以杨逸棠为主任委员，指导广东、广西、港九和海外组织的工作。分区指导大体确定后，农工党中央组织部发布《组织通告》，规定“组织教育”“工作指示之检查”“行动斗争之指导”“经验教训之交换”“批评与检查”等工作内容。农工党中央宣传部发布《政治通告》，规定“宣传党的政治主张”“报道国内政治形势”“介绍民主运动情况”等工作要求。《组织通告》和《政治通告》，有力联系和指导国内外 170 多个地方组织大约两万名党员进行革命斗争。

农工党中央扩大会议还作出一项重大决定，就是改变对国民党的斗争方式，即由和平的民主的斗争转向武装的军事的斗争，开展在中国共产党领导下的新军事运动。

随后，为配合人民解放战争，加速胜利的进程，农工党在香港与中国共产党有关负责人建立了联系，部署农工党各级组织开展在中国共产党领导下的新军事运动。主要是在国统区发动人民或组织力量参加革命的武装组织，开展反蒋军事斗争。

在广东，农工党在北江地区、兴梅地区、惠东宝地区和广州、潮汕地区建立了 5 支共 3000 多人的武装队伍，与中国共产党地方游击队密切配合，同国民党军队战斗到广东解放。农工党党员黄桐华被中共党组织任命为“中国人民解放军粤赣边区先遣支队司令员”。

在浙江，农工党在杭州、诸暨、金华等地分别组织游击队，与当地中国共产党领导的武装协同作战。其中，中国共产党帮助组建东磐武工队，由最初的 4 人（3 人是农工党党员）发展壮大到 400 多人，后编为浙东人民解放军东磐支队，由农工党党员方启东任支队长，为摧毁东磐地区的国民党反革命武装力量和反动政权作出了重要贡献。

在上海，农工党在上海郊区和江浙一带策反国民党部队及地方武装，组建地下“民主联军”，预编为两个军和一个直属师，集中待命，迎接解放。其中，直属师于1949年5月25日开到上海南市，接受人民解放军改编。

在江西，农工党在九江、德安等20个县区组建了“江西民主自卫军”，共8000多人，其中有些纵队、支队在配合当地解放战斗中作出了突出贡献，全歼了九江县的国民党武装，解放了修水、九江县城，促成了德安、永修、进贤、丰城、南丰、余江、遂川等县的和平解放。

在湖南，农工党在湘西成立了3000多人的“湖南溆沅辰人民解放总队”，农工党党员武思光任司令员。该部在中国共产党湘中地下工委领导下，在解放军支持下，同国民党军队作战十余次，参加解放湘西各县斗争，协助人民政府剿匪征粮。

在广西，农工党组建了“富川游击队”，武装活动范围涉及富川县七个乡镇，在当地开展护村、策反等武装斗争，为中共地方武装接收国民党军队提供协助。

在四川，农工党在川北以中江县为中心，组建“川北人民自卫军”，策应配合人民解放军，瓦解国民党军残部，维持当地治安，在同国民党当局内务部第二警察总队的战斗中缴获步枪千余支、大炮十门和大批军用物资。

1949年6月6日，章伯钧、彭泽民致电农工党江西省委，指示“在蒋匪区域之武装组织由负责同志向中国人民解放军接洽协助杀敌”，明确要求“现本党政治方针完全接受中国共产党领导”，在解放工作完成以后，即遵照“全国各民主党派均经一致决定凡有武装部队统交人民解放军改编”的原则办理。中共中央对农工党的武装力量非常重视，6月17日，中共中央作出《对江西农工党及其武装问题的指示》，指出“农工民主党在江西的地方组织颇多，在赣南与我地下组织有合作关系。望慎重处理与该党有关的问题。要注意发挥该党武装配合的作用。在完成了战斗任务的地方，按商定原则，交人民解放军整编，其中农工党党员之适宜于部队工作者，仍留部队工作”。

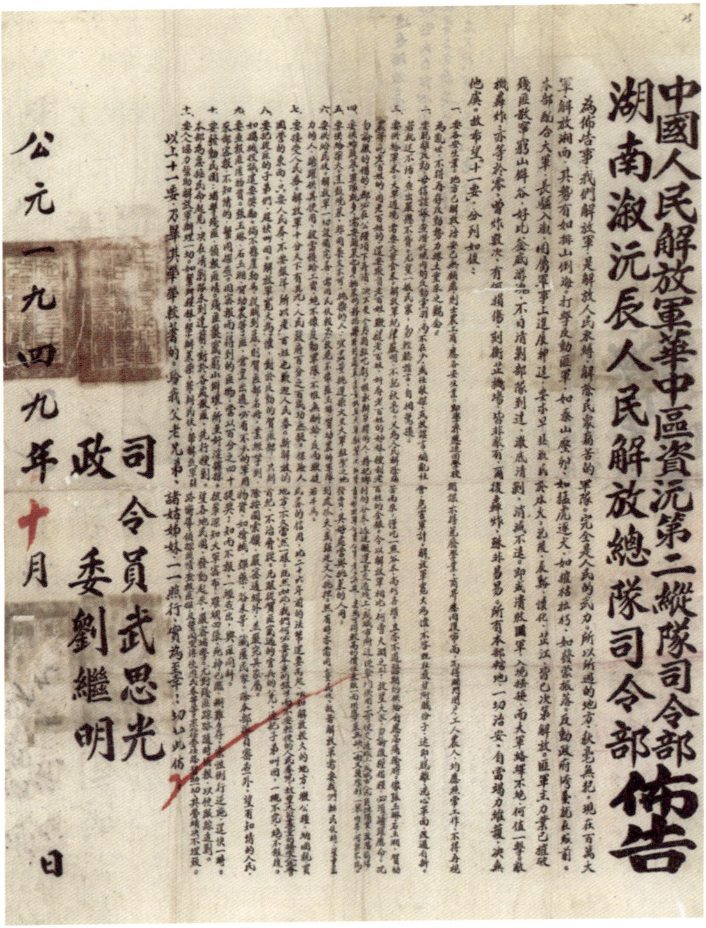
中國人民解放軍華中區資沅第二縱隊司令部
湖南漵沅辰人民解放總隊司令部
佈告

司令員 武思光
政委 劉繼明
公元一九四九年十月 日

★ 1949 年 10 月，农工党武装湖南溆沅辰人民解放总队发布布告，号召民众迎接解放军进入湘西。因通过不同途径从中共党组织取得两个番号，为避免误会，布告将两个番号都列上。

在解放战争中，各地农工党武装在当地解放后均按中共政策要求，统交解放军改编，成为革命队伍中的重要力量。

策动国民党军政人员起义。在人民解放战争胜利推进的形势下，国民党内部分崩离析、人心浮动。农工党通过各种关系，发挥穿针引线作用，积极策动起义。1948 年至 1949 年，参与策反且收到成效的，上至集团军总司令、省政府主席，下至县长、警察总队长，计有：吴化文、马师恭、张轸、张奇、毕书文、康朴、曾伟潮、周绍轩、范绍增、邓宝珊、王安昭、叶芳、方师岳、王晏清、吴钟祺、丁锡山、李洁之、魏鉴贤、练惕生、施祥生、赵士佳、祝更生、张慕槎、谢汝昌、俞步募、林锡光，等等。以上策反工作，有的是接受中国共产党的任务，有的是先征得中国共产党的同意，经策动成熟，再介绍与中共党组织直接联系，具体安排起义的时间和办法。如参与策动八十九军马师恭部在芜湖起义，安徽省保安司令、代理省主席方师岳在屯溪起义，叶芳在温州起义等。农工党党员邓昊明在中共地下党组织帮助下，成功策反国民党首都警卫师师长王晏清起义，震动全国，动摇了蒋军心理防线。江苏南京农工党地下组织成功迫使国民党中校特务组组长弃暗投明，向中共方面提供了国民党特务潜伏的重要情报。江阴要塞是蒋军阻止人民解放军渡过长江的重要防御系统，农工党华东局成功发展江阴要塞黄山炮台第六中台台长吴钟祺加入农工党，吴钟祺在解放军渡江的关键时刻率部起义。农工党湖北临时支部负责人唐午园助力策反国民党第十九兵团司令张轸率部起义，促武汉和平解放。

为解放军搜集军事情报。农工党运用自身有利条件，积极搜集国民党军事情报，取得许多重要成果。从 1948 年到 1949 年，搜集到的军政情报主要有：广州绥署兵力部署情况和作战计划、国防部重要情况和作战计划、南京市城防工事地图、军令部 1948 年后备兵力统计、南京市保密局特务名单和活动情况、毛人凤布置追踪曾山的情报、芜湖专署进攻当地游击队的计划、敌人封锁长江的通信口令、“珠江三角洲反共救国军”作战计划、国民党特务撤往台湾省前秘密在南京设立的两座电台、广州地区陆海空军日夜联络讯号表、国民党在复兴岛召开高级军官会议的决议、长江江防工事和兵力部署情况，等等。

1946 年 6 月，农工党按照与中国共产党方面商议的意见，安排党员刘宗宽打入国民党重庆行营，以便在敌人内部发挥作用。1949 年，刘宗宽担任国民党西南军政长官公署代参谋长。他在解放军第二野战军司令部秘密派遣的情报员指导下，将国民党西南地区的军事情况，包括军队部署、战斗序列、人员配备、指挥官特征、训练程度、武器装备等重要情报，详细提供给第二野战军。刘宗宽还借西南军政长官公署重新调整军事部署之机，利用敌人内部的矛盾，成功引导国民党当局作出错误判断，将大批国民党军队从川东调往川北，使川鄂湘黔交界地带出现“空防”。第二野战军从“空防”留下的80公里宽的空隙顺利进入四川，加速了解放西南的进程。刘宗宽还向第二野战军司令部提供了蒋介石“保卫重庆决战”的绝密情报，并提出迅速解放贵州，截断国民党军队向云南撤退后路的重要建议。刘宗宽所做的系列重要工作，为人民解放军解放大西南提供了有力支持，被刘伯承司令员誉为“解放西南第一功”。刘宗宽本人也被第二野战军司令部聘为高级参议。

组织护厂护校，迎接人民解放。中共中央重视民主党派在接管城市、恢复生产、恢复社会秩序中发挥的作用。[①] 1949年2月19日，中共中央发出《关于怎样对待各民主党派、团体的地方组织的指示》，指出在“五一口号”以前即已成立并在反对帝、封、官的革命斗争中作出了贡献的民主党派，“亦即国民党革命委员会、民主同盟、中国民主促进会、人民救国会、农工民主党、三民主义同志联合会、国民党民主促进会、民主建国会、致公党等，在被我人民解放军解放了的地方，并经过该党派总部的证明，应一律承认他们的合法地位，加以保护”。指示要求中共各地方组织要“以坦白诚恳的态度，向他们解释我党的政策和主张，与之协商一切重大问题，以争取他们同我党一道前进”。

1949年4月23日，在人民解放军胜利完成渡江作战，解放了南京并将革命大踏步推向江南的形势下，会聚北平的各民主党派发表《拥护毛主席、朱总司令进军令的联合声明》，号召“在一切解放区，全体人民必须加紧生产，服从法令，动员支前，在解放军作战之区域，及将进攻之区域，所有各民主党派及各界人民必须努力动员迎接解放大军，协助杀敌，并保护一切重要物资，免受破坏”。章伯钧、彭泽民等人参与署名。

农工党中央积极宣传贯彻中国共产党的政策，组织开展迎接人民解放的各项工作，于1949年2月向全党发出指示：大力开展城市的组织工作和

① 中国农工民主党中央研究室编：《中国农工民主党的历史道路》，中国社会科学出版社2017年版，第162页。

民主活动。掌握地方人民武装。策反国民党军人起义。扩大宣传，安定人心，保护一切地方公物、资产、财物。组织城乡人民迎接解放军。这一指示下达后，农工党各地组织都把迎接解放作为工作重点，积极贯彻执行。尤其是南方各省市的农工党组织，普遍开展了“三护”“三保”“三支”“三劝”活动。三护：护厂、护仓、护校。维护了一些工厂不被拆迁，守住了不少库存的粮食和军械弹药免遭散失，阻止了一些高等院校不被迁移。三保：保产、保资、保物。保护了不少公用设施（如电灯、自来水、邮政、电话等），保住了一些银行和钱庄的资财（如黄金、白银、银圆等），保全了大量的档案和资料。三支：发动群众为解放军进军修路修桥，筹粮筹草，送鞋送伞。三劝：劝一些工商业者不去香港，劝一些国民党军政人员不跑台湾省，劝一些中上层职员坚守岗位。

农工党上海市支部大量翻印《人民解放军约法八章》《城市工商业政策》等文件，发给党员学习、宣传，并寄给知名工商业者和各界人士。

1949 年年初，担任安徽省桐城县县长的农工党党员陈质夫，控制民船 600 艘，转存粮食 28 万斤、食盐 5000 余斤，留供人民解放军使用。

1949 年年初，广东农工党党员开办“新光学社”，接办“广州通讯社”“南方印务局”，承印国民党省政府《省府通报》和国民党中央党部“密电码”，设法摆脱监视，将上述印刷品秘密速送香港，通过农工党中央转交中共党组织。当人民解放军开进广州城之时，他们又以农工党的名义印发 3000 份《欢迎中国人民解放军告广州市民书》。农工党党员肖介农、陈本能、岑荫梓、陈宇宙等人在广州消防大队进行策反护队工作，安定队员情绪，使全体人员无一离队，将消防队的公文档案、消防车辆、消防器材和枪支弹药保存下来，完好无损地交到人民手中。在敌人仓皇撤退，解放军尚未进城的真空状态期间，农工党党员出面协助消防大队通知各个区队、分队坚守岗位，随时出动救火消灾，为保卫广州安全作出贡献。

1949 年 3 月，上海得利车行准备搬迁到台湾省。得利车行的农工党地下组织号召职工进行怠工斗争，阻止搬迁，使得得利车行未能迁往台湾省，并影响到上海全市的自行车行业。担任上海市虹口区区长的农工党党员黄芝宇和农工党虹口区小组的党员陈旭东、陈旭昌及所联系的进步群众，秘密将档案、户口簿册保留下来，大部分资财也及时转移到安全地点，解放后完整地交给人民政府。上海市常熟区的农工党党员简恩霈和中共党员徐嘉陵，对常熟区区长王伯盘进行政策宣传，使王伯盘打消了逃去台湾省的念头，将所有档案、户口簿册保存完好。

1949 年三四月间，农工党南京市雨花台区组织将看管的西善桥仓库的子弹炮弹 2 万多发、停泊的军舰设施及收缴的轻机枪 1 挺、步枪 98 支、手枪 6 支等军用物资全部移交人民解放军接收。农工党南京市栖霞区北郊分部，将缴获、收集的电台 1 部、机枪 2 挺、冲锋枪 2 支、步枪 39 支及弹药装具等，全部移交人民解放军接收。

1949 年 4 月，国民党军委会航空委员会准备将南昌三家店机场从美国进口的一批共 500 多箱、原准备用于开办飞机制造厂的设备撤走。农工党江西省工委领导人廖少仪和党员喻松、徐正邦等人深入机场开展策反工作，承诺保证机场守卫部队生命财物安全，解决其生活问题，成功保住设备不被运走。南昌解放后，三家店机场两架飞机和设备被人民政府接管，成为当年国营三二零厂（今洪都航空集团）建厂的基本设备。农工党南昌市组织的成员自觉参加护厂队，先后粉碎了国民党特务炸毁南昌下正街发电厂（当时南昌唯一的发电厂）、劫走高级工程技术人员的企图。

1949 年 5 月，人民解放军进攻上海时，农工党上海市支部集中 40 余人在沪西迎接人民解放军进城，张贴迎接人民解放军的标语，协助维持社会秩序，在作战区域外进行警戒和宣传工作，为人民解放军做向导、筹措粮食等。

1949 年 9 月至 10 月，福建厦门的农工党党员郑静安等人，利用在当地的关系和影响，组织农工党党员和当地青年 40 余人组建“船管大队”，在人民解放军解放厦门、鼓浪屿的战役中，担负了运输人民解放军九十一师二七一团渡海作战的任务。

（八）为革命献身的农工党英烈

在长期的革命斗争中，农工党同中国共产党亲密合作，经历血与火的考验，在斗争中不少农工党党员同中国共产党人的鲜血流在了一起。众多农工党员颠沛流离，经受着政治上和经济上的双重折磨，有的遭到逮捕身受酷刑，有的献出了宝贵生命。

在壮烈牺牲的革命者中，有被蒋介石杀害的农工党创始人邓演达，有在“福建事变”中英勇牺牲的徐名鸿、江董琴、翁慈星、颜卧云、周捷榜、冯峻五、丘弼琴，有在与日寇作战中壮烈牺牲的八路军冀鲁豫军区第五军分区司令员朱程，有在开展抗日游击斗争中被日寇虐杀的王守先，有在做策反工作时被捕遇害的农工党中央委员曾伟、上海市党部主委虞键、南京市党部委员刘启纶，有在从事革命宣传工作中在上海解放前夕被敌人杀害的农工党上海市党部宣传委员会主任焦伯荣、上海市党部青年运动委员会主任赵寿先、委员郑显芝。农工党四川省党部青年工作委员会委员章培毅，在开展军事策反活动中被捕；张孟晋受中共地下党组织指示，在为支援华蓥山武装起义到香港筹款返渝时被捕，章培毅和张孟晋在重庆解放前夕被活活烧死在渣滓洞监狱，牺牲时同为29岁。农工党西南地区组织工作负责人黎又霖，长期在国民党上层军政人士中开展工作，被捕后受尽酷刑，坚贞不屈，在重庆白公馆英勇就义。在各个时期中牺牲的烈士还有：林熙盛、何莫、裘朝慎、李义容、裘朝俭、章禹鼎、彭象贤、王绍、王直、郭莽西、于灿烈、边美棠、周永良、宋无畏、黄立本、屠泽民、沈德尊、吴一均、何华昌、古诚等百余人。他们有的在刑场上慷慨赴死，有的在战场上英勇捐躯，这些可歌可泣的革命英烈，都是中华民族的优秀儿女。

★ 在新民主主义革命时期，一批农工党党员为革命事业英勇牺牲，有26人在中华人民共和国成立后被追认为烈士。图为部分烈士遗像。

（九）响应中国共产党“五一口号”

1948年4月30日，中共中央郑重发布纪念“五一”劳动节口号，其中第五条提议：“各民主党派、各人民团体、各社会贤达迅速召开政治协商会议，讨论并实现召集人民代表大会，成立民主联合政府。”这一号召表达了全国人民的要求和愿望，反映了各民主党派和爱国民主人士的政治主张，受到各民主党派和各阶层人士的热烈拥护和积极响应。

5月1日，中共中央发出《关于邀请各民主党派代表来解放区协商召开新政协问题的指示》①，电示中共中央上海局、香港分局：“我党准备邀请各民主党派及重要人民团体的代表来解放区讨论：（甲）关于召开人民代表大会及成立民主联合政府问题。（乙）关于在反对美国帝国主义侵略及蒋介石卖国政府的斗争中加强各民主党派各人民团体的合作及纲领政策

① 中央档案馆编：《中共中央文件选集》第17册，中共中央党校出版社1992年版，第149页。

问题。”并特别邀请李济深、冯玉祥、何香凝、李章达、柳亚子、谭平山、沈钧儒、章伯钧、彭泽民等20多位民主党派领导人和民主人士到解放区参加新政协。

在人民军队转入战略进攻的形势下，在国民党反动统治行将崩溃的前夕，中国共产党为建立一个和平民主的新中国，向多年以来风雨同舟、肝胆相照的各民主党派及民主人士发出号召，邀请他们到解放区召开政治协商会议，共商成立民主联合政府及施政纲领等大计，极大地鼓舞了在国统区和香港等地与国民党反动派进行艰苦斗争的各民主党派及民主人士。

1948年5月5日，彭泽民代表农工党，与其他民主党派和无党派人士在香港联合致电中共中央主席毛泽东，响应中国共产党“五一口号”。电文提出：“读贵党‘五一’劳动节口号第五项：‘各民主党派、各人民团体及社会贤达，迅速召开政治协商会议，讨论并实现召集人民代表大会、成立民主联合政府’，密合人民时势之要求，尤符同人等之本旨，曷胜钦企，除通电国内各界暨海外侨胞共同策进，完成大业外，特此奉达。”并向国内外各报馆、各团体及全国同胞发出《响应中国共产党“五一”号召的通电》，表示“中国共产党‘五一’号召事关国家民族前途，至为重要。全国人士自宜迅速集中意志，研讨办法，以期根绝反动，实现民主”。

6月，农工党中央委员严信民由解放区抵达香港，给在港民主党派及民主人士带来中国共产党的重要意见。严信民在农工党中央执监委会上传达有关意见：民主党派要承认中国共产党的领导权，要承认新民主主义为当前施政的最高原则，要承认人民解放军是中国唯一的国家军队。农工党中央完全赞同这些意见并予以大力宣传。6月16日，农工党中央在《对时局宣言》中郑重声明，历史证明“民主、独立、统一的中国决不能从与反动统治妥协中得来；只有经过人民的革命斗争达到”，号召爱国同胞“加紧团结起来，扩大民主联合行动，积极为召开新政协，为人民的胜利，为新中国的实现而奋斗”。

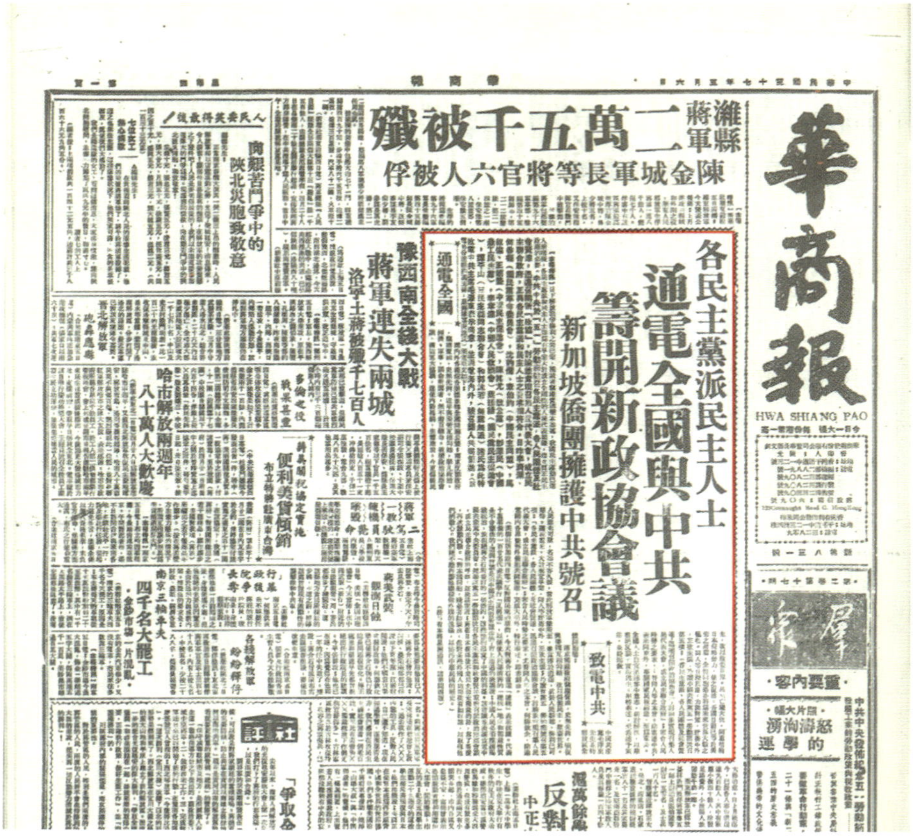

華商報

HWA SHIANG PAO

濰縣蔣軍二萬五千被殲

陳金城軍長等將官六人被俘

各民主黨派民主人士通電全國與中共籌開新政協會議

新加坡僑團擁護中共號召

通電全國

致電中共

豫西南全綫大戰 蔣軍連失兩城

向艱苦鬥爭中的陝北災胞致敬意

哈市解放兩週年 八十萬人大歡慶

南京三輪車夫 四千名大罷工

便利美貨傾銷

社評

重要內容

★ 1948年5月5日，民主党派领导人和无党派人士致电中共中央毛泽东主席，响应“五一口号”。图为次日香港《华商报》刊登的通电。

各民主党派响应“五一口号”，宣传“五一口号”，纷纷发表文章，召开讨论会，举行座谈会，围绕召开新政协贡献意见、研究办法，形成了一个广泛深入的新政协运动。通过新政协运动，各民主党派进一步统一了认识，认清了新政协与旧政协的本质区别，明确了新政协是各民主党派、人民团体及各界人民的政治协商会，必须拒绝反动派参加；中国共产党是新政协的当然领导者；新政协的共同纲领应该是新民主主义的政纲。各民主党派为着新政协的召开，必须立即行动起来，与全国人民一道，将反帝反封建反官僚资本主义的革命进行到底。

“五一口号”阐明了中国共产党的政治主张，代表了中国民主政治发展的正确方向。响应中共中央“五一口号”，标志着各民主党派、无党派民主人士公开自觉接受中国共产党的领导，坚定地走上了新民主主义的道路，完成了从爱国主义向新民主主义的历史性转变，揭开了中国共产党同各党派、各团体、各族各界人士协商建国的序幕。从此，在中国共产党的领导下，农工党同各民主党派和无党派民主人士一道，积极参加新政协运动，讨论有关召开新政协会议的各项议题，为结束国民党反动派的统治，建立人民民主的新中国而努力。

（十）参加新政协筹备与协商建国工作

1948 年 8 月 1 日，毛泽东复电李济深等人，对他们赞同召开新的政治协商会议，并热心促其实现，表示“极为钦佩”，诚恳表示“关于召集此项会议的时机、地点、何人召集、参加会议者的范围以及会议应讨论的问题等项，希望诸先生及全国各界民主人士共同研讨，并以卓见见示”。中共中央指示华南分局、香港工委、上海局、华北局等做好民主党派领导人和民主人士进入解放区的组织接待工作。

筹备新政协的首要问题就是如何将在解放区以外，尤其是在香港的各民主党派领导人及民主人士护送至解放区。从 1948 年秋开始，由中共中央直接部署、周恩来亲自指挥，中共华南分局、香港工委，及中共中央派赴香港工作的钱之光具体负责这项具有历史意义的工作。从 1948 年秋至 1949 年 3 月，分 6 批将民主党派领导人和著名爱国民主人士分别护送到华北和东北解放区。农工党章伯钧、彭泽民、丘哲、严信民、韩兆鹗先后到达解放区。民主党派领导人及民主人士到达解放区后，通过参观学习，了解解放区的情况，学习研究中国共产党的各项方针政策，并分别在东北解放区的哈尔滨和华北解放区的河北平山县李家庄（中共中央统战部所在地），就新政协有关事宜进行具体酝酿和讨论。

★ 1948 年 9 月，章伯钧（后排中）等民主党派负责人和民主人士在中共中央安排下，从香港北上解放区参加新政协筹备会，图为首批北上的民主人士与中共有关人员在哈尔滨的合影。①

解放战争势如破竹，随着辽沈、淮海、平津三大战役胜利，国民党政权在长江以北的力量全线崩溃。蒋介石和国民党统治集团为挽回败局，在美国驻华大使司徒雷登的支持和策划下，发动了“和平攻势”，企图利用和平谈判的手段，达到“划江而治”的目的，以便争取喘息时间，保存力量，卷土重来。1948 年 12 月 30 日，毛泽东为新华社撰写了《将革命进行到底》的新年献词，提出“是将革命进行到底呢，还是使革命半途而废呢?”，“中国每一个民主党派，每一个人民团体，都必须考虑这个问题，都必须选择自己要走的路，都必须表明自己的态度”。号召全国人民、各民主党派、各人民团体真诚合作，采取一致的步骤，粉碎美帝国主义和国民党反动派的政治阴谋，将革命进行到底。

① 中国农工民主党中央研究室编：《中国农工民主党的历史道路》，中国社会科学出版社 2017 年版，第 174 页。

1949年1月14日，毛泽东发表《关于时局的声明》，指出蒋介石的“和平”建议是虚伪的，蒋所提的和谈条件不是和平的条件而是继续战争的条件。声明还提出中国共产党主张的“惩办战争罪犯”等8项和谈条件。农工党领导人章伯钧、彭泽民和丘哲、严信民、韩兆鹗认真讨论了毛泽东的文章，纷纷发表声明，拥护中国共产党和毛泽东主席的主张，痛斥和回击美蒋反动派的“和平”阴谋。

1月15日，农工党中央发言人发表谈话，指出“毛泽东先生1月14日的《时局声明》严正的揭破了蒋介石等虚伪的反动的和平建议”，“代表了全国人民全国各民主党派一致的要求，唯有这八项条件才能符合人民的利益”，“毛先生的号召，也即是今天各民主党派和全国人民共同的任务”。1月22日，已到达解放区的章伯钧、彭泽民、丘哲、严信民、韩兆鹗同各民主党派领导人和民主人士55人，联名发表《对时局的意见》，旗帜鲜明地指出：“我们今天要明白表示我们的信念。我们认为，革命必须贯彻到底，革命与反革命之间绝无妥协与调和之可能。”“今天是我们中国人民的最后的考验。我们相信，我们多灾多难的中国人民决不会再受蒋美反动阴谋的欺骗。”“我们敢于相信，把反动政权摧毁以后，我们能以较短的期间建设成一个和平、民主、自由的新中国，人民民主共和国。光明的远景在我们的前面，我们应一致努力。”《意见》明确宣告“愿在中共领导下，献其绵薄，共策进行，以期中国人民民主革命之迅速成功，独立、自由、和平、幸福的新中国之早日实现”。

1月24日，章伯钧、彭泽民、丘哲联合发表《为南京政府制造和平阴谋的书面谈话》，指出蒋介石元旦声明和“行政院”19日宣告无条件停战的决议，“是欺骗行动，是蒋美一贯串演的伎俩，今天中国人民决不会再上当”，“中国共产党毛泽东先生1月14日提出的八项和平主张，就是全国人民的共同要求，是实现中国永久和平之唯一的办法”，“我们须切实明了南京伪政府所要制造假和平的真相，要随时随地地揭发奸谋，予以严重的打击”。

1948年9月29日，第一批民主人士抵达哈尔滨的当天，毛泽东就亲自发出欢迎电报，并指示周恩来草拟《关于召开新的政治协商会议诸问题》的文件，经毛泽东修改后，以中共中央名义电致东北局，指示东北局将该文件转交各位民主人士每人一份，正式征求他们的意见。10 月 15 日，中共中央又发出《关于向各民主党派代表征询参加新政协名单的意见及有关原则给李富春同志的指示》，指示李富春等同志征询在哈尔滨民主人士的意见。10 月至 11 月间，中国共产党东北局负责人邀集在哈尔滨的民主人士就《关于召开新的政治协商会议诸问题（草案）》举行了三次座谈会。与会民主人士均表示同意中共中央的主张和意见。关于召开新政协的原则，一致同意“排除南京一切反动党派及反动分子的主张”。对于新政协由各党派、各方面共同组织筹备会负责召集，均表示很满意。与会人士还就“筹备会的组成问题”“新政协的参加者问题”“新政协重要讨论事项问题”“如何成立中央政府问题”等提出了意见。经中共中央与到达哈尔滨、平山县的民主党派及民主人士反复协商，就《关于召开新的政治协商会议诸问题》达成共同协议，决定新政协筹备会由中国共产党及赞成中国共产党“五一口号”第五项的各主要民主党派、人民团体及无党派民主人士等 23 个单位代表组成，筹备会的任务是：负责邀请参加新政协的各方代表人物，负责起草新政协文件，负责召开新政协的正式会议。新政协的参加范围由各民主党派、各人民团体及无党派民主人士的代表人物组成。新政协应讨论和实现的有两项重要问题：一为共同纲领问题，一为建立中华人民共和国中央政府问题。新政协可按工作需要聘请若干民主人士及专家组成专门委员会，研究各项专门问题。章伯钧在哈尔滨期间，参加了前述系列座谈会的讨论，参与提出了关于建国的一条重要意见，认为政治协商会议即等于临时人民代表会议，即可产生临时中央政府。这个意见为中共中央所接受。①

1949 年 6 月 11 日，中国共产党和各民主党派、无党派民主人士在北平中南海举行了新政治协商会议筹备会预备会议，商定参加新政协筹备会

---

① 中共中央党史研究室著：《中国共产党的九十年》，中共党史出版社、党建读物出版社 2016 年版，第 317 页。

的单位为23个，共134人。6月15日至19日，新政治协商会议筹备会第一次全体会议在北平中南海勤政殿召开。参加会议的有中国共产党和赞成“五一口号”的各民主党派、人民团体及无党派民主人士等23个单位。筹备会的中心任务是：商定并邀请参加新政治协商会议之单位和代表；决定新政治协商会议开会之时间、地点及议程；拟定新政治协商会议组织条例草案；制定共同纲领草案；提出建立中华人民共和国政府之方案。新政治协商会议筹备会设立常委会处理日常工作，设常委21人，毛泽东为常委会主任、周恩来等为副主任，章伯钧为常委之一。筹备会设六个小组，第一小组负责拟定参加新政协的单位及代表名额和名单，章伯钧任副组长，彭泽民参加该小组工作。第二小组负责起草人民政协组织法，郭冠杰参加该小组工作。第三小组负责起草共同纲领，章伯钧参加该小组的工作。第四小组负责起草中央人民政府组织法，韩兆鹗参加该小组的工作。第五小组负责起草宣言，丘哲参加该小组的工作。新政协筹备会的组织工作，充分体现了中国共产党和各民主党派、各人民团体在协商建国中的亲密合作。

（十一）参加中国人民政治协商会议第一届全体会议

1949年9月21日至30日，中国人民政治协商会议第一届全体会议在北平中南海怀仁堂召开。这是中华人民共和国的开国盛会。在普选的全国人民代表大会召开之前，政协全体会议代行全国人民代表大会的职权。9月21日，中国人民政治协商会议第一届全体会议在中南海怀仁堂隆重开幕。共有45个单位、662名代表参会。参会代表中有20位农工党党员，其中代表农工党参加会议的正式代表有10人，分别是彭泽民、郭冠杰、李士豪、何世琨、杨逸棠、张云川、郭则沉、王深林、严信民、杨子恒；候补代表有2人，王一帆、李健生；代表华东、华南、西北解放区的代表3人，季方、李伯球、韩兆鹗；还有特邀代表2人，黄琪翔、邓昊明；无党派人士候补代表1人，周谷城；参会的农工党党员章伯钧、丘哲，作为民盟代表参加会议。会议期间，章伯钧、彭泽民均为主席团成员。郭冠杰、严信民、王深林、彭泽民、李士豪还分别参加了政协组织法草案整理委员会、共同纲领草案整理委员会、政府组织法整理委员会、宣言起草委员会、国旗国徽国都纪年方案审查委员会的工作。

开幕大会上，毛泽东致开幕词，他庄严地向全世界宣告："占人类总数四分之一的中国人从此站立起来了。我们的民族将从此列入爱好和平自由的世界各民族的大家庭，以勇敢而勤劳的姿态工作着，创造自己的文明和幸福，同时也促进世界的和平和自由。我们的民族将再也不是一个被人侮辱的民族了，我们已经站起来了。让那些内外反动派在我们面前发抖罢，让他们去说我们这也不行那也不行罢，中国人民不屈不挠的努力，必将稳步地达到自己的目的。"

9 月 24 日，农工党首席代表彭泽民在大会上发言。他首先表达了拥护中国共产党和毛泽东主席的诚意，高度评价了《共同纲领》，并指出孙中山先生的革命的三民主义，1924 年国民党改组宣言，以至 1930 年邓演达同志宣布的农工党的基本政治主张、政纲和政策要点，不但全部包括在《共同纲领》里面，而且使之向前发展、更加提高，并作出更具体更恰当更切合实际的决定。因此我们农工党全党的同志，从此以后要永远跟随着共产党，努力参加实现《共同纲领》的工作，并且把我们一同带到社会主义的道路上去。彭泽民还说，《共同纲领》《政治协商会议组织法》《中央人民政府组织法》这三个历史性、创造性的文件，是中国人民共同遵守的建国方针，是中国共产党、毛主席根据马列主义指导理论和中国历史、社会实际情况，以及数十年来的奋斗经验相结合创造出来的。我们愿协同全国人民，各民主党派，各社会阶层，各少数民族及海外华侨，一德一心，接受这三大文件，并促成其彻底实现。彭泽民还表示，坚决拥护刘少奇同志提出的"不仅在新民主主义时期，就是走向社会主义还愿与大家一道"的建议，接受中国共产党的领导，与中国共产党长期合作下去。

9 月 30 日，会议选出了以毛泽东为主席的由 180 人组成的中国人民政治协商会议第一届全国委员会，民主党派成员有 60 多人当选全国政协委员，章伯钧、郭冠杰分别当选为常委、委员。

★ 1949 年 9 月 24 日，农工党首席代表、农工党中央监察委员会主席彭泽民代表农工党在中国人民政治协商会议第一届全体会议上发言。

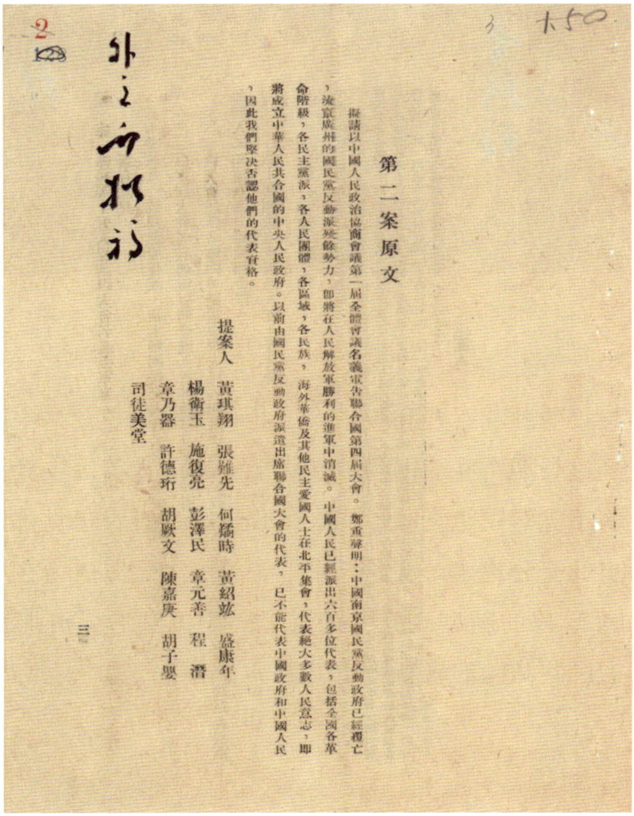

第二案原文

擬請以中國人民政治協商會議第一屆全體會議名義宣告聯合國第四屆大會。鄭重聲明：中國南京國民黨反動政府已經覆亡，流竄廣州的國民黨反動派殘餘勢力，即將在人民解放軍勝利的進軍中消滅。中國人民已經派出六百多位代表，包括全國各革命階級，各民主黨派，各人民團體，各區域，各民族，海外華僑及其他民主愛國人士在北平集會，代表絕大多數人民意志，即將成立中華人民共和國的中央人民政府。以前由國民黨反動政府派遣出席聯合國大會的代表，已不能代表中國政府和中國人民，因此我們堅決否認他們的代表資格。

提案人　黃琪翔　張難先　何穡時　黃紹竑　盛康年
楊衛玉　施復亮　彭澤民　章元善　程潛
章乃器　許德珩　胡厥文　陳嘉庚　胡子嬰
司徒美堂

三

★ 1949 年 9 月，黄琪翔等 16 人在中国人民政治协商会议第一届全体会议上提出《关于否认国民党反动派在联合国大会代表权资格案》（编为第二号提案），与第一号提案合并办理。

9月30日，中国人民政治协商会议第一届全体会议选举产生了由63人组成的中央人民政府委员会，毛泽东当选为中央人民政府主席，朱德、刘少奇、宋庆龄、李济深、张澜、高岗为副主席。在当选的56名政府委员中，有包括彭泽民、章伯钧在内的民主人士27人。

★ 1949年9月30日，章伯钧（三排右三）、彭泽民（二排右七）被选为中央人民政府委员。图为毛泽东主席与委员们合影。①

中国人民政治协商会议的胜利召开和中华人民共和国的建立，是中国共产党领导全中国人民经过长期奋斗取得的胜利成果，农工党等民主党派为此作出了重要贡献。农工党等民主党派参加人民政权，是对农工党等民主党派抗日反蒋革命历史的充分肯定。从此，农工党等民主党派成为在中国共产党领导下参加人民政权的新型政党，踏上了同中国共产党肝胆相照、竭诚合作建设中华人民共和国的崭新历史道路。

① 中国农工民主党中央研究室编：《中国农工民主党的历史道路》，中国社会科学出版社2017年版，第192页。

第二章

投身新中国建设，参与社会主义改造

中华人民共和国的成立，揭开了中国历史的新篇章，开启了中华民族的新纪元。中华人民共和国成立后，中国共产党领导人民巩固新生的人民政权，为实现《共同纲领》提出的目标而努力奋斗，为彻底完成民主革命任务，向社会主义过渡准备条件，实行过渡时期总路线，推进社会主义改造，实现了从新民主主义向社会主义的历史性转变。农工党在中国共产党的领导下，以《共同纲领》为行动纲领，进行全国党务整理，参与国家事务管理，参加新中国建设工作，为推进社会主义革命作出积极努力。

一、确立新的政治纲领和组织方针

（一）召开第五次全国干部会议

中华人民共和国成立，中国共产党与各民主党派的政治地位都发生了根本性变化。中国共产党成为领导国家的执政党，农工党从在旧中国饱受国民党反动派压迫、以从事地下革命活动为主的民主党派，成为参加中国共产党领导的多党合作、参加人民民主政权的民主党派，焕发了生机与活力。1949 年 10 月，农工党中央机关从香港迁到北京鼓楼方砖厂辛寺胡同 14 号[①]，掀开了自身发展的崭新一页。

10 月 3 日，农工党北京市党务整理委员会召开党员大会，庆祝中华人民共和国成立。彭泽民到会发表讲话指出，《共同纲领》不但是政府的

① 今辛安里 66 号。

施政原则，而且也是各民主党派的政治纲领。它不但总结了过去中国革命的经验，而且开辟了中国历史前进的道路。在新中国、新政协下，我们作为国家的主人，对于《共同纲领》必须作详细的研究、广泛的宣传，并切实执行。

在新的历史条件下，农工党为"对过去奋斗的经验，予以适当的检讨，对于今后全党努力的方向，予以正确的决定"，"确定自己的前途，明确今后的任务"①，1949 年 11 月 14 日至 26 日，农工党第五次全国干部会议（简称五干会议）在北京召开。会前，10 月 25 日至 11 月 9 日，先期举行四届中央执监委第二次联席会议，各省市干部列席，为五干会议召开作充分准备。出席五干会议的有农工党四届中央执行委员、监察委员，中央执、监委候补委员和各地选出的代表，共 99 人。会议围绕总结建党以来的成绩和教训，听取省市级组织关于党务工作的报告，提出新的方针任务，与会代表进行了深入而热烈的讨论。

中共中央对农工党五干会议高度重视。毛泽东、周恩来、朱德等中共中央领导先后接见参会人员、参加座谈或到会讲话。会议召开前，部分参会人员认为农工党的历史任务已经完成，提出农工党应该光荣结束，多数人虽不愿意取消组织，但只是消极等待。了解到这一情况后，周恩来于 11 月 12 日上午邀请章伯钧、彭泽民、季方、郭则沉举行座谈，对农工党的前途、任务和作用交流意见。下午，周恩来邀集全体代表座谈并作讲话。讲话从中国共产党和农工党的历史比较说起，肯定农工党是一个有革命历史传统的政党，在革命困难时期作过不屈不挠的斗争，革命胜利之后还有新的历史任务，不能"无疾而终"。讲话统一了与会同志的思想，为开好五干会议打下良好基础。11 月 16 日，朱德到会并讲话，肯定在中国革命过程中农工党作出的贡献。11 月 27 日，毛泽东在五干会议闭幕后接见参会人员，接受农工党与会代表的献旗，热情勉励大家团结进步，农工党同志受到极大鼓舞，深感振奋。

---

① 中国农工民主党党史资料研究委员会编：《中国农工民主党历史参考资料》第五辑（内部资料）1981 年，第 38 页。

五干会议通过了关于政治报告的决议、关于党务报告的决议和关于各级组织的决定。关于政治报告的决议提出“本届大会一致决定，接受中国共产党的领导”，“必须以马列主义、毛泽东思想教育全党同志，必须以无产阶级的国际主义思想教育全党同志”，“我们即以《共同纲领》为本党的行动纲领，为其彻底实现而奋斗”。[①] 决议还提出大会作出的七项具体决定：停止吸收党员，发展组织，继续切实进行全国党务整理，严格执行党的政治教育的纪律；集中精力加强马列主义、毛泽东思想、国际主义思想的教育，以建立党内的学习制度；加强党内批评和自我批评，建立自我批评制度等。关于党务报告的决议总结分析农工党自成立以来组织工作、宣传教育工作等五个方面工作情况，重点深刻剖析存在的缺点错误和困难问题。决议提出，组织路线方面，虽始终以农工平民革命为号召，但在组织上一般地一直局限于一些革命知识分子和小资产阶级基础上，没有能够在广大的劳苦群众中打开一个局面；群众工作方面，一般都缺乏对群众工作的认识，没有使党的一切政策和号召通过群众来得到支持，这是最大的缺点；整理党务方面，党内存在着浓厚的小资产阶级意识、自由主义思想、官僚主义作风，同时在客观环境上由于没有对外建立正式关系，各地区整党工作不免流于形式，不能完满达到健全组织的目的。关于各级组织的决定提出，“在全国党员代表大会未召开前，暂以全国干部会议为本党最高权力机关。闭会期间，其职权由中央执监委员会行使之”。同时决定废止中央党务委员会及中央政治会议，由中央执监委员会推选9人至11人组织中央工作委员会为中央工作机构。中央工作委员会设正副主任各1人，下设学习指导处、人事处、秘书处，各处设正副处长各1人，由工作委员分任之。

会议选举产生农工党第五届中央执行委员会，章伯钧、黄琪翔、季方、丘哲、郭冠杰、李伯球、张云川、王深林、李士豪、罗任一、杨清源、王一帆、杨逸棠、郭则沉、庄明远、严信民、何世琨、杨子恒、连瑞琦、郭翘然、云应霖、黄农、黄朋豪23人为委员，丘辰、黄桐华、张觉

① 中国农工民主党党史资料研究委员会编：《中国农工民主党历史参考资料》第五辑（内部资料）1981年，第35页。

初、何仲珉、李健生、张耀明、徐哲七人为候补委员；选举产生第五届中央监察委员会，彭泽民、韩兆鹗、陈卓凡、唐午园、王寄一、欧阳平、王人旋、李如苍八人为委员，黄慎之、叶粤秀、朱镜堂三人为候补委员。会议推选章伯钧为中央执行委员会主席，彭泽民为中央监察委员会主席，黄琪翔为中央执监联席会议秘书长。

11 月 26 日，彭泽民致闭幕词，会议通过《中国农工民主党第五次全国干部会议宣言》。宣言对大会成果进行总结，指出“经过了长期反复的讨论，通过了关于政治与党务的多项决议，我们全党同志今后的工作和行动，将以此为准绳，并力求其贯彻”。宣言旗帜鲜明地表明了政治态度，在总结农工党创立以来奋斗历史的基础上，提出“在中国范围内，人民民主专政必获得巩固和发展的胜利，而进到社会主义的实现”。把握新历史赋予的新任务，“本党认为今后在中国共产党领导下，应努力于巩固人民民主专政，努力于新民主主义的建设，为彻底实现人民政协共同纲领而坚决奋斗”。“为了达成这个任务，我们首先要将全党同志团结起来，接受马列主义、毛泽东思想，实行自我改造；同时我们更要和广大人民群众结合起来，参加各种经济的文化的社会的改造和建设事业，以完成本党的使命。”①

12 月 17 日，五届一次中央执监委员联席会议召开，会议推选章伯钧、彭泽民、黄琪翔、季方、郭翘然、郭则沉、严信民、王深林、李士豪、何仲珉十人为中央工作委员会委员，决定章伯钧任中央工作委员会主任委员、黄琪翔任副主任委员，季方为人事处处长，郭则沉为学习指导处处长，何仲珉为秘书处处长。

1950 年 1 月 18 日，农工党中央执监委员会议第二次会议通过《中国农工民主党中央工作委员会组织规程》，对中央工作委员会各处的职责作出规定。学习指导处分掌党员学习计划之拟订，教育刊物之编辑与发行，岗位工作之辅导与改进，学习进度之考核与总结，对外宣传，其他有关党员之学习指导事项。人事处分掌党员之调查、登记、统计、考核、奖惩、

① 中国农工民主党党史资料研究委员会编：《中国农工民主党历史参考资料》第五辑（内部资料）1981 年，第 38 页。

抚恤，党员参加各种社团活动之指导，党员工作之介绍，关于调整各级组织之建议，其他有关人事及组织事项。秘书处分掌文书、记录、编纂，事务、保管、交际、招待，会计、出纳，其他不属于各处之事项。

在中国共产党坚强领导和中共中央领导同志直接指导帮助下，五干会议正确分析了农工党创党以来的发展历史与经验教训，确立了新的政治纲领和组织工作、思想教育方针，为农工党参加中国共产党领导的多党合作事业和社会主义革命指明了前进方向，实现了农工党全党在新的政治共识基础上的空前团结，在农工党的历史上具有重要意义和深远影响。

（二）进行全国党务整理

中华人民共和国成立后，中国社会步入了翻天覆地的变革过程，农工党强烈地认识到，“为着完成新的政治任务，本党必须而且必然的发生质的变化，这一变化一定是要通过自我教育及阶级觉悟的提高”①。同时农工党也清醒地认识到，当时农工党党内存在着浓厚的小资产阶级意识、自由主义思想、官僚主义作风，加之农工党在中华人民共和国成立前一向从事地下斗争，党的组织不够严密，党员情况掌握不全，也还有党员组织成分不纯、各级组织机构和领导机构不健全等一系列问题。为此，农工党五干会议提出继续进行全国党务整理，在会议关于政治报告的决议中作出“停止吸收党员、发展组织，继续切实进行全国党务的整理”的决定，明确加强党内批评和自我批评，鼓励和帮助工人、农民、青年学生的党员分别参加工会、农会、青年学生团体，鼓励和帮助党员参加中国共产党和民盟，严格中断组织关系的党员恢复党籍，紧缩并健全农工党中央及各地方领导机构等整党措施。

至 1950 年秋，经过一年时间的党务整理，相继恢复或建立了北京、上海、南京、重庆、成都、芜湖、广东、广西、福建、浙江、湖北、湖南、江西、江苏、香港 15 个省市组织以及南昌市等 57 个县市组织。各地

① 中国农工民主党党史资料研究委员会编：《中国农工民主党历史参考资料》第五辑（内部资料）1981 年，第 38 页。

进行了党员审查和重新登记，有98人被停止党籍，90人被开除党籍，并将党员中的工人150人、农民1331人、青年学生248人分别移交到工会、农会、青年学生团体，转移出组织关系。从数量上看，全党在中华人民共和国成立前党员有2万余人，中华人民共和国成立后初步准予登记的7476人（不包括成都地区党员），至1951年10月，经审查重新核准登记仅为1685人，有力净化了党员队伍，提高了组织纯洁性。

1950年12月，农工党中央执监委员会议通过《为健全组织加强团结而奋斗》决议，总结五干会议以来全国党务整理工作成绩，提出改善领导、巩固团结、健全组织、配备干部等工作要求。会议通过《发展组织建议案》，提出“加速完成整理组织、巩固组织，准备今后适当的发展组织”的工作安排，明确“拥护中国共产党”，“拥护共同纲领并愿为其实现而奋斗”，“参加土改参加抗美援朝或参加其他人民事业而有良好的表现”，“遵守本党规章，接受本党决议”等四条发展组织吸收党员的标准，确定发展组织的对象一般是城市小资产阶级，具体对象是公教人员（即机关职员、学校教员），专家、技术人员和小工商业者。1951年8月，农工党中央执监委员会议作出《关于第六次全国干部会议前吸收党员的决定》，提出“为扩大人民民主统一战线，在六干会议召开前依照各民主党派发展组织的一般原则，在中共统一战线工作部直接协助下，先行有重点地通过协商吸收中国共产党党员、新民主主义青年团团员以及争取有革命历史并在群众中有声望的民主人士加入本党”。至1951年秋季，各地党务整理工作基本结束，组织机构陆续从整理委员会改为工作委员会，组织建设进入全新发展阶段。

（三）开展马列主义毛泽东思想教育

中华人民共和国成立后，农工党深刻认识到改造党员思想的必要性，决定将思想教育作为党务整理的重要内容。五干会议关于政治报告的决议提出，“马列主义、毛泽东思想是中国革命的唯一正确指导思想，接受马列主义、毛泽东思想作为我党今后基本的教育方针”，决定“立刻在党内展开学习的高潮，坚决地和资本主义的封建主义的思想残余，特别是个人主义进行斗争”。落实五干会议决议，各地在党务整理工作中深入开展学习运动，结合党员组织生活重点学习马列主义、毛泽东思想，进行政治理论教育。同时，支持党员参加机关单位学习、选派干部进入革命大学学习，多渠道加强全党思想教育。

1950 年 3 月，中共中央发出《关于全党全军进行大规模整风运动的指示》。同年 6 月，章伯钧在全国政协一届二次会议上发言，响应中国共产党整风号召。同月，农工党中央执监委第八次联席会议决定设立农工党中央整风委员会，郭则沉、何仲珉、杨逸棠、王一帆、黄农为整风委员会委员，杨逸棠为召集人。9 月 25 日，农工党中央发出《关于整顿党的思想作风的指示》，要求全党以学习马列主义、毛泽东思想来进行一次党内整风，目的是改造领导干部的思想作风，严肃纪律，加强全党的团结。《关于整顿党的思想作风的指示》明确要有步骤有领导有准备地进行，第一步以农工党中央及各省市的领导干部为主要整风对象，次及一般干部；先学习基本文件，联系思想，检查工作，总结经验，开展批评与自我批评。10 月，农工党制定《整风实施办法》，提出各地分层设立整风分会或整风小组，通过整风达到纯化党员思想作风、提高政治水平的目的。

1951 年 10 月 23 日，毛泽东在全国政协一届三次会议开幕词中指出："思想改造，首先是各种知识分子的思想改造，是我国在各方面彻底实现民主改革和逐步实行工业化的重要条件之一。"该次政协会议作出"广泛开展思想改造运动"的决议。1952 年 1 月，全国政协常委会发出《关于展开各界人士思想改造的学习运动的决定和通知》。农工党中央积极响应和落实中共中央号召和全国政协部署。彭泽民代表农工党在全国政协一届三次会议上发言时表示，"中国农工民主党愿为实现毛主席的伟大指示而继续努力，把思想改造运动和抗美援朝、国家建设运动、爱国增产节约运动结合起来，从这些实际的行动中来进行我们的思想改造"①。随后，农工党先后于 1952 年 6 月、9 月作出《关于展开全党思想改造学习运动的决定》《关于学习共同纲领的指示》，对农工党各级组织和广大党员参加思想改造运动的组织领导、学习方法、学习内容提出明确具体要求。各地

① 彭泽民在全国政协一届三次会议上的发言：《坚决为完成抗美援朝增产节约而奋斗》。

方组织迅速落实，通过加强政治理论学习并联系工作、思想实际推进思想改造。南京、长沙、上海、北京、重庆、江西、广西等地方组织把学习同中心工作、同组织发展结合起来，创造出好的经验和工作法。全党有不少党员获得各地各级先进分子、劳动模范、“三八”红旗手等光荣称号。

为把思想教育和学习活动经常化并持续深入开展，1950 年 12 月，农工党中央创办农工党党刊《学习通讯》月刊，反映各地学习情况、交流学习经验、指导学习深入开展。各省市组织创办不少期刊，如北京《京讯》、上海《沪讯》、广东《粤讯》、江西《学习与工作》等，促进各地学习活动的深入开展与交流提高。

整体上看，农工党在中华人民共和国成立初期自发开展的思想教育与学习活动，以及随后按照中共中央统一部署开展的整风和思想改造运动，都收到了显著效果，起到了廓清党内混乱思想、提高全党思想政治水平的积极作用，加强了全党政治理论武装，促进了全党思想认识的统一与提高，推动了农工党各项工作的开展。

（四）召开第六次全国干部会议

为总结五干会议以来的工作，确定农工党在新形势下的政治任务和组织发展计划，1951 年 11 月 22 日至 12 月 3 日，农工党在北京召开第六次全国干部会议（简称六干会议）。会议代表包括五届中央执行委员、中央监察委员，中央执、监委候补委员，各地推选和中央特邀的代表，共 75 人参会。会上，章伯钧作开幕式和闭幕式讲话，黄琪翔作《政协一届三次会议的传达报告》，严信民作《政治报告》，季方作《党务报告》，王深林作《修改党章报告》。中共中央有关负责同志胡乔木、彭真、李维汉先后到会作报告或与代表座谈。会议经过深入讨论，通过了关于《政治报告》《党务报告》《党章》《政协一届三次会议的传达报告》的决议和关于发展组织的决议。会议决定调整农工党中央领导机构，合并五届中央执行委员会和监察委员会为中央委员会，原中央执行委员、监察委员为中央委员，原中央执、监委候补委员为中央候补委员。会议增选周谷城、徐彬如、刘春、夏康农为中央委员，确定六届中央委员为章伯钧、彭泽民、王一帆、王人旋、王寄一、王深林、丘哲、何世琨、李伯球、李士豪、季方、周谷城、唐午园、连瑞琦、徐彬如、陈卓凡、郭则沉、郭冠杰、郭翘然、黄农、黄琪翔、夏康农、张云川、庄明远、云应霖、杨子恒、杨逸棠、杨清源、刘春、欧阳平、韩兆鹗、严信民、罗任一 33 人。中央候补委员为丘辰、李健生、何仲珉、徐哲、张耀明、黄慎之、黄桐华、叶粤秀 8 人。会议通过的《党章》规定，中央执行局设组织部、宣传部、秘书处。各部设部长 1 人，副部长 1 人至 2 人，处设处长 1 人，副处长 1 人至 2 人，由中央执行局推选，任期 1 年。

12 月 5 日，农工党六届一次中央全会召开，选举章伯钧为中央主席、彭泽民为中央副主席；会议推选章伯钧、彭泽民、季方、黄琪翔、刘春、徐彬如、郭冠杰、李伯球、王深林、郭则沉、严信民、何世琨、张云川、王人旋、李士豪 15 人为中央执行局委员。12 月 12 日，中央执行局举行第一次会议，推选黄琪翔为中央执行局秘书长，王深林为组织部部长，严信民为宣传部部长，王一帆为秘书处处长。

六干会议是在中国共产党领导中华人民共和国建设取得伟大成就，抗美援朝、土地改革和镇压反革命三大运动深入开展，农工党完成党务整理，广大党员经过三大运动实践锻炼的背景下召开的。会议在总结五干会议以来工作的基础上，提出农工党“完全接受并一致拥护政协全国委员会的各项报告和决议，并将毛主席在会议中所指出的三大中心工作：继续加强抗美援朝运动，提倡和推动爱国增产节约运动，广泛开展思想改造运动，定为本党当前的三大中心任务……并为完成三项中心任务而奋斗”[①]。

会议通过了《关于发展组织的决议》，决定进一步联系和团结广大的城市小资产阶级，加强马列主义、毛泽东思想的学习，以改造自己，提高政治水平，为完成新民主主义建设并走向社会主义而奋斗；提出发展组织必须从革命的实践中和国家建设的实践中去发现、培养和吸收小资产阶级中的积极分子；明确发展组织必须与巩固组织相结合，要有计划有重点地

① 《关于中国人民政治协商会议第一届全国委员会第三次会议的传达报告的决议》，1951 年 12 月 2 日第六次全国干部会议通过。

在大中城市发展，发展的对象基本上以中下级的公教人员、专家、技术人员、小工商业者为主，同时向经济建设部门作试行发展，在军事、情报、外交等单位不发展党员，不进行组织活动。

会议还通过了《中国农工民主党党章》，规定农工党的政治定位是中国人民民主统一战线的组成部分，接受工人阶级和中国共产党的领导；指导思想是以马克思列宁主义、毛泽东思想为领导思想和行动指针，以中国人民政治协商会议共同纲领为自己的政治纲领，并为其彻底实现而奋斗；历史任务是在中国共产党的统一领导下，组织与团结城市小资产阶级在工人阶级的周围，提高思想政治水平，发挥积极进步作用，并按照无产阶级的思想来彻底改造自己，为中国人民的共同利益而努力，完成新民主主义的建设，走向社会主义。该党章还详细规定了党员权利与义务、党的各级组织、奖励与处分、经费来源等内容，为中华人民共和国成立后农工党组织发展和各项工作开展提供了坚实的制度保障。

章伯钧在闭幕式上指出，这次会议是农工党前进的新的里程碑，农工党将来一定会在中国共产党的领导下共同走进社会主义社会，但其关键问题则在自身能否有彻底的改造和进步。章伯钧还鲜明地指出，“第三党”这个名称以后不要再用了，中间路线已经宣布死亡，中国人民都将光荣地在工人阶级和共产党领导之下，共同走向社会主义和共产主义社会。“我党同志不仅永远不再沿用这个有历史性的错误名称，而且在思想上也永远地把它斩断了。”①

整体上看，六干会议坚持了五干会议作出的政治决议，确定了在中国共产党领导下的组织路线和工作任务，将“继续抗美援朝、开展增产节约、进行思想改造”确定为全党的中心任务，并为继续完成镇压反革命和土地改革而努力，充分体现了农工党自觉服从服务于国家中心工作的政治态度。会议通过的农工党党章和发展组织的决议，有力地推动了农工党各级组织建设和党员队伍健康发展。

---

① 中国农工民主党党史资料研究委员会编：《中国农工民主党历史参考资料》第五辑（内部资料）1981 年，第 247 页。

1952 年 6 月，农工党中央执行局第四次会议通过《关于当前加强组织工作的决定》，指出本党以经济建设有关人员、专家、技术人员之中上层分子为发展组织重点。

1953 年 7 月，农工党中央执行局第七次会议通过《关于加强工作 更好地为国家建设服务的指示》，对六干会议确定的组织发展方针作出了调整完善。提出为服从于国家建设工作，根据党员工作岗位分布情况，对于原来组织发展方针应该有所改变，今后应以公教人员（指机关职员、学校教员）的中上层分子为发展组织的主要对象，经济建设部门和企业中的专家技术人员一般不再发展。

根据农工党中央部署，各省级组织建设加快推进。农工党北京市委会、江西省委会、福建省委会、上海市委会、广东省委会、广西省委会、浙江省委会、江苏省委会等省级组织先后成立。在中华人民共和国成立到 20 世纪 50 年代末期间，农二党各省级组织主要负责人的任职情况见表 1。

★ 农工党各省级组织主要负责人任职情况表 1

省级组织	主　委	在省级人大、政府、政协领导班子任职情况
北京市委会	彭泽民（1951 年 8 月至 1954 年 7 月任第一届主委）	
	李伯球（1954 年 7 月至 1958 年 6 月任第二届主委）	任广东省第四、五届政协副主席
上海市委会	周谷城（1954 年 8 月至 1958 年 9 月任第一届主委）	
江苏省委会	邓昊明（1956 年 3 月至 1958 年 3 月任第一届主委）	任江苏省第四、五、六届政协副主席
浙江省委会	李士豪（1955 年 4 月至 1958 年 9 月任第一届主委）	
福建省委会	陈述中（1954 年 8 月至 1958 年 10 月任第一届主委）	
江西省委会	傅肖先（1954 年 1 月至 1959 年 7 月任第一届主委）	任江西省第一届政协副主席

续表

省级组织	主　委	在省级人大、政府、政协领导班子任职情况
广东省委会	丘哲（1954 年 11 月至 1958 年 9 月任第一届主委）	任广东省副省长
广西省委会	丘辰（1954 年 12 月至 1958 年 10 月任第一届主委）	任广西省第一届政协副主席
备注：此表格中省级组织主委任职时间为从中华人民共和国成立至 20 世纪 50 年代末，其中部分省级组织主委在省级人大、政府、政协领导班子任职情况与主委任职时间不同步		

（五）确立医药卫生组织发展重点界别

六干会议以后，农工党全党在政治上积极参加“三反”“五反”运动，广泛深入开展思想改造运动；在组织上，坚持发展与巩固相结合的方针，重点推进大中城市组织发展。1956 年 1 月 31 日至 2 月 11 日，农工党在北京举行六届中央第二次全体会议。会议召开前一天，政协第二届全国委员会第二次全会在京召开。农工党六届二次中央全会的主要议题是：总结并检查六届一次中央全会闭幕四年来的工作，围绕国家中心任务，学习周恩来在全国知识分子问题会议上所作的《关于知识分子问题的报告》和全国政协二届二次会议文件，讨论并决定了农工党组织发展方针，审议通过了农工党中央执行局《工作报告》，讨论研究了《1956 至 1957 年工作规划》。章伯钧在预备会上讲话说，这次会议“是一个统一认识、加强领导、改造思想、服务建设的动员会议”。与会同志学习周恩来《关于知识分子问题的报告》，备受鼓舞和激励。

会议通过的有关决议提出：1951 年制定的党章规定“以中国人民政治协商会议《共同纲领》为自己的纲领”，这在当时是完全正确的，《共同纲领》为宪法所代替后，“应以中国人民政治协商会议第二届全体委员会第一次会议所通过的《中国人民政治协商会议章程》的总纲为自己的行动准则”①。

会议决定，应根据发展与巩固相结合的方针，要有重点地向医药卫生界发展组织，加大对中上层知识分子的团结，并以医药卫生界人员为联系和发展重点，积极吸收医药卫生工作者参加组织。

六届二次中央全会后，农工党有重点的组织发展进展迅速，至 1957 年 2 月，新发展党员 4365 人，其中医药卫生界人员占 63.42%；全党党员数量增至 7272 人，其中医药卫生界党员所占比例达 40.52%。在党员数量增加、素质提升的同时，界别特色开始显现。在此期间，还新建了天津、西安、济南 3 个城市的农工党组织，地方组织进一步健全。

·8·

关于貫徹本党第六届中央委員会第二次全体会議(擴大)各項决議的指示

——1956年2月28日中央执行局委員会第十八次会議通过——

本党第六届中央委員会第二次全体会議（擴大），根据中國人民政治协商会議第二屆全國委員会第二次全体会議的决議和中央执行局提出的工作报告，对于我党在人民民主統一战綫中当前所应担負的任务和工作方針，作出了重要的决議。各級組織，应即按照具体情况，切实貫徹各項决議并应抓紧下列主要环節，積極开展工作。

（一）为了更好的結合成員的学習、業务实踐和社会生活实踐而加强政治思想教育。組織生活中必須經常重視交流学習心得和工作体会，开展批評与自我批評，尽可能帮助同志解决困难問題，并同群众適当地联系起來举办文娛活动和組織各种参观，以進一步發揮組織作用。但必須按照成員的特点和具体情况，灵活的安排时間和运用各种方式。各級領導干部，并須經常参加各种活动，多多進行个別联系。

（二）進一步做好联系和团結知識分子、主要是中上層知識分子的工作。各級組織，一方面必須对原有联系的群众，繼續做好团結和帮助的工作，經常了解和反映他們在工作、学習、生活中各項意見和要求，协助党政領導解决一些可能和必要解决的問題。

另一方面，必須对医藥衛生人員，特別对开業中西医師展开联系工作。动員成員尽可能的同中西医師交朋友和進行各种串連的活动；并經常同中華医学会和医藥衛生工作者协会等組織取得联系，举办各种报告会或座談会，宣傳國家政策和法令，帮助他們学習时事政策和革命理論，使他們提高政治覺悟，發揮为社会主义服务的積極性。还应当根据他們的需要，有計划地編印一些必要的資料，以供他們的学習參考。

在开展各种群众活动中，必須主动爭取当地中共党委的領導和帮助，有步驟地、積極地進行重点的發展組織工作。第一步应吸收一些在医务衛生界有代表性的人員，然后逐步發展。并在原有基礎上作適当發展。

（三）各級組織，对于健全会議制度和工作制度、充分發揚民主、加强集体領導方面，应即按照实际情况，切实作出有效的措施，以推進工作。首先要求各級領導同志以身作則，經常地認真地研究时事政策，系統地学習馬克思列寧主义，以提高政治思想領導水平。每个同志应作出一定时期的学習計划，由各該級委員会負責督促檢查。同时，对各項党务活动必須親自参加，深入群众，掌握情况，努力加强政治思想的領導工作，克服思想落后于实际、領導落后于群众的現象。

★ 1956 年，农工党六届二次中央全会决议提出“吸收医药卫生届有代表性的人士”，这是农工党首次确定医药卫生界为组织发展的重点领域。图为农工党中央执行局贯彻全会决议的指示。

① 中国农工民主党党史资料研究委员会编：《中国农工民主党历史参考资料》第五辑（内部资料）1981 年，第 415 页。

二、参与新中国国家建设

（一）支持国民经济恢复发展

中华人民共和国成立初期，新生的人民政权面临严峻的国际、国内形势，经济状况千疮百孔，人民生活一穷二白。为促进国民经济恢复发展和支援人民解放战争、迅速实现全国统一，1949 年 12 月 4 日，中央人民政府委员会第四次会议通过《1950 年全国财政收支概算案》《关于发行人民胜利折实公债的决定》，对经济工作作出部署。农工党迅速响应、积极支持，于 1950 年 1 月 10 日发出《为拥护中央人民政府通过的 1950 年全国财政收支概算和发行人民胜利折实公债告全体党员书》，号召全体党员坚决拥护这个财政收支概算，保障其百分之百的实现，并以身作则先行踊跃认购公债，积极向人民广为宣传，努力推行公债，争取提前完成公债的销售任务。彭泽民发挥担任全国侨联副主席、首都归国华侨联谊会主席，对华侨、侨胞有较大影响力的身份优势，发表对外广播谈话，动员海外侨胞购买公债，并派夫人翁会巧赴香港发动香港同胞购买公债。农工党全党同志应声而动，节省开支、认购公债，部分地方组织还开展增产节约、购买公债竞赛活动，为恢复国民经济，争取国家财政经济基本好转，作出积极贡献。

1949 年至 1950 年，全国各地洪涝自然灾害严重。兼任中国红十字会总会副会长的彭泽民被中央人民政府任命为中央慰问团团长，率团赴河南、安徽灾区慰问，并向中共中央提出完善救灾措施的建议。

（二）拥护巩固人民政权的正义斗争

为巩固新生的人民政权，中国共产党及其领导的人民解放军英勇反击国内外敌对势力的侵略行径，农工党表示坚定支持与拥护。1950 年 1 月，彭泽民发表谈话，热烈拥护解放军收回北京市内美、法、荷兵营地产，他表示这种正义的措施是完全基于亘半世纪来的中国人民的愿望。6 月 25 日，朝鲜战争爆发。6 月 27 日，美国总统杜鲁门发表声明称将以武力阻止解放台湾省。中华人民共和国同美国进行了尖锐的斗争。农工党再次声明，宣告中国人民必将从美侵略者手中解放台湾省。同年 8 月 1 日，彭泽民在北京庆祝“八一”建军节反对美国侵略台湾省、朝鲜示威大会上发表讲话，谴责帝国主义侵略战争，宣告一定解放台湾省。随着人民解放战争的胜利推进，章伯钧、黄琪翔多次发表谈话并撰写文章，庆贺海南岛解放、西藏和平解放，强烈谴责美国干涉，支持推进台湾省解放事业。

（三）支持和参加“三大运动”

为巩固新生人民政权，推进民主革命和改革，中国共产党领导全国人民进行了抗美援朝、土改改革和镇压反革命“三大运动”，农工党积极支持、踊跃参加。

支持抗美援朝运动。1950 年 6 月 25 日，朝鲜战争爆发，美国立即进行武装干涉，并发动侵朝战争，战火直接威胁中华人民共和国的国家安全。9 月 30 日，周恩来代表中国政府就朝鲜问题发表严正声明，警告美国侵略者：“中国人民决不能容忍外国的侵略，也不能听任帝国主义者对自己的邻人肆行侵略而置之不理。”彭泽民代表农工党发表文章，响应周恩来的声明，提出“美帝国主义是我们当前最大的敌人”，“我们要加紧团结在中国共产党和毛主席的旗帜下，制止美帝国主义的侵略，保卫世界和平”。10 月 18 日，中国人民志愿军赴朝参战。11 月 4 日，由中国共产党领衔，农工党和各民主党派、无党派民主人士联合发表《各民主党派联合宣言》，庄严宣布“中国各民主党派誓以全力拥护中国人民的正义要求，拥护全国人民在志愿基础上为着抗美援朝保家卫国的神圣任务而奋斗”。12 月 5 日，农工党中央工作委员会向全党发出《关于为完成抗美援朝保家卫国的任务的指示》，提出全党“目前的中心工作是为抗美援朝保家卫国而努力，一切工作均须与这一中心任务相结合”。围绕这一中心工作任务，全党广泛开展爱国主义和国际主义宣传教育活动，并积极组织捐献运动。1951 年 6 月，农工党中央执监委员会议临时会议通过《农工党响应中国人民抗美援朝总会三项爱国号召对全党各级组织的指示》，决定争取捐献“中国农工民主党号”飞机一架并制定专门捐献办法。同年 7 月，农工党中央成立以彭泽民、黄琪翔为正副主任委员的“抗美援朝捐献委员会”，统筹组织动员全党捐献活动。广大党员纷纷捐钱捐物，黄琪翔、郭秀仪夫妇捐出了在南京、桂林的两座西式楼房，农工党中央机关 12 名工人捐出人民币 87 万元（当时币值，下同）。据不完全统计，至 1951 年 10 月，全党捐献人民币 21587. 1 万元以及金银、手表和衣物等贵重物品。

农工党党员凌家传、黄远等人获准参加志愿军赴朝作战，农工党党员医学专家宋儒耀、陈祖荫、许同庆、万福恩等赴抗美援朝战场开展救死扶伤医疗工作，农工党党员、上海新华帆布厂经理周性存带领企业劳资双方将增产节约利润捐献前线将士。

1952 年，美军在朝鲜战场进行骇人听闻的细菌战，并在我国东北地区施放带菌昆虫。3 月 8 日，中国共产党和各民主党派联合发表《中国各民主党派对于美帝国主义进行细菌战的抗议》。章伯钧代表农工党发表文章，呼吁“全世界人民团结起来，为粉碎美帝国主义的细菌战而斗争”。彭泽民参加“美帝国主义细菌战罪行调查团”，赴东北受害地区展开科学缜密的实地调查，并撰写发表《细菌战罪犯还要强词抵赖吗?》文章，痛斥揭露美军罪行。农工党党员陈泗才英勇参加反细菌斗争，从黑龙江发出第一线报告，为美帝细菌战罪行再添新证。农工党各级组织通过举行座谈会、报告会、声讨会，揭露和谴责帝国主义罪行，深化爱国主义教育。

在抗美援朝战争推进过程中，张云川、李健生、丘克辉、胡宗澹、程作谋等先后参加赴朝慰问团到朝鲜前线慰问。回国后，他们利用多种场合向大家讲述美帝国主义侵略朝鲜的残酷罪行，宣传中朝人民英勇杀敌的事迹。1953 年 7 月，朝鲜停战协定签订。同年 10 月，多位农工党党员参加贺龙为总团长、章伯钧为总团副团长的中国人民第三届赴朝慰问团，黄琪翔为第一分团副团长，季方、练惕生、郑静安和赵祖培等农工党党员参加。农工党同志到战争前线慰问、祭奠烈士英灵，受到深刻教育。农工党党员姜文彬、熊梦等人送子女参加中国人民志愿军，赴朝作战。

参加土地改革运动。1950 年 6 月，全国政协一届二次会议在北京召开，土地改革问题是这次会议的中心议题。会上，中共中央提出《中华人民共和国土地改革法草案》，刘少奇作《关于土地改革问题的报告》，会议讨论并通过土地改革法草案。农工党积极拥护土地改革，章伯钧在会议发言时指出："土地改革是新民主主义革命的主要内容"，"在中国进行这样翻天覆地、史无前例的土地革命，就必须要有工人阶级的政党做领导，才能彻底完成"。他代表农工党对中国共产党提出的土地改革法草案和刘少奇所作报告，表示"彻底拥护和无条件接受"。章伯钧提议"各民主党派和民主人士，在这次大会通过土地改革法以后，就应该迅速地进行关于土地改革问题的学习和宣传，并且要实际的参加土地改革的工作。我们认为民主党派参加土改，不仅对土改是有利的，即对于民主党派自身的改造提高，亦具有积极的作用"。在这次会议上，章伯钧、黄琪翔、郭冠杰提交的《建议民主党派参加土改工作案》获得通过并登记为此次会议的一号提案。章伯钧所作大会发言和《建议民主党派参加土改工作案》提案得到政协大会和各民主党派的积极响应。8 月 13 日，中共中央发出《关于各民主党派参加土地改革工作的指示》，对民主党派成员参加土改工作作出部署并予以规范。

全国政协一届二次会议闭幕后，农工党北京市党务整理委员会立即召开党员大会，章伯钧、彭泽民、黄琪翔等分别讲话传达政协会议精神，号召农工党全党同志要拥护《中华人民共和国土地改革法》，准备参加土地改革工作。当年 7 月，农工党中央工作委员会发出《关于党员参加土地改革工作的指示》，提出"实行中国土地革命，是我党的基本政治主张，为全党同志一贯奋斗的目标"，号召党员"现在即应参加土改的实际工作"，并规定各地党员参加土改工作的步骤和办法，要求参加土改工作的党员"须进行学习和准备，并须服从工作纪律，注意工作态度，工作完毕后，应即总结经验，报告所属党部"。此后，农工党各级组织迅速开展《中华人民共和国土地改革法》学习，大批党员踊跃报名参加土改。截至1950年10月，被批准到农村参加土改工作的有农工党中央机关和北京、浙江、福建、上海、南京、湖北、广东、江西、广西等地方组织的党员干部，共计367人。他们分别到浙江、河南、江西、苏南、四川、湖南、湖北、苏南、广西等省的农村，为彻底消灭封建土地剥削制度而辛勤工作，同时也受到深刻教育，提高了思想认识，锻炼了革命意志。农工党在土地改革运动中向国家和人民交出了一份合格答卷。

拥护镇压反革命运动。为肃清国民党反动派在大陆的残余势力，巩固人民民主专政，1951年2月21日，中央人民政府颁布《中华人民共和国惩治反革命条例》，开展镇压反革命运动。章伯钧于同月25日发表《拥护惩治反革命条例加强党的工作》文章，提出“要把镇反运动同整党工作结合起来”，认为“战胜反革命的一切活动，就要从整肃组织，健全组织，巩固组织做起”。民主党派参加镇压反革命运动，主要是采取内部学习的形式，在提高认识的基础上认真检查思想。7月23日，农工党同各民主党派联合发布《关于临时学习委员会工作的联合指示》，农工党随即制定《临时学习委员会组织办法》，由彭泽民、黄琪翔、季方、严信民、何仲珉、郭冠杰、张云川、王人旋、李健生九人组成农工党临时学习委员会，彭泽民任主任，季方、严信民任副主任，黄琪翔任秘书长，组织领导农工党各级机关干部和农工党党员进行忠诚老实的学习，在提高认识的基础上，通过填写履历表、写自传检查交代历史，进行一次巩固人民民主专政的教育。广东、福建、浙江、湖北、重庆、苏南、江西、上海、北京、湖南、南京等省市组织清除了不良分子。通过这次学习，广大干部和党员提高了政治觉悟，分清了敌我界限，卸下了历史包袱，进一步纯洁了组织队伍。

在镇压反革命运动中，在中共中央关心支持下，1950年3月公安机关将出卖邓演达后隐藏20年之久的叛徒陈敬斋捉拿归案，后经北京市军管会军事法庭审判，判处其死刑。1951年2月，参与逮捕杀害邓演达的国民党特务李熙元在重庆被判处死刑。这是对邓演达烈士忠魂最好的祭奠。1956年春，农工党中央执行局设立邓演达先生建墓委员会，启动在南京紫金山山麓、中山陵东侧设计建设邓演达墓的工作。

（四）参加“三反”“五反”运动

针对中华人民共和国成立后一些党政机关出现的贪污、浪费现象和官僚主义问题，1951年12月，中共中央作出《关于实行精兵简政、增产节约、反对贪污、反对浪费和反对官僚主义的决定》，部署开展“三反”斗争。“三反”运动中发现党政机关的贪污行为往往与不法商人相勾结，中共中央遂决定在私营工商界开展一场反对行贿、反对偷税漏税、反对盗骗国家财产、反对偷工减料和反对盗窃国家经济情报的“五反”运动。农工党中央积极响应、迅速行动。1951年12月，农工党中央发出《关于执行反贪污、反浪费、反官僚主义的指示》，要求各地组织拟订实施计划，积极开展工作；号召每个党员在运动中起骨干带头作用，结合思想改造运动，深入开展批评与自我批评。各地组织陆续成立节约检查委员会，有组织有计划地开展“三反”运动。1952年2月，农工党中央执行局通过《关于推进并深入反贪污、反浪费、反官僚主义的指示》，进一步强化要求、部署推进。通过参加“三反”“五反”运动，广大农工党党员受到深刻思想教育，少数贪污分子被严肃处理，各级机关不应有的浪费现象得到克服，工作风气明显好转。

（五）拥护和支持过渡时期总路线

至1952年年底，我国国民经济全面恢复，实现了政治、经济、社会稳定，各方面都取得超出预期的成绩。中共中央决定从1953年起实施国民经济第一个五年计划，提出向社会主义过渡的总路线。中华人民共和国进入由新民主主义社会向社会主义社会的过渡时期，大规模的经济建设和社会主义改造运动在全国迅速展开。

1953年6月，中共中央政治局会议确定，在社会主义过渡时期基本上完成国家工业化和对农业、手工业、资本主义工商业的社会主义改造的总路线。1953年9月，毛泽东邀请李济深、陈叔通、黄炎培、章伯钧、章乃器、李烛尘、盛丕华、张治中、程潜、傅作义等党外人士座谈，指出国家资本主义是改造资本主义工商业和逐步完成社会主义过渡的必经之路，实行国家资本主义，不但要根据需要和可能，而且要出于资本家自愿。章伯钧等到会党外人士表示拥护这一主张。同月，周恩来在全国政协常委会第四十九次会议上发表题为《过渡时期总路线》的报告，9月25日，全国政协发表国庆四周年口号，向全国人民公布了过渡时期总路线，号召全国人民为实现总路线而奋斗。

过渡时期总路线提出和公布后，全国迅速掀起了学习、宣传和教育的热潮。1953年7月，农工党中央执行局第七次会议发出《关于加强工作更好地为国家建设服务的指示》，号召农工党同志在伟大祖国逐步实现工业化进行社会主义改造、逐步过渡到社会主义的时期，更应巩固接受工人阶级领导的思想，加紧团结起来，蹈厉奋发，向光荣的前途迈进。10月3日，章伯钧在农工党北京市委会举行的报告会上，作题为《目前形势和国家过渡时期总路线》的报告。10月10日，农工党中央在京领导听取全国政协秘书长李维汉关于过渡时期总路线的传达报告。随即，农工党中央成立“学习总路线委员会”，制订学习计划，提出明确要求，指定参考文件。农工党中央机关刊物《学习通讯》开辟专栏，交流各地党员学习贯彻过渡时期总路线的体会和成果，持续加大宣传引导力度。各地方组织根据农工党中央指示，在当地中共党委政府统一领导下，组织开展学习教育。至1954年1月底，全党普遍进行了一次深入的学习教育，形成一致拥护支持过渡时期总路线的思想认识。农工党党员中的少量私营工商业者，如上海民族资本家袁丕烈、上海新华帆布厂经理周性存等，都积极参加并顺利完成社会主义改造，受到充分肯定。

1953年12月，为推进经济发展和国家建设，国家决定发行经济建设公债。农工党将宣传和认购公债当作实现国家过渡时期总路线而奋斗的具体措施之一，农工党中央执行局发出《关于拥护发行一九五四年国家经济建设公债的指示》，号召农工党党员不仅要踊跃认购，而且广泛做好宣传工作，动员自己的亲属和所联系的群众迅速地超额完成认购数额。广大农工党党员积极响应号召，部分党员将多年勤俭节约的积蓄认购公债，以自己的实际行动支持国家建设。

三、参加新中国国家政治生活

（一）参加中央人民政府工作

1949 年 10 月 1 日，中央人民政府委员会在北京中南海举行第一次会议。中央人民政府主席毛泽东，副主席朱德、刘少奇、宋庆龄、李济深、张澜、高岗，以及周恩来等 56 名中央人民政府委员宣布就职。会议一致决议，宣布中华人民共和国中央人民政府成立，接受《中国人民政治协商会议共同纲领》为施政方针。会议同时决议，向各国政府宣布中华人民共和国中央人民政府为中国唯一合法政府，愿与遵守平等、互利及互相尊重领土主权原则的任何外国政府建立外交关系。会议结束后，中央人民政府委员会主席、副主席及各位委员前往天安门城楼出席开国大典，毛泽东向全世界庄严宣告中华人民共和国中央人民政府成立。章伯钧、彭泽民作为中央人民政府委员全程参加中央人民政府委员会第一次会议和开国大典。

中华人民共和国成立后，农工党成为中国共产党领导的人民民主专政政权的参加者，同中国共产党一起承担起管理国事和建设国家的历史重任。10 月 21 日，政务院成立，设政治法律委员会、财政经济委员会、文化教育委员会、人民监察委员会和部、会、院、署、行等部委机关，多位农工党党员在政务院系统的国家机关担任领导职务。章伯钧任政务院政务委员、政务院财政经济委员会委员，兼任交通部部长；彭泽民任政务院政治法律委员会副主任、华侨事务委员会委员；黄琪翔、郭冠杰、郭则沉任政务院政治法律委员会委员；李士豪任政务院财政经济委员会委员；韩兆鹗任政务院人民监察委员会委员；季方任交通部副部长；张云川、严信民、王深林、邓昊明任政务院参事室参事。

（二）参与制定中华人民共和国第一部宪法

1953年1月13日，中央人民政府委员会第二十次会议通过关于召开全国人民代表大会及地方各级人民代表大会的决议，决定1953年召开由人民用普选方法产生的乡、县、省（市）各级人民代表大会，并在此基础上召开全国人民代表大会。在第一届全国人民代表大会上，将通过《中华人民共和国宪法》。为进行宪法起草工作，成立宪法起草委员会，毛泽东任委员会主席。1953年年底，中共中央成立宪法初稿起草小组，由毛泽东亲自领导，赴杭州开展工作。1954年3月，提出宪法草案初稿，邀请民主党派领导人对草案初稿进行深入讨论。农工党和其他民主党派领导人及无党派民主人士，对宪法草案的修改提出许多宝贵意见建议。6月11日，宪法起草委员会第七次会议通过宪法草案。6月14日，中央人民政府委员会第三十次会议审议通过宪法草案，同时要求各级地方人民政府必须立即在广大人民群众中普遍地组织对宪法草案的讨论，广泛征求和听取各个方面群众的意见和反映。章伯钧在会上发言，从历史和现实的角度，阐述了对宪法草案内容和意义的认识，表示将以无比的热情和力量来拥护和实行新宪法。

中共地方党委、政府在全国范围内迅速掀起了一场全民讨论宪法草案的热潮，在两个多月时间里参加讨论的人数达1.5亿人。农工党各级组织和广大党员积极参加了宪法草案的全民讨论，农工党中央执行局于6月16日发出《关于参加中华人民共和国宪法草案讨论和宣传工作的通知》，通知提出“学习、讨论和宣传中华人民共和国宪法草案，是我党在今年下半年最重要的政治任务之一”。当月，章伯钧发表文章《庆祝中华人民共和国人民宪法草案的公布》，指出宪法将成为全国人民和一切国家机关在国家过渡时期所共同遵守和实行的根本法，这才是真正的名副其实的人民宪法。我国宪法草案，是一个创造性的、合乎我国历史条件和实际需要的、真正民主的人民宪法草案。全国人民必将为它的诞生而热烈拥护，必将为它的实行而努力奋斗。7 月，彭泽民发表文章《欢呼中华人民共和国宪法草案的公布》，强调宪法草案的公布是中国人民政治生活中的一件空前的大喜事，我国确立法定目标后将以空前的速度向前迈进。

农工党中央及北京、广东、浙江、广西、四川、江苏、上海等省市组织在六七月先后展开多次深入座谈、讨论，加深广大党员对宪法草案的认识，在拥护宪法草案的同时提出一些修改补充意见。宪法起草委员会结合征集到的意见，对原草案作了进一步修改。9 月 9 日，中央人民政府委员会第三十四次会议讨论通过了经过修改的宪法草案，决定正式提交第一届全国人民代表大会第一次会议审议。

（三）参加第一届全国人民代表大会

1953 年 2 月，中央人民政府委员会通过并颁布《中华人民共和国全国人民代表大会及地方各级人民代表大会选举法》，决定从 1953 年开始，在全国范围内开展人大代表普选，逐级选举各级人民代表大会代表。农工党各级组织拥护人民代表大会选举法，支持各级选举委员会工作，积极参加普选人民代表，一批农工党党员被选为地方各级人民代表大会代表。1954 年 9 月 15 日至 28 日，中华人民共和国第一届全国人民代表大会在北京中南海怀仁堂隆重举行。会议通过《中华人民共和国宪法》《全国人民代表大会组织法》等法案，政府工作报告以及关于宪法草案的报告。大会选举产生新的国家领导人，选举毛泽东为中华人民共和国主席、朱德为副主席，选举刘少奇为全国人民代表大会常务委员会委员长，周恩来被任命为国务院总理。

1954 年 9 月，当选一届全国人大代表的农工党党员有 22 人：上海市杨逸棠，山东省王深林，四川省夏康农，甘肃省任谦、杨子恒，安徽省何世琨、何谦堂、章伯钧，江苏省季方，西安市严信民，河南省张云川、郭则沉，浙江省李士豪，陕西省韩兆鹗，湖南省周谷城，华侨界彭泽民，贵州省刘春，广州市丘哲，广西区黄现璠（壮族），广东省李伯球、柯麟、黄琪翔。1956年6月，一届全国人大三次会议补选候补人大代表有农工党党员2人：浙江省叶熙春，华侨界吴桓兴；1958年2月，一届全国人大第五次会议补选候补人大代表有农工党党员1人：浙江省徐赤文。在一届全国人大一次会议上，章伯钧被任命为国务院交通部部长，彭泽民当选为全国人大常务委员会委员。1957年7月，季方在一届全国人大四次会议上被补选为全国人大常务委员会委员。1954年一届全国人大一次会议胜利闭幕后，农工党中央执行局于10月3日举行第十次扩大会议，参加会议的有部分中央委员和全国人民代表中的农工党党员，共32人。章伯钧在会议上指出，“第一届全国人民代表大会第一次会议已经胜利闭幕，制定了中华人民共和国宪法，通过了政府工作报告及决议，选举了新的国家领导工作人员。从此，国家一切的制度进入了正轨，人民当家做主建设社会主义社会的道路完全明确。今后我们的任务就是紧密团结，在中国共产党领导下，进一步加强思想改造，积极发挥组织作用，坚决贯彻第一届全国人民代表大会第一次会议的精神和决议，努力宣传、遵行、维护宪法，并为宪法的彻底实现而奋斗”①。会后，农工党中央执行局下发《关于学习和宣传中华人民共和国宪法和第一届全国人民代表大会第一次会议文件的通知》，号召全体党员认真学习宪法和政府工作报告等会议文件，争做爱国守法模范，把我国建设成为伟大的社会主义国家。

（四）参加全国政协二届一次会议

第二届全国政协会议召开前，中国共产党与农工党等八个民主党派进行了广泛的协商和酝酿。1954年12月4日，全国政协第一届常委会举行第六十二次会议，讨论并通过了全国政协第二届委员会名单。章伯钧表示：“这是一个加强团结、增强战斗力量的名单，也是一个很懂得今天中国情形的做法。”

章伯钧、郭则沉、郭翘然作为民盟界别代表，被推选为全国政协委

① 《光明日报》1954年10月11日。

员；王一帆、王人旋、王寄一、李伯球、季方、唐午园、陈卓如、彭泽民、黄琪翔、黄农、董爽秋、邓昊明12人作为农工党界别代表，被推选为全国政协委员；农工党党员李健生作为中华全国妇女联合会界别代表，被推选为全国政协委员；农工党党员周太玄作为特邀人士界别代表，被推选为全国政协委员。1957年2月，中国人民政治协商会议第二届全国委员会常务委员会第三十四次会议，决定增补农工党党员王枕心、连瑞琦为特邀人士界的全国政协委员。

1954年12月21日至25日，中国人民政治协商会议第二届全国委员会第一次会议在北京举行。会上，毛泽东主持开幕式，周恩来作《政治报告》，陈叔通作《工作报告》，章伯钧作《关于〈中国人民政治协商会议章程〉（草案）的说明》。会议讨论通过了《关于第一届全国委员会工作报告的决议》《中国人民政治协商会议宣言》《中国人民政治协商会议章程》。《中国人民政治协商会议章程》明确提出，中国人民政治协商会议全体会议代行全国人民代表大会职权的任务已经结束，但政协会议本身的统一战线的作用仍然存在。在这次会议上，章伯钧当选为第二届全国政协副主席，彭泽民、黄琪翔当选为第二届全国政协常委会委员。

政协第二届全国委员会第一次会议期间，毛泽东、周恩来等中共中央领导人自始至终参加会议，充分表明中共中央对政协和统战工作的高度重视，使各民主党派和无党派民主人士深受鼓舞。黄琪翔代表农工党在会上发言，他表示农工党拥护陈叔通、章伯钧、周恩来代表政协所作的报告和说明，“特别引起同志们重视和热烈讨论的，是周恩来副主席的政治报告，它提高了我们的认识，解决了群众思想上存在的许多问题”①。他的发言还充分肯定了第一届全国政协的工作和作出的贡献，并表示农工党“应该担负起责任，考虑怎样才能更好地为人民服务”，努力为建设社会主义而奋斗。

① 全国政协二届一次会议上黄琪翔委员的发言。

（五）参加国家重要政治和国事活动

中华人民共和国成立后，中国共产党对多党合作事业高度重视，对民主党派成员充分信任。农工党领导人多次受中共中央、中央人民政府委托或指派，参加国家重要政治活动和重大国事活动。

章伯钧多次参加中国代表团赴外开展外事活动。1952 年 12 月，他赴维也纳出席世界和平大会，作题为《全世界人民的力量可以把和平变成现实》发言，并向祖国人民发表《祖国万岁！毛主席万岁!》的广播讲话。他说："我本人自 1950 年 10 月参加在华沙召开的世界和平大会以来，连这次人民大会计算在内，已经是第四次了，我深深地感觉到了世界人民对和平的要求，是愈来愈迫切了，呼吁和平的声音，是愈来愈宏亮了，因而保卫和平的阵营和力量是愈来愈强大了。"

彭泽民热心侨务工作，在侨界享有崇高威望。他受中共中央委托，担任北京市归国华侨联谊会筹委会主任，并先后担任第一、第二届北京市归国华侨联谊会主席、第一届全国侨联副主席。1952 年 5 月至 7 月，彭泽民担任中央访问团团长，带队赴内蒙古自治区、绥远省和东北地区，历时 79 天、行程 7000 多公里，代表中央人民政府看望慰问各族群众。1953 年年底，彭泽民被任命为处理战犯条例起草委员会主任，推动条例尽快出台，并在处理战犯尤其是遣送获释日本战犯时，多次到一线参加审查和遣送工作。

在涉及国家统一、民族独立等重大政治问题上，农工党积极响应中共中央号召，坚决拥护国家决策部署，主动发声、引导舆论、凝聚共识。1954 年 8 月 22 日，中国共产党会同各民主党派发表《中华人民共和国各民主党派各人民团体为解放台湾联合宣言》，农工党中央随即通知部署全党加强学习，并在实际行动中为解放台湾省多作贡献。黄琪翔发表文章，号召农工党全体党员"要把解放台湾宣言坚决贯彻到工作中去"。1954 年 5 月日内瓦会议召开，章伯钧于 5 月 31 日发表书面谈话，拥护周恩来总理兼外长在日内瓦会议上的发言；彭泽民发表《祝贺印度支那问题达成协议》，祝贺日内瓦会议上反帝斗争取得的胜利。

（六）参加地方各级人民政府和人民政协工作

中华人民共和国成立后，作为政务院领导地方政府工作的代表机关，各大行政区军政委员会（后改称大区行政委员会）相继成立，有多位农工党党员参与机关领导工作：黄琪翔任中南军政委员会委员、司法部部长，丘哲任中南军政委员会委员（后任广东省副省长），罗任一、周太玄任西南军政委员会委员，韩兆鹗任西北军政委员会委员（后任陕西省人民政府副主席），申葆文任华东军政委员会人民监察委员会委员，周谷城任华东军政委员会文化教育委员会委员，邓昊明任华东军政委员会土地改革委员会委员，李士豪任华东军政委员会水产管理局副局长（后调任浙江省农林厅副厅长、林业厅厅长）。

在省、市人民政府担任领导职务的农工党党员有：农工党中央执行委员会委员、重庆市工作委员会主委黄朋豪任重庆市人民政府委员，农工党中央监察委员会委员唐午园任武汉市人民政府委员，农工党中央监察委员会委员、广东省党务整理委员会委员陈卓凡任广州市人民政府委员，农工党中央执行委员会委员黄农和福建省工作委员会主委李述中任福建省人民政府委员，湖北省工作委员会主委施方白任湖北省人民政府委员，农工党中央执行委员会委员何世琨和江西省工作委员会委员傅肖先任江西省人民政府委员，江西省工作委员会副主委廖少仪、委员朱锡吾，担任省政府土地改革委员会委员，江西省工作委员会委员游春频、陈载鸣、胡宗澹分别任省政府财政经济委员会委员、文化教育委员会委员、人民监察委员会委员，等等。在省市政协担任领导职务的农工党党员有：王深林任山东省政协副主席，等等。

这些担任领导职务的农工党党员团结带领广大党员同志，在各自的岗位上尽职尽责工作，为新中国恢复经济、国家建设发展和新生政权巩固，发挥了积极作用。

四、为新中国建设建言资政

（一）建议民主党派参加土改工作

耕者有其田是农工党成立时就明确的重要主张。中国共产党在中华人民共和国成立之初提出推进土地改革，农工党积极响应。1950 年6 月14 日，出席全国政协一届二次会议的章伯钧、黄琪翔、郭冠杰向大会提交提案——《建议民主党派参加土改工作案》。这是全国政协一届二次会议的第一号提案，也是中华人民共和国成立后全国政协的第一号提案①。提案表明农工党在土改运动到来之际，要当“参加者”、不做“旁观者”的政治立场，并希望各民主党派都与中国共产党保持一致，积极参加土改运动。提案指出，完成广大的新解放地区土地改革，是当前肃清封建残余，进行新民主主义建设的基本任务。各民主党派，对于中国共产党所领导的这一伟大历史任务的推行，应作为当前最主要的工作，在广大人民群众中，发挥带头作用。因此，在新的《中华人民共和国土地改革法》颁布后，各民主党派应立即在其党内进行学习，并号召和动员党员参加实际工作。提案建议：一是各民主党派立即在其组织内学习土改，并在群众中展开宣传。二是各民主党派在土改地区，应尽量动员党员参加土改工作。三是各民主党派应即选拔干部参加各地学习土改的机关或学校，以为参加土改工作的准备。四是各民主党派的中央、省（市）、县（市）负责干部应尽量参加土改工作，在政府或其他机关团体任职者，准其带职参加。五是中央以及各级人民政府应在土改的计划、领导机构中，尽可能吸收各民主党派分子参加。提案得到各民主党派和政协大会的积极响应和支持，有关内容在会议决议及相关文件中得到充分体现，为各民主党派参加土地改革

① 因全国政协一届一次会议召开的时间是1949 年9 月下旬，在时间上是中华人民共和国成立之前。

起到倡导和推动作用。

（二）建议推进中医药事业发展

彭泽民是一位医德高尚、医术精湛的中医。1954 年 9 月，彭泽民出席一届全国人大一次会议并被选为主席团成员。会议期间，毛泽东接见彭泽民，并与他讨论振兴中医问题。毛泽东说“中医是我们的国宝，但也不能搞一条腿，要搞两条腿，中西结合”，[①] 要彭泽民注意从事中西医学术交流工作。彭泽民向毛泽东阐述了自己的观点：“中医是我国人民几千年来与疾病作斗争的经验积累，有着丰富的内容，如果用科学方法加以研究和整理，一定可以发挥更大的作用。今天中国医药人才还很缺乏，团结广大中医的问题更显得重要。”[②] 毛泽东对他的见解十分赞同。这些谈话交流为中华人民共和国中医政策的制定与完善发挥了重要作用。

会后，彭泽民按照毛泽东的指示积极投身推动中医药事业发展。他和萧龙友、孔伯华、施今墨、李振三等著名中医积极建议，国务院 1955 年决定创立国家级中医科研机构——卫生部中医研究院[③]，其基本任务是：“继承和发扬祖国医学遗产。促进人民保健事业和丰富现代医学科学，由中西医团结合作，以科学观点和方法，有步骤、有计划、有系统地对中医中药知识和临床经验进行研究和整理，并且培养医学院校讲授中医课程的师资和中医药研究人员。”同年 12 月 19 日，彭泽民出席中医研究院建院典礼，此前周恩来亲笔签署任命书，任命彭泽民为中医研究院名誉院长。彭泽民还担任中华医学会中西医学术交流委员会首任主任委员，率先参与中西医结合的临床实践，组织中西医平等开展学术交流，推动传统医学与现代医学共同发展。

1955 年 7 月，在一届全国人大二次会议上，彭泽民提交《提倡流通国药及增加国药生产案》（第 186 号），提出“我国药物生产久已旷置，

① 孙春兰主编：《大道：多党合作历史记忆和时代心声》，团结出版社 2017 年版，第 411 页。
② 同①。
③ 中医研究院，1985 年更名为“中国中医研究院”，2005 年更名为“中国中医科学院”。

驯至供不应求。许多常用药品，亦每有缺市，这对于治病救人的要旨甚为窒碍”。该案建议“应当延聘娴熟药品的人才，发动农民广种国药”。同时建议解决好供需矛盾，“如何使药物的产量增加，如何使药物交流不至积压，利物济人，尤为当前的急务”。①

（三）提出知识分子团结改造的建议

中华人民共和国成立后，随着国家建设快速发展，对知识分子团结改造并更好发挥其作用的问题，引起农工党同志关注，组织开展调研，提出建议。据中央统战部部长李维汉在《回忆与研究》一书的“建国以来十五年统战工作的回顾与再认识”章节中回忆：“1955 年底，章伯钧向周恩来同志提出，农工民主党拟对高级知识分子的团结改造问题进行调查研究，得到我党的支持。1956 年 1 月，农工民主党中央提出了《关于知识分子团结改造问题的几点建议》，……为中央筹备召开知识分子问题会议，作了一方面的准备工作。”

1956 年 1 月 14 日至 20 日，中共中央召开知识分子问题会议，周恩来代表中共中央作《关于知识分子问题的报告》。报告着重论述了知识分子在社会主义建设中的地位和作用，向全党、全国人民发出了“向科学进军”的伟大号召。《报告》首次提出中国知识分子的绝大多数“已经是工人阶级的一部分”的科学论断，指出进行社会主义建设“必须依靠体力劳动和脑力劳动的密切合作，依靠工人、农民、知识分子的兄弟联盟”。

会议召开前，中共中央统战部广泛征集八个民主党派的意见与建议。农工党中央积极行动，于 1955 年 12 月 2 日晚，农工党中央执行局暨北京市委会举行关于知识分子的团结改造问题座谈会。座谈会由章伯钧主持，会议提出有必要对目前知识分子的工作、生活、学习等方面的情况和问题，进行全面的调查研究，以便协助党和政府更好地团结和改造知识分子。农工党中央执行局印发《关于调查研究高级知识分子问题的通知》，

① 第一届全国人民代表大会第三次会议秘书处：《中华人民共和国第一届全国人民代表大会第三次会议文件合订本》（第一册），1956 年 7 月，第 116 页。

部署发动全党立即“对知识分子团结改造问题”进行专题调研，要求“进行这项调查了解工作，应采取多种多样的方式，如组织座谈会、谈心会、个别访问，或其他有效办法”，“材料务求具体真实，多列举一些好的、坏的和一般的例子，尽可能提出具体的人和具体的事，避免空洞抽象提问题”。通知强调要坚持“调查和研究并重”原则，“针对各种主要问题，提出具体解决办法”，“希望尽可能每 10 天将调查与研究的材料上报一次”，“在一个月内完成这一工作”。

农工党各地组织立即展开调研，在第一时间将掌握的第一手资料上报农工党中央。农工党中央集中全党智慧，立即撰写成调研报告《关于知识分子团结改造问题的几点建议》。调研报告肯定我国知识分子的政治思想觉悟已有了普遍的和显著的提高，提出“广大的知识分子，已经明确了祖国的社会主义的前途和接受中国共产党的领导。他们愿意为国家的社会主义建设事业贡献自己的力量，并已经在六年来为人民服务的工作中发挥了相当的作用。这是党和政府团结改造知识分子的成功，也是知识分子本身努力的结果”。报告同时指出，“在贯彻党和政府团结改造知识分子的过程中，还存在一些需要解决的问题；而知识分子本身，也存在着主动性积极性不够、理论结合实际不够、自由主义的思想和作风比较普遍、自高自大和自卑以及互相轻视、缺乏协作精神等缺点”。报告有针对性地提出建议：一是减少不必要的会议，减少不必要的兼职，减少不必要的布置。对于各种必要的会议和活动，应尽量做到统一布置，避免重复。二是按照各人的专长和特点，进行合理的安排，以发挥他们的潜力。调研报告及时报送中共中央，为中共中央作出科学判断和政策调整，提供了重要参考意见。

（四）为经济社会发展建言献策

建议治理苏皖地区河流。中华人民共和国成立初期，安徽、江苏两省的滁河流域和青弋、水阳江流域的洪涝、干旱等自然灾害频发。为推进河流治理、减灾抗灾，1955 年 7 月，在一届全国人大二次会议上，季方作为提案人之一，与冷遹、黄岩、柯仲平、潘菽、金善宝联名向大会提交《请对滁河进行全面治理，以解除苏、皖两省有关十个县的经常性洪旱灾害及确保津浦路在汛期交通运输的安全案》（第 135 号），与惠浴宇、冷遹、黄岩、管文蔚、潘菽联名向大会提交《请在长江芜湖长河口及当涂太平口筑闸，以免汛期江水倒灌，造成苏、皖两省广大圩田地区经常受洪涝巨灾案》（第 136 号），提出根除该地区水患，建议上游建筑水库、下游修建水闸，同时考虑到国家建设经费有限，建议可先急后缓、分步实施。

建议发展生产和奖励发明创造。1951 年 4 月，在全国政协第二十次双周座谈会上，张云川作视察土改工作的情况报告，肯定土改基本胜利，也提出土改后发展生产中应该注意的问题：第一是资金不足，第二是副业少，第三是多余劳动力问题，并有针对性地提出农业小额贷款、农村多种经营、农村富余劳动力转移等建设性意见建议。在 1955 年 7 月召开的一届全国人大二次会议上，李士豪作为第一提案人，与其他四位代表联名向大会提交《加强开荒工作的领导，积极地有计划地开垦宜耕荒地，增产粮食、工业原料，以支援国家社会主义工业化案》。该建议案认为国家第一个五年计划中对于开荒工作所提出的要求是完全正确和必要的，“应该以最大努力来完成这项任务”。同时，建议案提出开荒工作应“采取农林牧结合、主杂粮结合、目前生活和长远利益结合的方针”，必须严格防止下列几种偏向：第一，禁止陡坡开荒。坡度在 15 度以下的，可以种植农作物，可以筑成梯田或梯地；15 度以上到 30 度的，应作为营造经济林地带；坡度在 30 度以上的，应植树造林，禁止烧山开荒。第二，迫近江河溪流两岸的山地，应禁止开垦，以免泥沙直接注入河道。第三，成林的山地，不应毁林开荒，即令是零星疏稀的林木，亦应留树开荒。建议案体现了统筹发展生产与保护生态的科学思想，彰显了提案人的远见卓识。为推进劳动发明创造，农工党党员杨逸棠在一届全国人大二次会议上提出《制定工矿交通业发明创造奖励办法，以鼓舞劳动热情，提高生产率案》，建议国家应加大对生产工具和操作技术发明创造的奖励力度，使奖励制度成为各级政府常态化行为的制度保障。在 1956 年 6 月召开的一届全国人大三次会议上，杨逸棠向大会提交了《从速制造和推广稻田耕作农具，以解决农村劳动力紧张案》，为发展农业生产建言献策。

建议保护和整理文物。1950 年 6 月，在全国政协一届二次会议上韩兆鹗作为提案人之一，任谦作为副署人之一，向大会提交《建立延安革命文物馆，搜集革命史料，保护和整理有关革命史实的建筑物和先烈陵墓案》《为研究西北各民族历史文化的沿革，应专设机构，保存整理关中古代文物案》，分别建议及时抢救和长期保护延安革命文物，对历史文物“有组织有计划地予以保护和整理”。

农工党在社会主义革命时期，认真贯彻执行《共同纲领》，积极投身社会主义改造，自身组织实现较快发展，在国家政治生活中发挥了“参、代、监、改”作用，在为中华人民共和国政治经济文化建设作出贡献的过程中不断进步，为与中国共产党长期合作共事奠定了坚实政治基础、思想基础和组织基础。

第三章

参加社会主义建设，经受住政治考验

1956年社会主义改造基本完成后，中国共产党领导人民进入全面大规模的社会主义建设时期，中共中央提出多党合作“长期共存、互相监督”方针，赋予民主党派更重大的政治责任。在推进社会主义建设进程中，中国共产党对社会主义建设道路进行了艰辛探索，取得了重大成就，经历了曲折发展过程。在这一时期，农工党在艰辛探索中经受住政治考验，从未动摇坚持中国共产党领导和走社会主义道路的信念，为服务社会主义建设作出了持续努力。

一、贯彻“长期共存、互相监督”方针

（一）深入学习“长期共存、互相监督”方针

1956年4月，毛泽东在中共中央政治局扩大会议上发表题为《论十大关系》的重要讲话。讲话科学地总结了中国共产党从民主革命时期以来与各民主党派长期合作的成功经验，并吸取国际共产主义运动中忽视统一战线工作的教训，提出“把国内外一切积极因素调动起来，为社会主义事业服务”的战略方针，指出“究竟是一个党好，还是几个党好？现在看来，恐怕是几个党好。不仅过去如此，而且将来也可如此，就是长期共存，互相监督”。同年9月，中国共产党召开第八次全国代表大会。大会《关于政治报告的决议》指出，“必须按照长期共存，互相监督的方针，继续加强同各民主党派和无党派人士的合作，并充分发挥人民政治协商会议和各级协商机构的作用。”“长期共存、互相监督”方

针的提出，极大地鼓舞了农工党和各民主党派为社会主义服务的积极性和责任感。

“长期共存、互相监督”方针提出后，农工党中央部署全党各级组织认真学习领会、研究贯彻落实。在中共八大闭幕后，农工党中央执行局随即发出关于组织全党学习和宣传中共八大文件的通知。通知指出中共八大文件是中国共产党在领导中国革命和国家建设事业中丰富经验的总结，是把我国建成社会主义工业强国的具体纲领，也是生动的创造性的马克思列宁主义的重要文献。学习的目的，首先在于使全党同志更深刻地认识中国共产党是领导我们社会主义事业的核心力量，是我们革命事业取得胜利的根本保证；在于使全党同志的马克思列宁主义的理论水平获得进一步提高，并明确实现社会主义的具体道路和自己的责任，从而在各个工作岗位上更好地发挥积极性和创造性。通知强调应当认识“长期共存、互相监督”方针对进一步巩固和扩大人民民主统一战线的巨大深远的影响，明确贯彻这一方针的根本关键，在于不断地改进和加强我们的思想工作，在于我们首先具有“长期共存、互相监督”的政治条件。根据这一要求，农工党各级组织、各单位都通过召开学习会、报告会、座谈会等形式，深入学习、宣传、贯彻和落实这一方针。

为了加强宣传思想工作，农工党中央于1956年10月创办中央机关报《前进报》，原中央刊物《学习通讯》从9月起停止出版。

（二）召开六届三次中央全会

1957年3月下旬至4月上旬，农工党中央接续在京召开全国工作会议、六届三次中央全会。会议总结六届二次中央全会以来的党务工作，补选黄琪翔为中央副主席，决定成立全国代表大会筹备委员会，通过党章修改草案，提交全国代表大会审议。

全国工作会议关于党务工作的决议提出，一年以来，农工党组织已有迅速的发展，成员人数增加一倍以上，医药卫生界的成员占发展人数63.42%，占成员总数40.25%；成员的社会主义思想觉悟普遍提高，工作上取得很大的成绩。但还远不能适应新形势迅速发展的要求，还需要正确认识和贯彻“长期共存、互相监督”的方针，加强政治教育和思想工作，坚持发展与巩固相结合的方针，以中上层为主和以大中城市为主的，以医药卫生各部门为重点，积极进行组织发展。

农工党六届三次中央全会通过的政治决议指出，“长期共存、互相监督”方针的提出，加重了农工党的政治责任。为了正确贯彻这一方针，必须忠诚接受中国共产党的领导，坚持为社会主义服务的政治路线，在国家的政治生活中创造性地发挥农工党的作用。本着对社会主义事业负责的精神，应该积极地向共产党提出建议和批评，同时也要主动地、虚心地接受共产党以及各民主党派和人民群众的监督。

六届三次中央全会及全国工作会议为农工党全国代表大会的召开作了充分准备，进一步明确了农工党组织发展方针，巩固和发展了农工党界别特色与优势。

二、坚持服务与改造相结合

（一）经历整风运动和反右派斗争

1957年4月27日，中共中央正式发出《关于整风运动的指示》，决定在全党进行普遍深入的反对官僚主义、宗派主义和主观主义的整风运动。5月1日，《人民日报》公布中共中央的整风指示。各级党政领导机关和高等学校、科学研究机构、文化艺术单位的中共党组织纷纷召开各种形式的座谈会，听取党内外群众的意见。5月8日至6月3日，中央统战部召开13次各民主党派负责人和无党派民主人士的座谈会。6月3日，中央统战部部长李维汉在座谈会总结讲话中指出，各方面提出的批评和意见，很多是正确的，应当认真地加以接受和处理；有相当一部分是错误的，还需要进一步加以研究和分析。①

1957 年 6 月，农工党中央成立整风领导委员会，各地方组织成立整风领导小组，组织开展反右派斗争。同年 9 月，农工党中央召开全国整风工作会议。会后，农工党的反右派斗争全面展开。

1958 年 1 月 15 日至 25 日，农工党六届中央第四次扩大会议在京召开。会议决定撤销章伯钧的中央主席、中央执行局委员职务，撤销黄琪翔的中央副主席、中央执行局委员、中央执行局秘书长职务，撤销李伯球的中央执行局委员、中央委员、中央执行局副秘书长职务，撤销杨逸棠的中央执行局委员、中央委员、中央组织部第一副部长职务，撤销王一帆的中央执行局委员、中央委员职务，撤销张云川、李士豪的中央执行局委员、中央委员职务，其他一些被划为“右派分子”的中央委员和候补中央委员的职务也被撤销。同年 4 月 4 日，农工党中央执行局举行第 35 次会议，推举季方代理中央主席。

3 月，中央统战部发出《关于资产阶级分子、资产阶级知识分子和民主党派成员自我改造问题的通知》②；同月，中央统战部发出《关于帮助和推动各民主党派组织进行一般整风的工作中应注意的几个问题的通知》③。农工党中央和各地方组织积极开展整风运动，加强自我改造，进行向中国共产党交心活动。整体上看，整风运动虽然受到“左”倾思想的影响，出现扩大化的错误，但广大农工党党员受到的教育也是深刻的，进一步加深了对跟中国共产党走、走社会主义道路的认识，政治思想意识更加坚定。

（二）召开第七次全国代表大会

1958 年 11 月 15 日至 12 月 10 日，农工党第七次全国代表大会在北京召开。出席会议的有未撤销职务的六届中央委员和候补中央委员，农工党

---

① 中共中央统战部编著：《中国共产党统一战线史》，中共党史出版社、华文出版社 2017 年版，第 265 页。

② 中共中央文献研究室编：《建国以来重要文献选编（第 12 册）》，中央文献出版社 2011 年版，第 551—553 页。

③ 李维汉著：《回忆与研究（下）》，中共党史资料出版社 1986 年版，第 846 页。

中央整风委员会委员，各地推选和中央选邀代表，共205人。会上，季方作《第六届中央委员会的工作报告》，何世琨作《中国农工民主党社会主义改造规划的报告》，王深林作修改党章的说明。

大会选出新一届农工党中央领导机构。选举王人旋、王季陶、王深林、邓作楷、丘辰、叶粤秀、叶桔泉、申葆文、卢嘉锡、刘春、刘云波、刘星垣、刘树勋、孙仲逸、庄明远、何世琨、陈伊林、严信民、吴文祺、吴彦求、季方、范权、孟目的、罗任一、周太玄、周汝沆、周谷城、周绪德、段佑云、唐午园、秦伯未、徐赤文、徐彬如、郭则沉、夏康农、张平、张锡祺、梅日新、练惕生、傅肖先、杨达夫、杨清源、杨熙时、蒲辅周、廖少仪、魏指薪、章伯钧、黄琪翔48人为中央委员；选举丁贲南、方荣欣、胡一禾、胡宗澹、施方白、徐哲、梁世骥、张显龙、章师明、傅浚、黄慎之、管仲伟、翟枕流、丘哲、李伯球、张云川、杨逸棠17人为中央候补委员。

大会通过的《中国农工民主党章程（试行草案）》规定，中央委员会设组织部、宣传部和秘书处，秘书处在秘书长领导下办理机关行政工作。

在12月11日举行的农工党七届一次中央全会上，选举季方为中央主席团主席，周谷城、唐午园、刘树勋、郭则沉、严信民、夏康农、徐彬如、王人旋为主席团委员，决定郭则沉为中央秘书长。

农工党七大前后，地方组织建设持续推进，农工党四川省委会、安徽省委会、天津市委会先后成立。在20世纪50年代末至70年代末期间，各省级组织主要负责人具体任职情况见表2。

★ 农工党各省级组织主要负责人任职情况表2

省级组织	主　委	在省级人大、政府、政协领导班子任职情况
北京市委会	王人旋（1958年6月至1962年2月任第三届主委，1962年2月至1964年4月任第四届主委）	
	丁贲南（1964年5月至1980年2月代理第四届主委）	

续表

省级组织	主　委	在省级人大、政府、政协领导班子任职情况
天津市委会	范权（1959 年 1 月至 1963 年 2 月任第一届主委，1963 年 3 月至 1979 年 12 月任第二届主委）	任天津市第三届人大常委会副主任，天津市第二、三、四届政协副主席
上海市委会	周谷城（1958 年 9 月至 1961 年 5 月任第二届主委，1961 年 5 月至 1965 年 3 月任第三届主委，1965 年 3 月至 1980 年 1 月任第四届主委）	任上海市第三、四届政协副主席
江苏省委会	刘树勋（1958 年 3 月至 1962 年 1 月任第二届主委，1962 年 1 月至 1980 年 3 月任第三届主委）	
浙江省委会	徐赤文（1958 年 9 月至 1961 年 12 月任第二届主委，1961 年 12 月至 1980 年 7 月任第三届主委	任浙江省第二届政协副主席
安徽省委会	张锡祺（1958 年 10 月至 1962 年 9 月任第一届主委）	
	吴彦求（1962 年 9 月至 1980 年 5 月任第二届主委）	
福建省委会	练惕生（1958 年 10 月至 1962 年 2 月任第二届主委，1962 年 2 月至 1980 年 1 月任第三届主委）	任福建省第二、三届政协副主席
江西省委会	傅肖先（1959 年 7 月至 1963 年 2 月任第二届主委，1963 年 2 月至 1963 年 3 月任第三届主委）	任江西省第二届政协副主席
	平戎（1963 年 3 月至 1966 年 8 月代理第三届主委）	任江西省第三届政协副主席

续表

省级组织	主　委	在省级人大、政府、政协领导班子任职情况
广东省委会	陈伊林（1958 年 9 月至 1960 年 10 月任第二届主委，1960 年 10 月至 1963 年 3 月任第三届主委，1963 年 3 月至 1980 年 3 月任第四届主委）	
广西区委会	丘辰（1958 年 10 月至 1962 年 1 月任第二届主委，1962 年 1 月至 1972 年 9 月任第三届主委）	任广西壮族自治区第一、二届政协副主席
四川省委会	刘星垣（1956 年 12 月至 1958 年 10 月任第一届主委，1958 年 10 月至 1962 年 7 月任第二届主委，1962 年 7 月至 1978 年 8 月任第三届主委）	任四川省第三、四届政协副主席
备注：此表中省级组织主委任职时间为 20 世纪 50 年代末至 20 世纪 70 年代末，其中部分省级组织主委在省级人大、政府、政协领导班子任职情况与主委任职时间不同步		

（三）贯彻服务与改造相结合的方针

1958 年 7 月，中共中央统战部召开全国统战工作四级干部会议。这次会议标志着反右派斗争和党外整风运动基本结束，确定将统战工作的重点要转移到为社会主义建设服务的方向上来，着重领导和推动民主党派、知识分子、工商界转入为社会主义服务的实践，同时要求他们在实践中继续进行自我改造，在实践中贯彻服务与改造相结合的方针。

1959 年 9 月 15 日，毛泽东邀集各民主党派、人民团体的负责人、著名无党派民主人士和著名文化教育界人士座谈，明确指出在党外人士中现在不搞运动。9 月 16 日，中共中央、国务院发布《关于确实表现改好了的右派分子的处理问题的决定》；9 月 17 日，中共中央发出《关于摘掉确实悔改的右派分子帽子的指示》。随后，全国相继摘掉了一批“右派分子”的帽子，农工党党内一些被划为“右派分子”的成员也摘掉了“右派帽子”，其中包括黄琪翔、李伯球等人。中国共产党在此期间采取的调整党派关系的政策，尽管仍受“左”倾思想的束缚，有很大的局限性，但对稳定1957年反右派斗争后的民主党派组织，密切中国共产党与民主党派的关系，坚持和发展中国共产党领导的多党合作制度具有重要意义，同时也为各民主党派贯彻服务与改造相结合的方针，在社会主义建设中的发挥作用创造了积极条件。

农工党七大以后，全党各级组织贯彻服务与改造相结合的方针，沿着以政治思想教育为统帅、以工作岗位为基地、以业务实践和劳动实践为基础的途径，组织农工党党员学习政治理论和时事政策，推动农工党党员深入工厂、农村参加劳动锻炼，积极投入到技术革命、文化革命、教育革命的实践中去，在为社会主义服务中加强自我改造，取得积极成效。

在国家政治生活中，农工党作为统一战线的一个组成单位，积极参加对国家重要事务的民主协商，农工党中央负责人多次参加最高国务会议及中共中央领导人召集的座谈会，参与共商国是。

1959年4月，在全国政协第三届一次会议上，季方、章伯钧、黄琪翔当选为全国政协常委会委员；在第二届全国人大一次会议上，季方当选为全国人大常委会委员。许多地方组织的负责人和农工党党员参加了地方各级政府、人大和政协的工作，有的还担任了政府部门或高等院校的负责人，积极参加国家的政治生活，为社会主义建设发挥了积极作用。

（四）召开七届二次中央全会

1959年至1962年，是我国国民经济三年困难时期。中共中央在统战工作中对党外人士提出改造世界观的任务，并提出采取和风细雨、开“神仙会”[①] 等工作方法。1959年年底至1960年2月召开的民建和工商联的全国代表大会上采取开“神仙会”的办法，取得很好效果。中共中央决定把“神仙会”的办法推广到其他民主党派。

① “神仙会”是指在中国共产党领导下的“三自”和“三不”。“三自”即“自己提出问题，自己分析问题，自己解决问题”；“三不”即“不打棍子，不戴帽子，不抓辫子”。

1960年7月25日至9月5日，农工党七届二次中央全会（扩大）在北京召开。会议与民革、民盟、民进、九三学社、致公党的中央全会几乎同时召开，中共中央高度重视。毛泽东、刘少奇、周恩来、朱德、邓小平等中共中央领导人接见这几个民主党派参加会议的全体人员，并同与会人员合影留念。周恩来应邀到会作国内外形势的报告，阐明了中共同苏共的分歧和争论的性质和中共的基本方针；回答了民主党派“后继无人”的问题，指出“长期共存、互相监督”的方针是从中国的实际提出来的，中国人口多，不可能把所有人都吸收进去，民主党派只要继续前进，社会上就会有人继续参加进去；中国这样一个大国，在中国共产党的领导下，周围有各民主党派，共同进行政治教育、思想教育，这就是民主党派的作用。李维汉到会作题为《学习毛主席著作，逐步改造世界观》的报告，提出今后民主党派的几项主要工作：一是团结所代表和联系的人们，继续反对国内外敌人，反对以美国为首的帝国主义；二是团结和推动所代表和联系的人们走社会主义道路，和工农群众一道，参加劳动和实践，为社会主义服务；三是推动所代表和联系的人们结合为社会主义服务的实践，发展自我教育和自我改造；四是协助党和国家调整阶级关系；五是在党的领导下，参加国家的政治生活；六是互相监督。

农工党中央对召开这次全会进行了周密组织。会前，进行了认真准备，各地组织在会前都召开了预备会。在会议过程中，采取开“神仙会”的办法，与会人员敞开思想、热烈争论、情绪高涨；会议形式有大组、有小组、有三三两两的聚会，也有个别的促膝谈心，有在饭店里开会座谈，还有到公园里去交换意见。到了会议后期，会议气氛更加热烈，与会人员通过前一阶段和风细雨的正面教育、自我教育，认识逐步提高了，心情也愈加舒畅了。会议决议指出，这次会议是在中国共产党的亲切关怀下召开的，是一次认清形势、明确任务、加强改造的会议，是一次鼓舞士气、增强信心、加强团结的会议。决议在分析当时的国内外形势后，号召农工党全体成员同全国人民一道坚决贯彻党提出的以农业为基础、以工业为主导、优先发展重工业和迅速发展农业互相结合的方针，埋头苦干，发奋图强，为社会主义建设贡献出更多的力量。决议指出在今后一个时期，农工党各级组织的中心任务是“在当地中共党委的领导下，帮助成员和所联系的群众，努力学习马克思列宁主义，特别是学习毛主席著作。结合业务实践和劳动实践，逐步改造资产阶级世界观，树立无产阶级世界观”。在会议闭幕式上，季方作总结讲话。讲话分析了这次会议取得成功的原因，一是由于中国共产党的领导，二是由于“神仙会”的办法，三是由于农工党组织和成员的“大有进步”。

这次会议进一步坚定了农工党接受中国共产党领导、坚持走社会主义道路的信心，推动了农工党党员与工农相结合、与实践相结合的自我改造活动，起到了统一思想、认清形势、提高觉悟、鼓足干劲的作用。

全会结束后，各地方组织认真贯彻全会决议，普遍以“神仙会”的方式和“三自”“三不”方针，围绕学习中国共产党和国家的各项方针政策，联系实际组织经验交流会、学术报告会、专业讨论会以及参观访问活动，通过形式多样的形势教育，推动农工党党员改造世界观，收到了良好效果。《光明日报》专门报道农工党安徽医学院支部自我改造的经验。

1961 年，为加强交流和学习，农工党创办中央机关刊物《前进》。

（五）召开七届三次中央全会

1962 年 12 月 27 日至 1963 年 1 月 19 日，农工党七届三次中央全会在北京召开。参会人员集体听取了中共中央政治局委员、书记处书记彭真所作的国内外形势的报告。全会讨论了国内外形势，学习了中共八届十中全会公报。会议确定农工党 1963 年中心任务是：在中国共产党领导下，推动成员和所联系的人们，加强学习，加强改造，努力提高爱国主义、国际主义和社会主义的思想觉悟，更加紧密地团结在共产党和毛主席的周围，坚决贯彻发展国民经济的总方针，积极参加社会主义建设和当前的增产节约运动，努力贡献自己的力量；积极参加反对帝国主义、反对各国反动派、反对现代修正主义和保卫世界和平的斗争。会议提出，“以推动和帮助成员及所联系的人们积极为社会主义服务，作为开展各项活动的出发点，作为在进行各项工作中的主要指导思想”。

根据这次会议精神，农工党各级组织积极开展爱国主义、国际主义、社会主义“三个主义教育”活动，并将思想教育渗透到党员的业务实践中去。1963 年至 1965 年，中共中央部署开展社会主义教育运动。农工党各级组织积极参加，组织党员认真学习中共中央有关文件，号召并支持党员参加所在单位的“社会主义教育工作队”，到农村开展社会主义教育活动，同农民同吃同住同劳动，在实践中努力改造自己的世界观。

1965 年 1 月，三届全国人大一次会议和全国政协四届一次会议在京召开，季方分别被选为全国人大常委会委员和全国政协常委会委员。

1957 年至 1966 年，是我国社会主义建设事业艰辛探索、曲折发展的时期，也是农工党在曲折中前进的时期。1957 年反右斗争扩大化，尤其是 1958 年 12 月农工党七大以后，农工党“在政治思想工作中一定程度上存在着宁左勿右的思想，缺乏实事求是，一切从实际出发的科学态度，对成员积极因素估计不足，专业贡献重视不够，夸大了消极面，因而在处理政治与业务、服务与改造的关系上，有时有片面性；在开展批评与自我批评方面，没有很好地按照‘团结——批评——团结’的公式，一切从团结的愿望出发的原则办事，往往批评较多，鼓励帮助不够；在发扬社会主义民主方面，在了解和反映所联系的人们的意见和要求方面，也未能发挥应有的作用”。但整体上看，农工党七大至“文化大革命”前的 8 年间工作，“每前进一步，都是中国共产党在指引方向，每个时期提出的工作任务，都是按照毛主席为首的中共中央的统战政策决定的”，“在这一阶段通过各方面的工作，对推动和帮助成员及所联系的人们认清形势，明确方向，调动服务，加强改造，起了良好的作用，成绩是主要的”①。

① 周谷城：《在中国农工民主党第八次全国代表大会上的报告》，1979 年 10 月 11 日。

三、经受住政治考验

1966年至1976年的“文化大革命”，使中国共产党、国家的工作、社会秩序受到巨大破坏，给我国社会主义事业造成了中华人民共和国成立以来最严重的挫折，教训极其深刻。

1966年5月4日至26日，中共中央政治局召开扩大会议。这次会议是“文化大革命”正式发动的标志，会议通过的《中国共产党中央委员会通知》是发动“文化大革命”的纲领性文件。会后，“文化大革命”异常迅猛地开展起来。1966年8月，在中共八届十一中全会期间，陈伯达、江青指使一些人攻击中央统战部负责人。他们全盘否定中华人民共和国成立以来统一战线工作的成就，污蔑统战工作部门执行了“修正主义”“投降主义”路线，是“牛鬼蛇神的庇护所”“资本主义的复辟部”。[①]

1966年8月24日，北京市中学红卫兵向各民主党派中央机关发出“最后通牒”：限令在72小时之内自动解散一切组织。8月25日，各民主党派中央、全国工商联机关分别贴出公告，自即日起停止办公。8月26日深夜，红卫兵查封农工党中央机关大门。随后，农工党从中央到地方各级组织停止活动。

“文化大革命”使统一战线遭到严重破坏，但统一战线并没有被取消，“中国共产党一直关怀着民主党派，民主党派也一直在怀念着共产党”。[②]

1966年国庆节，毛泽东在天安门城楼上对李宗仁说，红卫兵把全国政协、民主党派封了，但政协还是要的，民主党派还是要的。同年10月24日，毛泽东在中共中央一次汇报会上说，民主党派还是要的，政协也

---

① 刘延东主编：《当代中国的民主党派》，当代中国出版社1999年版，第343页。

② 中国农工民主党中央党史资料研究委员会编：《中国农工民主党的奋斗历程》，中国文史出版社1990年版，第147页。

还是要的，要同红卫兵讲清楚。[1]

周恩来为维护统一战线、维护中国共产党领导的多党合作和政治协商制度，尽了自己最大的努力。1969 年，军代表进驻民主党派机关，周恩来在《关于保护民主党派领导人的一封信》中嘱咐："应与派在各民主党派机关的军代表谈谈政策，不要去批斗民主党派的领导人，即他们的中央委员，省市党部委员。对机关干部也要按具体情况区别对待，不能以中共党内标准要求。"[2] 1970 年 8 月，周恩来抓住国内政治形势略有好转的时机，亲自过问安排各民主党派中央机关于同年 11 月开始联合办公，并组织在京的部分民主党派领导人和中央委员进行学习。1971 年 9 月林彪集团覆灭后，周恩来果断地采取措施，恢复民主党派的活动。12 月，中共中央组织在京的各民主党派负责人，集中两个月的时间学习中共中央印发的有关林彪叛国的文件和材料。周恩来亲自用两天半的时间向在京的全国人大常委会委员和部分全国政协常委中的民主党派和无党派爱国民主人士传达，讲解林彪反革命集团的问题。1972 年 10 月，各民主党派和全国工商联成立临时领导小组，撤销机关军代表，由临时领导小组负责领导联合办事机构的日常工作。全国政协成立学习小组，各民主党派和全国工商联编为四个学习组，正式恢复经常性学习活动。

1973 年 10 月，叶剑英、邓颖超受中共中央委托，邀集各民主党派和无党派爱国民主人士，就第四届全国人民代表大会代表的候选人名单进行协商。叶剑英强调要继续发挥统一战线的重要作用。他说，今后需要大家协助建设国家，经常提些意见，把各方面的事情办好。世界上有些人希望我们不团结，出乱子。我们要开好人大，说明全国是团结的。

1975 年 1 月，四届全国人大一次会议在北京召开，周恩来抱病出席大会作《政府工作报告》，指出："要全心全意依靠工人阶级、贫下中农，

① 中共中央统战部编著：《中国共产党统一战线史》，中共党史出版社、华文出版社 2017 年版，第 309 页。

② 同①，第 314 页。

团结其他劳动群众和广大知识分子，进一步发展工人阶级领导的以工农联盟为基础的包括爱国民主党派、爱国侨胞和港澳同胞的革命统一战线。我们要团结百分之九十以上的干部和群众，团结一切可以团结的力量，为建设伟大的社会主义祖国而奋斗。”在这次会议上，季方再次被选为全国人大常委会委员。

“文化大革命”期间，周恩来尽最大努力对农工党给予直接关心和尽可能的帮助。1966 年 8 月底，黄琪翔和夫人郭秀仪被红卫兵抄家，搬出原住所。周恩来得知消息后，便派工作人员到宿舍询问住得好不好，有没有什么困难，并转告郭秀仪，要她好好照顾黄琪翔。黄琪翔经受残酷迫害和折磨，便写信给周恩来。周恩来接到信后，马上派人来看他，并亲自过问解决住房问题。1970 年 12 月，黄琪翔因病在京逝世，周恩来得知消息后，立即派人看望慰问其家属，指示全国政协为黄琪翔举行遗体告别仪式，将骨灰安放在八宝山革命公墓，并送花圈表示哀悼。

1973 年 5 月至 6 月，全国政协组织全国人大、政协部分常委和各民主党派、全国工商联、无党派爱国民主人士到北京和外地参观。季方参加“全国政协参观团”。周恩来对季方一行很关心，嘱咐邓颖超经常去长途电话询问他们的交通、住宿和生活情况。1975 年，季方以中央代表团副团长身份，赴南宁参加了广西壮族自治区成立 20 周年庆典。

在“文化大革命”期间，许多农工党党员尽管受到不同程度的打击和迫害，但广大农工党党员依然信赖中国共产党，拥护社会主义，热爱自己的专业。不少党员被批斗之后，仍在各自的岗位上坚持工作；不少党员被迫下放劳动期间，没有停止对专业的钻研；甚至有的成员蒙冤身陷囹圄，也没有改变对科研的执着追求。农工党中央委员、著名中医药物学专家叶桔泉受到迫害，积存几十年的书稿、资料全部散失，但他矢志不移，在 1973 年受审查期间，还写出了《食物中药与便方》。在“五七”干校劳动时，他参加筹建“五七”制药厂，带领赤脚医生采集中草药，给西医学习中医班的学员讲课，并为干校制药厂设计制作出“感冒冲剂”“肝炎冲剂”“气管炎冲剂”“冻疮防治冲剂”“复方刺五加片”等药物，临床效果良好。

面对林彪、“四人帮”的倒行逆施，农工党党员进行程度不同的抵制和各种形式的斗争。季方对农工党遭到严重冲击忧心如焚，当得知老一辈革命家和同自己曾患难与共的老战友被迫害致死时，他夜不成眠，痛彻心扉。他把这些同志的照片一张一张地翻出来放大，挂在屋内，以寄托自己的哀思和对林彪、“四人帮”反革命集团的控诉。农工党党员、中医专家祝谌予1972年刚从“牛棚”解放出来就把自己的住室当诊室，只要有人找他看病，不论是什么身份，他都来者不拒、细心诊治。在周恩来逝世后的日子里，他怀着悲痛的心情，接诊了不少因怀念周总理而心脏病复发、血压增高的老同志，彼此鼓励，共同与疾病和恶魔作斗争，坚定必胜信念。

在“文化大革命”十年浩劫中，农工党各级组织基本上停止活动，但农工党同中国共产党之间的情谊却一直没有中断，农工党广大成员没有动摇坚持中国共产党领导的信念，没有动摇走社会主义道路的信念，没有动摇为社会主义现代化服务的信念。农工党同中国共产党一道，共同经受住了严峻的考验。

第四章

实现拨乱反正，投身改革开放

中共十一届三中全会作出把工作重心转移到经济建设上来、实行改革开放的历史性决策，实现了中华人民共和国成立以来中国共产党历史上具有深远意义的伟大转折，开启了我国改革开放和社会主义现代化建设新时期，中国共产党领导的统一战线和多党合作事业进入拨乱反正、恢复发展的历史新时期。1982 年 9 月，中共十二大报告明确提出，要继续坚持“长期共存、互相监督、肝胆相照、荣辱与共”的方针，加强同各民主党派、无党派民主人士、少数民族人士和宗教界爱国人士的合作。在中国共产党的领导和支持下，农工党坚持邓小平理论，全面恢复组织发展，迅速打开新的工作局面，各项工作蓬勃开展。

一、全面拨乱反正，实现工作重心转移

（一）“文化大革命”后逐步有序恢复活动

中共中央粉碎“四人帮”反革命集团，结束“文化大革命”后，统一战线工作逐步恢复，开始部分平反冤假错案。1977 年 10 月 15 日，中共中央批转中央统战部《关于爱国民主党派问题的请示报告》。① 报告指出，加强中国共产党对各民主党派爱国人士的领导，发展统一战线，有利于落实党的十一大路线，调动积极因素，为建设社会主义现代化强国服务。报告提出，省级以上民主党派和工商联开始恢复工作。鉴于有些民主党派缺

① 薛启亮主编：《中国民主党派史丛书：中国农工民主党卷》，河北人民出版社 2001 年版，第 322 页。

少负责人和工作人员的实际情况，建议各民主党派先组织临时领导班子，然后在工作中调查研究，逐步整顿组织，健全领导机构。10 月，中央统战部邀集各民主党派负责人举行会议。会上，中央统战部部长乌兰夫宣布了中共中央决定：各民主党派恢复活动。会后，农工党由季方、严信民、徐彬如三人组成过渡性质的临时领导小组，季方为小组召集人，着手恢复工作。

1977 年 12 月 27 日至 29 日，全国政协四届常委会第七次扩大会议召开，中共中央副主席、全国政协副主席叶剑英在会上作重要讲话。叶剑英在讲话中指出，统一战线是中国共产党在中国革命中战胜敌人的一个法宝，是中国共产党一贯坚持的政策。毛泽东关于统一战线的理论和实践，是一项宝贵财富，要继承下来，发扬光大。中国人民政治协商会议是中国共产党领导下的统一战线组织。要进一步发展工人阶级领导的以工农联盟为基础的包括爱国民主党派、爱国人士和台湾同胞、港澳同胞、海外侨胞的统一战线，把一切可以团结的力量都团结起来，调动一切积极因素，化消极因素为积极因素，在本世纪末把我国建设成为现代化的社会主义强国。讲话重申了中国共产党与民主党派“长期共存、互相监督”的方针，中国共产党要同各民主党派长期共存、互相监督，共同努力建设社会主义现代化强国。

1978 年二三月，政协第五届全国委员会第一次全体会议在京举行。同年 3 月，五届全国人大一次会议在京召开。农工党和各民主党派的政协委员、人大代表满怀激情和喜悦参加了大会。

在全国政协五届一次会议上，季方当选为第五届全国政协副主席，叶桔泉、严信民、徐彬如当选为第五届全国政协常委会委员。大会闭幕时，全国政协主席邓小平作重要讲话。他说：“这是一个发扬社会主义民主的大会，是一个调动各方面积极因素，来共同实现新时期总任务的大会，是团结的大会，胜利的大会。这对于发展我国革命统一战线，活跃国家的政治生活，巩固无产阶级专政，都具有重大的意义。”“我国革命统一战线必将在实现新时期总任务的斗争中，在向四个现代化的伟大进军中，发挥它的重要作用。我们希望各方面的朋友们、同志们，再接再厉，继续前进，共同为我们这个伟大的事业贡献自己全部的力量。”

在五届全国人大一次会议上，季方再次当选为全国人大常委会委员。

农工党各级组织恢复活动后，根据中共中央部署，逐步启动开展工作：一是组织学习中共中央重要文件及领导重要讲话精神，参加揭批林彪、“四人帮”斗争，参与关于真理标准问题大讨论，促进全党同志政治共识与思想解放。二是开展党员进队伍调查研究，启动整顿健全组织，逐步恢复基层组织活动。三是鼓励广大党员立足本职工作，为“四化”建设贡献力量。四是协助有关部门落实政策，处理来信来访。五是听取和反映党员对国家各项工作的意见建议。六是参加各级人大和政协履职，参加国家政治生活。七是开展文史资料研究编写工作，农工党中央恢复出版机关刊物《前进》。八是积极开展对台宣传及促进台湾回归祖国、实现祖国统一大业的工作。

整体上看，“文化大革命”以后至1979年农工党八大召开，农工党各级组织坚持拨乱反正，克服重重困难，各项工作呈现逐步恢复和发展的局面。

（二）召开第八次全国代表大会，实现工作重点转移

1979年10月11日至22日，农工党第八次全国代表大会在北京召开。出席会议的有七届中央委员、候补中央委员和各地组织推选的代表共258人，列席代表24人。大会的主要任务是：以四项基本原则为指导，总结经验，把工作重点转移到为社会主义现代化建设服务上来，推动农工党党员在为“四化”建设和争取祖国统一的伟大事业中，作出新的贡献。

会上，季方致开幕词，周谷城代表农工党第七届中央委员会作题为《在为社会主义现代化建设服务的道路上前进》的工作报告，严信民作修改中国农工民主党章程的说明。会议通过了周谷城所作的工作报告和关于修改党章的决议。

季方在大会开幕词中回顾了农工党的历史和在中国共产党“长期共

存、互相监督”方针指引下的农工党工作。他希望把这次大会开成解放思想的动员大会，团结一致向前看的大会，为“四化”建设服务的誓师大会，实现祖国统一的促进大会。

大会通过的工作报告总结了农工党七大以来21年的工作历程，指出农工党的政治面貌和组织面貌发生了根本的变化，“绝大多数成员都已经是为社会主义服务的劳动者，是社会主义的知识分子，是工人阶级的一部分”。报告指出，在新时期里，统一战线担负着为四个现代化服务和统一祖国的双重任务，农工党作为革命的爱国的统一战线的组成部分，也必须为实现这双重任务而奋斗。报告提出，农工党今后一个时期的中心任务是：“坚持四项基本原则，坚决贯彻解放思想、开动机器、实事求是、团结一致向前看的方针，把工作重点坚决地转移到社会主义现代化建设上来。要调动一切积极因素，努力化消极因素为积极因素，团结一切可以团结的力量，同心同德，群策群力，发扬社会主义民主，加强社会主义法制，维护和发展安定团结、生动活泼的政治局面，为台湾回归祖国、实现祖国统一大业，为加速实现四个现代化，把我国建设成为现代化的社会主义强国，为促进国际反霸斗争，维护世界和平而奋斗。”

为了完成上述中心任务，大会要求全党做好四项具体工作：第一，把全部精力投入到社会主义现代化建设方面来，多出成果，多出人才，为四个现代化作出贡献。第二，认真遵循“长期共存、互相监督”的方针，维护安定团结的政治局面，正确运用社会主义的民主权利，严格遵守社会主义法制。第三，推动成员积极参加国家政治生活，为争取台湾早日回到祖国怀抱贡献力量，并积极参加国际反霸统一战线活动，关心国家大事和世界大事。第四，努力学习马列主义、毛泽东思想，理论联系实际，继续进行思想改造。

大会讨论并通过了新修订的农工党党章，明确中国农工民主党是中国共产党领导下的革命的爱国的统一战线的组成部分，是中国人民政治协商会议组成单位，是以社会主义知识分子，特别是以医药卫生界知识分子为主要成分的社会主义劳动者和拥护社会主义的爱国者的政治联盟，是在中国共产党领导下为社会主义服务的政治力量。

大会要求全党积极响应中共中央、全国人大常委会和国务院的号召，做解放思想的促进派，做安定团结的促进派，做四个现代化建设的促进派，还要做祖国统一大业的促进派，为祖国的繁荣和发展，为祖国的统一贡献自己更大的力量。

大会选举产生了由中央委员 62 人、候补中央委员 27 人组成的农工党第八届中央委员会。

10 月 23 日，农工党举行八届一次中央全会，选举产生26 人组成的中央常委会；选举季方为中央主席，周谷城、沈其震、刘树勋、严信民、徐彬如、叶桔泉为中央副主席；推选方荣欣为中央秘书长。

农工党八大在中共十一届三中全会精神指引下，实现了思想上的拨乱反正和工作上的历史转折，明确了新时期的中心任务，为开创新的工作局面提供了政治上、组织上的坚强保障。

1979 年 12 月，农工党中央主席、副主席、秘书长办公会议第二次会议决定，农工党中央设立办公厅、宣传部、组织部、医药卫生工作委员会、联络工作委员会、党史资料研究委员会。其中办公厅下设秘书室、人事室、总务室；宣传部下设办公室；组织部下设办公室；医药卫生工作委员会、联络工作委员会、党史资料研究委员会为中央专门工作委员会。

（三）参与民主协商，参加国家政治生活

中共十一届三中全会以后，中共中央坚持“长期共存、互相监督”方针，全面恢复和加强民主协商优良传统，统筹安排并支持民主党派成员参加国家政治活动，邀请党外人士就重大决策和重大问题进行民主协商。如1981 年年初就“在经济上实行进一步调整，在政治上实现进一步安定”决策，1981 年 6 月就中共中央《关于建国以来党的若干历史问题的决议》文件草案，1981 年 9 月就全国人大常委会委员长叶剑英关于台湾回归祖国的建议，1982 年 4 月就《中华人民共和国宪法修改草案》，1982 年 9 月就中共十二大报告文件，1983 年 6 月就第六届全国人民代表大会、政协

第六届全国委员会筹备安排等，进行征询意见、开展民主协商。这一做法后来逐步成为中国共产党开展政治协商的工作惯例。农工党中央领导积极参加民主协商并提出了许多中肯的意见和建议。农工党各地组织的负责人分别应邀参加当地中共党委、政府召开的有关民主协商会议，参与地方重要工作、重要问题的协商讨论。

在 1983 年 6 月召开的六届全国人大一次会议，周谷城当选为全国人大常委会副委员长；在全国政协六届一次会议上，季方当选为全国政协副主席，王一帆、方荣欣、卢嘉锡、叶桔泉、严信民、沈其震、徐彬如、章师明当选为全国政协常务委员。同期，担任全国和各省、自治区、直辖市人大代表和政协委员的农工党党员共 578 人，更多农工党党员担任市、县等地方各级人大代表和政协委员。

1980 年 10 月，最高人民法院审判林彪、江青两个反革命集团，严信民被聘为最高人民法院特别法庭的审判员，参加审判工作。

（四）积极服务现代化建设，开展智力支边活动

农工党八大之后，各级组织大力推动、鼓励支持广大党员立足自身工作岗位，发挥主动性、积极性、创造性，为现代化建设贡献力量。广大农工党党员以饱满的热情投入工作，很多党员刻苦钻研业务，在培养人才、著书立说、科学研究等方面取得显著成绩。据不完全统计，仅 1982 年，被评为各级劳动模范、先进工作者、“三八”红旗手和获得国家科学技术奖励的农工党党员，达 1761 人。为交流总结经验，进一步推动广大党员为现代化建设服务，农工党各级组织先后组织召开各种形式的经验交流会，有的地方还举办了“四化”服务成果展览会。在各地工作经验基础上，农工党中央于 1981 年 5 月 24 日至 6 月 2 日，在北京召开全国为“四化”建设服务经验交流会。这是中华人民共和国成立以来农工党中央召集的第一次交流经验、表彰先进的大会，来自全国 15 个省、自治区、直辖市和 5 个直属支部的 120 名代表出席会议，会议交流了经验、表彰了先进，调动了广大党员为现代化建设贡献力量的热情和干劲。

在推动党员做好本职工作的同时，农工党各级组织充分发挥党员智力优势，启动开展面向社会、服务“四化”建设的服务工作。到1983年，各地组织分别建立以医疗保健、送医送药为主的咨询服务机构62个，举办各种类型的业余学校、培训机构78所，受到广大群众的欢迎。1983年3月，农工党中央和民建中央、全国工商联在北京成立“中药专业咨询服务联络中心”，一些地方组织成立了中药咨询机构，有的地方还举办了中药专业培训班，开展服务中医药事业发展的献计献策、咨询服务、人才培养等工作。

★ 1980年年初，季方（左三）、严信民（左一）、徐彬如（左七）、方荣欣（左四）等在北京郊区考察农村政策落实后农业生产情况。

1983年2月，中央统战部、国家民委在北京联合召开民主党派为边疆和少数民族地区“四化”建设服务的挂钩会议，部署民主党派智力支边工作。2月21日至3月3日，农工党召开全国工作会议对智力支边工作作出部署。会后，应边疆少数民族地区要求，农工党承担的支边项目由原定25项增加到226项。四五月间，农工党中央派出两个工作组，分赴我国西北、西南地区，与受援地区协商落实支边工作方案。随后，组织北京、天津、上海、江苏、浙江等省（市）农工党组织派出19批支边队伍，分赴吉林、宁夏、内蒙古和云南开展智力支边工作。与此同时，农工党各地组织在本地区开展支边活动。广东、广西、福建、贵州、四川等省（区）委会，派出咨询服务组参加本省（区）份各民主党派联合组织的支边小组，分赴海南、百色、梧州、龙岩、清镇、凉山等少数民族地区，为当地经济发展和科学文化事业开展支持服务。

（五）为“四化”建设献计献策，“三老上书”助推中医药发展

为做好议政建言工作，1980年4月，农工党中央向各地组织发出《关于为“四化”建设开展建议活动的通知》。各级组织和广大党员积极响应，各地方组织结合党员特长与优势，分别就医院管理、中西医结合、计划生育、教育体制、城市建设、农林发展等工作进行了专题调查研究，向有关部门提出了大量应兴应革、兴利除弊的意见和建议。

1982年10月，农工党中央和民建中央、全国工商联联合召开中药专业咨询座谈会，研究推进中药事业发展。11月27日，农工党、民建、全国工商联领导人季方、胡厥文、胡子昂，联名向中共中央、国务院上报《关于扶持和振兴中药事业的建议》（以下简称《建议》）。《建议》从加强专业领导、加强中药人才培养、加强中药科研工作等六个方面，为中药事业的长足发展提供了参考意见。这件事被称为爱国统一战线的“三老上书”。中共中央总书记胡耀邦在12月7日作出批示，指出“党外三个党派团体对中药的发展问题提出了许多良好意见，值得我们重视。党外确有能人，他们有知识，有热情，希望有关领导部门的同志与民主党派朋友密切合作，看如何能把中药这件事搞得更好些，以造福于人民”①。“三老上书”推动了我国中医药事业发展，为民主党派协作建言资政提供了成功范例。

---

① 中国农工民主党中央委员会著：《中国农工民主党党员读本》，中国医药科技出版社2004版，第70页。

（六）协助落实各项政策，建言知识分子工作

中共十一届三中全会后，随着拨乱反正全面展开，中共中央重视对错划右派改正和落实政策。1978 年 4 月 5 日，中共中央批转中央统战部、公安部《关于全部摘掉右派分子帽子的请示报告》①；9 月 17 日，批转《贯彻中央关于全部摘掉右派分子帽子决定的实施方案》，提出“全部摘掉右派帽子工作进展很快，到 11 月中旬，仅半年多时间已全部完成”②。对反右派斗争遗留问题的正确处理，得到了广大人民群众和民主党派成员等党外人士的衷心拥护。在这一过程中，农工党各级组织积极协助有关部门做好农工党党员中的复查平反冤假错案、改正错划右派工作。在各方共同努力下，在“文化大革命”期间农工党党员中的冤假错案 543 件均得到平反昭雪，在历次政治运动中的遗留案件复查解决的有 232 件，被错划为右派分子得到改正的有 1255 人。③ 被改正错划为右派分子的农工党党员政治上重获新生，满怀报国激情，纷纷表示要积极投身到社会主义现代化建设中。

在协助落实各项政策工作中，农工党特别重视知识分子政策落实问题。1982 年 1 月，中共中央发出《关于检查一次知识分子工作的通知》。4 月中旬，农工党中央成立知识分子工作研究小组，专门负责对知识分子情况的调查研究，汇总整理向有关部门集中反映意见建议，推动知识分子政策落实。1982 年 6 月 23 日至 7 月 1 日，农工党召开八届二次中央全会，沈其震受常委会委托作工作报告。报告提出，知识分子是我国社会主义现代化建设的依靠力量，农工党要认真协助中国共产党和政府做好落实政策工作，各级组织在工作中要敢于提出问题，敢于反映情况，敢于提出建议

① 中共中央统战部编著：《中国共产党统一战线史》，中共党史出版社、华文出版社 2017 年版，第 334 页。

② 同①，第 334、335 页。

③ 农工党中央党史资料研究委员会编：《中国农工民主党的奋斗历程 1930—1990》，中国文史出版社 1990 年版，第 155 页。

和意见，进一步调动广大知识分子为“四化”建设服务的积极性，为祖国的富强作出新的贡献。[①]

1982年7月30日至8月6日，农工党中央在北京召开医卫界知识分子问题讨论会，讨论研究医药卫生界中年知识分子面临的困难和问题。根据座谈会反映的情况，农工党中央向中共中央上报《关于医卫界中年知识分子问题的调查报告》，提出有关工作建议。中共中央办公厅复函对报告给予充分肯定。

（七）促进祖国和平统一，加强海外联络工作

农工党把促进祖国和平统一大业，作为全党重要职责。1981年9月，全国人大常委会委员长叶剑英发表谈话，阐明关于台湾回归祖国，实现和平统一的方针政策。季方随即代表农工党发表文章，表示竭诚拥护，并敦促台湾当局以民族大义为重，共同为完成统一祖国的大业作出贡献。[②] 1982年7月24日，全国人大常委会副委员长廖承志发表《致蒋经国先生信》，希望蒋经国能依时顺势，负起历史责任，毅然和谈，达成国家统一。农工党中央领导一致认为，廖承志致蒋经国的信通情达理，敦厚有情，希望蒋经国依时顺势，择善而从。季方结合亲身经历指出，“合则对国家有利，分则必伤民族元气”。沈其震、严信民认为，孙中山所做的大事之一，就是实现了第一次国共合作；蒋介石一生最光彩的事业，是主持了第二次国共合作；希望蒋经国依时顺势，达成第三次国共合作。

为推进祖国和平统一，农工党中央于1980年8月23日举行联络工作委员会成立会议，地方组织成立了相应工作机构，具体承担对台湾同胞、港澳同胞、海外侨胞的宣传、联络工作，开展对农工党党员“三胞”关系情况的调查，协助中共党委政府落实有关“三胞”及其眷属的政策，鼓励帮助农工党党员通过各种途径与“三胞”通信联络。广大农工党党

① 《人民日报》1982年7月2日第4版。

② 《人民日报》1981年10月3日第4版。

员发挥同“三胞”的亲朋故旧关系，利用各种机会，积极主动宣传和平统一政策和祖国建设辉煌成就，激发“三胞”怀乡爱国热情，在引线搭桥、促进交流等方面作了大量工作。

（八）加强思想政治工作，巩固发展组织建设

为提高成员思想政治素质，增强为现代化建设服务的自觉性，农工党各级组织狠抓思想政治工作，发挥党刊《前进》宣传教育主要阵地作用，不断强化政策理论学习和宣传引导。农工党八大以后，农工党中央先后组织和推动党员深入开展中共十一届三中全会、十一届六中全会、中共十二大重要文件，1982 年全国人大通过的新宪法、全国政协通过的新章程，《邓小平文选》等系列学习活动。为推进全党思想政治工作，农工党中央于 1981 年 10 月在南宁召开全国宣传工作座谈会，总结交流各地工作经验，分析广大党员思想状况，提出加强思想政治工作的意见。通过学习教育和思想工作，广大党员在思想认识和精神面貌上呈现出明显变化，逐渐摆脱了“左”的影响，解放了思想，振奋了精神，提高了参加社会主义现代化建设的积极性，增强了主人翁的责任感。

农工党八大之后，巩固、健全和发展组织工作稳步推进。各级地方组织先后召开党员代表大会或党员大会，传达农工党八大会议精神，选举产生新的各级领导机构。自 1980 年起，全党恢复发展组织，适当接收新党员。1980 年 4 月，农工党中央发出《关于贯彻巩固与发展相结合的方针的意见》。1982 年二三月间，召开全国组织工作座谈会，会后印发《全国组织工作会议纪要》，明确了新时期组织工作的方针政策。全党组织面貌迅速发生巨大变化。截至 1983 年第三季度，全党共吸收新党员 7692 人，其中医卫界党员占 62.39%；全党党员达到 13770 人，超过 1957 年的党员人数。新党员多是中年业务骨干，平均年龄为 54.1 岁，为农工党充实了新鲜血液，活跃了组织生活，促进了党员队伍的年轻化、专业化。与此同时，农工党地方各级组织建设稳步推进。至 1983 年，全国共有省（自治区、直辖市）委员会 13 个，省属市、县委员会 67 个，中央直属支部 5

个，基层支部（小组）919 个。

农工党中央党史资料研究委员会成立后，党史文献搜集、整理、研究和出版工作得到加强。到 1983 年上半年，先后出版了《邓演达文集》（与中国近代史研究所合作），编印了民主革命时期文献汇编《中国农工民主党历史参考资料》（第一辑至四辑）等一批图书和资料。

★ 1982 年 8 月 29 日，邓小平和出席缅怀廖仲恺先生、纪念何香凝先生逝世十周年大会的农工党中央领导人季方亲切握手。

二、投身现代化建设，开创工作新局面

1982 年 9 月，中国共产党召开第十二次全国代表大会，季方、周谷城、徐彬如应邀列席。大会宣布，中共十一届三中全会以来，经过全党全

军全国各族人民的艰苦努力，中国共产党已经在指导思想上完成了拨乱反正的艰巨任务。大会提出中国共产党在新的历史时期的总任务是：团结全国各族人民，自力更生，艰苦奋斗，逐步实现工业、农业、国防和科学技术现代化，把我国建设成为高度文明、高度民主的社会主义国家。面对新的形势和任务，农工党提出“团结一致，振奋精神，为全面开创农工民主党工作的新局面而努力奋斗”，全党各项工作迈上新台阶。

（一）召开第九次全国代表大会，确立新时期政治任务

1983 年 11 月 25 日至 12 月 4 日，农工党第九次全国代表大会在北京召开。出席会议的有八届中央委员、候补中央委员，以及各地组织推选的和中央特邀的代表，会议代表 406 人，列席人员 48 人。这次代表大会是农工党建党 53 年来规模最大的一次盛会，会议的主要议程是：审议和通过第八届中央委员会工作报告；通过新修订的农工党党章；选举新一届中央领导机构。

中共中央顾问委员会副主任薄一波代表中共中央到会致贺词，高度赞扬了农工党创建人邓演达先生同中国共产党人亲密合作及对新民主主义革命所作出的贡献，希望农工党做中国共产党的诤友，帮助中国共产党克服缺点和错误。12 月 3 日，胡耀邦、邓小平、彭真、邓颖超等中共中央领导人在人民大会堂会见全体代表并合影留念。

大会执行主席季方致开幕词。季方指出，回顾 53 年的历史，我们更加坚信，只要坚定不移地接受中国共产党的领导，走社会主义道路，民主党派是大有作为的，是能够完成历史赋予我们的光荣使命的。季方提出，这次大会要以中共十二大精神为指导，认真总结农工党八大以来的工作成绩和经验教训，明确今后的任务，团结一致，振奋精神，为全面开创农工民主党工作的新局面而努力奋斗。

会上，周谷城代表农工党八届中央委员会作了题为《团结一致，振奋精神，全面开创我党工作的新局面》的工作报告。回顾农工党八大召

开以来的工作，认为当前是中华人民共和国成立以来农工党工作最活跃的时期之一。报告根据中共十二大提出的新的历史时期的总任务，确定了农工党今后主要的政治任务是“贯彻‘十二大’的精神，开创工作的新局面，为超额完成六五、七五计划，力争在本世纪末使全国工农业总产值翻两番，为加强精神文明建设，实现三个根本好转，为中华民族的大团结、大统一，为实现八十年代的三大任务而努力”。报告提出，今后农工党要加强思想政治工作，抵制资产阶级思想影响，清除精神污染；立志改革，全力以赴，为“四化”建设作出贡献；积极参加国家政治生活，发挥民主监督作用；认真协助中国共产党贯彻知识分子政策，做好知识分子工作；积极开展联络工作，努力为实现祖国统一作出贡献；贯彻改革精神，加强组织建设。

会议期间，代表们学习讨论了中共中央致大会的贺词，审议通过了农工党第八届中央委员会的工作报告和新修订的农工党章程。

大会通过的决议指出，坚决拥护中共十二届二中全会关于整党的决定，要本着与中国共产党风雨同舟、休戚与共的精神，帮助中国共产党整风，并在实践中锻炼自己。决议要求各级组织必须坚持四项基本原则，遵循“长期共存、互相监督、肝胆相照、荣辱与共”的方针，努力开创工作的新局面。决议号召农工党全体党员认真学习马列主义、毛泽东思想，学习中共的方针政策和《邓小平文选》，努力学习专业知识，深入实际，自觉地在改造客观世界的同时，改造自己的主观世界；团结一致，振奋精神，为实现以经济建设为中心的20世纪80年代的三大任务而努力奋斗。

大会选举产生农工党第九届中央委员会，中央委员127名、候补中央委员25名。12月7日，农工党九届一次中央全会召开，会议选举季方为中央主席，周谷城、沈其震、刘树勋、严信民、徐彬如、叶桔泉、卢嘉锡、方荣欣为中央副主席；选举丁贡南、马明龙、王群、王一帆、方荣欣、邓昊明、田光涛、叶桔泉、卢嘉锡、刘云波、刘树勋、孙仲逸、光仁洪、吴又新、吴文祺、吴桓兴、何世琨、陈伊林、张纯之、李克光、李伯球、李健生、李温仁、李聪甫、沈其震、严信民、严镜清、杨烈宇、宋儒耀、季方、范权、周汝沆、周谷城、周咏曾、姚峻、徐彬如、郭秀仪、夏德昭、梅日新、黄立圻、黄耀燊、章师明、管仲伟、潘澄濂44人为中央常委会委员。会议还选举产生了中央执行局，负责主持中央日常工作，选举方荣欣为中央执行局主任兼中央秘书长，章师明为副主任，田光涛、王一帆、张纯之为中央执行局委员，王群为中央执行局候补委员。会议决定张申府、柯麟、钱伯煊、汪德耀、余宝笙、刘宗宽、李洁之、连瑞琦、黄桐华、欧阳平、翁会巧、钟岱、郝宇新、李湘若、周惠生、魏鉴贤、何自坚、王大鲁、李君素19人为中央委员会顾问。

农工党九大的胜利召开，对于统一农工党全党思想认识、明确工作思路任务，进一步调动广大农工党党员和所联系的群众投身社会主义现代化建设和祖国统一大业的积极性，起到重要引领和推动作用。

农工党九大通过的党章规定，中央常务委员会根据工作需要，设副秘书长和各种工作部门，其机构设置及负责人选，由中央常务委员会决定。中央各工作部门，在中央执行局领导下进行工作。

1984年5月，农工党九届二次中央常委会决定，中央委员会下设组织部、宣传部、办公厅，党史资料委员会、医药卫生工作委员会、联络工作委员会、妇女工作委员会、科学教育文化工作委员会。同年10月，在中央宣传部设立咨询服务办公室（处级）。

1985年4月，农工党九届四次中央常委会任命田光涛代理中央秘书长。

1986年2月，农工党中央执行局会议批准成立执行局办公室（处级），承办中央执行局的日常工作；成立委员会联合办公室（处级），承办医卫、联络、妇女及科教文等四个工作委员会的日常工作；将咨询服务办公室由宣传部划归执行局直接领导，仍为处级单位；将人事处由办公厅划归执行局直接领导。同年12月，农工党九届八次中央常委会决定撤销咨询服务办公室，成立咨询服务部，为司局级单位。

（二）积极参加民主协商，发挥民主监督作用

中共十二大以后，中国共产党将开展民主协商作为多党合作的重要形式和发扬社会主义民主的重要途径。农工党中央和地方组织领导人积极参加中共中央和中共地方各级党委组织的民主协商会议，通过参加政治协商、参与国事管理、进行民主监督，发挥民主党派职能作用。

中共中央先后就国家大政方针和重要人事安排召开一系列民主协商会议，征求并听取民主党派意见建议，农工党中央领导同志均应邀参与协商讨论。先后参加的民主协商会议有：1984 年 10 月，就中共十二届三中《关于经济体制改革的决定》草案征求意见座谈会；1985 年 3 月，通报价格体系、改革工资制度和教育体制改革问题座谈会；1985 年 9 月，通报中共全国代表会议和中共十二届四中全会、五中全会议题座谈会；1986 年 3 月，就六届全国人大四次会议和全国政协六届四次会议有关事宜协商座谈会；1986 年 9 月，就中共十二届六中全会关于精神文明建设决议稿征求意见座谈会；1987 年 3 月，就增选政协六届全国委员会副主席、常务委员和补选六届全国人大常委会委员听取意见协商座谈会；1987 年 9 月，对中共十三大报告稿征求意见座谈会；1987 年 11 月，听取对中国共产党和国家当前工作期望和建议座谈会；1988 年 9 月，对价格工资改革初步方案征求意见座谈会；1988 年 10 月，对贯彻中共十三届三中全会决定征求意见座谈会，等等。农工党中央负责人在这些协商会和座谈会上畅所欲言，坦诚发表意见，为中共中央决策的民主化、科学化发挥积极作用。在 1984 年 10 月中共中央就十二届三中全会《关于经济体制改革的决定》草案征求意见的党外人士座谈会上，周谷城发言表示："中央关于经济体制改革的草案实在使人振奋，我举双手赞成。在经济体制改革上，我特别拥护打破'大锅饭'。不吃'大锅饭'，吃什么饭？我看要吃努力劳动的饭，吃学问的饭，吃科学的饭，吃脑力劳动的饭，吃辛辛苦苦、埋头苦干的饭。"①

---

① 《人民政协报》1984 年 10 月 24 日。

★ 1985年7月，周谷城（右二）在辽宁省丹东市九连城视察洪涝灾情。

农工党各级地方组织发挥各自特长和优势，围绕医药卫生、科学技术、文化教育事业的发展，就医院改革、公费医疗、计划生育、食品卫生、环境保护、中医药发展、文化教育、科技改革以及知识分子问题等开展专题调查研究，提出了许多有价值的意见和建议。农工党中央常委孙仲逸年近九旬，扶病草拟了“广西农业生产的方案”，受到国家农业部和广西壮族自治区政府重视。农工党中央常委刘云波参与制订四川省《计划生育条例》，不顾年老体弱，多次深入市县调查研究，掌握到第一手材料，提出许多建设性意见。

农工党积极参加国家政治生活，还突出体现在参加各级人大和政协的工作上。在1988年4月召开的七届全国人大一次会议上，周谷城当选为全国人大常委会副委员长，杨烈宇、姚峻、章师明等三人当选为全国人大常委会委员；在同期召开的全国政协七届一次会议上，卢嘉锡当选为全国政协副主席，方荣欣、叶桂泉、田光涛、光仁洪、李健生、沈其震、宋鸿钊、宋儒耀、郭秀仪、翦天聪十人当选为全国政协常委会委员。据统计，农工党党员当选为七届全国人大及同期各级人大代表的有901人，担任政协七届全国委员会及同期地方各级政协委员的有 2891 人。他们以主人翁的姿态在各级人大、政协平台上参政履职，发挥民主党派成员政治协商和民主监督的积极作用。

（三）开展咨询服务活动，深化为“四化”建设服务

农工党九大闭幕后，各级组织在大力推动党员立足自身本职工作、投身四个现代化建设，发挥农工党的组织优势和人才优势，开展面向社会的系列咨询服务活动和智力支边工作。

在改革开放的时代洪流中，广大农工党党员心情舒畅、精神焕发，怀着强烈的爱国热忱和事业追求，在医药卫生、科学技术、文化教育战线上刻苦钻研、辛勤工作，涌现出大批劳动模范、先进工作者和先进集体。据不完全统计，1983 年至 1988 年，获国家、部委和省、市级科技奖和劳动模范、“三八”红旗手、先进工作者等光荣称号的农工党党员达 11300 余人次，部分党员的科研成果达到国际先进水平，为祖国赢得荣誉。

各级组织在推动党员做好本职工作的同时，按照“实事求是，量力而行，拾遗补缺，讲求实效”的方针，开展了多领域、多渠道、多层次的咨询服务活动和智力支边工作。1984 年 2 月 27 日至 3 月 8 日，农工党中央在杭州召开面向社会为“四化”建设服务工作会议，部署全党面向社会为“四化”建设服务工作。会后，各级组织迅速行动。农工党中央医药卫生工作委员会和全国政协医卫组、农工党北京市委员会医药卫生工作委员会联合举办“医学新技术知识讲座”，在 1984 年 5 月至 11 月，先后邀请卢嘉锡、整形外科专家宋儒耀、肿瘤科专家吴桓兴、遗传学专家罗会员、微循环专家修瑞娟、脑外科专家王忠诚作了 6 次学术报告，听讲者达 3000 多人，深受广大农工党党员和医务工作者欢迎。[1] 1985 年 6 月 3 日至 8 日，农工党中央在京召开为“四化”服务经验交流和表彰大会，全党 206 个先进集体和先进个人受到表彰。同年 10 月，农工党与其他民主党

① 《人民日报》1984 年 12 月 18 日第 4 版。

派、全国工商联联合在京召开为“四化”建设服务先进集体和先进个人群英大会。这些表彰激励活动有效地激发和调动了广大党员为社会主义现代化建设服务的积极性。至1987年年底，农工党各级组织先后建立咨询服务机构227个，完成咨询项目2102项，为地方经济和企业发展提供科技咨询和规划服务；利用各级组织和党员资源优势举办教育培训机构，创办业余学校135所，培训结业总人数27万余人；举办各类专题讲座5929次，受益听众79万余人次；持续开展智力支边扶贫，确定贵州、内蒙古为重点支援地区，成立了广西、四川、云南、贵州、重庆西南“四省（区）五方”和北京、天津、河北、山西、内蒙古“五省市区”两个横向联系的咨询服务协作区，支援“老、少、边、穷”地区建设发展。这些活动发挥了农工党人才智力优势和界别特色，顺应社会需求，深受群众欢迎，产生了良好社会效益。

1986年，农工党中央提出以全党的智力优势，在贵州全省开展智力支边活动，将贵州省作为智力支边的主要对象和重点地区，并向全党各省级组织发出通知，要求重点支援贵州。2月28日，农工党中央与贵州省政府签署了双方《关于开展智力支援工作的商谈纪要》（以下简称《纪要》），商定了农工党在贵州省开展智力支边活动的主要内容和工作形式等。《纪要》签订后，双方商议首先从毕节地区威宁县做起，开展支援工作。

1987年10月，中共中央统战部、国家民委在贵阳主持召开有云南、贵州、四川、吉林、广东、内蒙古、广西八省区民主党派、工商联智力支边工作座谈会。会后，各民主党派中央、全国工商联在贵州省的智力支边活动进入了新阶段。1988年6月，国务院批复设立“毕节地区开发扶贫、生态建设试验区”。其后，农工党坚持不断参与毕节试验区建设，开展扶贫帮扶、智力支边工作。

（四）加强海外联络，服务祖国统一大业

邓小平提出“一国两制”科学构想，成为我国解决台湾、香港、澳门问题的基本方针。农工党衷心拥护这一基本方针，并把实现祖国统一作为自身的重要职责。周谷城在农工党九大报告中指出，“实现祖国统一是

历史赋予我们这一代人的光荣任务。我党各级组织和全体成员都应为完成祖国统一的千秋大业，积极开展工作”。

为贯彻“一国两制”方针，中央统战部提出统战工作要“立足国内，面向海外”，向港澳台同胞和海外侨胞“宣传政策，加强联系，广交朋友，争取人心”。农工党为落实这一工作要求，发挥联络工作委员会作用，配备工作力量，开展调查研究，重点掌握农工党党员所联系的在政治上有影响、经济上有实力、学术上有造诣的“三胞”情况，有针对性地加强联络。1986 年 5 月，农工党中央在福建漳州召开部分省、直辖市、自治区“三胞”联络工作座谈会，组织学习政策，交流经验做法。各级组织通过“走出去，请进来”方式，加强和密切与“三胞”联系。结合 1987 年纪念彭泽民 110 周年诞辰和 1988 年纪念黄琪翔 90 周年诞辰，农工党中央分别邀请彭泽民、黄琪翔在港澳和海外的亲属来北京参加纪念活动，产生良好影响。农工党各级组织领导和部分党员利用出国访问、探亲、讲学等机会，积极开展联谊活动。1988 年，郭秀仪应邀参加在美国旧金山举行的世界客属第九次恳亲大会，她利用参会机会谈乡情、谈友情，积极宣传大陆改革开放政策和建设成就，引起热烈反响。同时，农工党各级组织通过接待台、港、澳及海外的专家学者、亲朋故旧来访，增进了解，密切关系；部分农工党党员在联络“三胞”过程中，积极牵线搭桥，引资引智，争取支持。

（五）全面加强组织建设，推进领导班子新老结合与交替

农工党九大以后，农工党中央有计划地推进党员发展和地方组织建设，调整健全各级领导班子，全党组织工作取得显著成绩。

在党员发展方面，至 1988 年年底，农工党党员人数增加到 34104 人。其中，医卫界占 61.74%、文教界占 19.90%、科技界占 11.21%、其他占 7.15%，中高级知识分子占 72%、中青年占 74%。全党平均年龄 52.2 岁，比农工党九大时下降 7.8 岁。新发展的农工党党员素质较高，他们思想活跃、工作热情高、富有生气，为农工党党员队伍注入了新鲜血液，增

强了组织活力，为农工党新老结合和交替创造了条件。

在地方组织建设方面，截至 1988 年年底，在全国建立农工党省、直辖市、自治区组织 27 个；设立省属市、县（区）级组织 163 个，设立基层组织 2257 个，地方组织更加健全。农工党第八、九届中央期间，各省级组织主要负责人任职情况见表 3。

★ 农工党各省级组织主要负责人任职情况表 3

省级组织	主　委	在省级人大、政府、政协领导班子任职情况
北京市委会	丁贡南（1980 年 2 月至 1984 年 3 月任第五届主委，1984 年 3 月至 1988 年 5 月任第六届主委）	任北京市第六届政协副主席
天津市委会	范权（1979 年 12 月至 1984 年 3 月任第三届主委，1984 年 3 月至 1988 年 12 月任第四届主委）	任天津市第九、十、十一届人大常委会副主任，天津市第五届政协副主席
河北省委会	马新云（1984 年 9 月至 1988 年 6 月任第一届主委）	
内蒙古区委会	蓝乾福（1985 年 10 月至 1990 年 10 月任第一届主委）	任内蒙古自治区第六届政协副主席
吉林省委会	阎洪臣（1986 年 10 月至 1992 年 5 月任第一届主委）	
上海市委会	周谷城（1980 年 1 月至 1984 年 4 月任第五届主委，1984 年 4 月至 1987 年 1 月任第六届主委）	任上海市第五届政协副主席，上海市第七届人大常委会副主任
	黄器周（1987 年 1 月至 1988 年 5 月任第六届主委）	
	陈灏珠（1988 年 5 月至 1988 年 8 月代理第六届主委）	
江苏省委会	刘树勋（1980 年 3 月至 1984 年 7 月任第四届主委，1984 年 7 月至 1988 年 6 月任第五届主委）	任江苏省第四届政协副主席，江苏省第五、六届人大常委会副主任
浙江省委会	吴又新（1980 年 7 月至 1984 年 11 月任第四届主委，1984 年 11 月至 1988 年 7 月任第五届主委）	任浙江省第四、五、六届政协副主席

续表

省级组织	主　委	在省级人大、政府、政协领导班子任职情况
安徽省委会	吴彦求（1980 年 5 月至 1983 年 9 月任第三届主委）	任安徽省第四、五届政协副主席
	光仁洪（1984 年 3 月至 1984 年 10 月任第三届主委，1984 年 10 月至 1988 年 6 月任第四届主委）	任安徽省第五届政协副主席
福建省委会	李温仁（1980 年 1 月至 1984 年 4 月任第四届主委，1984 年 4 月至 1988 年 5 月任第五届主委）	
江西省委会	何世琨（1980 年 6 月至 1984 年 6 月任第四届主委，1984 年 6 月至 1987 年 6 月任第五届主委）	任江西省第四、五届政协副主席
湖北省委会	周咏曾（1983 年 5 月至 1986 年 10 月任第一届主委）	任湖北省第五届政协副主席
	蒯天聪（1986 年 10 月至 1988 年 2 月代理第一届主委）	任湖北省第六届政协副主席
湖南省委会	周汝沆（1983 年 5 月至 1984 年 2 月任第一届主委）	任湖南省第四届政协副主席
	李聪甫（1984 年 2 月至 1988 年 8 月任第一届主委）	
广东省委会	陈伊林（1980 年 3 月至 1984 年 3 月任第五届主委，1984 年 3 月至 1984 年 10 月任第六届主委）	任广东省第四、五届政协副主席
	魏鉴贤（1985 年 3 月至 1988 年 5 月第六届主委）	
广西区委会	孙仲逸（1980 年 2 月至 1984 年 5 月任第四届主委，1984 年 5 月至 1988 年 5 月任第五届主委）	任广西壮族自治区第三、四届政协副主席
四川省委会	刘云波（1980 年 1 月至 1984 年 4 月任第四届主委，1984 年 4 月至 1988 年 6 月任第五届主委）	任四川省第四届政协副主席，四川省第五、六届人大常委会副主任

续表

省级组织	主　委	在省级人大、政府、政协领导班子任职情况
贵州省委会	张超伦（1984 年 9 月至 1988 年 7 月任第一届主委）	任贵州省第四、五、六、七届政协副主席
云南省委会	刘崇智（1985 年 10 月至 1991 年 1 月任第一届主委）	
青海省委会	张祖荣（1986 年 8 月至 1992 年 5 月任第一届主委）	
宁夏区委会	董敬舒（1985 年 12 月至 1992 年 8 月任第一届主委）	
备注：此表中省级组织主委任职时间为 20 世纪 70 年代末至 90 年代初（农工党八届、九届中央期间），其中部分省级组织主委在省级人大、政府、政协领导班子任职情况与主委任职时间不同步		

在领导班子建设方面，基本解决领导班子老化问题，逐步推进领导班子年轻化。1986 年 1 月 9 日至 13 日，农工党中央在京召开全国工作会议，重点讨论引进新人、加强自身建设问题。同年 12 月 29 日至 1987 年 1 月 4 日，农工党在北京举行九届三次中央全会。全会作出了关于同意季方辞去中央主席职务的决定，选举周谷城为中央主席，增选姚峻、章师明、田光涛、杨烈宇为中央副主席；会议通过了《关于加强领导班子和工作班子建设，逐步实现年轻化的意见》《关于增选第九届中央委员和候补委员的提名办法》《关于调整和加强省一级组织领导班子和工作班子的意见》，有力地推动了农工党各级领导班子建设。

1987 年 6 月 18 日至 24 日，农工党在北京召开全国代表会议。出席会议的代表 306 人，列席 16 人。中共中央顾问委员会副主任宋任穷代表中共中央到会祝贺并作重要讲话，中共中央政治局委员习仲勋、全国人大常委会副委员长廖汉生、全国政协副主席刘澜涛出席开幕式。会议作出《关于追认中央设名誉主席和省级组织设荣誉职务的决定》《关于设立中央咨监委员会的决定》《关于同意一部分老同志不再担任中央常务委员、中央委员和中央候补委员的请求，请全国代表会议审议的报告》《给提出不再担任中央常务委员会、中央委员和中央候补委员的老同志的致敬信》，通过了《中央咨监委员会组织条例》。会议递补候补中央委员 34 人为中央委员，增选 16 人为候补中央委员。会议决定成立中央咨监委员会（第一届），选举 44 人为中央咨监委员会委员。6 月 25 日，中央咨监委员会第一次全体会议选举卢嘉锡为中央咨监委员会主席，何世琨、李健生、郭秀仪、邓昊明、李洁之、梅日新为副主席。同日举行的农工党九届五次中央全会，增选王传琛、邓京育、韦思琪、郑文徽、唐念慈、阎洪臣、翦天聪、谭盈科 8 人为中央常委会委员。九届三次中央全会和全国代表会议标志着农工党中央逐步实现领导班子新老结合与交替，为农工党持续发展奠定了组织基础。

农工党九届三次中央全会和全国代表会议之后，为指导地方组织的换届选举工作，1987 年 11 月，农工党中央制定下发《关于省、自治区、直辖市级组织召开代表大会进行换届的意见》，指导各地方组织比较顺利地完成了换届工作。通过农工党九大、九届三次中央全会和全国代表会议，以及农工党九大后和十大前的地方组织两次换届，农工党在实现各级领导班子的新老结合和交替方面，迈出了重要步伐。老党员发扬风格，扶植新进；新党员接受老成员的“传帮带”，不断成长；各级领导班子新老结合，团结一致，推动了各项工作的健康发展。

（六）持续加强思想建设，努力提高党员政治素质

随着改革开放不断深入，形势发展日新月异，党员数量日益增多，农工党对党员思想建设常抓不懈。围绕中共中央和国家各个时期的中心任务，农工党各级组织发扬自我教育的优良传统，采取“正面教育、着重鼓励、耐心疏导”的方针，对广大党员持续开展坚持四项基本原则和传承优良传统教育。

农工党九大后，农工党中央持续组织全党学习《邓小平文选》、中共十三大报告等中共重要著作和文件，提高广大党员对社会主义初级阶段的

基本理论和基本路线的认识，增强执行社会主义初级阶段基本路线的自觉性。1986年冬至1987年春，全国少数高校发生学潮，农工党各级组织推动广大党员认真学习中共中央文件，提高认识、明辨是非，在青年学生中做了大量的疏导工作，为维护安定团结的政治局面作出积极贡献。

1986年7月，中共中央《关于新时期党对民主党派工作的方针任务》发布后，农工党中央和各地方组织立即组织广大党员学习研讨，使广大成员对民主党派的性质、地位和作用有进一步的深化认识，增强了责任感和荣誉感。9月，中共中央作出《关于社会主义精神文明建设指导方针的决议》后，农工党中央及时发出《关于参加社会主义精神文明建设的意见》，要求广大农工党党员坚信中国共产党的领导，同中国共产党肝胆相照，发展爱国统一战线，为两个文明建设服务。部分地方组织开展学习"人民的好医生潘恩良"活动，发出"加强医德医风倡议书"，组织开展先进人物和先进事迹总结表彰，持续推动广大党员参加精神文明建设，为提高全民科学文化素质和思想道德素质发挥作用。

利用光荣历史传统对全党进行爱国主义和社会主义教育，是农工党在思想建设中的一项重要内容。农工党九大后，在中央统战部的支持帮助下，农工党中央参加编写公开出版发行的《中国各民主党派》《世界政党辞典》《中国人名辞典》《华夏妇女名人辞典》《肝胆相照荣辱与共》等书籍，编印了中华人民共和国成立后的历史文献《中国农工民主党历史参考资料》（第五辑）。为缅怀先辈、激励后人，举办了邓演达、章伯钧、彭泽民、黄琪翔的诞辰纪念活动，编纂出版了《邓演达》《纪念彭泽民》《纪念黄琪翔》等图书。农工党各级组织举办的各类培训班均安排党史课，旨在教育农工党党员认识并传承爱国、革命的优良传统，同中国共产党同心同德，为振兴中华、统一祖国作出自己的贡献。

在加强自我教育的同时，农工党发挥自身优势，于1987年4月底至5月中旬，由卢嘉锡任团长，组织文艺界党员赴广西法卡山等边防前线，对守边卫国的解放军指战员进行慰问演出，受到边防军民的热烈欢迎，产生良好社会反响。

三、坚定政治立场，维护安定团结政治局面

1987 年 10 月，中国共产党召开第十三次全国代表大会。大会提出中国共产党在社会主义初级阶段基本路线：领导和团结全国各族人民，以经济建设为中心，坚持四项基本原则，坚持改革开放，自力更生，艰苦创业，为把我国建设成为富强、民主、文明的社会主义现代化国家而奋斗。1988 年 9 月，中共十三届三中全会提出关于治理经济环境、整顿经济秩序、全面深化改革的方针。农工党各级组织和广大党员认真学习贯彻中共中央的路线、方针、政策，为维护安定团结的政治局面服务，为推进社会主义现代化建设和改革开放服务，为健全社会主义民主和法制服务，为促进“一国两制”、和平统一祖国服务，作出了积极贡献。

（一）召开第十次全国代表大会，提出服务改革发展稳定任务

1988 年 11 月 9 日至 13 日，农工党第十次全国代表大会在北京召开。出席大会的有九届中央委员和候补中央委员，第一届中央咨监委员，各省市区选出的和特邀的代表。参会代表 572 人，列席 26 人。

大会开幕式由周谷城主持并致开幕词，中共中央书记处书记芮杏文代表中共中央致贺词，民建中央主席孙起孟代表各民主党派和全国工商联致贺词。卢嘉锡代表农工党第九届中央委员会向大会作题为《团结起来，沿着有中国特色的社会主义道路继续前进》的工作报告，邓昊明作《中央咨监委员会的工作报告》，章师明作《关于中国农工民主党章程（草案）的说明》。大会审议通过了第九届中央委员会的工作报告和中央咨监委员会的工作报告，通过了新修订的《中国农工民主党章程》。

中共中央贺词充分肯定农工党的历史贡献和工作成绩，指出：“中国农工民主党自 1930 年创建以来，沿着民族解放、人民革命和社会主义的道路不断前进，为我国新民主主义革命和社会主义革命、社会主义建设事

业，作出了重大贡献。近十年来，农工民主党拥护四项基本原则，支持改革开放的路线和方针、政策，积极参加国家政治生活，参与国家大政方针的协商和贯彻执行，动员广大成员和所联系的群众，投身改革和建设事业，在各自的工作岗位上贡献才智，努力推进我国医药、卫生、教育、科技事业的改革和振兴，为社会主义物质文明和精神文明建设，为促进祖国统一作出了显著的成绩和贡献。农工民主党和我们党在长期的合作中，结下了患难与共、风雨同舟的深厚友谊，不愧为我们的亲密友党。”农工党全党同志深受鼓舞和激励。

大会通过的工作报告，回顾了农工党九大以后的工作，认为“这五年，是我党事业兴旺发达，不断前进的五年，是我党历史最好的时期之一”。报告明确指出，今后农工党的任务“是在共产党领导下，参加国家政权，参与国家事务管理，参加国家大政方针和社会重大问题的协商，发挥民主监督作用；同时要调动党员和所联系的知识分子的积极性，为改革、开放和两个文明建设服务；宣传与贯彻中国共产党和国家的政策，协调关系，维护安定团结，保证社会主义建设事业的顺利进行”。报告深入贯彻中共十三大精神，提出农工党今后工作安排：树立正确的指导思想，更好地致力于社会主义事业；积极参政议政，发挥政治协商、民主监督的作用；确立生产力标准的观念，为改革开放和“四化”建设贡献力量；反映情况，协调关系，维护安定团结的政治局面；加强“三胞”联谊工作，为促进“一国两制”方针的实施，实现祖国统一服务。

大会通过的新修订的《中国农工民主党章程》，由总纲和6章37条组成，对农工党的性质、任务、组织机构和党员权利义务作出规定。新修订的党章在总纲中明确“中国农工民主党主要由医药卫生和科学技术、文化教育界的中、高级知识分子所组成，具有政治联盟的特点，是致力于社会主义事业的政党”，将农工党主体界别确定为医药卫生和科学技术、文化教育界。

大会选举产生了第十届中央委员会和第二届中央咨监委员会。11月13日，中央咨监委员会举行第一次会议，选举沈其震为中央咨监委员会主席，叶桔泉、李健生、郭秀仪、邓昊明、李洁之、梅日新为副主席，决定王大鲁担任中央咨监委员会秘书长。11 月 14 日，举行十届一次中央全会，选举产生 41 人组成的中央常委会；选举卢嘉锡为中央主席，方荣欣、姚峻、章师明、田光涛、杨烈宇、光仁洪、蒯天聪、陈灏珠为中央副主席。11 月 14 日召开的中央主席办公会第一次会议推举方荣欣为中央常务副主席，章师明兼任中央秘书长。

大会通过的决议要求农工党各级组织和全体党员，认真学习、坚决贯彻中共十三届三中全会精神，积极参加治理经济环境、整顿经济秩序的工作，积极参加对党政机关克服和纠正某些腐败现象的监督工作；在中国共产党领导下，高举社会主义和爱国主义的旗帜，以社会主义初级阶段基本路线为指导，坚持和完善中国共产党领导的多党合作制度，努力维护安定团结、民主和谐的政治局面，积极投身于改革开放的实践，为建设有中国特色的社会主义，为实现振兴中华、统一祖国的宏伟目标而努力奋斗。

这次大会进一步实现了农工党中央领导机构的新老结合和更替，促进了中央领导班子的年轻化。在开幕式上，周谷城代表农工党中央对季方等老同志表示怀念和敬意。在闭幕式上，大会给周谷城和不再担任领导职务的副主席、中央常委、中央委员发出致敬信，并一致推举周谷城为中央名誉主席。

农工党十大通过的党章规定，中央委员会设办公厅、组织部、宣传部，并根据工作需要，设立其他工作部门，其负责人由中央常务委员会决定。

1989 年 2 月 24 日，农工党十届一次中央常委会通过《中国农工民主党中央关于会议制度和议事规则的规定》《关于工作机构的设置和人事任免权问题的决定》，决定保留办公厅、组织部、宣传部、咨询服务部和医药卫生工作委员会、妇女工作委员会、联络工作委员会和党史资料研究委员会等机构；决定撤销科教文工作委员会；新设置科学技术工作委员会、教育文化工作委员会，新设置研究室（局级）和秘书长办公室（处级）。同年 7 月 6 日，中央主席会议第六次（扩大）会议，讨论并同意把医药卫生工作委员会、联络工作委员会、妇女工作委员会、文教工作委员会及科技工作委员会的工作机构，合并成立联合办公室（处级），由副主席领导，以统一调配人力，更好发挥干部积极性。1990 年 3 月，农工党十届四次中央常委会通过《中国农工民主党中央专门工作委员会组织通则》。通则规定农工党中央根据工作需要，设置医药卫生、联络、妇女、教育文化、科学技术五个专门工作委员会。这些专门工作委员会是在中央委员会领导下进行经常性活动的工作机构，在各相应工作领域内发挥顾问、咨询和组织实施的作用。专门工作委员会根据工作需要和精简原则，可单独或联合设立精干的办事机构，负责处理专门工作委员会的日常事务。

（二）旗帜鲜明反对动乱，维护安定团结政治局面

在 1989 年政治风波中，农工党各级组织和广大党员坚决拥护中国共产党领导，拥护社会主义制度，坚守工作岗位，维护稳定大局。许多农工党党员协助中共党组织做疏导、劝说等思想政治工作，对平息动乱起到积极作用。上海昆剧院三名赴美演出的农工党党员、许多在国外学习工作的农工党党员，保持坚定政治立场。实践再次证明，农工党是与中国共产党风雨同舟、患难与共的亲密友党。

6 月 17 日，中共中央在中南海怀仁堂召开党外人士座谈会，邀请各民主党派中央、全国工商联负责人和无党派民主人士，讨论邓小平同志在接见首都戒严部队军以上干部时的讲话和中共中央、国务院《告全体共产党员和全国人民书》，同时听取党外人士对当前工作的意见和建议。方荣欣代表农工党中央发言表示，坚决拥护中共中央平息首都反革命暴乱和邓小平同志的重要讲话。他说："根据我们农工党几十年的经历，我们深深体会到，没有共产党，就没有新中国；没有共产党的领导，不坚持社会主义道路，中国就没有出路。我们农工党要进一步发扬同中国共产党亲密合作，走社会主义道路的革命传统，在中国共产党的领导下，为彻底平息这场暴乱，维护安定团结的政治局面，发挥自己的积极作用。"

6 月 23 日至 24 日，中共十三届四中全会在北京召开。全会选举江泽民

为中央委员会总书记，调整中共中央领导机构成员。6月26日，农工党中央举行中央主席扩大会议，学习讨论中共十三届四中全会公报。与会人员坚决拥护中共十三届四中全会对中共中央领导机构部分成员进行调整的决定，坚决拥护中共中央新的领导核心。

6月28日，中共中央举行党外人士座谈会。方荣欣代表农工党中央在会上发言，表示热烈拥护中共十三届四中全会所作出的各项决定，将组织广大农工党党员深入学习全会文件、贯彻全会精神，为协助中国共产党和政府抓好全会提出的四件大事贡献力量。他还表示坚决拥护以江泽民为核心的中共中央领导，要旗帜鲜明地坚持四项基本原则，反对资产阶级自由化，坚定不移地在政治上行动上同中国共产党保持一致，决不听任一小撮动乱分子对中国共产党与民主党派关系的挑拨。中共中央总书记江泽民在座谈会上，用“疾风知劲草，患难见人心”来评价包括农工党在内的各民主党派在这次政治风波严峻考验中的表现。[①]

7月7日，农工党十届二次中央常委会（扩大）在北京举行。会议一致通过《关于学习贯彻中共十三届四中全会精神的决议》，号召农工党各级组织和广大党员要更加紧密地团结在中国共产党的周围，同中国共产党风雨同舟，患难与共，振奋精神，团结一致，克服前进道路上的一切困难，为统一祖国，振兴中华，建设有中国特色的社会主义国家而努力奋斗。

为了驳斥国际、国内反动势力的歪曲宣传，让海外亲朋及时了解事情真相，消除各种疑虑，农工党各级组织发动广大党员向海外亲朋作了大量的说服动员工作。广东省广州、梅州、江门、恩平等地方组织积极开展“一人一信”活动，发动农工党党员每人给海外“三胞”写一封信、打一个电话、见一次面，向亲友讲述事件真相，宣传国内政局稳定，改革开放政策没有改变，促使部分抱有戒心的海外探亲旅游者、经商投资者按计划来到大陆。

① 薛启亮主编：《中国民主党派史丛书：中国农工民主党卷》，河北人民出版社2001年版，第362页。

第五章

推进参政党建设，服务改革发展稳定

1989年12月，中共中央印发《关于坚持和完善中国共产党领导的多党合作和政治协商制度的意见》，中国共产党领导的多党合作和政治协商制度进入全新发展阶段，民主党派的参政党地位得以确立，包括农工党在内的各民主党派发挥作用的舞台更加广阔。在中国共产党的领导下，农工党积极推进参政党自身建设，服务改革发展稳定大局，为改革开放事业作出了自己的贡献。

一、服务改革发展稳定，加强参政党建设

（一）学习贯彻中共中央关于多党合作制度的文件

1989年12月，中共中央发出《关于坚持和完善中国共产党领导的多党合作和政治协商制度的意见》。这一纲领性文件对我国多党合作和政治协商制度的长期实践进行了深刻总结，明确了多党合作制度的指导思想和基本原则等内容，强调中国共产党领导的多党合作和政治协商制度是我国的一项基本政治制度，重申坚持“长期共存、互相监督、肝胆相照、荣辱与共”方针，要求进一步发挥民主党派成员、无党派人士作用，支持民主党派加强自身建设。这个文件阐明了我国社会主义政党制度的性质、地位及特点，提出了参政党的科学概念，规定了民主党派参政的基本点，确定了民主党派发挥作用的总原则，标志着中国共产党领导的多党合作事业进入规范化、制度化的全新阶段。

农工党中央高度重视文件的学习贯彻落实工作，在文件颁布一个月内，中央机关先后三次进行传达、学习和讨论。农工党中央于1990年2月7日下发《关于认真学习、宣传、贯彻〈中共中央关于坚持和完善中国共产党领导的多党合作和政治协商制度的意见〉的通知》，提出“认真学习、宣传和贯彻执行这个文件，是我们全党的一项重大政治任务。各级组织应运用各种形式立即组织全体党员，特别是各级领导干部认真学习，全面领会文件的精神。要把文件的学习活动，作为对广大党员深入进行的一次共产党领导的多党合作和政治协商制度的教育”。2月8日，农工党中央召开在京中央领导座谈会（扩大），畅谈学习体会。方荣欣在讲话中指出，我国的多党合作必须坚持中国共产党的领导，必须坚持四项基本原则，这是中国共产党同各民主党派合作的政治基础。农工党建党60年的历史证明，接受中国共产党的领导，坚持社会主义道路，是我们唯一正确的历史选择。田光涛在发言中说，这个文件是我国政治生活中的一件大事，是统一战线的一件大事，也是我们农工党的一件大事。我们不但要坚决拥护，而最重要的是要多做工作，多办实事，把农工党的参政议政、民主监督、面向社会咨询服务、对外联络、自身建设等工作搞好，按照文件的要求，发挥民主党派的作用。卢嘉锡在《人民日报》撰文谈学习体会，他表示：“这个文件在推进我国政治体制的改革，调动一切积极因素、团结一切可以团结的人、巩固和发展爱国统一战线等方面，必将起到重大的作用。”“我们中国农工民主党一定要与中国共产党同心齐奋斗，合力共兴邦，为维护和发展安定团结的政治局面，为把我国建设成为富强、民主、文明的社会主义现代化国家，而努力奋斗！”①

（二）参加民主协商，积极参政议政

农工党十届中央期间，中共中央多次举行关于国家大政方针的协商活动，农工党中央领导参加中共中央、国务院召开的协商会、座谈会和通报

① 《人民日报》1990年2月10日第1版。

会，就改革开放、经济发展战略和两个文明建设等重大问题提出建议和意见。农工党中央和地方组织的领导人积极参与国家和地方十年规划和“八五”计划的协商讨论，充分发表自己的见解，反映党员和所联系群众的意见，为决策的民主化、科学化发挥了应有的作用。

农工党各级组织结合自身特点和优势，围绕经济建设和改革开放等重大问题，大力开展调查研究，先后就健全农村三级医疗网、解决高校师资队伍“断代”问题、尽快颁布医师法、发展中医药事业、推进计划生育、改革医院管理、搞好大中型企业、促进科技进步、加强社会主义精神文明建设等问题，提出很有价值的意见建议，得到中共党委、政府的重视和采纳。

1989 年 2 月至 3 月，卢嘉锡带队赴河北省秦唐沧渤海湾开发区进行深入考察，向国务院提交《中国农工民主党赴河北省秦唐沧渤海湾开发区考察咨询组考察报告》，提出神府煤炭出口港以选建在黄骅港为宜，在冀东沿海建设大型钢铁联合企业，建设冀东水泥、玻璃基地和盐化工基地，消灭稻水象甲疫情、夺取粮食丰收，发展多种创汇农业等建议。1990 年 5 月，卢嘉锡参加河北省政府召开的神木至黄骅港运煤通道路港方案论证会；8 月，卢嘉锡、方荣欣、章师明参加河北省政府召开的冀东钢铁厂厂址论证会。农工党中央向国务院及有关部委提出《发挥冀东综合优势及早选定冀钢厂址》建议，得到国务院高度重视和吸纳采用。

1990 年 4 月，卢嘉锡率领由十名专家教授组成的考察咨询组赴贵州毕节地区考察，考察组肯定和支持毕节试验区解决温饱、保护生态系列工作，提出扶贫先扶志，致富先育才，智力开发、培训人才、资源环境保护等建议。考察结束后，农工党中央向中共中央、国务院报送《关于加强对毕节开发扶贫、生态建设试验区领导和重点扶持的建议》，受到充分肯定。

1991 年 3 月，卢嘉锡代表农工党中央在全国政协七届四次会议上作《大力发展科技和教育，为实现第二步战略目标而奋斗》的大会发言，明确提出“树立‘科技兴国’意识”“坚持把教育放在优先发展的战略地位”，受到广泛好评。1992 年 3 月，卢嘉锡代表农工党在全国政协七届五次会议上做《狠抓落实，坚决贯彻科学技术是第一生产力的指导思想》的大会发言，再次强调发展科技的重要性，引发高度关注。

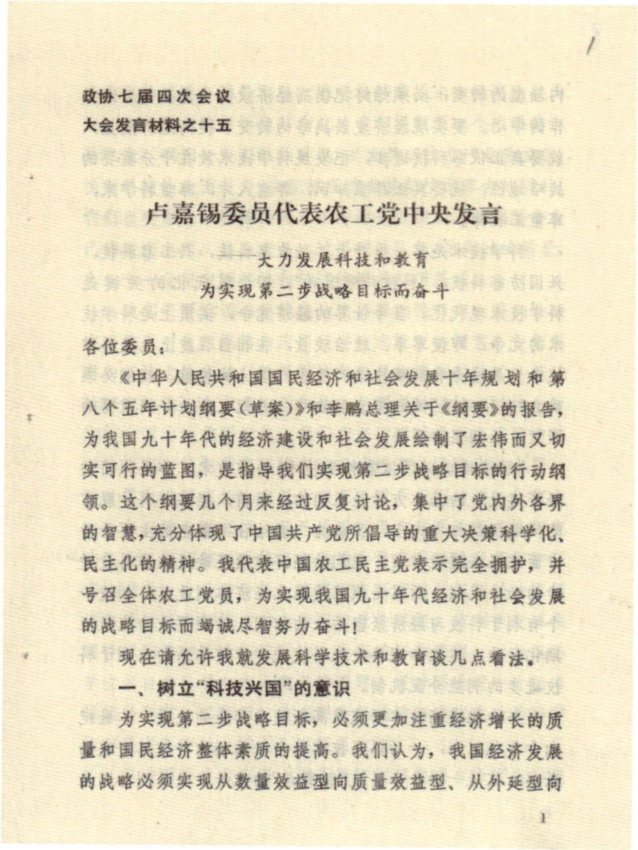

政协七届四次会议
大会发言材料之十五

卢嘉锡委员代表农工党中央发言

大力发展科技和教育
为实现第二步战略目标而奋斗

各位委员：

《中华人民共和国国民经济和社会发展十年规划和第八个五年计划纲要（草案）》和李鹏总理关于《纲要》的报告，为我国九十年代的经济建设和社会发展绘制了宏伟而又切实可行的蓝图，是指导我们实现第二步战略目标的行动纲领。这个纲要几个月来经过反复讨论，集中了党内外各界的智慧，充分体现了中国共产党所倡导的重大决策科学化、民主化的精神。我代表中国农工民主党表示完全拥护，并号召全体农工党员，为实现我国九十年代经济和社会发展的战略目标而竭诚尽智努力奋斗！

现在请允许我就发展科学技术和教育谈几点看法。

一、树立“科技兴国”的意识

为实现第二步战略目标，必须更加注重经济增长的质量和国民经济整体素质的提高。我们认为，我国经济发展的战略必须实现从数量效益型向质量效益型、从外延型向

1

★ 1991 年 3 月，在全国政协七届四次会议上，卢嘉锡代表农工党中央发言，建议大力发展科技与教育，为国家确立“科教兴国”战略提供了重要参考。图为发言材料。

1991 年 5 月，卢嘉锡率考察咨询组赴广西百色等地考察，就该地区经济发展规划及经济建设项目进行宏观决策咨询，建议成立百色地区右江河谷经济开发带。考察结束后，农工党中央将考察意见建议上报中共中央、国务院。建议提出在实施十年规划和“八五”计划时，我国贫困地区要规划好发展蓝图，合理有效开发资源，选准优势产业，带动整个地区经济发展；要树立科教兴农的指导思想，扶贫先扶志、兴农先育才，科技兴农、教育为本，增加扶贫开发中的教育投入，提高群众的文化科学素

质。这些考察结论，有力地指导和推动了农工党咨询服务和智力支边工作的深入开展。

1992年6月，为贯彻落实邓小平南方谈话精神，推进革命老区扶贫咨询活动，卢嘉锡率农工党考察组15名专家到陕西省榆林地区进行咨询考察、科技扶贫。考察后，向中共中央、国务院提交《引进海外资金加快神府—东胜的煤矿、铁路、港口、电站的一体化建设》，有关神府煤炭出口港址的建议得到国家重视和采纳。

（三）加强咨询服务，深化智力支边

农工党十届中央期间，广大农工党党员在各自工作岗位上刻苦钻研，辛勤劳动，为社会奉献才智和力量。获国家、部委、省、市科技奖和劳动模范、先进工作者、有突出贡献的专家、“三八”红旗手等光荣称号的农工党党员达3446人次。部分党员在医卫、科技和文教等方面取得丰硕成果，有的重大发明创造得到国家奖励和国际认可，为祖国赢得荣誉。

各级组织坚持“以服务为宗旨、注重社会效益”的指导思想，发挥农工党医卫、科技和文教人才优势，开展办医办学、科技咨询、义诊义演、书画义卖等各种社会服务活动。推动咨询服务由点到面、从本地区向各省市横向联合发展，在西南、华北、华东成立咨询协作区，形成咨询服务网络。1990年9月，农工党中央在贵州省贵阳市召开智力支边工作会议，总结交流智力支边经验，交流咨询服务工作情况，提出今后工作的重点是发挥智力优势，多层次、多渠道、多形式地培养当地急需的实用人才，坚持把“种、养、加”“短、平、快”的项目作为支持贫困地区经济发展的重点。据不完全统计，截至1992年年底，农工党各级组织成立咨询服务机构304个，完成咨询项目3766项；26个省级组织支援18个省区的“老、少、边、穷”地区，组织咨询服务1623批次，参加人数7213人次；创办各类学校158所，短期培训班710个，总计结业人数近40万人。

1991年六七月间，安徽、江苏等长江流域省份遭受百年不遇的特大洪涝灾害，全国上下众志成城开展抗洪救灾斗争。在这场抗洪救灾战斗中，农工党中央号召各级组织和广大党员发扬爱国主义精神，为国分忧、为灾区人民出力。全国各地广大农工党党员积极响应号召，踊跃捐款捐物。灾区农工党党员有的参加抗洪抢险队，战斗在抗洪救灾的第一线；有的参加医疗队，为灾民群众防病治病；有的深入灾区调查，提出可行性意见建议。农工党参加抗洪救灾的积极作为，受到高度肯定。

（四）发展爱国统一战线，致力于祖国统一大业

1990年6月，中共中央召开全国统战工作会议，江泽民在会上发表题为《努力发展最广泛的爱国统一战线》的重要讲话。讲话指出，要建设有中国特色的社会主义，实现统一祖国、振兴中华，要挫败国内外敌对势力的颠覆、渗透与和平演变战略，没有一个包括中华民族绝大多数人在内的最广泛的爱国统一战线，也是不可能的。卢嘉锡在中共中央召集的党外人士座谈会上发言，表示拥护江泽民的重要讲话，农工党愿积极为实现祖国和平统一作贡献。

农工党十届中央期间，农工党高度重视“三胞”联谊工作，致力促进祖国统一大业。农工党各级组织的联络机构通过调查了解、登记农工党党员的“三胞”亲友的联系情况，为开展“三胞”联谊工作奠定基础。如浙江省调查发现党员中有“三胞”关系的有751人，可联系的“三胞”亲友有2389人。在充分准备基础上，农工党中央和各级地方组织积极开展形式多样的“三胞”联谊活动，以座谈会、联欢会、学术交流会等方式广交朋友、联络感情。1991年5月，农工党党员、中国社会科学院考古研究所副所长徐光冀去台湾探亲期间，被邀请讲学22场次，听众达三四千人。1991年11月，梅日新组织大陆梅氏宗亲赴香港参加世界梅氏宗亲恳亲会，农工党中央委员梅葆玥演出梅派京剧，轰动会场。

农工党各级组织和广大党员在联络“三胞”的同时，积极牵线搭桥，促进海外人士来大陆投资建厂、提供技术设备、开展人才培训、提供赈灾捐助等事宜。沈其震支持其海外亲属在天津投资兴建合资企业，并向北京

亚运会、上海交通大学捐款。农工党广东省委会仅在1991年，就协助引进资金人民币1878万元、美元335万、港币271万元，协助“三胞”开办各类企业25个，发动“三胞”捐款兴办6所中小学、1所职业学校、1个文化室等一批公益设施。

（五）加强思想政治教育，巩固和健全组织

农工党十大工作报告指出，“加强自身的组织建设和思想建设，已成为我党今后一项十分紧迫的、长期的、具有战略意义的重要任务”。农工党十届中央期间，以组织建设和思想政治教育为重点，不断加强自身建设。

思想教育持续加强。1990年8月9日，农工党及各界人士1500余人在全国政协礼堂隆重集会，庆祝农工党建党60周年。庆祝大会由周谷城主持。中共中央政治局常委、书记处书记李瑞环到会祝贺。卢嘉锡发表讲话，在回顾农工党建党60年来所走过的历程后指出，农工党60年来的历史经验，最根本、最重要的有三条要牢记：第一，坚定不移地接受中国共产党的领导；第二，积极参加革命和建设，为人民多做好事，多做实事，为振兴中华多作贡献；第三，发扬农工党自我教育的优良传统，顺应历史潮流不断前进。农工党中央号召农工党各级组织和全体党员，在中国共产党领导下，高举爱国主义和社会主义两面旗帜，为巩固和发展安定团结的政治局面服务，为推进社会主义现代化建设和改革开放服务，为健全社会主义民主和法制建设服务，为促进“一国两制”和平统一祖国而努力奋斗。

1991年4月，农工党中央在四川省乐山市召开全国思想政治工作会议，方荣欣、章师明、田光涛出席会议。会议交流了各地思想政治工作经验，探讨了在新形势下如何深入开展思想政治工作。会议提出农工党各级组织与各级领导干部都必须充分重视，立场坚定，旗帜鲜明，把思想政治工作坚持不懈地抓下去。

1991年12月，农工党十届四次中央全会决定，在当前和今后的工作中，根据团结、稳定、鼓劲、务实的指导方针，认真鼓励和推动广大党员

学习马列主义、毛泽东思想，学习中国共产党的路线、方针、政策；要继续不断地进行坚持四项基本原则反对资产阶级自由化、反对和平演变的教育，开展爱国主义和社会主义教育、国情教育以及农工党同中国共产党长期合作的优良传统教育。会议提出，在1991年至1992年，或稍长一些时间，在全国范围内对各级领导和干部培训的比例达到90%，教育培训党员的比例达到80%，工作基础好的地区指标应更高一些，希望各地方组织都能完成或超额完成。会后，各级组织全面开展了大规模的思想教育和培训工作。

组织建设不断深化。1989年10月，农工党中央在西安召开自身建设研讨会，明确将组织建设要把主要精力放在提高党员素质和巩固健全组织上。1990年7月，农工党全国工作会议在京召开，会议采取报告会、交流会、小组讨论、统战知识及农工党史知识竞赛等方式，努力提高专职干部的政治和业务素质。这次会议总结交流了各地加强自身建设的经验，明确了自身建设的指导思想、基本方针和任务要求，要求各地方组织要分期分批对各级干部和骨干队伍进行培训，有领导、有计划地抓好思想建设，争取两三年内普遍轮训一次。会后，农工党中央和各地方组织开展了多种形式培训教育活动，建立健全了规章制度。

1990年11月召开的十届五次中央常委会通过《关于发挥参政党作用，加强自身建设几项工作的意见》，对发挥参政党作用与加强自身建设双重任务进行部署。

1990年12月召开的农工党十届三次中央全会作出提前召开第十一次全国代表大会的决定。1991年6月召开的十届八次中央常委会通过《中央和省级组织换届工作的意见》。随后，根据农工党中央制订的政策要求和指导意见，应换届的25个省级组织和地方组织均顺利完成换届工作，选举产生了新一届领导班子，补充了一批年富力强的班子成员，各级领导班子的新老合作和交替又向前推进了一步。

1991年10月，各民主党派就机关建设问题达成共识。根据有关精神，农工党中央对各级组织的机关建设作出部署，要求加强对机关建设的领导，推进机关思想作风建设，提高机关干部职工的政治素质和业务水平，建立起一支坚强的党务工作者队伍。

截至 1992 年 6 月底，全党党员人数从农工党十大时的 34104 人增加到 48404 人，其中医卫界占 61.54%、文教界占 19.47%、科技界占 12.75%、其他占 6.24%，中高级知识分子占 78.67%，中青年党员占 40.76%。截至 1992 年 12 月，共有省级组织 29 个，省属市、县（区）级组织 215 个，基层组织 3343 个，组织体系得到进一步巩固和发展。

二、服务社会主义市场经济，积极履职尽责

1992 年年初，邓小平视察南方并发表重要谈话。10 月，中国共产党第十四次全国代表大会在北京召开，会议对邓小平建设有中国特色社会主义理论作出新的概括，提出坚持“一个中心、两个基本点”的基本路线一百年不动摇，确定经济体制改革目标是建立社会主义市场经济体制，标志着我国改革开放和社会主义现代化进入了新的发展阶段。10 月 27 日至 31 日，农工党召开十届十一次中央常委会，作出《关于学习和贯彻中共十四大精神的决议》。全党围绕经济建设这个中心，努力在建立社会主义市场经济体制中发挥参政党作用。

（一）召开第十一次全国代表大会，部署更好为经济建设服务

1992 年 12 月 3 日至 8 日，农工党在北京召开第十一次全国代表大会。出席会议代表 508 名，列席代表 88 名。会议的主要任务是：认真学习和贯彻中共十四大精神，听取和审议农工党第十届中央委员会和第二届中央咨监委员会的工作报告；听取关于农工党章程修改草案的说明，审议和通过中国农工民主党章程；选举农工党第十一届中央委员会；通过本次代表大会决议。

中共中央政治局委员李铁映到会，代表中共中央致贺词。贺词充分肯定农工党同中国共产党长期合作的光荣历史和爱国革命传统，高度评价了农工党成立60多年来，同中国共产党风雨同舟，患难与共，为我国的革命和建设事业所作出的重要贡献。贺词指出，中国共产党为有农工民主党这样长期通力合作的亲密友党，而感到由衷的高兴。民盟中央主席费孝通代表民主党派和全国工商联向大会致以热烈的祝贺。

大会审议通过了卢嘉锡代表农工党第十届中央委员会所作的题为《解放思想，实事求是，团结一致，真抓实干，为夺取有中国特色社会主义事业的更大胜利做出新贡献》的工作报告。报告回顾了农工党十大以来的四年工作后指出：这四年，是农工党健康发展、不断前进的四年；是在思想上进一步统一，组织上进一步巩固，政治上进一步发挥参政党作用的四年。报告根据改革开放和现代化建设的新形势明确提出了农工党今后的任务是："抓住当前的有利时机，投身经济建设的主战场，坚持和完善中国共产党领导的多党合作和政治协商制度，积极参政议政，履行民主监督的职能，围绕经济建设这个中心，为推进社会主义市场经济体制的发展，为社会主义现代化建设和改革开放，多办实事，多作贡献；大力加强自身建设，为党的各项工作健康顺利地开展，提供思想上、组织上的保证。"报告提出农工党中央和地方各级组织，牢固树立为经济建设服务的思想，明确位置，选好着力点，更好地为经济建设服务；发挥整体功能，积极参政议政；加强民主监督工作；积极开展为社会服务的咨询活动；努力贯彻"把经济建设转移到依靠科技进步和提高劳动者素质的轨道上来"的战略方针，促进科学技术向现实生产力的转化；做好"三胞"联谊工作，积极为"三引进"服务。报告要求农工党各级组织和全体党员要加强思想建设，提高全党的政治素质；加强领导班子建设，建立强有力的领导体系；切实贯彻"巩固与发展相结合"的组织工作方针，以改革的精神，加强机关建设，强化参政党机制。

章师明作关于《中国农工民主党章程（修改草案）》的说明，会议通过了新修订的《中国农工民主党章程》。新党章进一步明确了农工党作为参政党的地位，规定“中国农工民主党是以医药卫生界高中级知识分子为主、具有政治联盟特点、致力于社会主义事业的政党”。“中国共产党是我国社会主义事业的领导核心，是执政党。本党是同中国共产党亲密合作的参政党，贯彻执行‘长期共存、互相监督、肝胆相照、荣辱与共’的基本方针，参加国家政权，参与国家大政方针和国家领导人选的协商，参与国家事务的管理，参与国家方针、政策、法律、法规的制定执行，在国家政治生活中发挥参政议政和民主监督的作用。”

大会审议批准了第二届中央咨监委员会的工作报告，推举周谷城为农工党中央名誉主席，通过了给老同志的致敬信，选举产生了第十一届中央委员会和第三届中央咨监委员会。第十一届中央委员会委员 154 名，候补委员 18 名；第三届中央咨监委员会委员 112 名。

在随后召开的农工党十一届一次中央全会上，选举产生 37 人组成的中央常委会；选举卢嘉锡为中央主席，方荣欣、姚峻、章师明、田光涛、杨烈宇、蒯天聪、陈灏珠、阎洪臣、宋金升、蒋正华为中央副主席；决定宋金升兼任中央秘书长。十一届一次中央全会还推举沈其震为中央咨监委员会主席，郭秀仪、邓昊明、李洁之、梅日新为中央咨监委员会副主席，王大鲁为中央咨监委员会秘书长。1993 年 1 月，农工党第十一届一次主席会议同意方荣欣继续担任中央常务副主席。

1993 年 3 月，在八届全国人大一次会议上，卢嘉锡当选为全国人大常委会副委员长，章师明、杨烈宇当选为全国人大常委会委员。同月，在全国政协八届一次会议上，方荣欣、田光涛、宋鸿钊、张乾二、陈灏珠、郭秀仪、阎洪臣、蒋正华、管仲伟、蒯天聪当选为全国政协常委会委员。

1993 年 10 月 20 日，中共中央政治局常委、全国政协主席李瑞环走访农工党中央。农工党同志深受鼓舞和激励。

1994 年 2 月，农工党中央机关由北京鼓楼辛安里 66 号迁至北京安定门外大街 55 号。

农工党十一大通过的《中国农工民主党党章》规定，中央机关根据工作需要设立必要的工作部门和专门工作委员会，实行分级管理。农工党中央工作部门和专门工作委员会的负责人由中央常务委员会决定。1996年7月，根据中央机构编制委员会批准的《中国农工民主党中央委员会机关机构设置、人员编制方案》，农工党中央机关内设办公厅、组织部、宣传部、咨询服务部、调查研究部①、党史资料研究委员会六个职能部室。其中办公厅下设秘书处、行政处、财务处、服务处四个处级机构；组织部下设办公室、地方组织处、党员干部处三个处级机构；宣传部下设办公室、信息教育处、《前进论坛》编辑室三个处级机构；咨询服务部下设咨询服务处、支边扶贫办公室两个处级机构；调查研究部下设综合处、专题处两个处级机构；党史资料研究委员会下设办公室一个处级机构。另有两个中央直属处室，为人事处、秘书长办公室。

（二）积极参与政治协商，认真开展民主监督

农工党十一届中央期间，以经济建设为中心，围绕改革开放和现代化建设，认真履行参政党职能，积极参与政治协商、民主监督，在国家政治生活中发挥了重要作用。

农工党中央和地方组织主要领导人参加中共中央、国务院和地方各级党委、政府举行的民主协商会、座谈会约1400次，分别就国家大政方针、政府工作报告、重要领导人选和地方重点工作等议题，发表意见建议，受到高度重视。在中央层面，卢嘉锡代表农工党中央参加中共中央高层协商活动，先后就中共中央关于建立社会主义市场经济体制、加强宏观调控以及反腐败斗争、经济体制改革、农业发展、科技进步、社会主义精神文明建设、教育改革等重大决策部署，中共中央十四届四中、五中全会文件征求意见稿，每年度政府工作报告征求意见稿，《国民经济和社会发展“九五”计划和2010年远景目标纲要》征求意见稿和八届全国人大、全国政协人事安排等一系列重大问题，积极发表协商意见，并提出书面建议。

1993年8月，中共中央作出关于开展反腐败斗争的决定，要求在近

① 1996年10月，农工党十一届十二次中央常委会决定落实编制方案，将研究室更名为调查研究部。

期内取得明显的阶段性成果。农工党中央向中共中央提出搞好反腐倡廉的四点建议，农工党中央和地方组织有关领导同志分别参加了中共中央和中共省市党委组织的反腐败调查组，对国家机关和部分省市开展反腐败斗争的情况进行调查。

农工党十一届中央期间，全党有1457位农工党党员当选为各级人大代表，其中全国人大代表41名；全党有5672位农工党党员担任各级政协委员，其中全国政协委员61名；全党有664名党员担任各级特约检察员、监察员、审计员、教育督导员和土地监察员等职务。

农工党中央领导人应邀多次参加重要外事和国事活动。如1997年，方荣欣作为中国政府代表团成员出席中国政府对香港恢复行使主权的政权交接仪式，共同见证香港回归祖国的历史时刻。

（三）深入调查研究，积极建言献策

农工党十一届中央期间，农工党各级组织深入推进咨询服务活动，把调查研究作为农工党参政议政的基础性工作。卢嘉锡坚持每年率专家组就区域性、专业性的经济发展战略进行考察调研，先后到内蒙古、福建、河北和贵州等地，对区域经济和社会发展提供战略咨询服务，并就重大问题形成书面报告，报送中共中央、国务院，提出有关工作建议。工作中，农工党统筹参政议政和社会调查实践，形成“中央与地方组织相结合，宏观考察与微观调查相结合，各级组织与政府对口部门相结合，工作委员会与专家相结合，咨询服务与参政调查相结合”① 的经验做法。

1993年7月，卢嘉锡率党内外专家赴内蒙古考察咨询，就地区发展规划进行宏观论证，报送江泽民总书记、李鹏总理，就我国稀土工业的发展提出建议，受到高度评价。

1994年10月，卢嘉锡率团赴福建省龙岩地区进行咨询考察，对该地区区域性经济发展进行宏观咨询，并对棉花滩水电站建设、高岭土综合利

① 卢嘉锡：《在中国农工民主党第十二次全国代表大会上的报告》，1997年10月27日。

用、小水泥厂改造、造纸厂技术改造等提出咨询意见和建议。向中共中央、国务院报送的《关于尽快兴建龙岩棉花滩水电站的建议》，引起中共中央、国务院领导同志的高度重视，棉花滩水电站的建设被列入国家“九五”计划和国家重点工程。同年，农工党中央对河北秦、唐、沧地区咨询服务落实情况进行跟踪调查，参与广西防城港市1995年至2020年国民经济与社会发展规划制定工作。

1994年，农工党中央为了配合《中华人民共和国教育法》的制定和实施，对北京、河北的六所高等院校进行了高校师资队伍现状的调查，召开了高等院校师资队伍建设问题研讨会。在此基础上，于1995年3月以农工党中央名义向中共中央、国务院领导报送了《面向21世纪，造就一支相对稳定的高质量的大学师资队伍——“关于我国当前高等院校师资队伍建设中存在的主要问题”调查研究报告》，建议国家尽早召开专门会议，研究解决高校师资队伍建设中存在的问题。

1996年9月，卢嘉锡率农工党中央“人口与经济社会发展”课题组对贵州毕节试验区进行了调查。1997年2月，农工党中央向中共中央、国务院提交了《关于赴贵州省“毕节开发扶贫、生态建设试验区”进行人口与经济社会发展的调查报告》，认为毕节试验区“开发扶贫、生态建设、人口控制”三大主题互为一体、相互作用，是解决贫困地区脱贫致富的好思路，也是贫困地区经济实现可持续发展的必由之路。

1993年至1997年，中央统战部先后组织各民主党派负责人对三峡工程、京九铁路以及山东、苏南、浦东地区的进行考察，参观调研改革开放以来两个文明建设的成就。中共中央领导同志对这些考察活动给予高度评价，亲自主持或参加座谈会，听取考察汇报和有关建议。农工党中央多位驻会副主席，先后参加考察调研，并积极提出意见建议。

农工党十一届中央期间，农工党高度重视政协提案工作，将其作为参政议政的重要形式。据不完全统计，农工党各级组织和广大党员向各级政协提交提案22000余件，其中以农工党中央名义向全国政协提出《建议国务院加强对计划生育工作的宏观协调案》等提案18件，以全国政协农工组名义提出19件，以全国政协农工组委员名义提出265件。全党500余件提案被各级政协评为优秀提案，其中7件被全国政协评为优秀提案。提案的数量大幅度增加，质量明显提高。有的提案反映了群众关注的热点、难点问题，诸如切实保护耕地、减轻农民负担、加速中西部发展、环境保护、药品管理、农村合作医疗、禁毒、禁赌、婴儿性别比例失调、打击血头血霸等，都得到有关中共党委和政府部门的重视，部分提案被吸纳转化为政策措施。

在全国政协八届一次会议上，方荣欣代表农工党中央作题为《抓住机遇，深化改革，振兴中医药事业》大会发言；在全国政协八届二次会议上，方荣欣代表农工党中央作题为《发挥农工民主党的智力优势，为建立社会主义市场经济体制服务》《适应社会主义市场经济发展形势，抓紧抓好人口工作》大会发言；在全国政协八届三次会议上，方荣欣代表农工党中央作题为《关于农村和农业问题的几点建议》的大会发言，并由《人民日报》全文刊发；在全国政协八届四次会议上，方荣欣代表农工党中央作题为《为实现我国农村初级卫生保健的目标而奋斗》的大会发言；在全国政协八届五次会议上，阎洪臣代表农工党中央作《认真落实全国卫生工作会议精神，努力提高农村医疗卫生整体水平》的大会发言。这些发言都是在深入调研基础上形成的，均产生了良好的社会反响。

在各级人大，农工党党员人大代表积极参与我国法制建设，参加《教育法》等多部重要法律、法规草案的起草修订工作，参加《环境保护法》《教师法》《审计法》等法律和反腐败“三项规定”以及财税、财政、物价、环境保护、土地管理、耕地保护等方面的执法检查，发挥了积极作用。

（四）积极开展社会服务，大力加强扶贫工作

农工党十一届中央期间，广大农工党党员在各自工作岗位上敬业奉献，在为两个文明建设服务中做出显著成绩。据统计，全党11756名党员获得国家、部委、省、市劳动模范、先进工作者、有突出贡献的专家、

“三八”红旗手等光荣称号。在1996年11月召开的各民主党派、工商联为两个文明建设服务经验交流会上，农工党吉林省委会、江西省委会、福建龙岩市委会等5个先进集体和12名先进个人受到表彰。

农工党中央认真贯彻国家“八七扶贫攻坚计划”，将推进扶贫攻坚，协助中共地方党委政府实现老、少、边、穷地区贫困群众尽快脱贫致富，作为全党一项重要的社会服务工作。1990年4月，卢嘉锡率领考察组深入毕节地区大方、织金等县深入考察，并将调研成果报送卫生部、国务院扶贫办。1994年，经国务院扶贫开发领导小组办公室批准，将大方县确定为农工党中央的定点扶贫县。自此之后，历届农工党中央高度重视毕节试验区建设，持续加强对口大方县帮扶工作。农工党中央与贵州省委会共同努力，围绕毕节试验区的“开发扶贫、生态建设、人口控制”三大主题开展支边工作，取得初步成效。同时，农工党中央积极参与对广西百色地区的扶贫工作及贵州黔西南“星火计划”实施。农工党各级地方组织根据中共地方党委、政府部署，大都明确各自的扶贫点，通过推广科学技术、培训人员、送医送药、义诊巡诊等活动，引导农民群众转变旧观念，掌握新技术，发展生产力。

★ 1990年4月，卢嘉锡（前排左三）带队考察贵州毕节试验区建设。

1993年12月，中央统战部与国家民委联合召开“各民主党派、工商联智力支边扶贫经验交流暨表彰大会”，总结新时期以来智力支边工作的成绩与经验。卢嘉锡对做好智力支边扶贫工作提出四条意见：扶贫先扶志，致富先育才；靠科技脱贫，保护生态、环境、资源；需要与可能相结合，量力而行与尽力而为相结合；发扬坚持不懈、锲而不舍的精神，增强使命感、责任感和紧迫感，配合国务院“八七”扶贫攻坚计划的实施，把智力支边扶贫工作深入持久地开展下去。①

农工党十一届中央期间，农工党发挥人才智力优势，多形式、多渠道面向社会提供各类咨询服务。通过开办各类学校、培训班、进修班，累计培训学员约60余万人。自1992年起，农工党中央参与主办“国际科学与和平周”活动，多次获得“优秀活动奖”，并被授予“和平使者”荣誉称号；农工党15个省级组织坚持在20多个城市开展活动，多次获得中国组委会“国际科学与和平贡献奖”。全党30多位女农工党党员参加第四届世界妇女大会，5位农工党党员在非政府组织论坛作专题演讲，受到组委会嘉奖。

1994年4月，农工党中央向民政部发文申办中国初级卫生保健基金会。在江泽民、李鹏等中共中央领导亲切关怀下，在中央统战部和卫生部大力支持下，于1996年12月正式获批准成立，卢嘉锡担任第一届理事长。基金会成立以后，广泛联络海内外友好团体和个人，争取资金和物质支持，为解决贫困地区人民因病致贫、因病返贫，为协助实现2000年人人享有基本卫生保健，发挥了积极作用。

（五）加强“三胞”联谊工作，服务祖国统一大业

农工党十一届中央期间，遵循发展爱国统一战线部署，推进落实“一国两制”构想，大力开展海外联谊工作。按照改革开放、促进发展、引进技术、推动合作的方针，在爱国主义旗帜下，把促进祖国的繁荣昌盛

① 中央统战部五局著：《全国智力支边扶贫经验交流暨表彰会在京举行》，《中国统一战线》1994年第2期，第16页。

和统一大业作为联谊工作重点。各级组织和广大党员发挥与海外联系广泛优势，通过以医会友、以文会友、以艺会友，深交老朋友、广交新朋友，接待“三胞”逾万人次；把党员联谊与促进经济交流相结合，为“三引进”牵线搭桥，据不完全统计累计协助引进资金逾 10 亿元，形成“以医会友、以医促贸、以医促通”的典型和特色。

以香港回归为契机，农工党各级组织开展丰富多彩的庆祝活动，进行广泛爱国主义教育宣传。农工党中央多次邀请在港定居的农工党党员回内地参加座谈交流，凝聚对统一祖国、振兴中华和为香港回归后保持繁荣稳定作贡献的共识与愿望。以中国中医药研究促进会名义，举办海峡两岸中医肾病医疗与保健学术研讨会，促进两岸医药领域学术交流与合作。

致力于祖国统一大业，坚决反对任何旨在制造“台独”的企图和行为。1995 年年初，江泽民发表关于台湾问题的重要讲话，农工党中央及时作出决议，表示坚决拥护和支持。同年 6 月，李登辉访美充分暴露其“台独”面目，农工党各级组织旗帜鲜明地纷纷谴责其罪恶阴谋，阐明农工党反对分裂、反对“台独”、反对制造“两个中国”“一中一台”的坚定立场。

（六）持续加强思想建设，提高党员政治素质

农工党十一届三次中央全会提出，把思想建设放在首要地位，深入学习邓小平同志建设有中国特色社会主义理论。要求各级组织主要负责同志亲自抓，有计划、有步骤、分层次地组织学习，努力掌握其精神实质和理论体系，加深广大党员对基本理论的理解，增强建设有中国特色社会主义的信念。各级组织积极响应，采取有效措施，制订实施计划，分层分批地开展了以学习《邓小平文选》（第三卷）为重点的基本理论学习活动，有力提高了农工党党员对有中国特色社会主义理论的认识和理解。

1993 年 4 月，在中共中央宣传部召开的爱国主义教育座谈会上，卢嘉锡发表题为《知我中华，爱我中华，兴我中华》的发言，对爱国主义精神作了详细精辟的论述，受到中共中央有关领导同志高度肯定，引起社

会热烈反响。部分地方组织结合实际，开展“知、爱、兴”活动，得到中共地方党委的肯定和支持。12 月，章师明在中共中央宣传部召开的精神文明建设座谈会上，作了题为《精神文明重在建设》的发言，受到与会同志的高度评价。

农工党各级组织通过开展纪念抗日战争胜利 50 周年、纪念农工党建党 65 周年、纪念邓演达诞辰 100 周年、庆祝香港回归等重大活动，对广大农工党党员进行爱国主义、社会主义和革命传统教育。1995 年 12 月，农工党中央表彰了学习基本理论有突出成绩的 33 个先进集体和 27 个先进个人，推动了全党思想教育的深入开展。

1996 年，江泽民发表《关于讲政治》的重要讲话，农工党中央及时部署组织学习，并把讲政治作为农工党换届和政治交接的基本指导思想。

农工党中央机关刊物《前进论坛》① 积极配合全党工作开展，宣传报道全党思想建设、参政议政成果，起到增强凝聚力、鼓舞战斗力的作用。

（七）注重干部队伍建设，组织建设迈出新步伐

农工党十一届中央期间，在干部队伍建设中，始终把实现跨世纪的新老交替和政治交接作为全党的头等大事来抓。1994 年 3 月十一届四次中央常委会作出《关于加强组织建设若干问题的决定》，1994 年 8 月十一届五次中央常委会对自身建设问题进行专题研讨。各地方组织按照农工党中央要求，普遍进行了届中调整。在农工党十一届四次中央全会上，补选李蒙为中央副主席；在十一届三次、四次、五次中央全会上，增补 11 名中央常委会委员；还在相关中央全会上增补中央委员 23 名、候补中央委员 6 名。至 1997 年 7 月，地方各级组织的换届工作基本上平稳顺利地完成。许多老同志以事业为重，主动从领导岗位上退下来，积极培养接班人，这种高风亮节赢得全党同志的敬意与钦佩。为培养一支能够与中国共产党长期亲密合作，能够担当跨世纪重任的干部队伍，1995 年 7 月十一届八次

① 1994 年，农工党中央机关刊物在办理注册时，因《前进》名称已被其他机构先行注册使用，故改名为《前进论坛》注册，并从 1995 年 1 月号起使用新名。

中央常委会作出《关于加强后备干部队伍建设的决定》，要求各级组织把选拔、培养优秀的年轻干部作为一项重要任务，按照坚持政治标准、注重德才兼备、推荐与考核相结合的原则，建立后备干部队伍档案，并逐步实行动态管理。随后，农工党中央和省级组织都建立起后备干部队伍。

在组织发展方面，坚持“三个为主”方针，即以协商确定的范围和对象为主、以大中城市为主、以有代表性人士为主，贯彻巩固与发展相结合、有计划地稳步发展和突出以注重质量为核心的原则，把组织发展与培养新一代代表人士建设跨世纪后备干部队伍有机地结合起来，推动组织建设迈出新步伐。农工党十一届中央期间，重点发展了一批政治素质好、有代表性、年富力强的专家、教授和担任各级领导实职的党员，其中有省（市）领导二人，中国科学院、中国工程院院士四人，具有硕士、博士学位的党员大幅度增加，党员整体素质有较大提高，年龄和知识结构进一步改善。

截至 1997 年 9 月，全党共有省级组织 30 个，省级以下地方组织 241 个，基层组织 3871 个。全党党员 6.5 万余人，其中医卫界党员占总数的 62.52%，党员队伍的界别特色优势得到巩固和提升。

三、建设迈向新世纪的参政党

1997 年 9 月，中国共产党召开第十五次全国代表大会，将邓小平理论确立为中国共产党的指导思想，提出中国共产党在社会主义初级阶段的基本纲领，阐明建设有中国特色社会主义的经济、政治、文化的基本特征和基本要求。1997 年 2 月，江泽民在中共中央举行的党外人士迎新春座谈会上，提出各民主党派、工商联在新老交替基础上实现政治交接。农工党以邓小平理论为指导，以政治交接为主线，延续和发展农工党与中国共产党团结合作的政治纲领、政治路线，继承和发扬老一辈农工党人与中国共产党亲密合作的政治立场和优良传统，全面加强思想建设、组织建设和作风建设；紧密围绕国家中心任务，切实履行参政党职能，为建设中国特色社会主义经济、政治、文化，为维护安定团结政治局面，为实现祖国完全统一，作出积极贡献。

（一）召开第十二次全国代表大会，明确跨世纪目标任务

1997 年 10 月 27 日至 11 月 1 日，农工党第十二次全国代表大会在北京举行。大会的主要任务是：学习贯彻中共十五大精神，审议农工党十一届中央委员会的工作报告，总结农工党十一大以来的实践经验，确定今后一个时期的政治任务，修订农工党章程，选举产生新一届领导机构，动员各级组织和全体党员围绕中共十五大提出的跨世纪战略目标，全面推进农工党的工作。出席会议的代表 617 名，列席人员 72 人。

卢嘉锡主持开幕式，方荣欣致开幕词。中共中央政治局委员、国务委员罗干代表中共中央向大会致贺词。贺词指出，在过去的五年中，农工党与中国共产党亲密合作，服从服务于国家大局，开拓进取，不断加强自身建设，为改革开放和社会主义现代化建设事业作出了新的贡献。民盟中央主席丁石孙代表各民主党派中央和全国工商联致贺词。

卢嘉锡代表农工党十一届中央委员会作题为《高举邓小平理论伟大旗帜，认真履行参政党职能，为实现跨世纪宏伟目标贡献力量》的工作报告，总结了农工党过去五年的工作，对今后工作进行了展望和部署。报告指出，农工党十一届中央沿着建设有中国特色社会主义道路开拓进取、不断前进，服从和服务于国家工作大局，结合新的形势和特点，不断总结工作、提出新的要求，发挥优势、积极参政议政，加强自身建设、整体素质不断提高，推动了各项工作的发展。报告明确，当前农工党工作的基本方针和主要任务是：高举邓小平理论伟大旗帜，坚持中国共产党的基本路线、基本方针，坚持和完善中国共产党领导的多党合作和政治协商制度，学习贯彻中共十五大精神，紧紧围绕经济建设这个中心，牢牢把握大局、再接再厉、同心同德，在跨世纪的新征程上，发扬优良传统，以政治交接为主线，全面推进农工党工作，为贯彻落实中共十五大提出的战略目标和

各项任务作出新的贡献。

章师明作关于《中国农工民主党章程》修改的说明，会议通过了新修订的《中国农工民主党章程》。新党章将邓小平理论作为农工党指导思想，强调“邓小平理论指引”，进一步明确了农工党的政治纲领、政治路线、政治目标；在组织机构上，明确不再设置中央咨监委员会，推动新老交替、政治交接。

大会选举产生了跨世纪的农工党第十二届中央委员会，委员共188名。在随后召开的农工党十二届一次中央全会上，推举卢嘉锡为中央名誉主席，方荣欣、田光涛、蒯天聪、郭秀仪为中央名誉副主席，宋鸿钊、管仲伟、邓昊明、梅日新、王大鲁为顾问；选举产生41人组成的中央常务委员会；选举蒋正华为中央主席，姚峻、章师明、陈灏珠、阎洪臣、宋金升、李蒙、朱兆良、陈建生、陈宗兴、张大宁10人为中央副主席；任命于生龙为中央秘书长。2000年3月，农工党十二届十五次主席会议决定李蒙任中央常务副主席。1999年12月，农工党十二届三次中央全会增选左焕琛为中央副主席。2000年12月，农工党十二届四次中央全会增选桑国卫为中央副主席。2000年4月中央主席办公会议决定，焦平生副秘书长代行中央秘书长职责。

农工党十二大是农工党在世纪之交召开的一次重要会议，完成了跨世纪新老交替和政治交接的历史性任务，对于农工党深入贯彻邓小平理论和社会主义初级阶段基本路线，扎实推进全党各项工作，具有重要意义。

1998年3月，在第九届全国人大一次会议上，蒋正华当选为全国人大常委会副委员长，陈建生、李蒙当选为全国人大常委会委员；在全国政协九届一次会议上，卢嘉锡当选为全国政协副主席，王宁生、王传琛、朱兆良当选为全国政协常委会委员。

1999年3月，农工党十二届四次中央常委会决定，将原中央党史资料研究委员会改称中央党史研究委员会，后经农工党十二届九次中央常委会于2000年12月决定撤销。2002年10月，中央统战部发来《关于转发农工党中央机关内设机构更名批复的通知》，指出经中央机构编制委员会批准，农工党中央机关的咨询服务部、调查研究部、主席办公室分别更名为社会服务部、参政议政部和研究室。调整后中央机关内设办公厅、组织部、宣传部、社会服务部、参政议政部、研究室6个职能部室，行政编制101名，局级领导职数15名（含秘书长1名、专职副秘书长2名）。

（二）参与民主协商，参加国家政治生活

以江泽民同志为核心的中共中央，延续了中国共产党一贯重视多党合作的优良传统，经常召开党外人士座谈会，鼓励民主党派通过调查研究提出意见建议。国务院持续召开由总理或副总理主持的党外人士座谈会，就专门问题进行民主协商。农工党十二届中央领导先后出席中共中央、国务院召开的民主协商会、座谈会50余次，参加国家大政方针、政府工作、领导人选的民主协商，积极发表意见建议，得到充分肯定与重视。2000年9月15日，中共中央在中南海召开党外人士座谈会，听取关于实施西部大开发战略的意见建议。座谈会上，蒋正华汇报了率团在西藏考察的情况，充分肯定了西藏经济社会发展取得的显著成果，并就进一步落实好中共中央既定方针政策，促进西藏发展和稳定提出意见和建议。其中，特别提出应加强西部边远地区广播电视设施建设，加强广播电影电视节目的藏语翻译，扩大和提高藏语广播、电视覆盖率等建议。该建议引起中共中央领导同志的高度重视。2000年9月18日，中共中央、国务院有关领导同志召开专题会议，决定实施中华人民共和国成立以来规模最大的广播电视覆盖工程——西藏、新疆等边远省区广播电视覆盖工程（简称“西新工程”）。中共中央宣传部、国家广电总局等部委立即行动，从2000年第四季度开始，投入资金40多亿元，至2002年年底顺利完成“西新工程”第一、第二阶段的建设任务，大大增强了西藏、新疆等西部省区的广播电视覆盖能力。2003年开始，启动“西新工程”第三阶段建设，在提高西部地区广播电视的信号传输水平的同时，大力推进“走出去”工程，提升中国广播电视的对外覆盖能力。2006年12月，国家广电总局印发《“十一五”时期广播影视科技发展规划》，要求“十一五”时期继续实施广播

影视“西新工程”，巩固和完善“西新工程”建设。实施“西新工程”，把党和国家的声音传入西部地区千家万户，对于促进西部经济发展、民族团结、社会稳定，意义重大，影响深远。

★ 2000年6月，蒋正华（三排右二）、李蒙（三排右一）在西藏考察时与藏族小朋友合影。

农工党十二届中央期间，农工党有1430名党员当选各级人大代表，其中48人担任全国人大代表；有6621名党员担任各级政协委员，其中58人担任全国政协委员；有264名党员在各级政府部门及司法机关担任领导职务；有1644名党员被聘为特约检察员、监察员、审计员、教育督导员等，他们在各自岗位上参政履职，发挥了积极作用。

在各级人大，担任人大代表的农工党党员积极参与人大立法、监督等工作。农工党中央对村民委员会组织法、土地管理法、药品管理法、民族区域自治法、婚姻法、人口与计划生育法等法律法规的制定或修改，提出意见建议。此外，农工党中央还在全国政协提出《关于尽快制定〈西部地区开发法〉的建议》等提案，全国政协农工组提出《关于细化我国〈刑法〉量刑幅度的建议》提案，为法治建设献计出力。

农工党中央领导参加重要国事政事活动。1999 年 12 月，蒋正华作为中国政府代表团成员，出席我国政府对澳门恢复行使主权的政权交接仪式。

（三）开展调查研究，积极参政议政

农工党十二届中央期间，农工党高度重视参政议政工作。1997 年 12 月，农工党首次召开全党参政议政工作会议，蒋正华在会上强调“参政议政是我党的首要任务，是我党促进社会主义民主建设的主要途径，是我党为经济建设服务的主要渠道。离开了参政议政，参政党就失去了存在的价值和意义”。1998 年 9 月，农工党召开参政议政工作研讨会，李蒙在会上指出“民主党派进行调研有不利因素，但也有许多优势，一定要克服畏难情绪，扬长避短，把自己的优势用足、用活”。蒋正华在农工党十二届四次中央全会所作工作报告中提出“参政议政水平的高低主要体现在提案和建议的质量上，体现在建言立论的质量方面。党的参政议政水平在一定程度上体现党作为一个整体在关注、判断国家经济和社会发展全局状况的能力，以及对改革、发展、稳定中的难点、重点、热点问题提出最佳解决方案的能力”。按照农工党中央部署，各级组织逐步建立和完善了参政议政领导机构和工作班子，坚持“一把手亲自抓、负总责”原则，还聘请特约专家、建立信息网络，形成了农工党多层次参政议政工作体系，全党参政议政能力和调查研究水平进一步提高。

农工党十二届中央期间，参加中央统战部组织的“西部大开发”“国土资源保护与综合利用”“‘三农’问题”“经济、社会与人口、资源、环境的可持续发展问题”等考察活动，赴河北、陕西、内蒙古、重庆等省（区、市）调研。

1998 年，由蒋正华带队，组织农工党党内外专家并邀请国家部委有关部门负责同志参加，先后到河北唐山、陕西榆林等地进行考察。8 月中旬，经过实地考察论证，曹妃甸自然条件优越，建港条件具备，建港时机成熟，建设京唐港曹妃甸 20 万吨级矿石码头是一件利国利民的大事，对充分利用国内资源，促进我国钢铁工业的发展，具有重要的现实意义和长远的发展意义。农工党中央于9月上旬将《关于河北省京唐港曹妃甸20万吨级进口矿石码头建设项目尽早立项的建议》呈报中共中央、国务院领导同志。之后，农工党中央一直跟踪曹妃甸码头立项审批进展。2004年12月，国务院审议通过包括曹妃甸港区在内的《渤海湾地区港口建设规划》，有关建议得到充分体现。

1998年11月，蒋正华带队到陕西考察，向国家计委提出《关于将榆林地区靖边等五县列入国家生态环境建设重点县的建议》，其后国家计委将榆林地区12个县市全部列入国家生态环境建设重点县，大幅度增加生态建设专项经费。

农工党十二届二次中央全会提出将“黄河流域水资源科学合理开发和利用”，作为今后一段时间全党的重要课题。随后，农工党中央多次召开黄河流域各省级组织主要负责人会议、专家座谈会，就黄河流域水资源现状和存在的问题、黄河流域水资源保护和综合治理进行研讨，并于1999年七八月间，赴内蒙古、甘肃、宁夏进行实地考察。综合各方意见，向中共中央、国务院提交《贯彻黄河治理开发的总原则，兴利除害，造福子孙的建议》，推动国家有关部门制定黑河流域水分配方案，彻底解决下游地区水资源枯竭问题，使东居延海、西居延海再现生机。同年，农工党中央邀请国家计委、水利部等部委和科研机构专家赴重庆、四川、湖北等地，对长江上游及三峡库区的水质污染和治理情况进行考察调研，向中共中央、国务院报送《关于在建设三峡水库的同时，抓好长江上游水质污染整治工作的意见》。其后，长江上游的水质污染整治被列为国家环境保护的重点。

2000年，蒋正华、李蒙参加中央统战部组织的“西部大开发”考察活动，先后赴甘肃、青海、西藏三个省区考察，对西部地区改革、发展、稳定中的一些重大问题提出建议。

2001年9月，为延续和拓展与中共重庆市委的协作，在农工党重庆市委会做了大量工作的基础上，农工党中央组织考察团赴重庆，就三峡库区库底清理工作进行考察，向中共中央、国务院报送《关于加速推进三峡库区库底清理工作的意见与建议》，促进了三峡库区库底清理工作的展开。农工党中央还参加中央统战部组织的“三农”考察团，就创汇农业问题赴云南进行考察，向中共中央、国务院报送《关于适应加入 WTO 的新形势，大力发展创汇农业的若干建议》。

2002 年，中共中央统战部组织“经济、社会与人口、资源、环境的可持续发展”考察活动，农工党中央选定的考察课题是“人口与人才战略”。蒋正华率团赴重庆和广西进行考察，之后向有关部门报送《关于切实加强人口与人才战略的若干建议》。

农工党十二届中央期间，在各级政协会议上提交提案 2.8 万件，其中 1200 余件被评为优秀提案。政协第九届全国委员会任期内，以农工党中央的名义提交提案 54 件，以政协农工组的名义提交提案 111 件。2000 年 3 月，农工组在全国政协九届三次会议上提交《关于国家将阿拉善地区列为特殊生态地区和环北京重要沙源治理区案》。该提案受到高度重视，国家环保总局随后将黑河流域列入首批国家级生态功能保护区建设试点，国家计委、水利部补助资金 1500 万元解决孪井滩扬水工程缺口资金问题，内蒙古自治区把阿拉善“生态移民工程”“天然林保护工程”列入自治区建设项目。同年，章师明提出《关于我国加入 WTO 后对现行企业审批和许可管理法律制度的影响和对策案》，指出这些制度需要在中国加入 WTO 之后，按照非歧视性规则和透明度规则进行修改和调整，为我国相关部门完善制度、提前做出加入 WTO 后的应对措施提供了参考建议，受到广泛重视。农工组继 1993 年提出《尽快制定中医药法案》后，2001 年再次向全国政协九届四次会议提出《关于加快国家中医药立法工作的建议》提案，持续推进中医药法治建设。2002 年，农工党中央向全国政协九届五次会议提出《关于加强医疗保障体系建设的几点建议》提案，推进医药卫生体制改革。

在政协九届全国委员会期间，农工党中央提出的一批重要建议被安排为大会发言。在全国政协九届一次会议上，章师明、阎洪臣代表农工党中央分别作题为《贯彻中共十五大精神，积极履行政协职能》《转变思路和

★ 2002年2月8日，江泽民同志在北京同党外人士共迎新春时，与蒋正华亲切握手。

方法为21世纪发展创造良好的人口环境》的大会发言；在全国政协九届二次会议上，宋金升代表农工党中央作题为《整顿规范农村信用社，积极发展农村金融事业》的大会发言；在全国政协九届三次会议上，朱兆良代表农工党中央作题为《在集约农业区应避免农副产品和水质污染》的大会发言；在全国政协九届四次会议上，陈宗兴代表农工党中央作《农民合作经济组织——新世纪中国农村改革与发展的必由之路》大会发言；在全国政协九届五次会议上，左焕琛代表农工党中央作题为《关于加强医疗保障资金筹集和管理的建议》的大会发言。

在中共中央政治局常委参加的政协会议联组会上，委员们积极围绕关心的问题发言，与中共中央领导同志互动交流。如1998年3月4日，江泽民、李瑞环参加民进、农工党界别联组会，方荣欣、郭秀仪、陈灏珠、朱兆良、陈宗兴在会上先后发言，在听取委员们的发言后，江泽民指出："只要我们坚持以邓小平理论为指导，坚持社会主义初级阶段的基本路线和基本纲领，加强各民族、各党派和各界群众的紧密团结，正确处理改革、发展、稳定的关系，团结一致、同心同德地艰苦奋斗，就一定能够实现我国跨世纪发展的宏伟蓝图。"

创新参政议政工作机制。1998年7月，农工党十二届二次中央常委会审议通过关于组建新一届专门委员会的决定，决定本届中央委员会组建医药卫生、科学技术、教育、文化、联络、妇女、经济7个中央专门工作委员会。1998年8月，农工党中央成立参政议政协调领导组，负责组织和协调中央各专委会的参政议政工作，统一管理有关事务。参政议政协调领导组下设办公室，承担为专委会开展工作和活动提供服务职责。1998年10月，蒋正华在中央专委会成立大会上要求，"每个专门委员会每年都提出一至两个重点课题，进行调查研究，提出一至两份有分量、有操作性的意见和建议"，切实发挥各专委会支撑作用。同时，农工党中央和各级地方组织加强与人大、政府、政协有关部门的沟通联系，协同开展调查研究，拓展参政议政工作面，形成农工党全党参政议政工作合力。

2001年3月至4月，农工党中央组织医疗保障体系研修班赴美国考察，专题研究医疗保障问题国际经验，开辟了农工党参政议政考察调研的新方式。

（四）发挥智力优势，为社会主义建设服务

农工党十二届中央期间，广大党员立足自身岗位，积极履职尽责，全党1690余人获省部级以上劳动模范、先进工作者等荣誉称号以及重大科研成果奖项。

农工党十二届中央期间，各级组织有1000余名党员干部参加支边扶贫，向贫困地区派出专家、技术人员7000多人次，开展帮扶项目400余项，对10万余人次进行了专业技能培训；为贫困地区引进技术200余项、人才100余人，修建校舍30余所，资助贫困学生5000余人。农工党各级组织为群众开展的医疗咨询、科技服务等活动，平均每年2000余次，受益群众超过30万人次。各级组织和党员兴办的公益事业机构，有学校60余所、医院（门诊部）200余家。为总结交流经验，促进办学、办医工作的健康发展，1999年6月农工党中央在安徽合肥召开办医办学经验交流会。中国初级卫生保健基金会为200余万农民免费普查上消化道疾病，向西部地区捐赠了价值1000余万元的药品和医疗用品。

定点扶贫的贵州省大方县于1997年年底按照当时的标准实现脱贫，农工党中央坚持“脱贫不脱钩”，在科技扶贫、经济支援、卫生、教育等方面继续给予全力支持。此外，农工党中央配合国家民委在广西百色地区开展的扶贫工作，配合国家科技部在贵州黔西南州开展的“星火计划、科技扶贫”工作，也取得新成效。

农工党积极响应中共中央关于实施西部大开发的战略决策，组织实施“同心建业工程”，推动一些具体项目落户西部地区。经过各级组织和广大党员的努力，协调实施和引进项目40多项，项目资金20多亿元。农工党内蒙古区委会牵头发起的以植树种草、围栏封育为主，旨在改善生态环境、构筑京津北绿色屏障为目标的“农工世纪林（草）工程”启动实施，进展顺利，反响良好。

1998 年，我国长江、嫩江、松花江流域相继发生历史罕见特大洪水，农工党中央及时发出《认真贯彻江泽民同志的重要指示，全力支持防汛抗洪救灾工作的通知》《关于继续弘扬抗洪精神，进一步做好灾区卫生防病防疫工作的通知》。各级组织和广大党员积极参加抗洪救灾斗争，或参加医疗队，帮助灾区防疫防病；或捐款捐物，支持灾区灾后重建。农工党中央关注再就业工程，下发《关于协助做好国有企业下岗职工再就业工作的通知》，各级组织通过举办技能培训、开展医疗义诊等工作，为下岗职工提供技术支持和生活服务，办了许多实事，赢得了社会赞誉。

农工党十二届中央期间，继续参与主办“国际科学与和平周”活动，每年在 100 多个城市开展活动。

农工党积极探索与中共地方党委合作。1998 年 9 月，农工党中央与中共重庆市委举行座谈会议。会后，双方签订《中国农工民主党中央与中共重庆市委加强协作座谈会议纪要》，确定农工党中央把重庆市作为参政议政工作调研考察、咨询服务的工作点和开展爱国主义传统教育的基地，中共重庆市委给予大力支持与通力合作。此后，双方围绕重庆经济社会发展中的全局性问题，组织专家调研，提出意见建议，在促进一些瓶颈性问题的解决上发挥了重要作用。

深化海外联络。各级组织和广大党员发挥自身优势，通过探亲访友、以医会友、以文会友、以艺会友，开展学术交流、经贸合作等方式，加强与台、港、澳同胞和海外侨胞的联系，表达骨肉同胞期盼和平统一的愿望，坚决支持中央政府一个中国的原则立场，宣传“和平统一、一国两制”的基本方针，批判“台独”分子分裂祖国的言行，积极促进祖国完全统一。

（五）加强思想建设，坚持正确政治方向

农工党各级组织把学习邓小平理论，学习“三个代表”重要思想，贯彻全国统战工作会议精神，作为全党的重大政治任务。发扬自我教育的优良传统，进一步加强思想理论建设，广大党员思想政治水平不断提高。

开展党员思想状况调查，了解党员政治观点。2000年，贯彻落实中共中央思想政治工作会议精神，农工党中央下发《关于加强思想建设的若干意见》，召开全国宣传思想工作会议。农工党中央把理论学习和交流作为加强思想理论建设的重大举措，纳入中央常委会的议程。为提高学习效果，农工党中央于2001年编印《全国统战工作会议文件资料汇编暨有关多党合作理论政策学习讲话》，创办内部刊物《理论研究参考》。

农工党各级组织结合中国共产党成立80周年、中共“五一口号”发表50周年、改革开放20周年、《中共中央关于坚持和完善中国共产党领导的多党合作和政治协商制度的意见》发表10周年等重大纪念活动，通过召开座谈会、研讨会、出版纪念专刊、开展论文征集等方式，宣传我国社会主义建设的巨大成就，宣传与中国共产党团结合作的优良传统。

2000年8月，农工党中央在人民大会堂召开成立70周年纪念大会。中共中央总书记江泽民为大会题词：“团结奋斗、振兴中华。”中共中央政治局常委、全国政协主席李瑞环代表中共中央到会致贺词，对农工党的历史地位和作用给予充分肯定。他指出，中华人民共和国成立后，农工党在维护和巩固人民政权，参加社会主义改造，推进社会主义建设的过程中取得了十分显著的成绩。① 进入新的历史时期，农工党坚决拥护中共十一届三中全会以来的路线方针政策，认真履行参政党的职能，为推进国家的经济文化建设，维护安定团结的政治局面，促进祖国和平统一大业，开展了卓有成效的工作。历史证明，农工党是同中国共产党风雨同舟、通力合作、肝胆相照、荣辱与共的亲密友党，在中国政治生活中具有重要的地位和作用。全国政协副主席、中共中央统战部部长王兆国出席纪念大会并题词：“团结奋斗、再创辉煌。”全国人大常委会副委员长、民进中央主席许嘉璐代表各民主党派中央和全国工商联到会致贺词。蒋正华在大会上讲话指出，农工党一定要继承和发扬多党合作的优良传统，丰富和发展政治

① 《前进论坛》2000年第9期，第4页。

交接成果，保持团结稳定，进一步优化领导班子结构，并按照干部人事制度改革的方针，健全干部物色、培养、选拔机制。坚持以邓小平理论为指导，按照基本路线和基本纲领，坚持和完善中国共产党领导的多党合作和政治协商制度，围绕改革、发展和稳定大局更好地发挥参政党作用，始终坚持正确的政治方向，努力形成在新世纪里与建设有中国特色社会主义相适应的政治纲领、组织制度和领导机制，把农工党真正建设成一个崭新的、面向21世纪的参政党。

（六）加强组织建设，巩固政治交接成果

中共中央总书记江泽民在1997年12月各民主党派换届后发表讲话指出，“政治交接的核心，是把民主党派、工商联的老一辈在长期革命和建设实践中形成的优良传统和高尚风范一代一代传下去，保证中国共产党领导的多党合作和政治协商制度得到坚持和发展”。[①] 农工党中央深入贯彻落实讲话精神，把进一步搞好政治交接，作为当前和今后一段时期自身建设的首要任务。

农工党十二届中央期间，各级组织认真贯彻《关于民主党派组织发展若干问题座谈会纪要》《各民主党派中央关于加强自身建设若干问题座谈会纪要》，全面加强组织建设。

根据领导班子建设的需要，农工党中央和地方组织领导班子进行届中调整。农工党中央向全党发放两万份人才普查表，在调查研究的基础上，提出一批后备干部名单，充实后备干部人才库。为准备2002年省级组织换届，发展了一批在政府机关、事业单位、科研机构担任领导职务、政治条件好、参政议政能力较强、善于合作共事、学历较高、年富力强的同志。

各级组织进一步建立健全贯彻民主集中制的工作机制，包括领导班子成员办公会议、全委会议、常委会议和机关办公会议等议事决策规则，以

① 《人民日报》1997年12月24日第1版。

及领导班子成员的民主生活会、谈心会等制度，明确重大事项依照集体领导、民主集中、个别酝酿、会议决定的方针办理。

根据形势发展的新要求，2000年农工党中央制定了《组织发展工作规程》，明确按照“三个为主”的组织发展方针，坚持“在工作中发展、发展为了工作”的原则，发展与巩固相结合，在吸收高层次、代表性人士方面取得新进展。同年，农工党中央还制定《基层组织工作条例》，并于2001年召开基层组织建设工作交流会。截至2002年第二季度，党员总数81392人，省级组织30个，市、县级组织281个，基层组织4450个，组织架构进一步健全。农工党第十、十一、十二届中央期间，各省级组织主要负责人任职情况见表4。

★ 农工党各省级组织主要负责人任职情况表4

省级组织	主委	在省级人大、政府、政协领导班子任职情况
北京市委会	祝谌予（1988年5月至1992年7月任第七届主委，1992年7月至1994年6月任第八届主委）	任北京市第七、八届政协副主席
	陆道培（1994年6月至1997年6月任第八届主委，1997年6月至2001年9月任第九届主委）	任北京市第九届政协副主席
	陈建生（2001年9月任2002年6月第九届主委）	
天津市委会	伉铁隽（1988年12月至1992年6月任第五届主委）	任天津市第六、七、八届政协副主席
	陈树勋（1992年6月至1997年6月任第六届主委）	任天津市第九届政协副主席
	赵克正（1997年6月至2002年4月任第七届主委）	任天津市第十届政协副主席

续表

省级组织	主 委	在省级人大、政府、政协领导班子任职情况
河北省委会	马新云（1988 年 6 月至 1992 年 9 月任第二届主委，1992 年 9 月至 1997 年 6 月任第三届主委）	任河北省第六、七届政协副主席
	王士昌（1997 年 6 月至 2002 年 5 月任第四届主委）	任河北省第八届政协副主席
山西省委会	宋金升（1988 年 7 月至 1992 年 4 月任第一届主委，1992 年 4 月至 1994 年 4 月任第二届主委）	
	王德堃（1994 年 4 月至 1997 年 6 月任第二届主委）	
	李龙城（1997 年 6 月至 2000 年 1 月任第三届主委）	任山西省第八届政协副主席
	周然（2001 年 12 月至 2002 年 4 月任第三届主委）	
内蒙古区委会	蓝乾福（1990 年 10 月至 1996 年 12 月任第二届主委）	任内蒙古自治区第七届政协副主席
	陈瑞清（1996 年 12 月至 2002 年 4 月任第三届主委）	任内蒙古自治区第九届人大常委会副主任
辽宁省委会	夏德昭（1988 年 7 月至 1992 年 8 月任第一届主委，1992 年 8 月至 1995 年 12 月任第二届主委）	
	黄畋（1995 年 12 月至 1997 年 4 月任第二届代理主委，1997 年 4 月至 2002 年 6 月任第三届主委）	
吉林省委会	阎洪臣（1992 年 5 月至 1997 年 7 月任第二届主委，1997 年 7 月至 2002 年 7 月任第三届主委）	任吉林省第六、七、八届政协副主席

续表

省级组织	主　委	在省级人大、政府、政协领导班子任职情况
黑龙江省委会	王治田（1988 年 7 月至 1992 年 7 月任第一届主委，1992 年 7 月至 1997 年 6 月任第二届主委）	任黑龙江省第七届政协副主席
	王廼谦（1997 年 6 月至 2002 年 6 月任第三届主委）	任黑龙江省第八届政协副主席
上海市委会	陈灏珠（1988 年 8 月至 1992 年 6 月任第七届主委，1992 年 6 月至 1997 年 7 月任第八届主委，1997 年 7 月至 2000 年 12 月任第九届主委）	任上海市第七、八、九届政协副主席
	左焕琛（2000 年 12 月至 2002 年 6 月任第九届主委）	任上海市副市长，上海市第九届政协副主席
江苏省委会	唐念慈（1988 年 6 月至 1992 年 6 月任第六届主委，1992 年 6 月至 1997 年 5 月任第七届主委）	任江苏省第七、八届人大常委会副主任
	朱兆良（1997 年 5 月至 2002 年 6 月任第八届主委）	任江苏省第八届政协副主席
浙江省委会	张克健（1988 年 7 月至 1992 年 6 月任第六届主委，1992 年 6 月至 1997 年 6 月任第七届主委）	任浙江省第七届政协副主席
	桑国卫（1997 年 6 月至 2001 年 4 月任第八届主委）	
	徐鸿道（2001 年 4 月至 2002 年 6 月任第八届主委）	任浙江省第九届政协副主席
安徽省委会	光仁洪（1988 年 6 月至 1991 年 7 月任第五届主委）	任安徽省第六届政协副主席
	徐荣楠（1992 年 7 月至 1997 年 5 月任第六届主委）	任安徽省第七届政协副主席
	俞祖彭（1997 年 5 月至 2002 年 5 月任第七届主委）	任安徽省第八届政协副主席

续表

省级组织	主　委	在省级人大、政府、政协领导班子任职情况
福建省委会	李温仁（1988 年 5 月至 1992 年 6 月任第六届主委）	
	卢浩然（1992 年 6 月至 1997 年 4 月任第七届主委）	任福建省第四、五、六、七届政协副主席
	王传琛（1997 年 4 月至 2000 年 11 月任第八届主委）	
	吴新涛（2000 年 11 月至 2002 年 5 月任第八届主委）	
江西省委会	黄立圻（1988 年 5 月至 1992 年 6 月任第六届主委）	任江西省第六、七届政协副主席
	沃祖全（1992 年 6 月至 1997 年 6 月任第七届主委，1997 年 6 月至 2002 年 6 月任第八届主委）	任江西省第八届政协副主席
山东省委会	苏应衡（1988 年 10 月至 1992 年 9 月任第一届主委，1992 年 9 月至 1997 年 7 月任第二届主委）	任山东省第六、七届政协副主席
	张敏（1997 年 7 月至 2002 年 5 月任第三届主委）	任山东省第八届政协副主席
河南省委会	高葆谦（1987 年 9 月至 1992 年 8 月任第一届主委）	
	邵令方（1992 年 8 月至 1997 年 6 月任第二届主委）	任河南省第七届政协副主席
	张广兴（1997 年 6 月至 2002 年 8 月任第三届主委）	任河南省第八、九届政协副主席

续表

省级组织	主　委	在省级人大、政府、政协领导班子任职情况
湖北省委会	蒯天聪（1988年2月至1992年4月任第二届主委，1992年4月至1997年5月任第三届主委）	任湖北省第六、七届政协副主席
	肖谷欣（1997年5月至2002年5月任第四届主委）	任湖北省第八届政协副主席
湖南省委会	何绍勋（1988年8月至1992年8月任第二届主委，1992年8月至1997年6月任第三届主委）	任湖南省第六、七届政协副主席
	姚守拙（1997年6月至2002年6月任第四届主委，2002年6月至2007年6月任第五届主委）	任湖南省第八、九届政协副主席
广东省委会	黄耀燊（1988年5月至1992年7月任第七届主委，1992年7月至1993年12月任第八届主委）	任广东省第五、六、七届政协副主席
	谭盈科（1994年6月至1997年6月任第八届主委）	
	王宁生（1997年6月至2002年6月任第九届主委）	任广东省第九届人大常委会副主任
广西区委会	马明龙（1988年5月至1992年10月任第六届主委）	任广西壮族自治区第五、六届政协副主席
	张慕洁（1994年8月至1997年5月任第七届主委，1997年5月至2002年6月任第八届主委）	任广西壮族自治区第八、九届人大常委会副主任
海南省委会	周德晖（1989年4月至1994年11月任第一届主委）	
	韩宇东（1994年11月至1997年4月任第二届主委，1997年4月至2002年3月任第三届主委）	

续表

省级组织	主　委	在省级人大、政府、政协领导班子任职情况
重庆市委会	韦思琪（1997年4月至2002年4月任第一届主委）	任重庆市第一届政协副主席
四川省委会	李克光（1988年6月至1992年6月任第六届主委，1992年6月至1997年5月任第七届主委）	任四川省第六、七届政协副主席
	唐运张（1997年5月至2002年4月任第八届主委）	任四川省第八届政协副主席
贵州省委会	张超伦（1988年7月至1992年8月任第二届主委）	任贵州省第七届政协副主席
	王中刚（1992年8月至1997年5月任第三届主委，1997年5月至2001年7月任第四届主委）	任贵州省第八届政协副主席
	傅家祥（2001年7月至2002年5月任第四届主委）	
云南省委会	刘崇智（1991年1月至1997年6月任第二届主委）	
	舒自尧（1997年6月至2002年5月任第三届主委）	
陕西省委会	叶瑞禾（1988年8月至1989年10月任第一届主委）	
	王世臣（1990年12月至1992年5月任第一届主委，1992年5月至1997年7月任第二届主委）	
	陈宗兴（1997年8月至2002年6月任第三届主委）	任陕西省副省长

续表

省级组织	主　委	在省级人大、政府、政协领导班子任职情况
甘肃省委会	张言（1988 年 2 月至 1992 年 8 月任第一届主委，1992 年 8 月至 1997 年 6 月任第二届主委，1997 年 6 月至 2002 年 5 月任第三届主委）	
青海省委会	张祖荣（1992 年 5 月至 1994 年 7 月任第二届主委）	
	任震宇（1995 年 10 月至 1997 年 4 月任第二届主委，1997 年 4 月至 2002 年 4 月任第三届主委）	任青海省第八届政协副主席
宁夏区委会	董敬舒（1992 年 8 月至 1997 年 7 月任第二届主委）	
	冯炯华（1997 年 7 月至 2002 年 5 月任第三届主委）	任宁夏回族自治区第六届政协副主席
新疆区委会	刘诚之（1992 年 9 月至 2000 年 7 月任第一届主委）	
	苏时务（2000 年 7 月至 2002 年 6 月任第一届主委）	
备注：此表中省级组织主委任职时间为 20 世纪 80 年代末至 2000 年前后（农工党十届、十一届、十二届中央期间），其中部分省级组织主委在省级人大、政府、政协领导班子任职情况与主委任职时间不同步		

第六章

落实科学发展观，服务全面建设小康社会

2002 年 11 月，中共十六大胜利召开，标志我国进入全面建设小康社会新的历史阶段。2007 年 10 月，中共十七大胜利召开，对贯彻落实科学发展观，夺取全面建设小康社会新胜利作出部署。中共中央高度重视多党合作事业，于 2005 年出台《关于进一步加强中国共产党领导的多党合作和政治协商制度建设的意见》，推进多党合作和政治协商规范化、制度化、程序化建设。农工党深入贯彻落实中共中央部署，认真履职尽责，大力推进自身建设，努力成为适应新世纪多党合作事业要求的参政党，为全面建设小康社会、构建社会主义和谐社会作出积极贡献。

一、为全面建设小康社会凝心聚力

（一）胡锦涛总书记走访农工党中央

2002 年 12 月 27 日，中共中央总书记胡锦涛走访农工党中央。胡锦涛代表中共中央，向农工党新一届中央领导机构成员表示衷心的祝贺，向农工党广大党员表示诚挚的问候。胡锦涛充分肯定农工党与中国共产党团结合作建立的深厚革命情谊，以及为我国的革命、建设和改革事业作出的贡献。胡锦涛说，我们新一届中共中央和各民主党派中央有一个共同的心愿，那就是要继续坚持和发扬中国共产党和各民主党派在长期团结奋斗中形成的亲密合作的优良传统，更好地发挥我国社会主义政党制度的特点和优势，同心同德地为全面建设小康社会、开创中国特色社会主义事业新局面而奋斗。在走访活动中，胡锦涛和贾庆林、曾庆红等中共中央领导还看望了农工党中央机关工作人员。农工党同志深受鼓舞和激励。

在中共中央坚强领导和大力支持下，农工党坚持以邓小平理论和“三个代表”重要思想为指导，贯彻科学发展观，围绕中心、服务大局，全面加强自身建设，认真履行参政议政、民主监督职能，各项工作都有新发展，取得了新成果。

（二）召开第十三次全国代表大会

2002 年 12 月 4 日至 8 日，中国农工民主党第十三次全国代表大会在北京举行。大会的主要任务是：学习贯彻中共十六大精神，审议农工党十二届中央委员会的工作报告，总结农工党十二大以来的实践经验，确定今后一个时期的政治任务，修订农工党章程，选举产生新一届领导机构，动员各级组织和全体党员围绕中共十六大提出的战略目标和各项任务，全面推进农工党的工作。全党 543 名选举代表、104 名特邀代表出席会议，列席人员 72 人。

在大会开幕式上，李蒙致开幕词。中共中央政治局委员、书记处书记、中央组织部部长贺国强代表中共中央致贺词。贺词指出，自 1930 年成立以来，在血与火的考验中，农工党同中国共产党建立了互相信任、互相支持的亲密关系，为新民主主义革命的胜利和中华人民共和国的建立作出了贡献。中华人民共和国成立以来，农工党与中国共产党一道前进，一道经受考验，共同谱写了在社会主义道路上建设国家、促进民族振兴的新篇章。全国人大常委会副委员长、民进中央主席许嘉璐代表各民主党派中央、全国工商联致贺词。

在大会全体会议上，蒋正华代表农工党第十二届中央委员会作题为《与时俱进，奋发有为，为全面建设小康社会、加快推进社会主义现代化作出更大贡献》的工作报告。报告总结了农工党过去五年的工作，对今后工作进行了展望和部署。报告认为，在中国共产党的领导下，农工党十二届中央以邓小平理论为指导，认真学习“三个代表”重要思想，学习贯彻全国统战工作会议精神，坚持以政治交接为主线，延续和发展农工党与中国共产党团结合作的政治纲领、政治路线，继承和发扬农工党老一辈领导人与中国共产党亲密合作的政治立场和优良传统，全面加强思想建设、组织建设和作风建设；紧密围绕国家中心任务，切实履行参政党职能，为建设中国特色社会主义经济、政治、文化，为维护安定团结政治局面，为实现祖国完全统一，为维护世界和平与促进共同发展，作出了积极贡献。报告指出，在新世纪新阶段，农工党的主要任务是：以邓小平理论为指导，学习实践“三个代表”重要思想，切实履行参政党职能，学习贯彻中共十六大精神，努力建设适应新世纪要求的参政党，紧密围绕全面建设小康社会的目标履行参政党职能，为实现新世纪三大历史任务作出更大贡献。大会听取了章师明作的《关于〈中国农工民主党章程（修正案）〉的说明》，通过了新修订的《中国农工民主党章程》。新党章将农工党界定为以医药卫生界高、中级知识分子为主、具有政治联盟特点、致力于建设中国特色社会主义事业的政党，并首次将“参政党职能”这一概念写入党章，明确了参政履职要求。

会议选举产生了由190人组成的农工党第十三届中央委员会。在12月8日举行的农工党十三届一次中央全会上，选举产生43人组成的中央常务委员会；选举蒋正华为中央主席，李蒙、阎洪臣、宋金升、朱兆良、陈建生、陈宗兴、张大宁、左焕琛、桑国卫、王宁生10人为中央副主席；推举方荣欣、姚峻、章师明、田光涛、蒯天聪、郭秀仪为中央名誉副主席。同日，十三届一次主席会议推举李蒙为中央常务副主席，十三届一次中央常委会决定游宏炳任中央秘书长。2005年12月，十三届四次中央全会补选陈勋儒为中央副主席。2006年12月，十三届五次中央全会增选汪纪戎为中央副主席。

会议要求全党同志切实履行参政党职能，认真学习贯彻中共十六大精神，与时俱进，奋发有为，为开创新世纪多党合作新局面，实现中共十六大提出的战略目标和各项任务，全面建设小康社会，加快推进社会主义现代化作出更大贡献。

2003年3月，在十届全国人大一次会议上，蒋正华当选为十届全国人大常委会副委员长，陈建生、万学文、桑国卫、王宁生当选为十届全国人大常委会委员。同月，在全国政协十届一次会议上，李蒙当选为十届全国政协副主席，左焕琛、朱兆良、吴新涛、宋金升、张大宁、陈宗兴、陈勋儒、姚守拙、徐鸿道、阎洪臣、彭钊、傅家祥、高国才当选为十届全国政协常委。大会期间，政协十届全国委员会常务委员会第一次会议通过副秘书长任命名单，陈宗兴为全国政协副秘书长（兼职）。

（三）认真履行参政党职能，积极参政议政

2005年2月，中共中央颁发《中共中央关于进一步加强中国共产党领导的多党合作和政治协商制度建设的意见》，把在多党合作的实践经验和有效做法上升为制度规范，明确提出，“把政治协商纳入决策程序，就重大问题在决策前和决策执行中进行协商，是政治协商的重要原则”，“民主党派和无党派人士通过考察调研建言献策，是发挥参政议政作用的重要形式”。2006年2月，中共中央下发《关于加强人民政协工作的意见》，对人民政协工作作出制度安排。农工党中央深入贯彻两个文件精神，坚持把发展作为参政议政的第一要务，紧密围绕全面建设小康社会的目标，深入调查研究，积极建言献策。农工党十三届中央期间，以提案、考察调研报告、社情民意信息等方式提出的意见和建议，经中共中央、国务院领导同志批转有关部门研究采纳的有14件，为科学决策、民主决策作出了贡献。

参加政治协商。农工党十三届中央期间，中央和地方组织领导人积极参与政治协商，出席中共中央、国务院和地方党委、政府召开的协商会、座谈会。在中共中央召开的民主协商会上，农工党中央就政府机构改革、国家领导人人事安排发表意见。在中共中央、国务院主持召开的党外人士座谈会上，农工党中央先后就抗击“非典”、三峡库区移民、促进资源型城市转型、建设海峡西岸经济区、新型农村合作医疗、开放开发北部湾等问题积极建言，献智出力。中共中央统战部每年多次召开不同形式的会

议，通报或交流情况，听取各民主党派建议，农工党积极参加并根据掌握的情况提出建议。

★ 2004 年 11 月，蒋正华（前排左四）率团在福建调研。农工党中央以此次调研为基础报送的《从祖国统一高度加快福建港口发展的建议》，得到中共中央有关领导同志的重视。

开展调查研究。考察调研是参政议政的基础性工作。从 2004 年起，中共中央委托各民主党派中央组织开展大考察。农工党中央高度重视，将大考察作为全党每年考察调研的重中之重，由农工党中央主席带队，先后就资源型城市现状及转型、发展农村新型合作医疗、优化医疗执业环境、促进海洋经济健康发展等问题进行了年度大考察。此外，农工党十三届中央期间，还有针对性地开展了有关区域经济发展、医药卫生体制改革等考察调研，累计向中共中央、国务院报送考察调研报告十件。中共中央、国务院领导同志对这些报告高度重视，许多建议被吸收到国家有关规划、政策和工作部署中。

2003年，在中共中央统战部组织的重大问题考察调研活动中，农工党中央以“调整消费结构，拓宽国内市场”为题，由中央领导率团赴上海，就如何促进消费、扩大内需问题进行考察调研，并委托江苏、陕西、浙江等省委会开展相关专题调研。

2004年，农工党中央领导率团赴天津、重庆、黑龙江、福建等地开展调研，分别报送《关于支持天津市实施滨海新区发展战略的建议》《关于加强三峡库区生态环境保护和建设的对策建议》《关于我国资源型城市转型的对策建议》《关于支持海峡西岸经济区建设港口及交通枢纽的建议》等专报，得到中共中央、国务院领导同志高度重视。其中，关于支持滨海新区发展，在农工党中央提出建议后，全国政协人口资源环境委员会组织两次专题调研，形成的报告得到国务院领导同志的批示，指出规划和建设好天津滨海新区，不仅对天津的长远发展，而且对振兴环渤海区域经济有重大作用，请发改委在制定“十一五”规划和长远规划时统筹研究。2006年6月，国务院公布《推进天津滨海新区开发开放有关问题的意见》，将滨海新区开发开放正式纳入国家发展战略布局。关于资源型城市转型，在农工党中央提出建议后，经多渠道共同推动，大庆市被批准为国家石油城市经济转型试点，伊春市被批准为国家林业城市经济转型试点，“哈大经济带”在国家立项时扩大为“哈大齐工业走廊”，为黑龙江乃至东北地区经济发展起到积极推动作用。

2005年，蒋正华、李蒙率团赴江西开展以“构建和谐社会，发展新型农村合作医疗”为主题的大考察，浙江、江苏、湖南、青海等省级组织开展了同步调研。在深入调研基础上，农工党中央向中共中央、国务院报送《关于发展新型农村合作医疗的若干建议》。当年，农工党中央还组团赴美国考察田纳西河流域水资源开发和管理情况，为借鉴国际经验促进长江上游和三峡库区生态环境建设积极建言献策。

2006年，农工党中央开展以“优化医疗执业环境、构建和谐医患关系”为主题的大考察。6月上旬，蒋正华、李蒙率团赴四川开展调研。北京、上海、广东、云南、安徽等省级组织开展同步调研。形成《关于优化医疗执业环境的若干建议》调研报告，报送中共中央、国务院，得到中共中央、国务院领导同志的批示。为落实批示精神，卫生部与农工党中央联合召开专题座谈会，进一步研究“优化医疗执业环境”问题。此外，5月上旬，李蒙率团赴河北，就新农村建设中的一些重要问题，包括农村金融、基层政权的财力保障、乡村债务、农村基础设施建设等问题开展调研，形成《关于进一步推进社会主义新农村建设的建议》，得到国务院领导同志的批示。

2006年12月，蒋正华率农工党中央考察团到广西，就环北部湾（广西）经济区进行专题调研。2007年2月，在中共中央召开的党外人士迎春座谈会上，蒋正华建言加快北部湾开放开发、推进泛北部湾经济合作。2007年3月，蒋正华在《光明日报》发表《让北部湾成为新的经济增长极》的署名文章。2007年7月，全国政协召开“加快广西北部湾经济区开发与建设，推进北部湾区域经济合作与发展”专题协商会，农工党中央进一步呼吁推进北部湾开放开发，希望国家加大扶持力度，在发展规划、基础设施建设、重大产业布局等方面给予重点支持，促其尽快形成发展新一极。2008年1月，广西北部湾经济区发展规划获国家审批同意，北部湾开发建设正式上升为国家战略。

2007年6月，蒋正华、李蒙率农工党中央考察团赴海南省进行大考察，提出《关于促进海洋经济又好又快发展的若干建议》。同年，农工党黑龙江省委会完成《大小兴安岭生态功能区建设和保护调研报告》，据此形成《关于建立大小兴安岭生态功能区的建议》，被作为农工党中央2008年提案报送全国政协十一届一次会议，被全国政协列为重点督办提案。2008年11月，国家林业局给予积极回复。2010年大小兴安岭生态功能区建设上升为国家战略项目。

参与多党合作重要文件的制定。2004年年初，在中共中央举行的党外人士迎春座谈会上，胡锦涛总书记回应民主党派中央领导人关于出台多党合作新文件的建议，指出要认真总结多党合作实践的好经验好做法，着眼于加强社会主义政治文明建设，进一步推进中国共产党领导的多党合作和政治协商的制度化、规范化、程序化建设，扎扎实实把我国多党合作事业推向前进。根据胡锦涛总书记的这一指示精神，中共中央统战部着手多党合作新文件代拟稿的起草工作。2004 年 6 月，中央统战部部署开展“多党合作制度化、规范化”课题调研，农工党中央通过深入调研、反复修改，完成了《“关于多党合作制度化、规范化、程序化”课题调研报告》。报告提出关于加强多党合作制度化、规范化、程序化的多项建议，建言进一步加强和改善中国共产党对多党合作的领导，对《中共中央关于进一步加强中国共产党领导的多党合作和政治协商制度建设的意见》的制定出台提供了参考。

农工党十三届中央期间，全党有 1180 余名党员担任各级人大代表，其中全国人大代表 54 人；有 6480 余名党员担任各级政协委员，370 余名党员担任各级政协领导；有 520 余名党员在各级政府及司法机关担任领导职务；一批党员应聘担任司法机关和政府部门的特约人员。他们依法履职，勤政尽责，为国家发展和民主法制建设作出了贡献。

在人民政协中发挥作用。在政协第十届全国委员会任期内，农工党中央向全国政协提交大会发言、提案 187 件。其中，关于《建议国家制定〈丹江口库区经济社会发展规划〉》等 6 件提案，被全国政协列为重点提案报送中共中央、国务院，得到有关领导同志的批示。《关于加快西部地区自然资源开发立法》等 5 件提案，被全国政协评为优秀提案。在全国政协十届一次会议上，陈宗兴代表农工党中央作题为《人口工作要适应新形势 树立新观念 采取新措施》的大会发言；在全国政协十届二次会议上，张大宁、左焕琛分别代表农工党中央作题为《加快环渤海经济圈建设打造新的经济增长极》《打破地区封锁 建设全国统一市场》的大会发言；在全国政协十届三次会议上，陈宗兴代表农工党中央和全国政协人口资源环境委员会作题为《保护长江 形势严峻 任重道远》的大会发言；在全国政协十届四次会议上，张大宁代表农工党中央作题为《求真务实 开拓创新 进一步加强公共卫生体系建设》的大会发言；在全国政协十届五次会议上，阎洪臣、汪纪戎代表农工党中央分别作题为《开发卫生人力

资源 提高农民健康水平》《加快北部湾开放开发，积极推进泛北部湾经济合作》的大会发言。

此外，在全国政协常委会、专题协商会、各专门委员会会议等会议上，提出许多有针对性的意见建议。如2005年7月11日至12日，全国政协召开国民经济和社会发展“十一五”规划和2020年远景目标的编制座谈协商会，农工党中央在会上作了《关于“十一五”期间发展我国卫生事业的若干建议》的发言，就推进医疗体制改革等方面提出意见建议。2005年，在全国政协十届第十次、十一次常委会上，农工党中央分别作题为《民主党派在构建和谐社会中的作用》《落实科学发展观，深化医疗卫生体制改革》的发言。

2004年农工党中央编发《信息专报》内部刊物，制定编报、评分、奖励等办法，印发《社情民意信息工作手册》，2005年召开全党社情民意信息工作会议，动员各级组织和广大党员反映社情民意信息。农工党十三届中央期间，向全国政协报送社情民意信息400多件，其中100多件由全国政协专报中共中央、国务院领导同志，多件获中共中央、国务院领导同志批示。

专委会积极参政议政。2003年3月，农工党十三届二次中央常委会决定设立医药卫生、科技、教育、文化、联络、妇女、经济、法律八个中央专门工作委员会。农工党十三届中央期间，各中央专委会发挥专业优势，承办农工党中央主办的“国家医药卫生体制改革研讨会”“前进发展论坛”“中国生态健康论坛”等活动，累计开展专项调研80项，向农工党中央报送提案40件、社情民意信息24件。如2004年创办“中国生态健康论坛”，在2004年至2006年间接续主办3届论坛，持续推进生态环境建设，提高全民健康水平。

开展联络交流活动。农工党中央和各地方组织把促进两岸关系发展作为履职尽责的一项重要工作列入议事日程。农工党中央召开联络工作座谈会，交流经验，探讨工作方式。2005年，中秋节期间邀请在北京中医药大学学习的台湾学生参加联谊活动，中国中医药研究促进会组团开展两岸中医药文化交流活动。各地方组织和许多党员同志根据自身情况和条件，开展与香港、澳门、台湾同胞及海外侨胞在经贸、科教、文化等方面的沟通交流和亲情联谊。

（四）积极开展社会服务，为构建和谐社会作贡献

农工党十三届中央期间，各级组织和广大党员以服务和谐社会建设、社会主义新农村建设为目标，发挥智力优势，利用自身条件，依托各级组织或党员兴办教育、医疗等公益事业机构，开展智力支边扶贫、助学支教、法律援助、健康咨询和科技服务等活动，取得了积极成效。

开展智力支边扶贫。农工党中央定点帮扶的贵州省大方县，已基本解决温饱问题，农工党中央坚持“脱贫不脱钩”，先后开展养牛扶贫、援建小学、干部培训、资助贫困大学生等项目，协调落实了旅游公路建设、石漠化治理、农业综合开发等项目，继续帮助贫困家庭增强发展能力，促进大方县经济社会加快发展。

开展医疗帮扶活动。农工党中央会同有关地方组织，确定了200多家定点帮扶乡镇卫生院，通过专家辅导、技术示范、院长培训、人才培养、捐赠药品及医疗用品等方式，支持乡镇卫生院提高管理水平和医疗技术水平、增强服务群众的能力。2004年，农工党中央与卫生部、中央电视台联合主办以《健康之路内蒙古行》为主题的“送医、送药、送知识”宣传活动，组织了12支医疗队深入到内蒙古12个地区，行程3000多公里，受到了农牧民的欢迎。农工党中央主办的中国初级卫生保健基金会，积极支持农村卫生事业，开展“健康扶贫”公益项目，面向农民免费开展上呼吸道疾病普查和妇科疾病普查。2003年至2007年，先后向黑龙江、陕西、湖南、内蒙古、河北等地捐赠疾病普查药具、药品、医疗用品以及安全饮水设备等，价值达3亿多元。

开展教育、法律等社会服务活动。各级组织和党员援建希望小学60多所，资助失学儿童2万多名。通过建立“构建和谐社会联系点”“新农村建设服务点”，服务农村发展。农工党山东、浙江、山西等省级组织成

立了10多家法律援助机构，为弱势群体提供无偿代理诉讼和法律咨询服务。

参与主办“国际科学与和平周”。多年来，农工党各级组织每年组织数千名党员紧紧围绕“科学与和平”的主题，在全国范围内开展医学宣传、健康咨询、专家义诊、捐送物品、文艺演出、医药下乡等各种公益活动，每年有数十万人民群众在活动中受益。农工党还把这项活动推向了农村，在社会上产生了广泛而良好的影响，为我国精神文明和物质文明建设作出了贡献。农工党中央多次获得“国际科学与和平周”中国组委会的嘉奖，先后被组委会授予“特别贡献奖”“优秀活动奖”“和平使者”荣誉称号。在2003年举行的第十五届“国际科学与和平周”开幕式上，农工党中央获得了“国际科学与和平周”最高荣誉奖。

积极参与抗击“非典”斗争。“非典”疫情发生后，农工党响应中共中央、国务院号召，下发《关于积极做好非典型肺炎防治工作的通知》，对全党抗击“非典”做出动员部署。党员中的医务工作者迅速行动，积极投身抗击“非典”的战斗。未能亲临一线的党员，充分运用专业知识，通过各种形式开展科学防治“非典”的宣传和咨询工作，向群众宣传科学防治知识，消除恐慌情绪，维护社会安定。农工党中央先后向有关部门报送了关于“建立和完善公共卫生安全体系”“加强医药市场监管，维护医药市场秩序”“传染性非典型肺炎的中医辨证论治治疗方案”“如何减小非典型肺炎疫情对我国经济建设的影响”“关于加强对SARS病毒交叉感染引发的法律责任问题研究的建议”等10余项建议。全党共有11233名党员参加了抗击“非典”的各项工作，其中246人担任省市级抗击“非典”领导小组成员或专家组成员，3374人战斗在抗击“非典”第一线，有10名党员在救治患者过程中受到病毒感染，天津市肺科医院麻醉科副主任医师马宝璋同志光荣殉职，被追认为烈士。各级组织和广大党员发扬中华民族团结互助、和衷共济的精神，积极捐款捐物，以各种形式慰问奋战在一线的医护人员。据不完全统计，农工党各级组织和个人为抗击

“非典”捐款164万元人民币，捐物折合人民币1941万元。2003年9月，农工党中央举行抗击“非典”先进表彰座谈会，表彰在抗击“非典”斗争中作出突出成绩的先进集体207个，优秀党员579名，先进个人1468名。

（五）坚持正确政治方向，思想政治基础更加巩固

农工党十三届中央期间，农工党坚持正确的政治立场和政治方向，把思想建设作为政治交接的重要任务，继承发扬优良传统，不断巩固多党合作的思想政治基础。2004年农工党中央组织编发《中国农工民主党党员读本》，2005年召开全国宣传思想工作会议，2006年开展关于进一步加强农工党思想建设和组织建设的调研。

2004年6月，在北京召开全党理论建设工作会议，推动农工党各级组织建立领导班子理论学习中心组制度。同年7月，农工党十三届六次中央常委会审议通过《关于加强参政党理论建设的意见》，确定了开展参政党理论建设的指导思想、基本原则、主要内容及主要措施。为深化理论研究工作，农工党中央探索建立“参政党理论研究点”，于2006年设立上海、重庆理论研究点，于2007年设立湖北、四川理论研究点。同时，为加强思想建设的针对性，开展党员思想状况问卷调查；组织“构建和谐政党关系”“参政党理论建设”等课题研究；编印《理论研究参考》、表彰优秀论文。

2007年3月，农工党中央决定，以换届为契机，集中两年左右时间，在全党开展以“坚持走中国特色社会主义政治发展道路”为主题的政治交接学习教育活动，为统一思想、凝聚力量发挥了积极作用。

充分发挥党刊《前进论坛》和中央网站等宣传载体作用，加大对农工党重点工作、重要活动、代表性人物、先进典型的宣传力度，展示我国多党合作事业的发展成果，激发了广大农工党党员为国家发展贡献智慧和力量的主动性和自豪感。

立足于整理和记录农工党与中国共产党团结合作的光荣历史，农工党

中央和地方组织共同努力，组织开展对农工党史料的抢救整理工作，完成《中国农工民主党第一次全国干部会议人物传》《中国农工民主党烈士传》《抗日战争时期的中国农工民主党》《解放战争时期的中国农工民主党》《同心同德谋发展——中国农工民主党新时期参政议政案例选》等史料的整理和编写工作，成为农工党开展传统教育的生动教材。2004 年论证确定了农工党第一次全国干部会议的会址，为利用会址进一步开展农工党党史和宣传教育打下基础。从 2006 年开始，拍摄了文献电视专题片《中国农工民主党》。

（六）适应多党合作事业发展需要，组织建设进一步加强

农工党十三届中央期间，以建设同中国共产党长期亲密合作、致力于中国特色社会主义事业的参政党为目标，进一步加强领导班子建设、干部培训和人才推荐工作，重视组织发展，优化党员结构，组织工作的制度化、规范化、程序化建设进一步加强。2004 年，开展了组织建设调研，完成了党员数据库建设，基本摸清了 2002 年换届以来农工党组织发展和后备干部队伍状况。2005 年 9 月，召开组织建设理论研讨会，探索新时期农工党组织建设的特点和规律。2006 年，按照《各民主党派中央关于做好省级组织换届工作座谈会纪要》，印发《关于省级委员会换届工作的意见》，召开全国组织工作会议，编写《农工党省级委员会换届工作程序》，为地方组织换届打下坚实基础。2007 年 4 月至 8 月，农工党 30 个省级组织先后顺利完成换届，选举产生省级委员会主委 30 名、副主委 169 名、常委 495 名、委员 1399 名。换届后，在中华人民共和国成立前后出生、改革开放以后成长起来的新一代代表性人士，走上领导岗位。

2003 年至 2007 年，农工党发展党员 1.75 万名。截至 2007 年 9 月，农工党党员总数 10.2 万余人，其中医药卫生界占 61.3%、文教界占 18.4%、科技界占 8.6%、其他界别占 11.7%，结构更加优化。同时，为适应参政议政人才需要，有针对性地发展了一批在经济、法律、金融、管理等领域的代表性人士。农工党中央和地方各级组织积极支持党员立足岗

位建功立业。广大农工党党员认真履行职责，爱岗敬业，勤奋工作，为国家现代化建设事业作出积极贡献，涌现出许多先进人物和优秀人才。农工党十三届中央期间，共有720多位党员分别获得“国家科技进步奖”“全国劳动模范”“全国五一劳动奖章”“全国优秀律师”“全国优秀教师”“全国民族团结进步模范个人”“全国三八红旗手”等荣誉称号。在2006年9月召开的各民主党派、工商联、无党派人士为全面建设小康社会作贡献经验交流暨表彰大会上，农工党有15个单位获得先进集体、50名党员获得先进个人荣誉称号。

完善中央机关机构设置。2003年4月，农工党中央主席办公会议通过《农工民主党中央机关各部门处级机构“三定”编制方案》，明确办公厅内设主席办公室、秘书处、文书档案处、财务处、行政管理处5个处级机构；组织部内设综合处、地方组织处、党员干部处、机关人事处（挂靠）4个处级机构；宣传部内设综合处、理论研究处、宣传教育处3个处级机构；社会服务部内设综合处、文化教育卫生处、经济科技法律处3个处级机构；参政议政部内设综合处、调研处、联络处3个处级机构；研究室内设综合处、信息处、党史研究处3个处级机构。2007年3月，农工党中央十三届二十九次主席会议决定，机关人事处由挂靠在组织部调整为挂靠在办公厅。2004年和2006年，分别召开农工党机关建设工作会议、秘书长和办公室主任工作座谈会，推动农工党各级机关建设的规范化水平明显提高。

二、建设适应新世纪多党合作事业要求的参政党

2007年10月，中国共产党召开第十七次全国代表大会，对科学发展观的时代背景、科学内涵和精神实质进行了深刻阐述，对深入贯彻落实科学发展观提出明确要求，确立了全面建设小康社会的奋斗目标。同年7月，中共中央总书记胡锦涛在中共中央召开的党外人士座谈会上，提出要巩固

和发展最广泛的爱国统一战线，最大限度把各方面的智慧和力量凝聚起来，最大限度把全社会的积极性和创造性发挥出来，坚定不移地推动科学发展、促进社会和谐。在中国共产党的领导下，农工党中央团结带领全党同志，高举中国特色社会主义伟大旗帜，坚持以邓小平理论和“三个代表”重要思想为指导，贯彻科学发展观，全面加强自身建设，认真履行参政议政、民主监督职能，各项工作迈上新台阶。

（一）召开第十四次全国代表大会

2007 年 12 月 11 日至 15 日，农工党第十四次全国代表大会在北京召开。出席会议代表 667 人，列席 68 人。大会的主要任务是：学习贯彻中共十七大精神，审议农工党十三届中央委员会的工作报告，总结农工党十三大以来的工作成果和实践经验，确定今后一段时期的政治任务，修订农工党章程，选举产生新一届领导机构；动员各级组织和全体党员围绕中共十七大提出的目标，进一步统一思想，凝聚力量，为建设中国特色社会主义伟大事业、全面建设小康社会作出新贡献。

在开幕会上，李蒙主持开幕式。中共中央政治局常委、全国政协主席贾庆林代表中共中央向大会致贺词。贺词指出，在过去的五年中，农工党认真贯彻落实中国共产党和国家的方针政策，切实履行参政党职能，充分发挥自身优势，为我国改革开放和社会主义现代化建设事业作出了重要贡献，希望农工党切实搞好政治交接，使农工党始终成为同中国共产党通力合作、致力于中国特色社会主义事业的参政党。全国政协副主席、致公党中央主席罗豪才代表各民主党派中央和全国工商联致贺词。

在大会全体会上，蒋正华代表农工党十三届中央委员会作题为《坚持走中国特色社会主义政治发展道路，为全面建设小康社会贡献智慧和力量》的工作报告。报告回顾了农工党十三届中央委员会的工作，总结了基本经验和体会，对未来五年的工作进行了部署。报告指出，农工党认真履行参政党职能，在中国共产党领导的多党合作和政治协商制度中积极发挥作用，各项工作在原有的基础上有了新的发展和进步。报告总结出四条基本经验：遵循多党合作的政治准则；坚持把发展作为参政议政的第一要务；搞好自身建设、不断提高履职能力和水平；整合全党资源、用好全党力量。陈宗兴作《关于〈中国农工民主党章程〉（修正案）的说明》。会议审议通过了《关于第十三届中央委员会报告的决议》《中国农工民主党章程（修正案）》《中国农工民主党第十四次全国代表大会决议》。新修订的党章增加了深入贯彻落实科学发展观的内容，根据中共十七大关于中国特色社会主义的深刻阐述，对农工党的奋斗目标和基本任务进行了调整，规范了党员发展程序，完善了农工党的纪律处分规定，明确了内部监督机构，确立了届中调整和增补选制度，规范了基层组织设立制度。

大会选举产生了由200人组成的第十四届中央委员会。在随后召开的农工党十四届一次中央全会上，选举产生45人组成的中央常委会；选举桑国卫为中央主席，陈宗兴、张大宁、王宁生、陈勋儒、汪纪戎、刘晓峰、陈述涛、何维、姚建年、杨震10人为中央副主席。在十四届一次中央主席会议上，推举陈宗兴为中央常务副主席；在十四届一次中央常委会上，任命陈建国为中央秘书长。2012年10月，十四届六次中央全会增选陈竺为中央副主席。

桑国卫在闭幕会上表示，农工党要继承和发扬与中国共产党长期亲密合作的优良传统，坚持搞好政治交接，坚持走中国特色社会主义政治发展道路，始终做到自觉接受中国共产党领导的政治立场不变，与中国共产党亲密合作、同心同德的政治态度不变，致力于中国特色社会主义事业的团结奋斗精神不变。要坚持把发展作为参政议政的第一要务，以科学发展观统领参政议政工作，全面加强参政能力建设，充分发挥在医药卫生界联系广泛的优势，就推进医疗卫生事业改革发展、实施环境保护基本国策、加强生态文明建设等问题加强调研，建言献策。

农工党十四大是进入新世纪后农工党召开的一次重要会议，大会完成了新老交替和政治交接的历史性任务，对于农工党坚持以邓小平理论和“三个代表”重要思想为指导思想，深入贯彻落实科学发展观，扎实推进全党各项工作开展，具有重要意义。

2008年3月，在十一届全国人大一次会议上，桑国卫当选为十一届全国人大常委会副委员长，陈述涛、汪纪戎、姚建年、王宁生、桑国卫当选为十一届全国人大常委会委员。同月，在全国政协十一届一次会议上，陈宗兴当选为十一届全国政协副主席，王新陆、左焕琛、冯炯华、刘晓峰、何维、张大宁、陈宗兴、陈绍军、陈勋儒、周健民、郑小燕、高体健、蔡威、黄代放当选为十一届全国政协常委。大会期间，政协十一届全国委员会常务委员会第一次会议通过副秘书长任命名单，刘晓峰为全国政协副秘书长（兼职）。

2008年3月，农工党十四届二次中央常委会通过《中国农工民主党中央专门工作委员会工作规则修正案》、专委会设置及主任人选建议名单，决定设置医药卫生、科技、人口资源环境、教育、文化、联络、妇女、经济、社会与法制等九个专门工作委员会。

（二）认真履职尽责，在多党合作事业中发挥积极作用

农工党十四届中央期间，全党坚持围绕中心、服务大局，切实履行参政议政、民主监督职能，以提案、考察调研报告、社情民意信息等方式提出意见和建议，有53件得到中共中央、国务院领导同志的批示。许多建议被吸收到国家法律法规、方针政策、重要规划中，为推动科学发展、促进社会和谐、保障改善民生发挥了重要作用。各地方组织也提出了很多有价值的议政建议，为当地经济社会发展助力。

2011年，在中共中央统战部、人力资源和社会保障部、各民主党派中央、全国工商联举办的各民主党派、工商联、无党派人士为全面建设小康社会作贡献评选表彰大会上，农工党获得建言献策优秀成果奖十项，分别是：农工党中央《关于加强村卫生室建设，确保广大农民“人人享有基本医疗卫生服务”的建议》《关于促进柴达木循环经济试验区又好又快

发展的建议》，天津市委会《着眼大局、突出重点，为加快滨海新区发展积极建言献策》，河北省委会《关于将大型信息存储设施园区建设列入河北省“十二五”规划的建议》，黑龙江省委会《关于黑龙江发展现代农业和对俄贸易区建设等重大问题的建议》，浙江省委会《海洋经济发展的系列建议》，湖南省委会《力推清洁能源，发展绿色经济》，广西区委会《参与推动广西北部湾经济区开发建设上升为国家战略》，青海省委会《建设兰州西宁经济区的建议》（被列入国家“十二五”规划），宁夏区委会《关于尽快搬迁石嘴山市二矿沉陷区居民的建议》。

参与政治协商。农工党十四届中央期间，农工党中央领导同志出席中共中央、国务院召开的党外人士座谈会28次，就中共中央重要文件、国家领导人选、政府工作、经济工作、国家“十二五”规划、文化繁荣发展等关系全局的重大问题积极建言。在全国政协召开的专题协商会上，农工党中央就医药卫生事业改革发展、开发新能源发展绿色经济、加强食品药品安全监督、加快收入分配制度改革、加强和创新流动人口管理、规范网络空间秩序维护国家文化安全等问题作专题发言。在最高人民法院、最高人民检察院召开的党外人士座谈会上，农工党中央就廉政建设和反腐败工作、司法体制改革等问题发表意见。农工党中央在座谈会、协商会提出的意见和建议，受到高度关注，许多建议被采纳。如2008年11月，在中共中央召开的党外人士座谈会上，桑国卫建议在本轮扩大内需的国家投资项目中，把“西南国际大通道”建设纳入国家战略，尽快立项启动建设，并将建议书面报送中共中央、国务院。这一建议先后得到中共中央、国务院领导同志的批示。

深入调查研究。农工党十四届中央期间，围绕国家中心工作，设立重大课题，开展调查研究，积极建言献策，取得了显著的成绩。先后就医药卫生事业发展、人口资源环境、区域经济发展、加强和创新社会管理等重大问题深入考察调研，向中共中央、国务院报送调研报告40件，中共中央、国务院领导同志作出批示19件。

★ 2008 年 4 月，桑国卫、陈宗兴在贵州调研农村卫生室建设。

2008 年，农工党中央开展主题为“农村医疗卫生和农村饮水安全”的大考察。桑国卫、陈宗兴、汪纪戎等中央领导先后两次率团赴贵州，就农村卫生室服务能力和农村水资源的合理利用展开调研，部分地方组织也开展了同步调研。在深入调研的基础上，农工党中央向中共中央、国务院报送了《加强村卫生室建设，确保广大农民“人人享有基本医疗卫生服务”》的建议，国务院领导同志作出批示。依托调研成果，在全国政协十一届二次会议上，农工党中央提交《关于尽快解决村医基本待遇和养老保障问题的建议》提案并作大会发言。2008 年，农工党中央在相关地方组织的积极参与和配合下，还开展了关于深化农村改革统筹城乡发展、青海加快循环经济发展、重庆区域经济发展、我国防空防灾应急管理一体化建设改革、黑龙江现代农业和国家粮食安全问题、建设江西鄱阳湖生态经济区、西南国际大通道建设等调研。农工党中央报送的《关于建设鄱阳湖生态可持续发展示范区的建议》，得到国务院领导同志的批示，有力推动国家将鄱阳湖生态经济区建设上升为国家战略；[①] 报送的《做好三峡库

① 2009 年 12 月 12 日，国务院正式批复《鄱阳湖生态经济区规划》，将鄱阳湖生态经济区建设上升为国家战略。

区后续工作的建议》，得到国务院领导同志的批示，对三峡库区建设起到了积极推动作用；报送的《关于建立黑龙江现代农业综合改革试验区，探索中国特色现代农业发展道路的建议》得到全国政协领导同志的批示；报送的调研报告《关于促进柴达木循环经济试验区又好又快发展的建议》，得到国务院领导同志的批示。

2009年，农工党中央开展主题为"公立医院改革"的大考察。桑国卫、刘晓峰、何维等中央领导先后率团赴四川、辽宁、浙江等地进行考察调研，向中共中央、国务院报送了《关于公立医院改革的几点建议》，引起高度重视。同时，就贯彻《中共中央、国务院关于深化医药卫生体制改革的意见》，推动基层医疗卫生机构设备改造升级进行调研，向中共中央报送《关于设立"基层卫生机构医疗器械装备技术改造"和"医疗器械创制"专项，提升基层医疗服务能力，拉动内需的建议》，得到中共中央、国务院领导同志的批示。同年，还开展了关于福建海峡西岸经济区建设等调研，报送《关于进一步巩固我国粮食安全基础的建议》《关于加强三峡工程后续工作管理，建设和谐稳定新库区的建议》《关于立足国家资源战略需求，推进对俄贸易升级的建议》等建议，得到中共中央、国务院领导同志的批示。

2010年，农工党中央开展以"国际基本药物制度基层试点情况"为主题的大考察。七八月间，桑国卫、刘晓峰率调研组赴河南、山东等地，深入基层村卫生室、乡镇卫生院、药品生产流通企业就基本药物制度基层实施情况进行调研。在调研基础上，农工党中央向中共中央、国务院报送《关于进一步完善基本药物制度的建议》，引起重视。同年6月，开展关于我国海洋环境保护与开发新模式的调研，向中共中央报送《关于尽快将海水淡化作为解决我国水资源紧缺的重要举措的建议》，得到中共中央领导同志的批示。此外，还开展了关于青海柴达木循环经济试验区、对俄贸易战略调整升级等调研，报送的《关于立足国家资源战略需求，推进对俄贸易升级的建议》《关于用好后危机时代新机遇　积极扶持革命老区加快发展的建议》等建议，得到中共中央、国务院领导同志的批示。在农工党中央的支持下，青海省委会联合青海省政协在青海、甘肃、宁夏三省区开展“规划建设黄河上游经济带”课题调研，形成的《关于规划建设黄河上游经济带的调研报告》得到全国政协领导同志的批示。

2011年，农工党中央受中共中央委托，桑国卫、陈宗兴、汪纪戎等领导同志率考察团赴江苏开展以“加强土壤环境保护，保障人民身体健康”为主题的考察调研，向中共中央、国务院提出关于建立健全土壤环境保护的法律和政策体系、尽快实施土壤污染防治战略、进一步加大农业面源污染防治力度等建议。同年，农工党中央领导还率团赴河南、北京、云南、湖南、江苏、黑龙江、重庆等省区市，开展关于加强和创新流动人口服务管理、进一步完善计划生育利益导向政策体系建设、加强职业病防治体系建设、医疗器械发展规划与高新技术园区建设、加强粮食主产区水利设施建设、三峡工程蓄水后水环境保护等调研，形成一批有价值的调研成果。

2012年6月，桑国卫、刘晓峰率团赴湖北省，就“积极推进县级公立医院改革发展”进行了专题调研。在多年关注和调研的基础上，7月28日，农工党中央向中共中央、国务院报送《关于积极推进县级公立医院改革发展的建议》报告，受到高度重视。同年，在调研基础上报送《关于促进山区科学发展的建议》，得到了全国政协领导同志的批示；报送的《关于支持赣南苏区发展振兴的建议》《关于建立宁夏内陆开放型经济试验区的建议》等建议，得到中共中央、国务院领导同志的批示。6月28日，国务院正式发布《关于支持赣南等原中央苏区振兴发展的若干意见》，标志着赣南中央苏区发展上升为国家发展战略。

2012年，农工党中央把攀枝花市作为参政议政联系点，围绕公立医院改革、康养产业发展、长江上游资源利用和环境保护、土壤污染及其治理等课题，深入调研、积极建言，形成的报告得到中共中央领导同志的批示。

农工党十四届中央期间，全党有1899名党员当选为各级人大代表；有10231名党员担任各级政协委员；有699名党员在各级政府和司法机关担任处级以上领导职务；许多党员受聘担任各级政府参事、特约检察员、监察员、审计员、教育督导员等。他们在各自岗位上依法履行职责，发挥积极作用。

农工党领导同志参加国事、外事活动。2010 年 11 月，桑国卫作为中国国家主席特使访问斯里兰卡，出席拉贾帕克萨总统第二任期就职典礼和汉班托塔港启用仪式。2011 年 5 月，陈宗兴率全国政协代表团访问朝鲜、老挝、泰国、文莱。2012 年 4 月，桑国卫率全国人大代表团赴乌干达出席各国议会联盟第 126 届大会，并对博茨瓦纳和毛里求斯进行友好访问。农工党中央主席、副主席多次陪同国家主席、总理出席外宾欢迎仪式。

在十一届全国政协会议期间，农工党中央提交大会发言 83 件、提案 170 件。其中，《关于“十二五”期间加快城乡社会保障一体化发展的建议》《关于强本固基维护实体经济坚实基础的提案》[①] 两件提案分别被列为 2011 年和 2012 年一号提案；《关于减少出生缺陷，提高出生人口质量的提案》等 28 件提案入选《重要提案摘报》；《关于将西咸新区设为国家创新城市发展方式试验区的提案》等五件提案被列为重点督办提案；《关于加快建立生态补偿长效机制的建议》等 13 件提案被列为协商办理提案。《关于采取切实措施保障精神病患者的治疗和监管的提案》《关于加强三峡工程后续工作管理，建设和谐稳定新库区的提案》《关于预防和减少未成年人违法犯罪的提案》《关于加快建立环境绩效评估制度的提案》《关于“十二五”期间推进农业产业化发展，加快实现农业现代化的提案》《关于推动中央苏区发展振兴的提案》《关于进一步夯实实体经济基础的提案》七件提案被政协十一届全国委员会评为优秀提案。《关于建立国家生态型多梯度高原训练基地，提升我国竞技体育核心竞争力的提案》和《关于在农村贫困地区实施儿童保健综合项目的提案》，国务院领导同志作了批示。在全国政协十一届一次会议上，何维代表农工党中央作题为《加强村级卫生室建设是促进“新农合”健康发展的紧迫任务和长远战略

① 2012 年全国政协一号提案《关于强本固基维护实体经济坚实基础的提案》，由民建中央、农工党中央、全国工商联联名提交。

选择》的大会发言；在全国政协十一届二次会议上，刘晓峰代表农工党中央作题为《关于尽快解决村医基本待遇和养老保障问题的建议》的大会发言；在全国政协十一届三次会议上，王新陆代表农工党中央作题为《关于公立医院改革有关问题的建议》的大会发言；在全国政协十一届四次会议上，陈雅棠代表农工党中央作题为《关于落实西部大开发特殊性政策支持的建议》的大会发言，张大宁、陈勋儒分别作题为《社会事业投入要切实惠及广大基层群众》《关于规范各类全国性创建活动的建议》的大会发言；在全国政协十一届五次会议上，周宜开代表农工党中央作题为《土壤污染防治刻不容缓》的大会发言。

全党各级组织和党员积极报送社情民意信息，农工党中央经过遴选后向全国政协报送 2239 件，其中 298 件由全国政协专报中共中央、国务院领导，《关于大力扶持自主创新国产医疗器械产业的建议》等 32 件社情民意信息，得到中共中央、国务院领导同志的批示。

联络交流工作持续开展。农工党把维护香港、澳门的长期稳定繁荣，促进两岸关系发展列为参政议政的重要工作，努力为两岸关系和平稳定发展、促进祖国统一作贡献。农工党十四届中央期间，先后接待台湾传统伦理文化发展会、“台湾药师公会全联会访问团”、“台湾医药界 2009 年度大陆联合参访团”、台湾医师参访团等团体的来访，就中华传统文化传承与发展、医疗机构建设、药学研究、药品创新、用药安全、两岸职业药师的从业状况、全民医疗保障、医院管理、社区医疗等方面情况进行了交流。还应台湾药师公会全联会、台湾传统伦理文化发展协会等团体的邀请，组团赴台湾进行考察交流。2010 年 9 月和 2012 年 10 月，王宁生、陈勋儒分别出席第九届、第十届海峡两岸中医药学术交流大会，并代表农工党中央致辞。这些活动既促进了两岸人士在专业领域的互相学习、交流，加强了相互之间的联系。

（三）落实中共中央新要求，积极推动环境保护和生态文明建设

2007 年 12 月，中共中央在致农工党十四大的贺词中提出，希望农工

党就推进医疗卫生事业改革发展、实施环境保护基本国策、加强生态文明建设等问题加强调研，建言献策。为落实这一新要求，农工党把推动环境保护和生态文明建设列为履行职能的重要工作内容。

农工党在十四届中央期间，先后开展了农村饮水安全、海水淡化和海洋产业发展、土壤环境保护、新能源开发、区域生态环境建设等专题考察调研，所报送的建议专报，先后得到中共中央、国务院领导同志的批示。

为促进生态文明建设，广泛宣传以人为本、人与自然和谐相处的理念，提高群众健康水平，从2008年开始，农工党中央联合相关国家部委，在全国范围内发起了“中国环境与健康宣传周”活动，每年举办一届。2008年至2012年，历届活动主题分别为：“水与健康”“大气环境与健康”“土壤环境与健康”“人居环境与健康”“绿色经济与健康”。“宣传周”活动每年都得到全国各地农工党组织的高度重视和热情参与，社会影响力不断增强。2011年起，联合国环境规划署和人类住区规划署应邀作为支持单位参加活动。

农工党十四届中央期间，联合国家部委、全国政协专委会和地方政府、政协及社团单位，持续举办“中国生态健康论坛”，并使之发挥了农工党学习践行科学发展观、参政议政、建言献策、联系社会的特有平台的作用。历次论坛的主题分别为生态健康与生态文明建设、生态健康与两型社会建设、生态健康与生态城市、生态健康与海洋发展。从论坛报告和论文中形成提交“两会”的提案、建议近40件，其中《关于加快建立生态补偿长效机制的建议》等被全国政协列为重点办理提案。论坛出版的七本《中国生态健康论坛文集》成为生态健康领域研究的系统成果。

（四）关注民生，积极开展社会服务

农工党在十四届中央期间，围绕汶川地震灾区救灾和灾后重建、贵州毕节试验区建设、环境保护和群众健康事业开展社会服务，坚持社会服务工作与促进经济社会发展密切结合，取得明显成效。

支持抗震救灾和灾后重建。2008年5月12日，四川汶川发生特大地

震，给灾区人民生命财产和生活秩序造成极大破坏。农工党中央积极响应中共中央号召，全力投入抗震救灾和支援灾后重建工作。5月13日成立农工党中央支援地震灾区重建工作协调小组，下发紧急通知，号召各级组织和全党同志与灾区人民患难与共，竭尽全力为抗震救灾、重建家园作贡献。农工党中央设立“农工党党员赈灾专项基金”，开展缴纳“特殊党费”活动。5月30日，在中共中央政治局常委、全国政协主席贾庆林在成都主持召开的“各民主党派、工商联抗震救灾座谈会”上，农工党中央根据灾区面临的紧急情况，提出加强灾区防疫工作、关注救援人员及受灾群众的心理危机等方面的建议。6月初，农工党中央向中共中央、国务院报送《关于支持“5·12”地震灾区重建工作的若干建议》，国务院领导同志作出批示，将建议批转灾后重建组。农工党中央报送的《关于加强民间群众救援机制建设和管理的建议》，得到国务院应急办高度重视，认为所提建议具有很强的针对性，值得重视并积极加以采纳。广大农工党党员以各种方式支持抗震救灾，有的带领医疗队奔赴抗震救灾第一线，有的以所在企业名义向灾区捐药捐物，有的参加大型募捐义演活动，有的参加书画捐赠义卖活动，有的参加卫生防疫、献血和心理咨询等活动，涌现出许多感人事迹。全党近2000位党员参加紧急救援、伤员救治等第一线的工作。各级组织和党员捐款捐物价值1.2亿元。桑国卫协调中国药学会等社会组织，组织动员制药等企业捐助药品价值2.6亿元、现金7100万元。农工党党员缴纳“特殊党费”和“爱心捐款”968万元，用于参与援建乡镇卫生院15所、妇幼保健院1所、村卫生室42个、畜牧兽医站6个。

2010年4月14日，青海省玉树藏族自治州发生地震，给当地人民群众生命财产造成严重损失。4月15日，农工党中央立即筹集资金50万元捐助灾区，并向各级组织发出紧急通知，要求各级组织和全体党员大力发扬“一方有难、八方支援”的精神，尽力支持灾区开展抗震救灾工作。农工党各级组织和党员迅速动员起来，通过多种方式和途径支持抗震救灾。全党共计捐赠价值2000多万元的资金、药品和物资，许多农工党党员在灾区第一线参与救治伤员、防疫、重建等工作。

积极参与毕节试验区建设。农工党坚持把参与毕节试验区建设作为围绕中心、服务大局的重要实践。农工党十四届中央期间，农工党中央与贵州省委会共同努力，协调援助资金7000多万元，组织项目50多个。主要帮扶项目有：一是“贵州毕节贫困山区同心助医工程”。自2010年农工党中央联合中国红十字总会、中国医药卫生事业发展基金会启动该工程以来，至2012年，该工程先后筹集4600多万元的资金和物资，支持大方县33所乡镇卫生院、204个村卫生室的标准化建设，开展3000多人次的医药卫生人员培训，赠送大方县24辆流动医疗服务车。“同心助医工程”项目通过对县级医院和乡村卫生机构三级医疗网络的修复和提升，使得农村医疗体制得到完善和加强，明显提升了大方县整体医疗服务能力，直接受益群众100多万人，受到广大农民和医务人员欢迎，得到各级政府大力支持和赞扬。2012年12月，该工程作为社会服务典型案例被收入国务院扶贫办编制的《全国社会扶贫创新案例汇编（100例）》。二是推动建立“毕节试验区食品药品同心产业园”，协调20多家企业投资20多亿元入驻园区；引进两家农工党党员兴办的企业在大方县投资两亿多元发展药材种植加工；协调1490万元资金开展中药材规范化种植。三是积极建言支持毕节试验区加快铁路交通建设，得到铁道部高度重视与支持。2010年铁道部与贵州省达成在毕节地区“构建铁路综合枢纽，建设现代物流中心”的铁路建设方案，部分线路开工建设。此外，农工党中央还促成一家大型国企在织金县投资建设煤化气和烯烃项目，支持毕节试验区开展职业技能培训，支持大方县大坝村示范点建设，建成了民族文化中心，扩建了民族文化广场，完成环境综合治理项目等。

持续开展各类社会服务活动。配合国家东西互助、对口帮扶，农工党东、西部各级组织加强合作，通过引进项目、援建学校、资助学生、培训人员等方式支持西部地区事业发展。通过专家辅导、技术示范、院长培训等方式，帮助定点帮扶的420多家乡镇卫生院提高医疗技术水平和管理能力。农工党中央参与主办的“国际科学与和平周”，每年在200多个城市开展科普、健康咨询和科技服务活动。持续开展新农村建设服务点、和谐社会联系点、“三下乡”、心理咨询、法律援助、慢性病防治进社区等社会服务活动，受到群众欢迎。

(五) 坚持正确政治方向，巩固多党合作思想基础

农工党十四届中央期间，坚持把思想建设作为政治交接的重要任务，继承和发扬优良传统，结合国内外形势的深刻变化及农工党工作实际，不断深化政治交接主题教育活动，深入开展学习践行社会主义核心价值体系活动，广大农工党党员的政治共识更加坚定，同中国共产党亲密合作的思想基础更加巩固。

坚持政策理论学习。农工党中央坚持理论学习中心组学习制度，把学习领会中共中央治国理政的重要思想和重大决策部署列为首要政治任务，深入学习领会中共中央的重要文件精神，农工党中央主席会议、常委会议带头学习，坚持以科学理论武装头脑，以中共中央的决策部署统一思想和行动。

2008 年 4 月，桑国卫、陈宗兴、汪纪戎、刘晓峰、何维、姚建年参加中共中央统战部组织的各民主党派中央新老领导人和无党派人士代表到西柏坡参观学习的活动，纪念中共中央发布“五一口号”60 周年。6 月，桑国卫、陈宗兴参加中共中央统战部举办的“统一战线深入学习贯彻中共十七大精神研讨会”。

2009 年，农工党中央先后组织学习中共中央总书记胡锦涛在纪念《告台湾同胞书》发表 30 周年、庆祝中国人民政协协商会议成立 60 周年、庆祝中华人民共和国成立 60 周年等大会上的重要讲话和中共十七届四中全会精神等，结合庆祝中华人民共和国成立 60 周年暨多党合作制度确立 60 周年，组织开展《六个“为什么”》学习宣传和爱国主义教育活动。

2010 年，农工党中央在理论学习中心组学习会、中央主席会议、中央常委会议上，多层次学习中共中央总书记胡锦涛在党外人士迎春座谈会上的重要讲话精神、“社会主义核心价值体系学与行”电视电话报告会精神和中共十七届五中全会精神。

★ 2012 年 1 月 18 日，胡锦涛同志在北京同党外人士共迎新春时，与桑国卫亲切握手。

2011 年 6 月，农工党中央召开“庆祝中国共产党成立 90 周年座谈会”，中央理论学习中心组先后召开学习中共中央总书记胡锦涛“七一”重要讲话精神座谈会、学习中共十七届六中全会精神座谈会，并下发通知，要求全党认真学习贯彻有关精神。

2012 年 8 月，桑国卫、陈宗兴、汪纪戎、刘晓峰与省级组织新任主委座谈时，共同学习中共中央总书记胡锦涛在省部级主要领导干部专题研讨班开班式上重要讲话精神。

深入开展中国特色社会主义主题学习教育活动。农工党把树立和践行社会主义核心价值体系作为主题学习教育活动的深化和延伸，通过学习教育活动，全党同志进一步提高了对中国共产党先进性的认识，进一步深化了对中国特色社会主义理论体系的理解，增强了贯彻落实科学发展观的自觉性，坚定了走中国特色社会主义政治发展道路的信心和决心。2008 年，组织宣讲报告团到部分省区市开展巡回宣讲，讲述农工党光荣传统及履职工作先进事迹和经验体会。2009 年，开展思想建设调研，了解党员精神面貌。2010 年起，农工党中央决定把树立和践行社会主义核心价值体系作为中国特色社会主义主题学习教育活动的升华和延伸，制定《树立和践行社会主义核心价值体系三年工作规划》。2011 年，继续推进树立和践行社会主义核心价值体系活动，并于 9 月在黑龙江召开宣传工作会议，对先进省级组织和市级组织进行表彰。

宣传工作持续加强。推进宣传工作经常化、规范化、制度化，加强对农工党重点工作的社会宣传报道。农工党十四届中央期间，国家级媒体刊登有关农工党工作的报道 3000 多篇、专版 20 多个。《前进论坛》等各级党刊，坚持正确的舆论导向，对促进加强自身建设和提高履职能力发挥了重要作用。各级组织结合实际加强宣传引导，营造良好舆论氛围。如农工党云南省委会发挥党员优势成立艺术团，宣传社会主义先进文化及多党合作、统一战线辉煌成果，扩大民主党派的影响力和凝聚力。

理论建设不断推进。农工党中央重视理论研究工作，不断加强理论建设。农工党十四届中央期间，先后新建黑龙江、江苏、安徽三个参政党理论研究点，形成一支专兼结合、有一定研究能力的理论研究骨干队伍。在农工党中央支持指导下，上海、黑龙江、重庆、湖北参政党理论研究点编写出版了《中国特色和谐政党关系论》《中国特色参政党理论概论》《科学发展观和参政党建设研究》《强学而力行——民主党派树立和践行社会主义核心价值体系研究》等书籍，反响良好。

党史工作取得新成果。农工党十四届中央期间，开展社会主义过渡时期的农工党、农工党与“福建事变”的史料收集整理工作，编印了《光辉历程——庆祝中国农工民主党成立八十周年》纪念册，重编了《中国农工民主党革命活动史迹选编》，完成了第一次全国干部会议会址挂牌，建立了中央机关党史陈列室，举办党史图片展和邓演达生平图片展、拍摄电影《铁血丹心——邓演达》，为开展农工党光荣传统教育提供生动教材。2010 年 8 月 9 日，农工党中央在人民大会堂隆重召开农工党成立 80 周年纪念大会，中共中央政治局委员刘延东代表中共中央到会致贺词。贺词肯定农工党自 1930 年成立以来，走过了一条从爱国主义到社会主义的历史道路，形成了爱国革命的优良传统，为中华民族的解放事业和社会主义革命、建设与改革开放事业作出了重要贡献；贺词指出，我国继续处在经济社会发展的重要战略机遇期，需要包括各民主党派在内的全国人民同心同德、艰苦奋斗，真诚希望包括农工党在内的各民主党派一如既往地与中国共产党亲密合作，一如既往地走中国特色社会主义道路。桑国卫在大会上发言指出，农工党要以纪念成立 80 周年为契机，认真总结与中国共产党团结合作的历史轨迹和经验，继承和发扬党爱国革命的优良传统，不断增强走中国特色社会主义政治发展道路的自觉性和坚定性，在新的历史起点上，进一步搞好政治交接、进一步提高履行参政党职能的能力和水平。2011 年 11 月，农工党十四届中央领导集体赴南京拜谒邓演达烈士墓和烈士殉难地，纪念邓演达殉难 80 周年。

（六）巩固政治交接成果，进一步加强组织建设

农工党以建设同中国共产党长期亲密合作、致力于中国特色社会主义

事业的参政党为目标，进一步加强各级领导班子建设，推进基层组织建设，加强组织发展和党员教育管理工作，巩固政治交接成果，为履行职能提供了组织保障。

农工党十四届中央期间，各级组织认真执行《中国农工民主党组织发展工作规程》，坚持标准、严格程序、注意质量、把握速度，实现组织工作的平稳有序发展。

2008 年，作为贯彻民主集中制、加强领导班子建设和制度建设的重要举措，十四届三次中央常委会审议通过《中国农工民主党中央常务委员会会议规程》《中国农工民主党中央主席会议规程》，对《中央主席办公会议规程》《中央机关工作会议规程》进行修订。各级组织认真贯彻落实《各民主党派中央关于加强地方组织领导班子建设座谈会纪要》精神，分别制定加强领导班子建设的各项制度，逐步建立健全了领导班子理论学习制度、集体领导和分工负责制、会议制度、谈心会制度、述职和民主评议制度。农工党中央在深入调研和反复征求意见的基础上，制定了《党内监督条例（试行）》，明确党内监督工作的原则、机构的设置等重要问题。为推动后备干部队伍建设，农工党中央研究制定《关于加强省级组织领导班子后备干部队伍建设的意见》，明确省级组织领导班子后备干部队伍建设的各项重大问题。农工党中央组织开展“基层组织建设年”活动，大力推动基层组织的建设，分别在天津和珠海召开基层组织建设工作座谈会，交流和研究解决基层组织发展中遇到的问题和困难。

2009 年，十四届六次中央常委会议审议通过了《关于进一步做好组织发展工作的若干意见》，首次以文件的形式明确了组织发展的重点为“医药卫生界高中级知识分子、环境保护和人口资源领域的代表性人士”，这是对中共中央在致农工党十四大贺词中的殷切期望作出的积极回应。5 月，在广东召开全国组织工作会议，深入总结农工党十四大以来开展基层组织建设年活动的成果和经验，部署下一阶段加强基层组织建设的任务和措施。

2010 年，有七个省级组织进行了届中调整，一批德才兼备、年富力强的优秀干部充实到省级组织领导班子中。农工党中央主席会议对中央专门工作委员会组成进行了调整，为骨干党员搭建施展才华的平台。根据中共中央统战部的安排，农工党中央作为“民主党派代表人士队伍建设课题”调研组成员单位，开展相关调研工作，在收集完善代表人士基本情况的基础上，建立了涵盖各方面代表人士共640多人的数据库，并以中央常委为样本，综合分析代表人士在成长过程中、特别是成长关键点的时代背景、党派特色、政策推动、组织培养、个人魅力、社会影响等方面所起的作用，形成关于农工党代表人士特点及成长规律的研究报告，受到中共中央统战部领导的充分肯定。5月，在浙江富阳举办“省级组织驻会领导干部研讨班”，7月与中共中央统战部联合举办“民主党派中青年干部多党合作专题研究班（农工党班）”，10月在郑州举办组织部部长工作会议，交流研讨地市级组织换届和组织发展工作，采取以会代训方式加强政策和业务培训。十四届十三次中央主席会议审议通过了《关于建立健全中国农工民主党省级组织领导班子谈心会制度的意见（试行）》，明确开展谈心会活动的规范和要求。

2011年，农工党中央以换届工作为重点进一步加强组织建设。6月，农工党中央成立换届工作领导小组。7月，十四届十二次中央常委会审议通过《关于做好2011—2012年省级组织和中央换届工作的意见》，12个省级组织在2011年进行了届中调整。农工党中央及时修订《农工党省级组织换届工作程序》等文件，启动开展党章修改工作。同年4月，成立农工党中央直属支部。

2012年，以换届工作为重点，农工党中央一方面加强对省级组织换届工作的指导，一方面紧抓党章修改和农工党十五大换届筹备工作。4月至8月，30个省级委员会陆续完成换届。20世纪50年代、60年代出生的同志成为省级组织的中坚力量。新成立了七个省辖市级委员会，并规划建立12个省辖市级委员会。后备干部队伍建设继续加强，干部培训工作进一步开展。农工党十三、十四届中央期间，农工党各省级组织主要负责人任职情况见表5。

★ 农工党各省级组织主要负责人任职情况表 5

省级组织	主　委	在省级人大、政府、政协领导班子任职情况
北京市委会	陈建生（2002 年 6 月至 2007 年 5 月任第十届主委）	任北京市第十届政协副主席
	于文明（2007 年 5 月至 2012 年 6 月任第十一届主委）	
天津市委会	赵克正（2002 年 4 月至 2006 年 12 月任第八届主委）	任天津市第十一届政协副主席
	张大宁（2006 年 12 月至 2007 年 5 月任第八届主委，2007 年 5 月至 2011 年 6 月任第九届主委）	任天津市第十二届政协副主席
	沈中阳①（2011 年 6 月至 2012 年 6 月任第九届主委）	任天津市第十二届政协副主席
河北省委会	段惠军（2002 年 5 月至 2007 年 5 月任第五届主委，2007 年 5 月至 2012 年 5 月任第六届主委）	任河北省第九、十届政协副主席
山西省委会	周然（2002 年 4 月至 2007 年 5 月任第四届主委，2007 年 5 月至 2012 年 4 月任第五届主委）	任山西省第九、十届政协副主席
内蒙古区委会	陈瑞清（2002 年 4 月至 2007 年 6 月任第四届主委）	任内蒙古自治区第十届人大常委会副主任
	牛广明（2007 年 6 月至 2012 年 5 月任第五届主委）	任内蒙古自治区第十届政协副主席
辽宁省委会	金国生（2002 年 6 月至 2007 年 5 月任第四届主委，2007 年 5 月至 2010 年 12 月任第五届主委）	任辽宁省第九、十届政协副主席
	唐建武（2010 年 12 月至 2012 年 6 月任第五届主委）	任辽宁省第十届政协副主席

① 2020 年 5 月，被免去职务，撤销委员资格。

续表

省级组织	主　委	在省级人大、政府、政协领导班子任职情况
吉林省委会	阎洪臣（2002 年 7 月至 2006 年 2 月任第四届主委）	任吉林省第九届政协副主席
	赵吉光（2006 年 2 月至 2007 年 7 月任第四届主委，2007 年 7 月至 2012 年 6 月任第五届主委）	任吉林省第十届政协副主席
黑龙江省委会	陈述涛（2002 年 7 月至 2007 年 4 月任第四届主委，2007 年 4 月至 2012 年 6 月任第五届主委）	任黑龙江省第九届政协副主席，黑龙江省第十一届人大常委会副主任
上海市委会	左焕琛（2002 年 6 月至 2007 年 4 月任第十届主委）	任上海市第十届政协副主席
	蔡威（2007 年 4 月至 2012 年 4 月任第十一届主委）	任上海市第十一届政协副主席
江苏省委会	朱兆良（2002 年 6 月至 2007 年 5 月任第九届主委）	任江苏省第九届政协副主席
	周健民（2007 年 5 月至 2012 年 5 月任第十届主委）	任江苏省第十届政协副主席
浙江省委会	徐鸿道（2002 年 6 月至 2007 年 6 月任第九届主委）	任浙江省第九届政协副主席
	姚克（2007 年 6 月至 2012 年 5 月任第十届主委）	任浙江省第十届政协副主席
安徽省委会	俞祖彭（2002 年 5 月至 2007 年 6 月任第八届主委）	任安徽省第九届政协副主席
	牛立文（2007 年 6 月至 2012 年 5 月任第九届主委）	
福建省委会	吴新涛（2002 年 5 月至 2007 年 5 月任第九届主委）	任福建省第九届政协副主席
	陈绍军（2007 年 5 月至 2012 年 8 月任第十届主委）	

续表

省级组织	主　委	在省级人大、政府、政协领导班子任职情况
江西省委会	万学文（2002 年 6 月至 2007 年 6 月任第九届主委）	任江西省第十届人大常委会副主任
	郑小燕（2007 年 6 月至 2012 年 6 月任第十届主委）	任江西省第十届政协副主席
山东省委会	张敏（2002 年 5 月至 2007 年 5 月任第四届主委）	任山东省第九届政协副主席
	王新陆（2007 年 5 月至 2012 年 6 月任第五届主委）	任山东省第十届政协副主席
河南省委会	张广兴（2002 年 8 月至 2007 年 8 月任第四届主委）	任河南省第九届政协副主席
	高体健（2007 年 8 月至 2012 年 6 月任第五届主委）	任河南省第十届政协副主席
湖北省委会	周宜开（2002 年 5 月至 2007 年 5 月任第五届主委，2007 年 5 月至 2013 年 1 月任第六届主委）	任湖北省第九、十届政协副主席
湖南省委会	姚守拙（2002 年 6 月至 2007 年 6 月任第五届主委）	任湖南省第九届政协副主席
	龚建明（2007 年 6 月至 2012 年 6 月任第六届主委）	任湖南省第十届政协副主席
广东省委会	王宁生（2002 年 6 月至 2007 年 5 月任第十届主委，2007 年 5 月至 2012 年 6 月任第十一届主委）	任广东省第十、十一届人大常委会副主任
广西区委会	彭钊（2002 年 6 月至 2007 年 6 月任第九届主委，2007 年 6 月至 2012 年 5 月任第十届主委）	任广西壮族自治区第十届政协副主席

续表

省级组织	主　委	在省级人大、政府、政协领导班子任职情况
海南省委会	韩宇东（2002 年 3 月至 2007 年 4 月任第四届主委）	
	王路（2007 年 4 月至 2012 年 5 月任第五届主委）	任海南省第五届政协副主席
重庆市委会	陈雅棠（2002 年 4 月至 2007 年 4 月任第二届主委，2007 年 4 月至 2012 年 4 月任第三届主委）	任重庆市第二、三届人大常委会副主任
四川省委会	刘晓峰（2002 年 4 月至 2007 年 4 月任第九届主委，2007 年 4 月至 2011 年 5 月任第十届主委）	任四川省副省长
	王正荣（2011 年 5 月至 2012 年 6 月任第十届主委）	
贵州省委会	傅家祥（2002 年 5 月至 2007 年 4 月任第五届主委）	
	谢庆生（2007 年 6 月至 2012 年 5 月任第六届主委）	任贵州省副省长
云南省委会	陈勋儒（2002 年 5 月至 2007 年 5 月任第四届主委，2007 年 5 月至 2012 年 7 月任第五届主委）	任云南省副省长，云南省第九、十届政协副主席
陕西省委会	陈宗兴（2002 年 6 月至 2007 年 6 月任第四届主委）	任陕西省副省长，陕西省第九届政协副主席
	朱静芝（2007 年 6 月至 2012 年 7 月任第五届主委）	任陕西省副省长
甘肃省委会	栗震亚（2002 年 5 月至 2007 年 6 月任第四届主委，2007 年 6 月至 2012 年 6 月任第五届主委）	任甘肃省第十届政协副主席

续表

省级组织	主　委	在省级人大、政府、政协领导班子任职情况
青海省委会	锁贺祥（2002 年 4 月至 2007 年 5 月任第四届主委）	
	张周平（2007 年 5 月至 2012 年 6 月任第五届主委）	
宁夏区委会	冯炯华（2002 年 5 月至 2007 年 5 月任第四届主委，2007 年 5 月至 2012 年 6 月任第五届主委）	任宁夏回族自治区政府副主席，宁夏回族自治区第九、十届人大常委会副主任
新疆区委会	苏时务（2002 年 6 月至 2007 年 1 月任第二届主委）	
	滕玉芬（2007 年 1 月至 2007 年 5 月任第二届主委，2007 年 5 月至 2012 年 5 月任第三届主委）	
备注：此表中省级组织主委任职时间为 2002 年至 2012 年前后（农工党十三届、十四届中央期间），其中部分省级组织主委在省级人大、政府、政协领导班子任职与主委任职时间不同步		

截至 2012 年 9 月底，农工党党员总数 12.56 万人，其中医药卫生、环境保护和人口资源界占 59.0%，文教界占 18.8%，科技界占 7.1%，其他界别占 15.1%。农工党中央和地方各级组织通过各种方式积极支持党员发挥作用，广大党员立足岗位建功立业，为国家发展作出了重要贡献。据不完全统计，十四届中央期间，共有 2100 余名农工党党员获得国家科学技术奖、全国劳动模范、全国“三八”红旗手等国家级和省部级的奖项和荣誉。桑国卫和何维分别担任国家科技重大专项“重大新药创制”专项的技术总师和管理办公室主任，为促进我国生物医药产业发展作出了积极贡献。在 2011 年开展的“各民主党派、工商联、无党派人士为全面建设小康社会作贡献”评选表彰活动中，农工党获得 5 个先进集体、14 名先进个人、10 项建言献策优秀成果、4 项社会服务优秀成果荣誉称号。

（七）探索建立党内监督机制

2008 年 12 月，农工党中央监督委员会成立，农工党党内监督工作在探索中稳步发展。

探索建立农工党党内监督机制。2008 年 12 月，十四届四次中央常委会审议通过《党内监督条例（试行）》，确定了党内监督工作原则、监督机构设置、监督职责、监督制度等。同月，十四届二次中央全会审议通过《农工党中央委员会监督委员会组成人员名单》，陈宗兴为主任，刘晓峰为副主任。2009 年 3 月，十四届中央监督委员会第一次全体会议在北京召开，会议明确了党内监督工作的工作方向和职责定位等重大原则性问题，特别强调了中央监督委员会在履行监督职责过程中，要坚持正确的政治方向，坚持正确的职责定位。这次会议标志着党内监督机制正式运行，也标志着中央监督委员会开始履行职责。2009 年 12 月，十四届中央监督委员会第二次全体会议审议通过了《中国农工民主党中央监督委员会工作规则（试行）》，从基本原则、工作程序、工作要求等三个方面，对中央监督委员会开展党内监督工作进行了规范，为监督工作的有序开展提供了重要依据。

农工党十四届中央监督委员会在十四届中央委员会领导下，按照《中国农工民主党章程》和《党内监督条例》的要求，认真履行党内监督职责，以维护促进党内团结民主为目标，以探索建立党内监督机制为主线，以推动加强省级领导班子建设为重点，结合我党自身建设相关工作，主要通过组织监督、政治监督和制度监督，积极稳妥、循序渐进，开展了一系列建章立制、走访调研、学习教育、交流座谈等工作，先后召开了六次中央监督委员会全体会议，党内监督工作取得初步成效。农工党中央从 2011 年 10 月启动农工党党章修改工作，中央监督委员会积极参与相关工作，就如何完善党章中关于党内监督内容，明确党内监督机构的设置、产生、职责、运行等内容提出了建设性意见，为建立健全农工党党内监督机制奠定了基础。

推动领导班子作风建设。农工党中央监督委员会把推动领导班子民主作风建设作为一项重要工作来抓。2010 年 6 月，农工党中央下发《关于建立健全中国农工民主党省级组织领导班子谈心会制度的意见（试行）》，要求以省级领导班子谈心会为抓手，通过帮助指导、检查落实、组织参加、归纳总结等，保证谈心会制度在推动领导班子民主作风建设中发挥实效。积极推动省级领导班子述职和民主评议工作。各省级组织通过几年来的工作实践，领导班子及其成员述职和民主评议制度逐步规范。

加强廉洁自律宣传教育工作。2010 年 3 月，十四届中央监督委员会第三次全体会议专门部署党风廉政建设工作，会议要求各级领导班子成员通过加强思想政治学习教育，自觉接受常委会、全会和基层党员的监督，不断增强党纪意识，强化党性原则，管好自己、带好队伍。要求中央监督委员会在监督工作中要坚持以正面教育为主，以自我监督为主、以预防为主，坚持教育、制度与监督并举，重在预防的原则，进一步加强预防制度建设。中央监督委员会对本届以来党员（涉嫌）违法犯罪提出党纪处分的处理意见，并经中央常委会审议批准，引起了全党尤其是各级领导班子的高度警醒。持续开展省级领导班子建设调研，2008 年到 2012 年先后调研了 16 个省级组织，通过列席谈心会、主委会、常委会，召开座谈会，查阅有关文件、制度等方式，对调研省市组织加强民主集中制建设，贯彻集体领导和分工负责制，落实各项会议制度，履行党内领导职务、开展述职和民主评议等情况做了较为深入细致地考察。

稳妥推动省级监督机构建立。按照积极稳妥、循序渐进的方针，中央监督委员会对省级组织建立内部监督机构、推动党内监督工作试点的情况进行调查研究。2009 年 7 月贵州率先成立省级监督委员会，随后湖南、重庆、福建、河北、北京先后成立省市级监督委员会，人员规模分别为 17 人、22 人、13 人、21 人、13 人、13 人。同时，各省级组织根据《党内监督条例（试行）》制定了党内监督制度办法。

积极开展党内监督研讨交流。2011 年 7 月，为总结交流经验，中央监督委员会召开第一次党内监督工作研讨会。会议围绕党内监督定位、建立健全党内监督机制、贯彻落实领导班子谈心会制度、在换届工作中发挥监督委员会作用等问题，紧密结合工作实际进行了深入研讨，深化了对党内监督工作规律的认识与把握。

第七章

践行新型政党制度，推进中国特色社会主义参政党建设

2012年11月，中共十八大胜利召开，中国特色社会主义进入新时代。2017年10月，中共十九大胜利召开，确立习近平新时代中国特色社会主义思想为中国共产党必须长期坚持的指导思想，对决胜全面建成小康社会、开启全面建设社会主义现代化国家新征程作出战略部署。以习近平同志为核心的中共中央把巩固和发展爱国统一战线摆在治国理政的重要位置，制定《中国共产党统一战线工作条例》，出台关于加强社会主义协商民主、中国特色社会主义参政党建设的相关文件，为多党合作事业发展提供了历史性机遇、方向性指引和制度性保障。

在以习近平同志为核心的中共中央坚强领导下，农工党中央提出推进健康中国和美丽中国建设两条工作主线，持续加强人口发展战略研究，扎实履行职能；确立中国特色社会主义参政党建设总体思路，全面加强自身建设，开创了新时代农工党各项工作新局面。

一、深化政治交接，确立工作总体思路

（一）习近平总书记走访农工党中央

2012年12月24日，中共中央总书记习近平走访农工党中央机关，参观农工党历史陈列室、五年来工作成果展，看望机关工作人员，并与农工党中央新老领导人座谈。习近平总书记在座谈时深情回顾了同农工党老一代领导人交往的情景，希望农工党弘扬优良传统，团结带领广大党员为全面建成小康社会、实现社会主义现代化、实现中华民族伟大复兴作出新的

贡献。陈竺汇报了农工党的主要情况和最近召开的农工党十五大情况，表示农工党一定要紧密团结在中共中央周围，切实履行参政党职能，始终不渝同中国共产党亲密合作，为实现中共十八大确定的目标任务贡献力量。中共中央政治局常委俞正声参加走访座谈。

2012 年 11 月，中共中央政治局常委俞正声出席党外人士学习贯彻中共十八大精神座谈会并讲话。他强调，要深刻领会、全面把握中共十八大的精神实质和部署要求，在搞好新老交替基础上顺利实现政治交接，推动统一战线和多党合作事业蓬勃发展。

2018 年 3 月 23 日，受习近平总书记委托，中共中央政治局常委、全国政协主席汪洋走访农工党中央，参观农工党历史陈列室，看望机关干部，并同农工党十六届领导班子成员座谈。陈竺汇报农工党有关情况和工作打算，并就发展新时代统一战线和多党合作事业等提出建议。中共中央书记处书记、中央统战部部长尤权参加走访和座谈。

（二）召开第十五次全国代表大会

2012 年 12 月 6 日至 10 日，中国农工民主党第十五次全国代表大会在北京召开，出席会议的有 764 人，其中选举代表 568 名、提名代表 99 名、列席代表 80 名、特邀代表 17 名。大会的主题是：高举中国特色社会主义伟大旗帜，以邓小平理论、“三个代表”重要思想、科学发展观为指导，学习贯彻中共十八大精神，弘扬优良传统，深化政治交接，统一思想，凝聚力量，坚定不移走中国特色社会主义道路，为全面建成小康社会贡献智慧和力量。

在大会开幕式上，中共中央政治局常委俞正声代表中共中央致贺词，桑国卫致开幕词，全国政协副主席、台盟中央主席林文漪代表各民主党派中央、全国工商联致贺词。

中共中央贺词高度评价中国农工民主党具有光荣历史和优良传统，指出自 1930 年成立以来，一代又一代农工党中央领导人带领广大成员，与中国共产党亲密合作、团结奋斗，经受了血与火的考验，走过了不断追求进步的光辉历程；贺词充分肯定了农工党过去五年紧紧围绕改革发展稳定大局，全面加强自身建设，各项工作都取得了新的重要进展；贺词希望农工党新一届中央领导机构搞好政治交接，沿着中共十八大指引的方向，奋力开拓农工党工作新局面，为全面建成小康社会、坚持和发展中国特色社会主义作出新的更大贡献。桑国卫在大会开幕词中指出，过去五年的工作实践，使农工党进一步深化了对自身建设和履行职能特点和规律的认识，希望把这次大会开成高举中国特色社会主义伟大旗帜、学习贯彻中共十八大精神，继承和发扬农工党优良传统，凝聚力量、同心同德为全面建成小康社会贡献智慧和力量的大会。

在全体会议上，桑国卫代表农工党十四届中央委员会作题为《坚定不移走中国特色社会主义道路，为全面建成小康社会贡献智慧和力量》的工作报告，刘晓峰作农工党党章（修正案）的说明。

桑国卫所作工作报告指出，农工党十四大以来，农工党认真落实中共中央致农工党十四大贺词提出的“发挥在医药卫生界联系广泛的优势，就推进医疗卫生事业改革发展、实施环境保护基本国策、加强生态文明建设等问题加强调研，建言献策”的要求，积极推动环境保护和生态文明建设。报告认为五年工作实践得出的基本经验和体会是：必须始终坚持中国共产党的领导，坚定不移走中国特色社会主义道路；必须始终坚持加强自身建设，搞好政治交接，不断提高履行职能和发挥作用的能力和水平；必须始终坚持围绕中心、服务大局，坚持把发展作为参政议政的第一要务；必须始终坚持发挥组织优势，发挥广大党员的主体作用，形成履行职能、发挥作用的整体合力。报告提出农工党今后五年工作的主要任务是：高举中国特色社会主义伟大旗帜，以邓小平理论、“三个代表”重要思想、科学发展观为指导，贯彻中共十八大精神，坚持把推动科学发展作为履行职能的第一要务，坚定不移走中国特色社会主义道路，全面加强自身建设，切实履行参政党职能，凝心聚力、奋发有为，为全面建成小康社会贡献智慧和力量。

大会审议并通过的农工党党章（修正案），将科学发展观同邓小平理论、“三个代表”重要思想一道确立为农工党的指导思想。新修订的党章规定：“中国农工民主党是以医药卫生、人口资源和生态环境领域高中级知识分子为主，由一部分社会主义劳动者、社会主义事业建设者和拥护社会主义的爱国者组成的政治联盟，是接受中国共产党领导、同中国共产党通力合作的亲密友党，是致力于中国特色社会主义事业的参政党”，进一步明确了农工党的政治定位，拓展了农工党的界别领域。

大会要求全党做好五个方面工作：认真学习贯彻中共十八大精神；围绕中共十八大确定的战略部署和各项任务履行职能；坚持以群众受益为宗旨开展社会服务工作；坚持开展联络交流工作，促进祖国统一；努力建设适应多党合作事业发展要求的参政党。大会强调全党要更加注重和切实加强参政党能力建设，树立和践行社会主义核心价值体系，巩固政治交接成果，始终与中国共产党在思想上同心同德、目标上同心同向、行动上同心同行，维护和谐政党关系，团结广大党员以及所联系群众，形成共谋科学发展、共促社会和谐的强大合力，不断提高自身建设科学化水平。

大会选举产生了由 214 人组成的第十五届中央委员会。12 月 10 日，农工党十五届一次中央全会选举产生 51 人组成的中央常委会；选举陈竺为中央主席，刘晓峰、陈述涛、何维、姚建年、杨震、朱静芝、蔡威、龚建明、谢庆生为中央副主席。会议通过第十五届中央监督委员会组成人员名单，刘晓峰为中央监督委员会主任。同日，十五届一次中央主席会议决定刘晓峰为中央常务副主席，十五届一次中央常委会任命何维兼任中央秘书长。2013 年 12 月，十五届二次中央全会通过龚建明为中央监督委员会副主任。2014 年 11 月，十五届七次中央常委会任命曲凤宏为中央秘书长。2016 年 12 月，十五届五次中央全会补选曲凤宏为中央副主席。

★ 2016 年 1 月，习近平总书记在北京同党外人士共迎新春时，与陈竺亲切握手。

2013年3月，在十二届全国人大一次会议上，陈竺当选为十二届全国人大常委会副委员长，朱静芝、杜黎明、杨震、陈述涛、姚建年、龚建明当选为十二届全国人大常务委员会委员，龚建明任全国人大环境与资源保护委员会副主任委员。同月，在全国政协十二届一次会议上，刘晓峰当选为十二届全国政协副主席，于文明、王新陆、李朋德、何维、陈绍军、周健民、郑小燕、姚克、高体健、焦红、谢庆生、蔡威当选为十二届全国政协常委。大会期间，政协十二届全国委员会常务委员会第一次会议通过副秘书长任命名单，何维为全国政协副秘书长（兼职）。

（三）召开第十六次全国代表大会

2017年11月27日至12月1日，中国农工民主党第十六次全国代表大会在北京召开，出席会议的有781人，其中选举代表567人、提名代表100人、列席代表92人、特邀嘉宾22人。大会的主题是：不忘合作初心，继续携手前进，以习近平新时代中国特色社会主义思想为指导，高举中国特色社会主义伟大旗帜，认真学习贯彻中共十九大精神，深化政治交接，努力推进适应新时代要求的高素质中国特色社会主义参政党建设，为决胜全面建成小康社会、夺取新时代中国特色社会主义伟大胜利、实现中华民族伟大复兴的中国梦、实现人民对美好生活的向往作出新的更大贡献。

在大会开幕会上，中共中央政治局常委栗战书代表中共中央致贺词，陈竺致开幕词，全国政协副主席、九三学社中央主席韩启德代表各民主党派中央、全国工商联致贺词。中共中央贺词对农工党光荣历史给予高度评价，对过去五年取得的成绩给予充分肯定，指出农工党为民族独立和人民解放事业作出了重要贡献，为中国革命、建设、改革伟大事业作出了重要贡献，为统一战线和中国共产党领导的多党合作事业作出了重要贡献；农工党是中国从站起来、富起来到强起来伟大征程中的一支重要力量，是决胜全面建成小康社会、夺取新时代中国特色社会主义伟大胜利的一支重要力量，是实现中华民族伟大复兴中国梦的一支重要力量。贺词重申，加强同各民主党派的团结合作是中国共产党的长期战略方针，强调决胜全面建成小康社会，夺取新时代中国特色社会主义伟大胜利，实现中华民族伟大复兴的中国梦，是中国共产党和各民主党派的共同理想、共同事业、共同使命。贺词希望，农工党坚定不移坚持和完善中国共产党领导的多党合作和政治协商制度，坚定不移贯彻“长期共存、互相监督、肝胆相照、荣辱与共”的方针，坚定不移支持民主党派按照中国特色社会主义参政党要求更好履行职能，把多党合作事业继续推向前进，巩固和发展最广泛的爱国统一战线，画出共同团结奋斗的最大同心圆。陈竺在大会开幕词中指出，过去五年，以习近平同志为核心的中共中央高度重视统一战线和多党合作事业，为各民主党派更好履职尽责提供了广阔舞台，农工党各项工作和自身建设取得新成就。这次大会是学习贯彻中共十九大精神、以习近平新时代中国特色社会主义思想武装全党，高举中国特色社会主义伟大旗帜、坚持中国特色社会主义政治发展道路，继承光荣传统、深化政治交接、展现新成果新气象新作为的大会。

在大会全体会议上，陈竺代表农工党十五届中央委员会作题为《不忘合作初心，继续携手前进，为决胜全面建成小康社会，夺取新时代中国特色社会主义伟大胜利不懈奋斗》的工作报告。刘晓峰作农工党党章（修正案）的说明。

工作报告总结了农工党十五大以来的工作，指出过去五年是农工党开拓创新奋发有为的五年，农工党高举中国特色社会主义伟大旗帜，聚焦积极推进健康中国和美丽中国建设两条工作主线，切实履职尽责，全面加强自身建设，开创了工作新局面。报告提出了工作经验和体会，即坚持中国共产党的领导，是农工党沿着正确方向前进的根本保证；坚持中国共产党领导的多党合作和政治协商制度的成功实践，是农工党为人类政治文明进步贡献的中国智慧；坚持围绕中心服务大局，科学确定工作主线并持续发力，是农工党发挥参政党作用的有效路径；坚持深入实施人才强党战略，是农工党事业兴旺发达的有力保障；坚持凝聚全党力量发挥整体优势，是推动农工党各项工作不断前进的关键所在；坚持与时俱进开拓创新，是农工党永葆生机活力的不竭源泉。报告指出，今后五年农工党工作的指导思想和主要任务是：高举中国特色社会主义伟大旗帜，以邓小平理论、“三个代表”重要思想、科学发展观、习近平新时代中国特色社会主义思想为指导，坚持中国共产党的领导，坚定不移走中国特色社会主义政治发展道路，深入学习贯彻中共十九大精神，以积极推进健康中国和美丽中国建设为工作主线，履行参政议政、民主监督、参加中国共产党领导的政治协商职能，全面加强自身建设，为实现“两个一百年”奋斗目标和中华民族伟大复兴的中国梦贡献智慧和力量。

大会审议通过的党章（修正案）把习近平新时代中国特色社会主义思想写入党章，确立为农工党必须长期坚持的指导思想；把努力推进健康中国和美丽中国建设写入党章，确定了农工党的两条工作主线；把“全面推进思想建设、组织建设、作风建设、纪律建设，把制度建设贯穿其中，强化党内监督，完善监督体制机制”写入党章，确定了自身建设思路。新修订的党章规定，农工党是以医药卫生、人口资源和生态环境领域高中级知识分子为主，由一部分社会主义劳动者、社会主义事业建设者和拥护社会主义的爱国者组成的，具有政治联盟特点的中国特色社会主义参政党，是中国共产党领导的多党合作和政治协商制度中，同中国共产党通力合作的亲密友党。

大会提出，全党要做好三方面工作：认真学习贯彻中共十九大精神，以习近平新时代中国特色社会主义思想武装全党、指导实践。围绕中共十九大确定的目标任务积极履职尽责，切实担负起新时代赋予的新使命。全面加强自身建设，做适应新时代要求的高素质中国特色社会主义参政党。大会要求，新一届中央领导机构要进一步增强“四个意识”、坚定“四个自信”、做到“两个维护”，始终坚持中国特色社会主义政治发展道路，继承和发扬同中国共产党风雨同舟、亲密合作的优良传统，承担起中国特色社会主义事业亲历者、实践者、维护者、捍卫者的政治责任，团结全体党员认真履行参政议政、民主监督、参加中国共产党领导的政治协商职能，不断巩固多党合作的思想政治基础，不断提升参政党建设水平，奋力开拓农工党工作新局面。

大会选举产生了 214 人组成的中国农工民主党第十六届中央委员会。12 月 1 日，农工党十六届一次中央全会选举产生 51 人组成的中央常委会；选举陈竺为中央主席，何维、姚建年、杨震、朱静芝、蔡威、龚建明、曲凤宏、王路、焦红、于文明为中央副主席；审议通过十六届中央监督委员会组成人员名单，龚建明为中央监督委员会主任，曲凤宏为中央监督委员会副主任。十六届一次中央主席会议决定何维为中央常务副主席，十六届一次中央常委会任命曲凤宏兼任中央秘书长。

★ 2017 年 12 月 1 日，农工党十六届一次中央全会选举产生的第十六届中央领导班子合影。左起：于文明、王路、龚建明、朱静芝、姚建年、陈竺、何维、杨震、蔡威、曲凤宏、焦红。

2018 年 3 月，在十三届全国人大一次会议上，陈竺当选十三届全国人大常委会副委员长。朱静芝、杜黎明、杨震、陈述涛、姚建年、龚建明当选十三届全国人大常务委员会委员，龚建明为全国人大环境与资源保护委员会副主任委员。同月，在全国政协十三届一次会议上，何维当选为十三届全国政协副主席。于文明、王路、王正荣、曲凤宏、吕忠梅、李朋德、沈中阳（2020 年 5 月免去）、周然、周健民、高体健、常兆华、焦红、蔡威当选十三届全国政协常委，蔡威为全国政协教科卫体委员会副主任，吕忠梅为全国政协社会和法制委员会驻会副主任。政协十三届全国委员会常务委员会第一次会议通过副秘书长任命名单，曲凤宏为全国政协副秘书长（兼职）。

（四）确立农工党工作总体思路

在以习近平同志为核心的中共中央坚强领导下，农工党中央坚持以习近平新时代中国特色社会主义思想为指导，立足新的历史方位，锚定新的目标任务，逐步确立了农工党履职尽责和自身建设的总体思路。

确定工作主线，找准履职着力点。中共十八大以来，习近平总书记多次强调，把人民健康放在优先发展的战略地位；建设美丽中国是实现中华民族伟大复兴中国梦的重要内容。这为以医药卫生、人口资源和生态环境领域为主体界别的农工党，指明了履职尽责的着力重点和主攻方向。陈竺当选为农工党十五届中央主席后，着眼于紧扣农工党界别特色落实中共中央决策部署，创新性提出全党工作主线。2013 年 3 月 6 日，全国政协十二届一次会议召开民主党派中央和全国工商联领导人记者会。陈竺在回答记者提问时首次提出，农工党将以推进健康中国和美丽中国建设作为两条工作主线，一方面为医药卫生改革发展服务，努力提高人民健康水平，做健康中国的促进者；另一方面为生态文明建设服务，努力加强环境保护，做美丽中国的建设者。2013 年 12 月，农工党十五届二次中央全会召开，陈竺在工作报告中明确提出，全党以促进实现健康中国和美丽中国宏伟目标为主线，得到与会同志一致赞同。这是十五届农工党中央对全党履职工作思路的重大创新，为农工党围绕中心、服务大局，更好履职尽责找准了切入点、结合点、发力点。农工党十六大将两条工作主线的表述写入新修订的农工党党章，确立为全党履职工作的重要遵循。

重视人口发展战略研究，补足履职薄弱环节。习近平总书记在中共十九大报告中明确提出“促进生育政策和相关经济社会政策配套衔接，加强人口发展战略研究”。为落实中共十九大这一重要部署，立足农工党人口资源的界别特色，十六届农工党中央提出要补足参政履职的薄弱环节，着力加强人口发展战略研究。2018 年 12 月，陈竺在十六届二次中央全会上明确提出“紧扣健康中国和美丽中国建设两条主线，更加关注人口长期均衡发展”。这一部署成为农工党两条工作主线的重要完善与补充。

紧扣工作主线，持续建言献策。两条工作主线确立以来，农工党中央紧扣工作主线，统筹全党人才智力资源，围绕推进健康中国和美丽中国建设的重点问题，深入调研、持续关注、久久为功，建言“基本医疗卫生与健康促进法”、助力“医保管理体制与机构改革”、首倡“区域灰霾治理”、关注“一老一小”问题等。这些重要资政建议受到中共中央的重视和吸纳，上升为国家法律、法规和重大政策，有力助推了健康中国和美丽中国建设进程。实践证明，科学确定两条工作主线，明确了农工党发挥参政党作用的有效路径，能够最大程度地调动积极性、激发创造性，为增进人民健康福祉和建设优美生态环境发挥更大作用，充分体现了农工党作为参政党的责任担当，得到中共中央的充分肯定和广大农工党党员的热烈拥护。

确立自身建设总体思路。2013 年 2 月 6 日，习近平总书记同党外人士共迎新春时发表重要讲话，明确指出“各民主党派是同中国共产党通力合作的中国特色社会主义参政党”，确立了新时代民主党派的政治定位。2018 年 3 月 4 日，习近平总书记在看望参加全国政协十三届一次会议政协委员并参加联组会时发表重要讲话，提出新型政党制度的重大政治论断，强调中国特色社会主义进入新时代，多党合作要有新气象、思想共识要有新提高、履职尽责要有新作为、参政党要有新面貌，民主党派要做中国共产党的好参谋、好帮手、好同事等，为新时代加强中国特色社会主义参政党建设指明了前进方向、提供了根本遵循。农工党中央认真贯彻落实以习近平同志为核心的中共中央决策部署，突出目标导向和问题导向，坚持战略思维和系统思维，加强顶层设计，以高度的政治责任感和强烈的创新发展精神不断探索、持续推进、科学谋划，全面推进中国特色社会主义参政党建设。

确立实施人才强党战略。2013 年 12 月，陈竺在农工党十五届二次中央全会所作工作报告中首次提出实施人才强党战略，要求全党牢固树立“人才是重要资源”理念，把建设高素质党员人才队伍作为着力点，不断提高人才工作的针对性、系统性和可操作性。此后，农工党中央不断强化人才意识，坚持突出质量的组织发展要求，提出“高层发展高层、骨干发展骨干”等要求，引领各级组织采取更加积极、更加开放、更加有效的措施，努力把优秀人才集聚到农工党事业中来。实践证明，人才兴则事业兴，队伍强则工作强。实施人才强党战略使党员队伍素质进一步提升，为人才储备奠定了坚实基础，为事业蓬勃发展提供了中坚力量。

探索推进自身建设。总结梳理十五届农工党中央自身建设的理论探索与实践经验，2017 年 11 月，陈竺在农工党十六大报告中提出系统推进自身建设的思路，以政治建设为根本、以思想建设为核心、以组织建设为基础、以制度建设为保障、以作风建设为抓手、以能力建设为支撑，全面加强自身建设，做适应新时代要求的高素质中国特色社会主义参政党。农工党十六大新修订的农工党党章，确定了“全面推进思想建设、组织建设、作风建设、纪律建设，把制度建设贯穿其中”的自身建设任务。

形成自身建设总体思路。十六届农工党中央认真学习领会中共中央关于新时代中国特色社会主义参政党建设的决策部署，围绕在新时代“建设什么样的参政党、如何建设参政党”接续努力探索，在不断推动自身建设向纵深推进的进程中加强规律提炼与理论概括，逐步形成了农工党自身建设的总体思路。2018 年 7 月，陈竺在农工党十六届三次中央常委会上首次明确提出，要实施政治建党、履职兴党、人才强党、作风固党战略，将农工党建设成为政治坚定、履职有为、队伍过硬、作风优良的新时代高素质中国特色社会主义参政党。2019 年 5 月，中共中央关于加强中国特色社会主义参政党建设的相关文件发布。2019 年 7 月，农工党十六届七次中央常委会专题学习贯彻中共中央相关重要文件精神，研究深入推进中国特色社会主义参政党建设问题，经过充分讨论，会议通过贯彻落实中共中央相关重要文件精神的工作方案，确定 2019 年至 2022 年分别为启动开局年、深入贯彻年、全面落实年、总结提高年，明确加强参政党建设的任务书、时间表、路线图；会议确定将农工党自身建设思路调整充实为实施政治建党、人才强党、履职兴党、作风固党、制度治党五大战略。

2019 年 11 月，陈竺在农工党十六届三次中央全会上所作工作报告明确提出实施政治建党、人才强党、履职兴党、作风固党、制度治党“五大战略”，推进思想政治、组织、履职能力、作风、制度“五大建设”，实现政治坚定、组织坚实、履职有力、作风优良、制度健全“五大目标”的中国特色社会主义参政党建设的总体思路。这一总体思路明确了自身建设的目标方向，指明了推进自身建设的方法路径，有力引领全党自身建设的理论和实践持续发展。

二、服务新时代中国特色社会主义建设

（一）积极参加政党协商

中共十八大以来，以习近平同志为核心的中共中央，统揽全局、举旗定向，将统一战线和多党合作事业发展摆在治国理政重要位置，为实现“两个一百年”奋斗目标和中华民族伟大复兴中国梦广泛凝聚智慧和力量。2015 年年初，中共中央印发《关于加强社会主义协商民主建设的意见》，将中国共产党领导的政党协商摆在协商民主的首要位置。同年，中共中央办公厅印发《关于加强政党协商的实施意见》，有力推动政党协商制度化、程序化、规范化。

政党协商作为中国共产党领导的多党合作和政治协商制度的重要内容，是社会主义协商民主的重要形式，在推进民主政治建设、实现人民当家作主中发挥着重要作用。中共十八大以来，习近平总书记每年主持召开四次至五次党外人士专题协商座谈会，分别就经济社会发展、半年经济工作、中共中央全会文件、中共中央经济工作会议文件等内容，听取各民主党派中央、全国工商联负责人和无党派人士代表的意见和建议。此外，还有中央统战部受中共中央委托召开的征求意见座谈会或情况通报会，最高人民法院、最高人民检察院召开的党外人士座谈会等。通过政党协商活

动，搭建了民主党派制度化表达意见、与中国共产党沟通协商的工作平台，形成了广泛民主与集中领导的相互统一、尊重多数与照顾少数的有机结合，推动了社会主义民主政治的稳步发展。

农工党十五大以来，农工党中央将参加中国共产党领导的政治协商作为全党重要工作，始终高度重视，秉持为国建言、为民尽责的理念，坚持围绕中心、服务大局，助力推进“五位一体”总体布局和“四个全面”战略布局，特别是紧扣推进健康中国和美丽中国建设两条工作主线和国家改革发展稳定重大问题深耕细作、持续建言、久久为功，形成了“深入调查研究、组织专家论证、凝聚全党智慧、彰显界别特色”的议政建言整体路径，努力做到参政参到要点上、议政议到关键处。

围绕中共中央重大决策资政建言。中共十八大以来，习近平总书记多次就中共中央全会文件，听取各民主党派中央、全国工商联负责人和无党派人士代表的意见和建议。农工党中央高度重视，主要领导亲力亲为，有关领导同志积极参与，对每次座谈会议题都深入研究、科学分析、坦诚建言。

中共十八大到十九大期间，陈竺、刘晓峰等先后参加习近平总书记主持召开的2013年2月关于国务院机构改革和职能转变、国家机构和全国政协人事安排的民主协商会，2013年9月关于全面深化改革若干重大问题的座谈会，2014年8月关于全面推进依法治国若干重大问题的座谈会，2015年8月关于制定国民经济和社会发展第十三个五年规划建议的座谈会，2016年8月关于新形势下中国共产党党内政治生活若干准则、修订《中国共产党党内监督条例（试行）》的座谈会，2017年8月关于中共十九大报告征求意见稿的座谈会。在这些座谈会上，陈竺代表农工党中央表达农工党拥护和支持中共中央决策部署的鲜明态度，同时提出一系列重要意见建议。如就国务院机构改革和职能转变，提出“加强食品药品监管与卫生工作的协调配合”“改革卫生行政和医保管理体制”等建议；就宪法修订与执行，提出“确立宪法在国家治理体系和治理能力法治化的核心地位，健全标本兼治的反腐体制机制，推进廉政建设法制化”等建议；就“十三五”规划建议，提出“‘十三五’时期全国人均预期寿命提高

1 岁的目标”“构筑防范‘因病致贫’安全网”“建立健全生态文明一体化管理体制”等建议；就中国共产党全面从严治党，提出“坚持中国共产党的领导，坚决维护中共中央权威”“强化党内监督，永葆中国共产党的先进性和纯洁性”“推动全面从严治党制度化规范化程序化”等建议；就中共十九大报告征求意见稿，提出“深入推进健康中国建设，为实现第二个百年目标夯实民生基础，满足更高水平的人民健康需求”“大力推进美丽中国建设，走向社会主义生态文明新时代”“在中国特色社会主义新时代，鼓励民主党派发挥更大作用”“将坚持人道主义原则纳入构建人类命运共同体”等建议。

中共十九大以来，陈竺、何维等先后参加习近平总书记主持召开的 2017 年 12 月关于修改宪法部分内容建议的座谈会，2018 年 2 月关于深化党和国家机构改革决定的座谈会，2018 年 2 月关于《深化党和国家机构改革方案》以及国家机构领导人员建议人选的民主协商会，2019 年 9 月关于坚持和完善中国特色社会主义制度、推进国家治理体系和治理能力现代化若干重大问题决定的座谈会，2020 年 8 月关于制定国民经济和社会发展第十四个五年规划和 2035 年远景目标的建议的座谈会。在这些座谈会上，陈竺代表农工党中央表示拥护支持中共中央决策部署，同时提出一系列中肯意见建议。如就深化党和国家机构改革，提出“建立大卫生管理体制”“医保管理体制与机构改革”“设立统一的国有自然资源资产管理和自然生态监管机构，实现管用分开”等建议；就深化党和国家机构改革方案，提出“医保管理体制改革”“组建生态文明建设高层领导和协调机制”等建议；就坚持和完善中国特色社会主义制度、推进国家治理体系和治理能力现代化，提出“健全中国共产党和国家根本制度、基本制度、重要制度”等建议；就“十四五”规划和 2035 年远景目标建议，提出“坚持高质量发展，统筹经济社会质效双进步”“贯彻五大发展理念，构建新发展格局”“实施健康中国战略，筑牢人民健康根基”“推进美丽中国建设，构建良好生态环境”“扩大对外开放，积极参与全球治理”等建议。

围绕经济工作部署履职建言。中共十八大以来，习近平总书记在每年的年中与年末，都亲自主持召开党外人士座谈会，就当前经济形势和下阶段经济工作与民主党派、全国工商联领导人和无党派代表人士座谈，听取意见建议。对于这类座谈会，农工党中央都及早谋划、精心准备、深入调研，力争提出精准有效、科学合理的建设性意见。

农工党十五届中央期间，陈竺、刘晓峰、何维先后参加习近平总书记在2013年7月25日和11月22日，2014年7月29日和12月1日，2015年7月24日和12月10日，2016年7月25日和12月6日，2017年7月21日主持召开的党外人士座谈会，重点提出三方面意见建议：

一是紧盯我国经济发展形势与特点，先后提出“加大改革力度，促进经济转型升级”“落实全面深化改革措施，积极化解金融领域潜在风险”“适当提高赤字率，严防失业风险显性化”等建议。尤其是在2014年12月1日座谈会上，陈竺提出“优化经济增长区间调控，为经济转型结构调整和全面深化改革创造条件，‘十三五’期间，国民生产总值年增速只要达到6.5%，即可实现中共十八大提出的经济增长翻一番的目标”建议，有力呼应习近平总书记关于经济发展新常态的重大判断。

二是跟踪健康中国建设进程，先后提出“发展健康产业，培育新的经济增长点”“完善健康服务业产业和食品价格政策”“以‘重大新药创制’科技重大专项为平台，促进健康产业集成创新发展”“调整医疗服务价格革除‘以药补医’，释放公立医院改革红利”“明确健康中国‘十三五’规划的健康指标，完善城乡居民基本医保和医疗救助，发展商业健康保险制度”“推动医学中心建设和完善药物政策”“补齐农村医保抵御大病风险的短板，增加医药服务有效供给，延伸医疗产业链，大力发展养老护理产业，加快医保体制改革，大力发展国产药品和医疗器械产业”“建立独立高效的医保管理体系”等建议，为医药卫生体制改革和卫生健康事业与产业发展持续建言，多项建议在国家卫生健康法律政策中得到充分体现。

三是持续助力美丽中国建设，先后提出“发展节能环保产业，走绿色发展、低碳发展、循环发展之路”“完善环保产业政策，促进污水处理产业和土壤污染治理修复产业发展”“实施土壤污染治理工程，增加绿色公共产品的供给，运用阶梯定价和累进税制、促进开源降耗和社会公平”“以‘多规合一’改革为契机，启动‘海绵城乡’行动计划”“抓住环保领域关键环节，助推美丽中国建设”等建议，为推进我国生态文明建设献计献策。

农工党十六大以来，陈竺、何维等先后参加习近平总书记主持召开的2017年12月6日，2018年7月17日和12月11日，2019年7月29日和12月4日，2020年7月28日和12月12日党外人士座谈会，陈竺或委托何维代表农工党中央发言，依托前期考察调研和研判分析，努力按照把情况摸清、问题找准、对策提实的要求，提出关于推进高质量发展的意见建议。

一是关于宏观经济政策，先后提出“建设现代化经济体系”“加大宏观调控力度，精准施策对冲中美贸易摩擦影响，加大力度实施国家科技重大专项、推进科技创新”“推动民营经济创新发展，以更大力度和举措推进对外开放，积极参与国际规则改革，加大民生领域投资力度，持续扩大内需”“增强经济可持续发展动力，有理有利有节应对中美经贸摩擦”“加大研发投入，优化资源配置结构，强化创新驱动发展战略的重要政策供给”“充分发挥中国特色社会主义制度优势，稳中求进推动经济高质量发展”“坚决打赢三大攻坚战，实现圆满收官，并向制度建设层面拓展”“在疫情防控常态化前提下，用好减税降费、融资支持等政策，加快推进复工复产，提升国内产业链、供应链的稳定性和竞争力”等建议，为贯彻落实习近平新时代中国特色社会主义经济思想，推进供给侧结构性改革，顺应经济发展新常态，实现高质量发展贡献智慧力量。

二是关于健康中国建设，先后提出“深入实施健康中国战略，着力解决卫生健康事业发展不平衡不充分问题”“启动国家癌症攻坚行动，推进健康中国战略实施和医药产业高质量发展”“完善医养结合政策，扩大内需促进养老服务业高质量发展”“优化营商环境，推动健康产业高质量发展”“推进实施健康中国行动，大力发展健康服务业”等建议。2020 年 5 月 8 日中共中央就新冠肺炎疫情防控工作专门增开一次党外人士座谈会，习近平总书记主持座谈会并发表重要讲话，陈竺、何维参加会议。陈竺代表农工党中央提出“加快疫苗研发、审批、使用，及早构筑‘免疫屏障’”“在疫情防控常态化前提下，全面推进经济社会发展”“加强公共卫生与医疗救治协同机制，提高应对处置重大突发公共卫生事件的能力”等建议。随后在 12 月 12 日党外人士座谈会上，结合我国和全球新冠肺炎疫情防控形势变化，进一步提出新冠病毒疫苗研发、接种等系列建议，为我国卫生健康发展、为新冠疫情防控建净言献良策，所提意见建议在中共中央统筹疫情防控和经济社会发展工作部署中得到充分体现。

三是关于美丽中国建设，先后提出“推动绿色发展，坚决打赢蓝天保卫战”“在新型城镇化建设中，让老百姓喝上‘直饮水’，实施‘直饮水惠民工程’，进行一场从源头到龙头的‘饮水革命’”“推动污染防治攻坚战向纵深拓展，针对近海海域污染问题，研究启动《国家碧海保护行动计划》，让人民群众食用更安全的海产品”“持之以恒打好蓝天、碧水、净土保卫战，促进绿色低碳循环发展；大力推广低成本、高效率解决农村污水治理、畜禽粪便处理与作物秸秆利用的模块化、分布式高新技术设备产业，推进美丽乡村建设，促进农村经济发展。将上述经验纳入生态文明制度建设体系”“以电力减碳为突破口优化能源结构，向碳排放达峰、碳中和目标迈出坚实步伐”等建议，为助力推进生态文明建设、解决生态环境问题，坚决打好污染防治攻坚战，推动我国生态文明建设迈上新台阶建言资政。

围绕政府工作报告议政建言。政府工作报告是各级政府的年度施政纲领，经同级人民代表大会审议批准后具有相应法律地位，政府各部门、各人民团体等都必须按照政府工作报告的要求安排和开展工作。为起草好政府工作报告，国务院高度重视听取党外人士意见建议，国务院主要领导每年都就《政府工作报告（征求意见稿）》征求各民主党派中央、全国工商联负责人和无党派代表人士的意见建议。

农工党十五届中央期间，陈竺、刘晓峰、何维于 2013 年 1 月 25 日参加温家宝总理主持召开的座谈会，受陈竺委托，刘晓峰、何维参加李克强总理于 2014 年 2 月 10 日主持召开的座谈会，陈竺、刘晓峰、何维参加李克强总理于 2015 年 1 月 27 日、2016 年 1 月 25 日、2017 年 1 月 19 日主持召开的座谈会。农工党十六大以来，何维受陈竺委托参加李克强总理于 2018 年 1 月 24 日主持召开的座谈会，陈竺、何维参加李克强总理于 2019 年 1 月 17 日主持召开的座谈会，陈竺、何维、杨震参加李克强总理于 2020 年 5 月 11 日主持召开的座谈会。

在这些座谈会上，陈竺或委托刘晓峰、何维代表农工党中央，先后提出“研究制定卫生事业改革与发展的国家战略，统筹基本医疗保障管理体制，研究解决乡村医生养老保障问题”“加快医药卫生体制改革要更好‘保基本、强基层、建机制’，特别要啃下公立医院改革硬骨头”“优化政府组织结构，推动大部门制改革试点，着力完善决策权、执行权、监督权相互制约又相互协调的行政运行机制”“加大环境治理力度，回应人民群众对环境保护和污染治理的呼声”“加大公共产品和公共服务供给，培育新的经济增长点，推进医药卫生事业改革发展”“精准施策促改革补短板，打造‘一带一路’健康命运共同体”“强化人才队伍支撑，促进区域医疗资源均衡发展”“以雾霾治理为重点，助推美丽中国建设”“坚决打赢精准脱贫、污染防治攻坚战”“加大医药创新和医改力度，增强人民群众的健康获得感；深化卫生健康领域的行政体制改革，完善相关治理体系”“强化科技创新驱动，推动经济社会健康发展”“深化重点领域改革，保障和改善民生，推动形成强大国内市场”等建议。特别是就 2016 年《政府工作报告（征求意见稿）》《“十三五”规划纲要（草案）（征求意见稿）》提出“推进供给侧结构性改革、拓展创新发展新空间，力推‘三医联动’，破解公立医院改革难题，加强基层全科医生队伍建设”“加强环境执法督察与监测，在水、土污染防治方面实现突破”“实施创新驱动发展战略，将研究与试验发展投入强度列为约束性指标，强化对研发投入的刚性要求，发展精准医学、支持干细胞生物技术应用”等建议，为我国“十三五”规划纲要制定与实施提出了建设性意见；对2020年《政府工作报告（征求意见稿）》提出“采取精准积极防控政策，健全医防协同机制”“加强医学人才队伍建设，构建和谐医患关系，营造尊医重卫良好氛围”“加大对其他深度贫困地区的倾斜扶持力度，稳定和扩大就业”“加速5G基础设施建设和场景应用，提高科技创新支撑能力”“推动食品产业向满足营养健康需求转变，提升生态环境治理成效”等建议，为统筹新冠肺炎疫情防控与经济社会发展献计献策。

参加中共中央同党外人士共迎新春座谈会。中共中央领导同各民主党派中央、全国工商联负责人和无党派人士代表欢聚一堂，共迎新春，是我国多党合作长期以来形成的优良传统。中共十八大以来，按照中共中央八项规定要求，中共中央层面的会议、活动大幅压减，但共迎新春仍然保留，体现了中共中央对多党合作的高度重视、对党外人士的充分尊重。习近平总书记每年都在新春前主持召开党外人士共迎新春座谈会，农工党中央主要领导同志参加座谈会。其中2014年1月22日，陈竺代表各民主党派中央、全国工商联和无党派人士致辞。陈竺在致辞中指出中共十八届三中全会对全面深化改革作出了总体部署，作为中国特色社会主义参政党，一定要与中国共产党风雨同舟、肝胆相照，做挚友、做诤友，讲真话、建诤言，加强自身建设，旗帜鲜明支持改革，既要献良策，也要出大力，彰显中国共产党领导的多党合作和政治协商制度的旺盛活力。

总的来看，农工党中央参加党外人士座谈会等政党协商活动，所提资政建言内容涵盖经济建设、政治建设、文化建设、社会建设、生态文明建设“五位一体”总体布局的全方位、各方面，同时体现对美丽中国、健康中国等重点问题的长期跟踪、持续关注，形成鲜明的“两条主线与宏观经济”为主，“政治建设与文化建设”为辅的建言结构模式，许多意见建议具有较强前瞻性、建设性、针对性，充分体现了农工党新时代的履职作为。

在扎实做好参加政党协商工作基础上，农工党中央持续加强对各地方组织参加政党协商工作的指导，于2019年制定《中国农工民主党参加政党协商工作条例（试行）》，规范全党各级组织参加政党协商工作有序发展。农工党各级地方组织积极参加中共地方党委组织的政党协商活动，依托扎实深入的调查研究，为中共地方党委政府的重点工作提出针对性的意见建议。

（二）着力开展参政议政

农工党十五大以来，农工党中央与各省级组织、中央各专委会加强协同配合，充分调动和发挥全体农工党党员的积极性，在深入挖掘自身潜力的同时，协调各方给予支持，突出推进健康中国和美丽中国建设两条工作主线，通过党派“直通车”、政协大会发言与提案、社情民意信息等途径积极建言献策，取得了丰硕成果。2013 年至 2020 年，农工党中央领导带队开展专题调研 105 次，在深入调研基础上，向中共中央、国务院报送调研专报 81 件，很多意见建议被吸纳转化为国家相关规划与政策措施。以农工党中央名义向全国政协提交提案 327 件，其中 36 件被列为重点提案，6 件集体提案、7 件个人提案被十二届全国政协评为优秀提案；向全国政协报送社情民意信息 3622 件，获采用 564 件。

开展调查研究，提出资政建议。2013 年年初，我国发生大面积的灰霾污染事件。在深入调研的基础上，农工党中央迅速向中共中央报送了《关于积极应对区域灰霾污染的有关工作建议》，得到中共中央、国务院领导同志的重要批示，为国务院出台“大气十条”、实施蓝天保卫战提供了先导支撑；9 月国务院下发《大气污染防治行动计划》，其中关于细颗粒物指标纳入政府政绩考核、区域联防联控、京津冀等重点区域重点治理等建议在文件中得到充分体现。2013 年 5 月，陈竺率队赴上海、江苏开展以“动员社会力量促进健康服务业发展，有效拉动内需、保障民生”为主题的年度大调研。以此为基础，农工党中央报送《关于动员社会力量促进健康服务业发展的建议》，得到国务院领导同志高度重视，为国务院出台《关于促进健康服务业发展的若干意见》，推动健康服务业的高质量发展提供了有力支撑。同年，农工党中央报送的《关于加强长江上游流域生态治理工作的建议》等七件专报得到国务院领导同志批示。这些建议在推动国务院机构改革、促进地区经济社会发展、保障人民健康、维护医护人员合法权益等方面发挥了重要作用。

2014 年 4 月，受中共中央委托，农工党中央开展以“卫生立法推动医药卫生体制改革”为主题的大调研。陈竺率队赴浙江、山东、湖南、安徽、江苏五省调研，历时四个月形成了《关于〈基本医疗卫生法〉立法基本原则和重点内容的有关建议》，报送全国人大常委会领导同志，受到高度重视，《基本医疗卫生法》由十二届全国人大常委会立法规划的第三类项目提升到第一类立法项目；2019 年 12 月 28 日，十三届全国人大常委会第十五次会议审议通过了《基本医疗卫生与健康促进法》，为我国卫生健康事业发展奠定法制基础。其中，农工党中央提出的坚持“大健康”理念、“保基本”原则（即将基本医疗保险、基本药物、基本公共卫生和基本医疗服务制度作为公共产品向全民提供）、明确公民和政府健康法律责任的导向、重视慢病管控和健康促进之间关系等建议，均得到充分体现。2014 年，农工党中央还关注生态环保与区域协同发展问题，开展了多项专题调研，同年提交的《关于深化内陆开发开放　推进两江新区加快发展的政策建议》等五件专报得到中共中央、国务院领导同志的批示。

★ 2014 年，农工党中央组织“卫生立法推动医改”调研，图为在调研期间召开座谈会。

2015 年 1 月，受中共中央委托，陈竺率队赴吉林、上海开展以“水资源利用与水污染防治”为主题的大调研。在调研基础上，农工党中央向国务院报送了《关于加强涉水体制机制改革　确保我国水安全的建议》，提出了建立健全水生态文明一体化管理体制，力争在若干重点薄弱环节取得突破等建议，得到国务院领导同志的批示。6 月 3 日《人民日报》刊发陈竺署名文章《严格防治水污染　科学利用水资源》。2015 年，农工党中央还围绕“黑土地保护”“土壤污染防治”等开展调研，报送的《关于加强我国水资源利用和水污染防治的几点建议》等六件专报，均得到中共中央、国务院领导同志重要批示。

★ 2015 年 5 月，陈竺（前排左三）带队在江苏开展“水污染防治与水资源利用”调研，刘晓峰、何维参加调研。

2016 年 4 月，受中共中央委托，陈竺、刘晓峰率队赴安徽、上海开展以“通过‘三医联动’促进公立医院改革，协同推进新型城镇化建设”为主题的大调研。在 9 月 2 日中共中央政治局常委、全国政协主席俞正声主持召开的“深入推进新型城镇化”调研协商座谈会上，陈竺提出了以人民群众健康需求为导向，深化公立医院改革、完善医疗卫生规划、强化医改领导体制、建立现代医院管理制度、应对人口老龄化等建议。这些建议在《国务院深化医药卫生体制改革领导小组关于进一步推广深化医药卫生体制改革经验的若干意见》得到充分体现，其中建立“三医联动”工作机制被摆在当年深化医改的首要位置。此外，农工党中央还针对加快医药分开、破除以药养医、促进医疗卫生工作重心下移和资源下沉提出建议，为助力系统破解医改难题、探索世界性难题的中国式解法贡献了农工党智慧。同年，农工党中央还围绕深化食品药品监管体制改革等课题，深入上海、安徽、北京、浙江、河南、江苏、江西、湖南、云南、陕西、福建等省市调研。在深入调研的基础上，向中共中央、国务院报送专报 11 篇。其中，《关于将基本医保政策制定纳入医改领导小组权责范围的建议》《关于保持食品药品监管体制和机构稳定，建设一支职业化食品药品监管队伍和专业化技术队伍的建议》得到国务院领导同志的批示；《关于制定〈长江法〉，建立长江经济带管理新体制的建议》得到全国人大常委会领导同志的批示；《以平潭综合实验区为纽带，积极促进两岸医药合作的建议》得到全国政协领导同志的批示；有关严防寨卡病毒传播等六份专报，均得到中共中央、国务院领导同志的批示。

2017 年 4 月，受中共中央委托，陈竺率队赴甘肃、云南，开展以“推进‘健康丝绸之路’建设”为主题的大调研，报送《关于加快推进“健康丝绸之路”建设的建议》，得到国务院领导同志高度重视。6 月 1 日，中共中央政治局常委、全国政协主席俞正声主持召开调研协商座谈会，陈竺提出抓紧制定国家层面的《健康丝绸之路合作行动计划》、建立科学高效的统筹协调机制等建议，得到中共中央领导同志充分肯定和各有关部门的积极回应。2017 年，农工党中央还围绕关于深化医学教育改革等主题，分别赴云南、贵州、广西、黑龙江、福建、江苏、青海、新疆等地调研，报送的《深化医学教育改革，筑牢健康中国人才之基》等八件专报得到中共中央、国务院领导同志的批示。

2018 年，受中共中央委托，陈竺、何维率队深入四川凉山、云南怒江等“三区三州”深度贫困地区，开展以“深入开展精准健康脱贫，助力实施乡村振兴战略”为主题的大调研，并赴贵州、陕西和广西等省（自治区）开展配合调研。7 月 23 日，中共中央政治局常委、全国政协主席汪洋主持召开“推动实施乡村振兴战略”调研协商座谈会，陈竺提出三条建议：补齐医疗卫生短板，确保 2020 年如期消除因病致贫返贫问题；

建立防止因病致贫返贫长效机制，跑好脱贫攻坚和乡村振兴的“接力赛”；注重综合立体式扶贫开发，助力健康乡村、美丽乡村建设和绿色农业发展。随后，农工党中央报送了《关于深入开展精准健康脱贫 助力实施乡村振兴战略的建议》，得到国务院领导同志的批示。2018 年，农工党中央还围绕提升国家癌症防控水平等主题，赴江西、云南等地深入调研，向中共中央、国务院报送了八件专报。其中，《关于开展国家癌症攻坚行动计划的建议》得到中共中央领导同志的批示；《关于明确国家立场，引领〈世界环境公约〉谈判过程的建议》得到国务院领导同志的批示；《关于在民法典分则立法中增加绿色条款的建议》得到全国人大常委会领导同志的批示；《关于深入开展精准健康脱贫，助力实施乡村振兴战略的建议》等专报也得到中共中央、国务院领导同志的批示。

2019 年，受中共中央委托，陈竺、何维率队赴上海、河南开展以“优化营商环境，推动健康产业高质量发展”为主题的大调研，并赴海南、广东、北京、江苏、浙江、陕西等地开展配合调研，委托东北三省农工党组织开展调研。7 月 8 日，中共中央政治局常委、全国政协主席汪洋主持召开“优化营商环境　激发微观主体活力”调研协商座谈会。陈竺提出聚焦健康产业供给侧结构性矛盾，加快高端医疗服务体系建设、定向减轻中小医药企业税费负担、强化药品医疗器械知识产权保护等建议，得到中共中央领导同志充分肯定，并在《优化营商环境条例》中得到体现。2019 年，农工党中央还围绕地中海贫血防治等主题，深入开展 18 项调研，提交 11 份调研专报，均得到中共中央、国务院领导同志批示，全国人大常委会办公厅、中组部、财政部等专题回函答复，部分建议已转化为法律法规或国家政策。

2020 年，受中共中央委托，陈竺、何维率队，采取“线上 + 线下”的方式开展以“改革完善重大疫情防控救治体系，全面提高公共卫生服务能力”为主题的大调研，赴北京、上海、吉林、江苏开展实地调研，连线湖北、广东、湖南、江苏、辽宁、黑龙江、重庆等七省（市）召开三场视频调研会议。10 月 23 日，中共中央政治局常委、全国政协主席汪洋主持召开“提升治理效能，保障改善民生”调研协商座谈会。陈竺提出聚焦社会主义现代化强国建设目标任务，高标准谋划公共卫生体系建设，改革完善公共卫生治理体系，健全重大疫情防控、救治、科研和物资保障协同机制，以强化政策保障为重点全面提升公共卫生服务能力等建议，得到中共中央领导同志充分肯定；调研专报得到国务院领导同志的批示，调研报告被国务院深化医药卫生体制改革领导小组以简报形式摘编刊发。同年，农工党中央还围绕农村污水治理等主题，采取“线上＋线下”、实地调研与央地联合调研的方式开展十项调研，提交六份调研专报，其中《关于“十四五”时期推动黄河流域生态保护和高质量发展的建议》《关于加强农村污水治理保障饮用水安全助力实施乡村振兴战略的建议》得到国务院领导同志的批示。

依托人民政协平台履职建言。向全国政协大会提交提案，就关系国计民生的问题提出意见和建议，是农工党作为全国政协组成单位履职的重要形式。2013 年至2020 年，农工党中央向全国政协大会分别提交 33、53、39、51、37、40、38、34 件提案。其中，2013 年《关于积极应对区域灰霾污染的有关工作建议》等 10 件提案，2014 年《加大公立医院改革力度，破除以药养医机制》等 7 件提案，2015 年《关于以慢病防治为突破口建立科学有序的分级诊疗制度的提案》等 5 件提案，2016 年《关于积极推广福建省三明市等地医改经验，以“三医联动”促进医药卫生体制改革的建议》等 4 件提案，2017 年《关于转变立法理念、注重多元共治加快完善土壤污染防治基本法律制度的建议》，2018 年《关于打赢精准健康脱贫攻坚战的建议》等 4 件提案，2019 年《关于开展国家癌症攻坚计划行动的提案》，2020 年《关于构建满足重大疫情防控与应急管理需求的现代化公共卫生治理体系的提案》等 4 件提案，共计 36 件提案被全国政协确定为重点提案。在 2020 年全国政协十三届三次会议上，以农工党界别小组名义提交提案 25 件。

2017 年 9 月，政协第十二届全国委员会对十二届政协优秀提案进行表彰，农工党中央提交的 6 件提案被评为优秀提案。分别是：2013 年提交的《关于积极应对区域灰霾污染的有关工作建议》的提案，2014 年提交的《关于发挥市场决定性作用，防治海工产业产能过剩》《关于加强中小企业科技创新金融支持》的提案，2015 年提交的《关于以慢病防治为突破口，建立科学有序的分级诊疗制度》的提案，2016 年提交的《关于积极推广福建省三明市等地医改试验，以“三医联动”促进医药卫生体制改革》的提案，2017 年提交的《关于转变立法理念，注重多元共治加快完善土壤污染防治基本法律制度》的提案。此外，担任全国政协委员的农工党党员提交的 7 件个人提案被评为优秀提案。

2019 年全国政协表彰人民政协成立 70 年来 100 件有影响力的重要提案。农工党提案有 7 件入选，分别是：3 件农工党中央提案，即在全国政协十二届一次会议上提交的《关于积极应对区域灰霾污染的有关工作的提案》、十二届三次会议上提交的《关于推进国家医疗保障管理体制改革的提案》、十三届一次会议上提交的《关于打赢精准健康脱贫攻坚战的提案》；1 件界别小组提案，即农工组在全国政协八届一次会议提交的《尽快制定中医药法案》；1 件委员联名提案，即黄琪翔等 16 人在中国人民政治协商会议第一次全体会议上联名提出的《请以大会名义急电联合国否认国民党反动政府代表案》；2 件委员个人提案，即章师明在九届三次会议上提交的《关于我国加入 WTO 后对现行企业审批和许可管理法律制度的影响与对策案》、姚守拙在十届三次会议上提交的《关于建立武陵山民族地区区域经济合作机制的提案》。此外，农工党中央《关于加大基层健康领域科技支撑力度，以智慧医疗助推健康中国建设的建议》入选全国政协 2018 年度好提案，《关于开展国家癌症攻坚行动的提案》入选全国政协 2019 年度好提案。

在全国政协各类会议上发言。2013 年至 2017 年，何维、蔡威、王新陆、姚克、彭钊代表农工党中央在政协十二届全国委员会历次全体会议上，分别作题为《应对灰霾污染，净化祖国天空，维护人民健康权益》《以改革促环保，以创新促发展，以重典治重污——关于促进生态文明制度建设的若干建议》《严格防治水污染，科学合理水利用》《“三医联动”

靠体制保障，医改难题有中国解法》《深化医学教育改革，加快全科医生培养》的大会口头发言。其中，何维所作应对灰霾污染的发言引发现场多次热烈掌声，新华网评价“四次掌声是因为大家对防治灰霾污染有着强烈的愿望和共鸣”。2017 年，全国政协社会和法制委员会联合农工党中央共同作了《人民政协民主监督大有可为》的书面发言。2018 年至 2020 年，曲凤宏、焦红代表农工党中央在政协十三届全国委员会全体会议上，分别作题为《坚持问题导向，破解瓶颈难题，打赢精准健康脱贫攻坚战》《实施国家癌症攻坚行动，显著提升人民健康水平》《以水定需，量水而行，强化水资源的刚性约束》的大会口头发言。开展国家癌症攻坚行动被列为全国政协十三届二次会议期间十个界别协商会议议题之一。

在全国政协会议召开期间，中共中央领导同志看望政协委员并参加界别联组会，2013、2016、2017、2020 年，农工党界别政协委员在中共中央领导同志参加的联组会上，19 人次围绕医疗卫生体制改革、生态文明建设等问题发言，得到中共中央领导同志肯定。2017 年 3 月 4 日下午，习近平总书记看望参加全国政协十二届五次会议的民进、农工党、九三学社委员并参加联组会。何维、曲凤宏、周健民三位委员在联组会上发言，习近平总书记对发言予以回应，给予肯定和鼓励，农工党同志倍受鼓舞和鞭策。

2013 年至 2020 年，担任全国政协常委的农工党党员，在全国政协议政性常委会议上，共有 15 人次作大会发言，2 次作书面发言，围绕医药卫生体制改革、生态文明建设、国民经济和社会发展“十四五”规划等重大问题建言资政，取得了良好效果。

在专题协商会上积极发声。2013 年至 2020 年，担任全国政协委员的农工党党员在专题协商会上，有 11 人次作口头发言，4 次作书面发言，围绕城镇化建设、医药卫生事业中的职业教育与专业标准、现代公共文化服务体系建设、推进人民法院司法体制改革、深化医药卫生体制改革、产业转型升级、发展中医药等重要问题建言献策，发挥了积极作用。

农工党中央先后与全国政协教科文卫体委员会、外事工作委员会、人资环委员会等联合承办了8次全国政协双周协商座谈会，主题分别为“积极推进医养结合型养老护理模式建设”“仿制药的质量问题与对策”“推进安宁疗护工作”“改进和加强我国卫生援非工作”“巩固破除以药补医改革成果，完善公立医院运行新机制”“推进健康中国战略”“革除滥食野生动物的陋习”“推动落实‘以水定需’”。在这些双周协商座谈会上，担任全国政协委员的农工党党员共有48人次发言，何维3次作主题发言。

报送社情民意信息。农工党十五大以来，农工党中央通过建机制、强基础、抓重点，把反映社情民意信息作为一项重要的基础性、日常性工作抓紧抓好。农工党各级组织认真贯彻农工党中央要求，创新工作思路和方法，健全信息工作机制和网络，拓宽信息来源和渠道，加强信息调研和编写，为做好反映社情民意信息工作创造了良好工作条件和机制保障。广大农工党党员把反映社情民意信息作为履行职能的重要方式，结合工作实际，深入调查研究，及时真实地反映联系群众意愿，反映带有普遍性、典型性和苗头性的情况和问题，提出建设性意见建议。

2013年至2020年，农工党中央共收到各省级组织、中央机关各部门及中央各专委会报送的社情民意信息稿件2万余件，经筛选编辑向全国政协信息局报送《信息专报》3622件，564件被采用。其中《创建具有中国特色的医疗保障体系，为实现全面建成小康社会目标提供重要民生保障》《水资源开发、利用和保护的政策建议》《解决儿童用药紧缺和用药安全问题迫在眉睫》《借鉴新安江流域水质补偿试点经验，做好三峡水库水污染防治工作》等得到国务院领导同志的批示。《创建具有中国特色的医疗保障体系，为实现全面建成小康社会目标提供重要民生保障》《解决儿童用药紧缺和用药安全问题迫在眉睫》被评为全国政协优秀社情民意信息。农工党中央社情民意信息工作处室先后荣获2012—2013年度、2014—2015年度、2018—2019年度“全国政协社情民意信息工作先进单位”。

2013年12月，农工党中央印发《反映社情民意信息工作条例》《反映社情民意信息采编评分和奖励表彰办法》，推进工作制度化规范化。

2015年3月，农工党社情民意网络平台投入使用，实现了社情民意网上报送、编辑、审批。依托各省级组织和中央专委会逐步建立和完善特约信息员制度，组成了一支反映社情民意信息工作骨干队伍。

（三）深入推进民主监督

民主监督是民主党派的基本职能。2016年，中共中央部署各民主党派中央开展脱贫攻坚民主监督，开启了民主党派对国家重大战略实施专项民主监督的先河。农工党中央认真贯彻落实中共中央部署，将对口云南省脱贫攻坚民主监督摆上重要工作位置，脱贫攻坚民主监督工作取得扎实成效。同时，指导相关省级组织开展中共地方党委部署的专项民主监督工作，继续支持特邀（约）人员发挥民主监督作用。

对口云南省脱贫攻坚民主监督。中共十八大以来，以习近平同志为核心的中共中央把贫困人口脱贫作为全面建成小康社会的底线任务和标志性指标，在全国范围全面打响了脱贫攻坚战。在动员组织全社会共同参与、合力推进脱贫攻坚的进程中，以习近平同志为核心的中共中央高度重视发挥中国共产党领导的多党合作和政治协商制度优势，作出了各民主党派中央参与脱贫攻坚的重大决策。2015年12月，中共中央、国务院发布《关于打赢脱贫攻坚战的决定》，提出“充分发挥各民主党派、无党派人士在人才和智力扶贫上的优势和作用”。2016年6月，中共中央统战部、国务院扶贫办制定下发《关于支持各民主党派中央开展脱贫攻坚民主监督工作的实施方案》，明确八个民主党派中央对口八个贫困人口多、脱贫任务重的省份开展脱贫攻坚民主监督工作，农工党中央承担对口云南省脱贫攻坚民主监督任务。脱贫攻坚民主监督是各民主党派中央第一次对一项国家重大战略和重要政策落实进行监督，拓展了民主监督的渠道，丰富了民主监督的内容和形式。2016年6月至2020年12月，农工党中央与中共云南省委密切配合，健全制度保障，创新工作方法，形成具有农工党特色的民主监督经验和做法。

建立工作机制。2016年6月和9月召开的农工党十五届十四次和十五次中央常委会，重点对脱贫攻坚民主监督工作进行研究部署，审议通过了《关于“十三五”期间全党参与精准扶贫精准脱贫工作的指导意见》。2016年7月，农工党中央制定《对口云南省开展脱贫攻坚民主监督工作实施方案（试行）》，明确了对口云南脱贫攻坚民主监督工作的指导思想、工作形式和工作机制。2017年5月，云南省扶贫开发领导小组下发《关于建立云南省对接农工党中央开展脱贫攻坚民主监督工作协调运作机制的通知》，成立云南省对接农工党中央脱贫攻坚民主监督工作领导小组，要求各州（市）全部成立党委领导、政府负责、统战部门牵头的对接工作小组。农工党中央与云南省工作对接、知情明政、沟通会商、通报反馈等工作机制全面建立。

健全工作队伍。2016年6月，农工党中央成立由陈竺担任组长、刘晓峰任常务副组长，中央专职副主席任副组长的精准扶贫精准脱贫工作领导小组，下设办公室专责脱贫攻坚民主监督工作。2018年4月，精准扶贫精准脱贫工作领导小组调整为由陈竺担任组长、何维任常务副组长。相关省市组织积极参与，至2017年5月，确定由农工党北京、天津、上海、江苏、浙江、福建、山东、湖南、湖北、广东、辽宁、吉林、重庆、安徽、内蒙古等15个省（区、市）委员会和深圳市委会，分别对口云南16个州（市）开展工作，实现一对一结对全覆盖。动员农工党中央各专委会和骨干党员结合自身优势参与工作，选择农工党中央人口资源专委会、南京邮电大学专家团队作为主要依托力量。基本构建起农工党中央统筹、全党共同参与、专业力量支撑的工作格局。

强化监督实效。坚持问题导向，围绕发现问题、提出建议、助推解决问题、持续跟踪调查，建立起一个环环相扣的工作闭环模式。

在发现问题环节，农工党中央领导率先垂范、深化考察调研。2016年6月至2020年12月，陈竺先后7次赴滇调研，走遍云南省乌蒙山区、迪庆藏区、滇西边境、石漠化片区四大集中连片特困地区，走访卫生、教育、产业机构，走进偏远农村、贫困农户，考察了解脱贫实情；何维、刘晓峰等中央领导先后24次调研，走遍云南省所有州（市）。2016年7月，陈竺、龚建明赴昆明市东川区调研；2016 年 10 月，刘晓峰、龚建明赴昆明市、保山市、德宏州调研；2017 年 7 月，陈竺、龚建明赴昭通市昭阳区、镇雄县，曲靖市会泽县，迪庆州香格里拉市，调研乌蒙山区、藏区脱贫攻坚情况；2017 年 10 月，刘晓峰、何维、龚建明赴文山州丘北县考察石漠化片区扶贫脱贫情况；2018 年 5 月，陈竺、何维、龚建明赴怒江州泸水市、福贡县、贡山县开展深度贫困地区脱贫调研；2019 年 3 月，陈竺赴昭通市镇雄县调研健康扶贫工作；2019 年 8 月底 9 月初，陈竺、何维、杨震赴云南省文山州广南县、红河州泸西县和迪庆州德钦县、香格里拉市开展监督调研；2020 年 1 月，陈竺、杨震赴滇会商并赴大理州开展巩固脱贫成果监督调研；2020 年 6 月，何维、杨震赴滇对接工作并赴昭通市镇雄县专题调研挂牌督战县脱贫进展。在农工党中央领导带动下，15 个省级组织和深圳市委会领导同志每年都率调研组赴对口州（市）进行 1 至 2 次调研；领导小组办公室组织工作小分队，先后 12 次到典型贫困村开展驻村调查，深入解剖麻雀。五年间，农工党中央累计组织各类各级调研 113 次，先后深入 88 个县的 360 个村，实现对云南省 16 个州（市）、4 个集中连片特困地区、全部 88 个贫困县的考察调研全覆盖。与此同时，依托南京邮电大学专家团队，坚持科学循证方法，采用社会调查学理论和方法，设计出包含 6 大类、30 小项、100 多个指标的评估体系，研究编制调查问卷，抽选云南省 10 个县 20 个“哨点村”1000 户农户，逐年跟踪访谈，累计入户 6600 多次，掌握了一套独立调查数据，为民主监督提供有力支撑。

在提出建议环节，2016 年 6 月至 2020 年 12 月，累计与云南省各级地方党委座谈 127 次，提出意见建议 600 余条。一是对于基层工作落实层面的问题，由各调研组分别与基层党委政府会商，助力将问题解决在基层。二是对于全省各地多发的共性问题，由领导小组办公室汇总各调研组意见，与省级相关部门会商，共同研究解决对策。三是对于制约全省脱贫的突出问题，由陈竺等领导同志率国家有关部委参加的调研组，与中共云南省委、省政府座谈会商，反馈民主监督意见，研究加强改进工作。其中，在 2017 年 7 月 8 日座谈会上，陈竺出席并建议云南省把握好深度贫困地区脱贫攻坚六个关系，龚建明代表农工党中央反馈完善健康扶贫政策等五个方面监督意见及相应工作建议；在 2018 年 5 月 14 日座谈会上，陈竺充分肯定云南脱贫攻坚工作并提出指导意见，龚建明代表农工党中央反馈监督意见和工作建议。在 2019 年 8 月 2 九日座谈会上，陈竺、何维出席并讲话，陈竺认为云南省脱贫攻坚取得决定性进展，提出坚定政治站位、坚持精准方略、坚守扶贫标准、巩固脱贫质量等建议，杨震反馈三大类九个方面民主监督意见并提出相应工作建议；2020 年 1 月 7 日，陈竺充分肯定云南省脱贫攻坚工作并提出聚焦深度贫困、持续提高脱贫质量和讲好中国脱贫攻坚故事等建议；2020 年 6 月 9 日，何维出席对口云南省脱贫攻坚民主监督工作座谈会并讲话，杨震反馈民主监督意见，提出“聚焦尚未脱贫地区，加快补齐‘两不愁三保障’短板弱项”和“统筹兼顾已脱贫地区，尽快健全巩固脱贫防止返贫的长效机制”两点建议。四是与国家有关部委会商。一方面，中央主要负责同志与财政部、教育部、科技部、卫健委等部委领导座谈，就云南脱贫攻坚进行沟通研究，提出工作建议；另一方面，由中央分管副主席龚建明、杨震先后约请国务院扶贫办、卫健委、民政部等多个部委相关司局负责同志，共同研究云南脱贫攻坚面临的突出困难问题。

在帮助解决问题环节，2016 年至 2020 年，农工党中央每年向中共中央统战部报送关于对口云南省脱贫攻坚民主监督工作的调研报告，得到国务院扶贫开发领导小组高度重视。报告的主要内容作为国务院扶贫开发领导小组对云南省年度脱贫攻坚工作评价反馈的组成部分，纳入国务院对云南省脱贫攻坚工作的评价体系。2016 年以来，农工党中央以“直通车”形式报送建议专报五份，均得到中共中央、国务院领导同志批示。2017 年至 2020 年，在每年年初召开的各民主党派中央开展脱贫攻坚民主监督工作座谈会上，陈竺围绕农工党中央开展脱贫攻坚民主监督的经验体会、云南省脱贫攻坚面临的突出困难问题等发言，得到与会中共中央领导同志高度重视，给予充分肯定和积极回应。农工党坚持寓帮扶于监督之中，发挥联系界别优势，开展以医药卫生、教育科技智力扶持为主的帮扶活动。协调北京阜外医院在昆明、广安门中医院在滇中新区、四川华西医院在镇雄县设立分支机构或联盟机构，协调中国初级卫生保健基金会、法国梅里埃基金会等实施对怒江、昭通等地区卫生健康事业捐助，动员农工党各级组织开展帮扶 70 多次，帮扶款物价值 1 亿多元。

在跟踪调查环节，对“两不愁三保障”重点难点问题、重点深度贫困县紧盯不放，以“钉钉子”精神持续追踪回访，对整改落实情况再监督、再反馈。中共云南省委对农工党中央的民主监督意见高度重视、充分认同，中共云南省委、省政府历任主要领导李纪恒、陈豪、阮成发等研究部署、整改落实；中共云南省委、省政府，省委统战部、省扶贫办、省卫健委负责同志先后到农工党中央沟通报告进展情况；云南省扶贫开发领导小组书面反馈民主监督意见落实情况；2020 年 5 月，云南省邀请杨震赴国务院扶贫办出席云南省深度贫困地区脱贫攻坚推进视频会议。据国务院扶贫办等部门反馈，农工党中央在报告、专报中所提监督意见纳入了国务院扶贫开发领导小组考核体系，所提建议转化为多项相关政策措施。2017 年 3 月，中共中央领导同志对陈竺在脱贫攻坚民主监督座谈会发言作出批示，云南省迅速落实，开展全省健康扶贫摸底排查取得显著整改成效。2018 年 1 月，中共中央领导同志对农工党中央报送的关于支持怒江脱贫攻坚的专报作出批示，并带领有关部门赴怒江考察调研，安排龚建明随同调研，研究深度贫困地区脱贫措施。2019 年农工党中央报送《关于 2020 年后扶贫工作的有关建议》专报，得到中共中央、国务院领导同志批示。2020 年报送《关于有效应对新冠肺炎疫情　坚决打赢脱贫攻坚战的建议》，得到国务院领导同志的批示。

坚持统筹推进。农工党坚持将脱贫攻坚民主监督放在全党工作大局中统筹谋划一体推进。一是注重将脱贫攻坚民主监督作为深化调查研究、了解社情民意的重要窗口，为做好建言资政提供有力支撑、为开展社会服务提供广阔舞台。积极通过政党协商、政协协商等途径，向中共中央、国务院及国家有关方面提出建议，助力打赢脱贫攻坚战。二是把参加脱贫攻坚民主监督实践作为教育广大农工党党员的重要途径，用伟大脱贫成就教育农工党党员。持续深化作风建设，恪守中共中央八项规定精神，明确三条工作纪律：即考察调研自己安排，一律轻车简从，不得安排层层陪同；调研经费自己承担，不得给地方增加支出负担；问卷调研自己完成，不得给基层转嫁工作压力。三是把脱贫攻坚民主监督作为展示我国脱贫攻坚历史性成就的独特窗口，会同国家卫健委、云南省组织各方专家力量，依托五年来持续调研基础数据，开展健康扶贫助推脱贫攻坚系列科学论著撰写工作，讲好脱贫攻坚故事，讲好多党合作故事。

2019 年 11 月，各民主党派中央脱贫攻坚民主监督工作考察研讨暨成果会商在云南省举行。陈竺出席并讲话，中共中央统战部副部长邹晓东主持会议并讲话，杨震介绍农工党中央脱贫攻坚民主监督的经验和做法。与会人员实地考察农工党中央脱贫攻坚民主监督和文山州西畴县脱贫攻坚工作，对工作做法与成效予以充分肯定。为总结推动工作、表彰先进典型，2018 年至 2020 年，农工党中央对全党脱贫攻坚民主监督工作中表现突出的集体和个人予以表彰，营造创先争优良好氛围。

指导推进专项民主监督工作。农工党各级地方组织在中共地方党委、统战部门的指导支持下，积极开展专项民主监督工作。在有扶贫任务的 22 个中西部省份，相关农工党省级组织根据中共地方党委部署开展省（区、市）内对口脱贫攻坚民主监督，助力打赢脱贫攻坚战；其余东部省份则由中共地方党委部署开展针对营商环境、安全生产、环境治理、产业疏解等领域的专项民主监督，助推中共地方党委政府中心工作落实。农工党中央精准扶贫精准脱贫领导小组办公室采用编发月度工作简报和以会代训形式，对各省级农工党组织开展脱贫攻坚民主监督和专项民主监督工作进行工作交流和业务培训。2020 年 1 月，农工党中央制定《专项民主监督工作办法（试行）》，为全党专项民主监督工作提供了制度遵循。

支持特邀（约）人员开展民主监督。农工党十五大以来，担任各级特邀（约）民主监督职务，如监察部门特邀监察员、监察委员会特约监察员、人民检察院特约检察员、人民法院特约监督员等职务的农工党党员，积极参加有关部门组织的执法检查、视察检查、行风政风评议等活动，有效发挥民主监督作用。

（四）扎实开展社会服务

农工党十五大以来，农工党中央汇聚全党力量，以服务社会、改善民生为出发点和落脚点，聚焦脱贫攻坚定点扶贫，扎实开展社会服务工作，取得显著成效。

举全党之力助力脱贫攻坚。农工党中央认真贯彻落实以习近平同志为核心的中共中央关于脱贫攻坚的决策部署，把定点扶贫工作作为增强“四个意识”、坚定“四个自信”、做到“两个维护”的实际行动，作为发挥新型政党制度优势的生动实践，作为全党各级组织的重大政治任务进行动员部署，全方位助力定点扶贫的贵州省大方县打赢脱贫攻坚战。2018、2019、2020 年，陈竺代表农工党中央签订《中央单位定点扶贫责任书》，立下助力脱贫攻坚的军令状。农工党中央集中全党力量，连年超额完成定点扶贫责任书各项目标任务。2019 年，大方县以“无错退漏评，群众认可度高”评估结论，正式退出贫困县序列，实现脱贫摘帽，农工党为大方县打赢脱贫攻坚战贡献了智慧和力量。自 1986 年帮扶以来，农工党对口大方县先后实施和引进帮扶项目 292 个，协调国家发改委立项建设大方火电厂、协调水利部立项建设大方岔河水库、协调国铁集团推动成贵快铁大方高铁站落地等，累计投入和引进资金 73 亿多元，培训基层干部 4247 人次、教师 5605 人次、医务人员 5509 人次、农业技术人员 1200 人次、其他专业技术人员 4876 人次。

领导率先垂范，加强顶层设计。自 2013 年起，农工党中央常委会、主席会、主席办公会议多次专题研究贯彻落实习近平总书记关于脱贫攻坚重要论述，推进大方县定点扶贫工作。2014 年 9 月，适时调整充实了农工党中央参与毕节试验区建设工作领导小组①，陈竺担任组长。陈竺每年

① 农工党中央参与毕节试验区建设工作领导小组最初于 2009 年 9 月成立，桑国卫任组长。

都深入大方县考察，调研脱贫进展、指导定点扶贫工作；刘晓峰、何维每年带队考察大方县，协调推进定点扶贫工作；龚建明、曲凤宏、于文明在分管定点扶贫工作期间，多次赴大方县调研，指导推进定点扶贫工作；2018 年至 2020 年，曲凤宏先后 12 次深入大方县督促指导、协调推动农工党各项帮扶项目落地见效；陈述涛、蔡威、谢庆生、杨震、王路、焦红等先后赴大方县调研指导；相关省级组织主委都带队赴对口帮扶乡镇，开展定点帮扶与调研指导工作。经过实践探索和经验总结，农工党中央逐步确立了一整套具有自身特色的定点扶贫工作部署，形成推进定点扶贫工作的顶层设计。具体包括：精准对接“大方县所需”与“农工党所能”的帮扶思路；“中央统筹、项目依托、结对帮扶、沉底乡镇”的帮扶模式；“中央统筹、全党参与、协调联动”的帮扶格局，“健康扶贫、产业扶贫、智力扶贫、公益扶贫、文化扶贫、消费扶贫”齐抓促脱贫的帮扶方式。

坚持制度先行，强化规范运行。为规范定点扶贫工作，农工党中央于 2014 年制定《关于加强社会服务工作的指导意见》，2016 年制定《关于“十三五”期间全党参与精准扶贫精准脱贫工作的指导意见》，2018 年制定《关于助力大方县打赢脱贫攻坚战，建设贯彻新发展理念示范区工作的指导意见》，2019 年制定《社会服务工作条例（试行）》，2020 年制定《农工党中央助力大方县巩固拓展脱贫攻坚成果与实施乡村振兴战略有效衔接行动计划（2020—2022 年）》等一系列规章制度，有效组织动员和指导规范全党各级组织参与定点扶贫工作。

坚持尽锐出战，构建攻坚合力。农工党中央逐步加大协调动员工作力度，统筹整合全党力量参与定点扶贫工作。先后于 2016 年召开农工党东部 10 个省（市）组织定点帮扶大方县工作研讨会，2018 年召开全国省级组织助推毕节试验区大方县贯彻新发展理念座谈会、中央专委会定点扶贫大方县工作座谈会和农工党 15 个副省级城市组织助力大方县脱贫攻坚工作会议等系列会议，组织动员全党各级组织参与助力大方县打赢脱贫攻坚战。最终形成农工党 23 个省级组织、15 个副省级城市组织和中央 12 个专委会全面参与，构建起“一对一”“多对一”结对帮扶大方县 29 个乡镇

(街道)的工作模式，形成集全党之力共同助力大方县实现脱贫的农工党定点扶贫典型做法。

坚持“六扶”齐抓，实施精准帮扶。一是实施健康扶贫。农工党始终立足自身界别特色，将助力筑牢大方县基层卫生健康防护网、提升大方县区域整体医疗水平作为定点扶贫的重中之重。实施“同心助医工程”，筹集4600多万元资金和物资，支持大方县贫困山区33所乡镇卫生院、204个村卫生室标准化建设，开展3000多人次的医药卫生人员培训，捐助24辆流动医疗服务车等。实施“同心全科医生特岗人才计划”，帮助

★ 2016年6月，农工党中央在贵阳召开支持毕节试验区大方县精准扶贫座谈会，陈竺出席会议。

贫困县完善基层医疗机构留人机制，招聘大方县特岗全科医生17名，在基层卫生服务中发挥了积极作用。开展“贫困人口精准医疗爱心行动”，组织农工党党内医疗专家到大方县贫困乡村巡诊，对因病致贫、因病返贫建档立卡贫困人口进行科学诊断、规范治疗、合理用药指导。自2019年项目开展至2020年年底，累计邀请医疗专家277人，会诊4700人次，指

导治疗用药 3959 人次，纠错病情 1015 人次，捐赠价值 122 万元医疗设备和 107 万元药品。汇聚社会资源开展合作帮扶，先后协调中国疾控中心对大方县域疾控体系全面帮扶、北京天坛医院与县人民医院神经外科对口帮扶、有关医疗机构推进恒大医院运营管理，作为专家指导单位参与国家级扶贫工程“强直性脊柱炎健康扶贫工程”在大方县实施，协调南京市等地方组织开展“重塑笑颜”“微笑行动”等公益项目。二是实施产业扶贫。2013 年，农工党中央在调研基础上确立支持产业发展总体思路，当年推动签订投资总额达 156.4 亿元意向性协议，协调国家开发银行每年授信 20 亿元连续 5 年支持大方县经济社会发展项目，帮助启动毕节试验区同心食品药品产业园建设项目、大方县职业教育发展项目，陈竺亲自协调引进国内最优猕猴桃品种，逐步发展 1000 余亩企业示范基地，截至 2020 年引领撬动全县 6 万亩猕猴桃种植。2014 年，农工党中央推进毕节农工同心职业技术学校、大方经济开发区等 6 个招商引资项目及重大项目建设。2015 年，继续助推毕节试验区同心食品药品产业园建设和项目引进。2018 年，引进农工党党员企业建立“乌蒙山泉小龙虾”示范养殖基地，先后在八堡乡、羊场镇、三元乡发展养殖基地 1026 亩，覆盖农户 2385 户 4971 人，辐射引领大山乡、牛场镇发展小龙虾养殖 400 余亩，后期预计全县将达 5000 亩，将带动更多群众增收致富。持续关注积极协调有关部门推动大方天麻进入药食同源目录，为大方县发展天麻产业创造良好发展条件。三是发展公益扶贫。2016 年，农工党中央协调中华少年儿童慈善救助基金会微笑行动走进大方，为 108 名唇腭裂患者实施免费手术救治，减免费用 100 余万元；2016 年 7 月，贵州大方县理化乡偏坡村发生山体滑坡灾害，农工党中央立即协调中国初级卫生保健基金会向大方县捐赠 100 万元用于灾害救助和灾后重建工作。为推进扶贫与扶志、扶智融合，2018 年至 2020 年，农工党中央联合中国红十字会在大方县投入 2164 万元，实施“大方县同心圆博爱家园精准扶贫项目”，助推 45 个深度贫困村整体脱贫，通过为建档立卡贫困户提供生计金，激发贫困人口内生动力，实现扶贫与扶志、扶智相结合，采取“授人以渔”方式为贫困乡村提供持续支持。四是实施智力扶贫。贯彻落实习近平总书记关于“着力推动绿色发展、人力资源开发、体制机制创新，努力把毕节试验区建设成为贯彻新发展理念的示范区”的重要指示精神，坚持人才是建设大方的基石和根本，助力大方县从人口大县向人力资源强县转变。自2012年以来，农工党各级组织将自身智力优势与大方县人力资源需求紧密对接，累计开展对基层干部、致富带头人、基层卫生人员、职业技术人员、乡村教师37741余人次的分类培训，传授脱贫致富技能，输送实用技术，提升人员素质，努力帮助大方县构建一支高素质的人才队伍。五是开展文化扶贫。助推大方县油杉河村和背座村纳入古村落保护，在农民书画院与当地艺术爱好者开展文化艺术交流，帮助培训农民书画家及基层美术、音乐教师。六是实施消费扶贫，发动农工党全党踊跃献爱心。农工党中央领导和中央机关示范引领，带动6万多名农工党党员采用各种方式参与消费扶贫，或线下直接收购，或通过农工党支持建设的“乌蒙农商城”电商平台线上选购大方县农特产品，2012年至2020年实现购买和帮助销售额889万元。

坚持以监督促帮扶，推动脱贫质量提升。根据国务院扶贫办关于定点扶贫工作要求，自2017年起，农工党全面加强对大方县脱贫攻坚督促检查工作，努力实现以定点扶贫助脱贫和以督促检查促脱贫的工作协同。在帮扶中查找问题，寓监督于帮扶之中，督促大方县委、县政府履行脱贫攻坚主体责任。2018年，农工党中央发布《关于进一步加强对贵州省毕节市大方县定点扶贫督促检查工作的通知》，要求各级组织在帮扶工作中同步开展督促检查。各相关组织在定点帮扶工作中认真督促当地中共党委、政府落实脱贫攻坚主体责任，一是由农工党省级组织、中央专委会结合调研情况直接向对口帮扶的乡村提出改进扶贫工作的意见建议；二是由农工党中央负责同志向中共大方县委、县政府反馈重点监督检查意见；三是由农工党中央向中共大方县委、县政府发送书面督促检查调研报告。工作中，中共大方县委、县政府虚心接受监督，农工党中央同大方县真诚协商，共同建立起工作对接、知情明政、沟通会商、通报反馈等工作机制，实现加强监督与推进工作的有机统一，形成扶贫助脱贫、监督促脱贫协同发力的良好局面。

2019年大方县实现脱贫出列，农工党中央深入贯彻习近平总书记关于贫困县脱贫后“摘帽不摘责任、摘帽不摘政策、摘帽不摘帮扶、摘帽不摘监管”的重要指示精神，面对2020年突如其来的新冠肺炎疫情，农工党中央努力克服疫情不利影响，接续助力大方县实施乡村振兴战略，推进全面脱贫与乡村振兴有效衔接。一方面，着力巩固脱贫攻坚成果。推动健康扶贫更精准，通过援建大方县人口健康信息平台，推动恒大医院正式开业，开展“贫困人口精准医疗爱心行动”，兜牢贫困群众健康保障网底；推动教育扶贫更注重人力资源开发，通过线上线下相结合的方式举办专题培训班，培训基层干部、专业技术人才、乡村教师5339人次；推动产业扶贫更注重质量，投入和引进帮扶资金3033万元，协调口罩生产企业落地大方，“乌蒙山泉小龙虾”产业项目辐射引领大方县扩大养殖；推动公益扶贫创新思路，打造“同心圆博爱家园精准扶贫项目”升级版，新注入资金300万元，由向贫困户提供援助转为向党建引领下的合作社提供支持，为壮大村级集体经济、带动农户增收探索新路径。另一方面，选择大方县凤山乡作为贯彻新发展理念示范乡镇进行大力支持，为贯彻新发展理念和实施乡村振兴战略探路子、作示范。帮助编制《凤山彝族蒙古族乡贯彻新发展理念示范区建设规划纲要（2019—2022年）》，按照产业兴旺、生态宜居、乡风文明、治理有效、生活富裕的总要求，对大方县实施乡村振兴战略作出阶段性规划，推动凤山乡脱贫成果有效巩固，乡村振兴全面启动，发展面貌焕然一新。

农工党参与毕节试验区建设工作、对口大方县的定点扶贫工作得到毕节市和大方县党委政府和干部群众的高度认可，也得到中共中央、国务院及有关部门的充分肯定。2015年在国务院扶贫办主办的中央单位定点扶贫工作会议上，农工党中央作为民主党派中央代表作大会发言。2017年至2020年，农工党中央连续四年在中央单位定点扶贫考核中荣获“好”的等次；2019年农工党中央社会服务部综合处荣获“全国脱贫攻坚奖组织创新奖”，并作为脱贫攻坚奖获奖单位代表在全国进行巡回演讲；2020年农工党中央社会服务部被评为全国脱贫攻坚先进集体。为讲好脱贫攻坚故事，讲好多党合作故事，2018 年至 2020 年，农工党中央每年都组织定点扶贫大方县工作总结表彰，对成绩突出的先进集体和先进个人进行表彰，于 2020 年编写出版《同心筑梦——农工党中央定点扶贫大方县纪实》，全景式记录农工党倾情倾力助脱贫的历程；在贵阳设置农工党助力大方县脱贫攻坚成果展馆；编印《我的扶贫故事》《农工党帮扶大方县大事记》等书籍，在全面总结中不断深化对定点扶贫工作的思考与认识。

农工党中央在统筹全党力量参与毕节试验区建设和定点扶贫大方县的同时，大力支持指导农工党各级地方组织在当地中共党委领导下承担本地区脱贫攻坚任务，为当地打赢脱贫攻坚战、推进经济社会发展作出积极贡献。实践证明，民主党派参与定点扶贫工作，是我国新型政党制度在脱贫攻坚中的成功实践，是体现我国新型政党制度优越性的一个生动案例。各民主党派在中国共产党领导下为共同打赢脱贫攻坚战团结合作，砥砺奋进，携手前行。正是在全力参与脱贫攻坚伟大实践中，农工党各级组织和广大党员对我国新型政党制度独特优势的认识进一步加深，规律把握更加准确，对坚持和完善我国新型政党制度、推动多党合作事业行稳致远的信念和信心更加坚定。

开展品牌社会服务活动。农工党十五大以来，农工党中央提出全党社会服务工作以推进健康中国和美丽中国建设为主线，紧密围绕推进实施“五位一体”总体布局、“四个全面”战略布局，紧抓重点、打造品牌，不断提升社会服务工作的科学性、受益面和影响力。

实施“杏林春雨”行动。此行动为弘扬人道主义精神、促进社会主义公益事业发展而创办。2012 年，由农工党中央社会服务部联合吴阶平医学基金会创立，将农工党医药卫生界别特色与社会服务扶贫助困相结合。2013 年至 2014 年，该项目重点举办基层医疗技术培训班，开展乡镇卫生院院长、检验师和全科医生培训，支持全国 50 余家基层医院开展中医特色专科建设。从 2015 年起，该项目先后开展全国小儿脑瘫义诊救助活动、癫痫病义诊救助活动。2017 年年初，与有关公益组织联合开展“癫痫病义诊救助”专项活动。“杏林春雨”项目的实施，为贫困地区患儿送去了爱心援助。

实施同心全科医生特岗人才计划。此公益项目由陈竺提出并倡导实施。2015 年 2 月，“同心全科医生特岗人才基金理事会第一次会议暨同心全科医生特岗人才计划启动仪式”举行，同时首批试点“同心全科医生特岗人才计划”在贵州省大方县启动。该项目采取“县管乡用、收入激励、政策支持、培养倾斜”办法，吸引和鼓励医学院校毕业生选择做全科医生、投身基层服务、提高基层医疗卫生服务水平，旨在进一步探索让全科医生“下得去、留得住、用得好、能发展”的有效路径和工作模式。至 2017 年年底，农工党中央在贵州毕节市，福建宁德市，广西百色市、河池市和甘肃兰州市相继实施该项目，共招收同心全科特岗医生 129 名。项目开展以来，在充实和稳定基层全科医生队伍、提升基层医疗服务能力、提高当地人民群众健康保障水平等方面均收到了明显成效，发挥了示范作用。2017 年，农工党中央上报建议专报——《从实施“同心全科医生特岗人才计划”的探索与实践对加强全科医生队伍建设的几点意见》，受到国务院领导同志高度重视。2018 年 1 月，国务院办公厅印发《关于改革完善全科医生培养与使用激励机制的意见》，农工党中央所提意见建议得到体现。实施同心圆博爱家园精准扶贫项目。此项目由农工党中央联合中国红十字会、中国初级卫生保健基金会于 2018 年组织，针对贵州大方县 45 个深度贫困村实施精准扶贫。项目旨在把扶贫与扶志、扶智相结合，政府社会外力帮扶与激发群众内生动力相结合，自力更生与集体互助相结合，硬件投入与软件帮扶相结合，最终实现“授人以渔”的效果。通过项目多层机制化的运作方式，助推深度贫困村整村脱贫，助力大方县如期实现脱贫。2018 年项目投入捐赠款 1864 万元，45 个深度贫困村每村投入 40 万元。项目实施以来，各项工作进展、运行顺利，其中生计金首轮发放 1270 余万元，受益贫困群众 1216 户 3648 人。截至 2020 年年底，项目生计金共筹集 2164 万元。

开展贫困人口精准医疗爱心行动。在定点扶贫大方县工作中，农工党中央提出发挥界别优势，帮助大方县对建档立卡贫困户中的因病致贫家庭进行摸底排查，由农工党医疗专家团队带领当地医务人员共同开展精准医疗服务，实现科学诊断、规范治疗、合理用药，推动化解因病致贫返贫风险问题；同时支持大方县“县乡村一体化信息平台”建设，提升县乡村医疗水平和服务能力。项目实施以来，覆盖了大方县所有建档立卡贫困户中的因病致贫家庭，取得了积极成效，受到广泛好评。与此同时，农工党各省级组织积极借鉴推广项目经验做法，致力本地区扶贫工作。

实施同心圆工程。此公益项目由陈竺倡导发起，农工党中央与广东省委会、广州市委会共同推动，以关爱生命、关注健康为根本出发点，致力于扶贫济困、改善贫困地区医疗卫生条件。该项目关注我国基层医疗卫生条件的改善，专注于为边远乡村捐建或改造乡村卫生室，资助基层医疗机构建设和医疗条件改善；资助培训基层医生，提高基层医务人员技术和服务能力；开展慈善义诊，资助乡村常见病防治技术研发，对身患疾病的困难家庭进行救助等。自实施以来，先后在广东、湖南、湖北、贵州、重庆、甘肃、安徽、西藏、云南、陕西、内蒙古等地的贫困地区捐建卫生室100余所、培训基层医生30000多名，开展各项慈善扶贫活动，直接受益群众上千万人。

开展环境与健康宣传周活动。农工党中央联合教育部、环境保护部、水利部、卫生部、国家广播电影电视总局等部门于2008年发起，至2017年每年举办一届。该活动配合《国家环境与健康行动计划》，在全国开展大型公益性宣传。活动相对固定在每年世界环境日所在周举办，农工党中央领导和有关部委领导出席。宣传周每年聚焦一个主题，紧紧围绕党和国家工作大局，持续推进健康中国和美丽中国建设。2013年至2017年举办的第六至十届宣传周，主题分别是生态环境与健康、城市环境与健康、农村环境与健康、海洋环境与健康、空气质量与健康。联合国环境规划署、世界卫生组织、联合国人类住区规划署等国际组织的驻华代表多次参与相关活动；全国400多个城市积极参与活动开展，促使环境与健康理念更加深入人心。2020年，农工党中央发起举办“农工党环境与健康宣传周”活动，得到各省级组织积极响应。各地方组织在全国100多座城市开展了300多场形式多样、内容丰富的宣传活动，推动环境与健康知识进社区、进农村、进校园，成为农工党各级组织发挥界别特色、推进健康中国和美丽中国建设、开展社会服务活动的有力抓手。

参与举办国际科学与和平周活动。该活动倡导“科学与和平”精神，农工党中央自 1993 年起参与主办。2013 年至 2017 年，农工党中央领导多次出席和平周开幕式并发表讲话。农工党中央及各级组织积极开展形式多样的公益活动，宣传“让科学造福人类，愿和平充满世界”理念，大力弘扬科学精神。“国际科学与和平周”中国组委会连续多年授予农工党中央“最佳组织奖”“特别贡献奖”“突出贡献奖”等奖项。

除上述品牌活动外，农工党中央还参与支持毕节新发展理念示范区建设、支持黔西南州“星火计划”、支持中西部省份开展智力支边行动，作为专家指导单位参与国务院扶贫办组织的“强直性脊柱炎健康扶贫工程”项目，不断推动各类品牌社会服务活动显特色、上水平。农工党各级地方组织结合实际，创立并实施了一大批品牌意识强、社会影响力大的社会服务项目，在服务地方经济社会发展、促进民主党派自身建设方面发挥了积极作用。

支持河北、河南、海南等地方经济社会发展。2015 年，农工党中央与中共河北省委、省政府签订了战略合作框架协议，陈竺、刘晓峰、陈述涛、何维、杨震、蔡威、龚建明出席。协议明确农工党中央进一步加强与中共河北省委、省政府合作，把河北作为重要的建言献策调研基地，发挥农工党联系界别优势，为河北经济社会发展、生态环境保护、水资源利用、医疗卫生事业助力。2016 年，农工党中央与中共河南省委、省政府签署战略合作框架协议，陈竺、刘晓峰、何维、龚建明、曲凤宏出席。协议明确农工党中央把河南省确定为参政议政、社会服务工作的重点区域和推进健康中国、美丽中国建设的重要实践基地，作为实施人才强党战略、加强参政党组织建设的重点试验区。2019 年，农工党中央与海南省政府签署战略合作协议并举行工作座谈，陈竺、曲凤宏、王路、焦红出席。协议明确双方共同探索民主党派助推中共中央大政方针落实和地方党委政府支持民主党派建设的新途径、新模式、新经验，展现我国新型政党制度的巨大效能和显著优势，助力海南成为新时代全面深化改革开放的新标杆，形成更高层次改革开放新格局。同年，农工党中央与海南省政府举行农工党高端人才组团支持海南自贸区（港）建设行动启动暨签约仪式，农工党组织党内外14位院士、知名专家赴海南，率先启动支持海南自贸区（港）建设行动。

（五）积极助力新冠肺炎疫情防控

2020年，面对突如其来的新冠肺炎疫情，作为以医药卫生、人口资源和生态环境为主体界别的农工党积极响应中共中央号召，自觉践行“四新”“三好”要求，坚定不移同中国共产党想在一起、站在一起、干在一起，认真履职尽责，举全党之力参与疫情防控。

服务大局，健全机制。面对严峻复杂的疫情防控形势，农工党中央主要领导亲自部署，第一时间建立应对疫情领导机制，迅速召开视频会议，对全党参与疫情防控进行动员部署。2020年2月7日，成立以何维任组长、曲凤宏任副组长的应对新冠肺炎疫情工作领导小组，原则上实行周例会制度，2020年内连续召开21次小组会议，及时传达学习、贯彻落实习近平总书记重要讲话精神和中共中央、国务院应对疫情决策部署，以实际行动增强“四个意识”、坚定“四个自信”、做到“两个维护”。

积极建言，履职担当。以强烈的担当意识，积极主动向中共中央、国务院建诤言、出实招。2020年1月初，陈竺、何维即赴国家卫健委了解有关情况，陈竺后赴武汉病毒研究机构调研。汇聚全党智慧，针对疫情流行病学、临床特征、发病原理、治疗方案、防控举措等关键问题，深入研究、摸清规律，勇于担当、持续发声，至2020年年底接续向中共中央、国务院报送疫情防控相关建议专报13篇，向中央统战部报送专题报告9篇，得到多位中共中央、国务院领导同志批示。在中共中央、国务院召开的党外人士座谈会上，农工党中央接续就加快疫苗研发、审批、使用，实施自主研发新冠病毒疫苗大规模免费接种，全面推进疫情防控常态化下经济社会发展，加强公共卫生应急体系建设提出建议。疫情防控期间，全党积极建言献策，向农工党中央提交抗疫社情民意信息近4000篇，农工党中央遴选编辑后向全国政协、中共中央统战部报送400多篇。

投身抗疫，敬业奉献。广大党员特别是医卫界党员闻令而动、逆行出征，2020年，全党参加疫情防控、医疗救治的医务人员26248人，其中外地援鄂356人、湖北本省1452人；全党参与疫情防控的科研人员316人，参与疫情防控的志愿者、企业家10834人，合计达37398人，占全党17.79万党员的21%。38名党员因公感染，农工党党员、湖北省武汉市中心医院医生梅仲明因公牺牲，被湖北省人民政府评定为烈士。农工党党员积极参与抗疫国际合作，分别参加赴意大利、塞尔维亚、委内瑞拉、缅甸等国家抗疫医疗专家组，出色地完成了境外援助任务。众多农工党党员和机关干部立足本职岗位，在抗疫科研攻关、社区防控、网络义诊、志愿服务等方面默默奉献。在疫情防控最艰苦的一线阵地上，2月10日，成立农工党辽宁省委直属武汉雷神山医院临时支部；2月10日晚，成立农工党苏州市援鄂医疗队临时小组；3月27日，成立农工党雷神山医院临时支部。多位援鄂医务人员火线申请加入农工党并获得批准。

★ 2020年3月27日，在抗击新冠肺炎疫情的第一线，武汉雷神山医院农工党临时支部成立。

爱心奉献，众志成城。农工党中央领导带头捐款，全党上下纷纷行动，累计捐款1.75亿元，捐物价值8.15亿元。其中，农工党中央在1月25日暨农历大年初一，第一时间协调中国初级卫生保健基金会捐款200万元用于武汉火神山医院建设；随后协调将全党各级组织、广大党员和中央机关中共支部等捐款317万元用于武汉雷神山医院建设，向1159名农工党湖北省一线医务人员和各省援鄂农工党党员发放补贴115.9万元。农工党湖北省委会曾经帮扶的贫困乡——贵州省大方县凤山乡，牵挂着曾经倾力帮扶过自己的农工党湖北省委会。凤山乡的百姓们，不顾天气寒冷抢收白菜，经过农工党湖北省委会协调，在运输线路非常紧张的情况下，于2月4日晚将首批采收的25吨白菜装车驰援武汉，助力武汉市民吃上新鲜蔬菜，书写了“昔日你助我脱贫攻坚，今日我与你共战疫情”的动人篇章。

强化引导，凝聚共识。加强疫情防控期间思想政治教育，广泛听取党员意见建议，深化党员思想动态分析，凝聚全党共识。强化舆论宣传引导，农工党中央发出《致奋战在疫情防控一线农工党党员的慰问信》，发布农工党援鄂一线英雄榜、农工党湖北一线抗疫英雄榜，刊发对奉献爱心、捐款捐物党员的感谢信，实现对全国各省赴湖北支援抗击疫情的农工党党员的宣传报道全覆盖。农工党中央微信公众号坚持每天编发稿件，发布了大量准确的疫情信息，推出了众多生动展现抗疫一线感人事迹的原创报道。农工党中央网站开设“抗击疫情，农工党在行动”专题，通过全方位的宣传报道，运用文字、照片、短视频、图文传播等多种方式，呈现奋战在抗疫一线农工党党员的故事。全党各级组织采写和编发了一大批具有较高质量和水平的新闻作品，广泛宣传、真实记录农工党党员的担当作为，弘扬抗疫正能量。

广大农工党党员在抗疫斗争中的积极作为和奉献精神，受到人民群众的高度赞扬，得到国家的充分肯定。23名党员被授予“全国抗击新冠肺炎疫情先进个人”称号，11名党员获评“全国卫生健康系统新冠肺炎疫情防控工作先进个人”称号，43名党员所在的26个团体荣获“全国卫生健康系统新冠肺炎疫情防控工作先进集体”称号，大批党员受到国家有关部门和中共地方党委、政府表彰。2020 年 12 月 28 日，农工党抗击新冠肺炎疫情表彰大会在北京召开，陈竺出席并讲话，何维主持会议，在京中央领导班子成员出席会议。此次表彰授予丁洁等 799 名同志“农工党抗击新冠肺炎疫情先进个人”称号，追授梅仲明同志“农工党抗击新冠肺炎疫情先进个人”称号，授予农工党华中科技大学同济医院支部等 150 个集体“农工党抗击新冠肺炎疫情先进集体”称号。

经过抗疫大战大考淬炼，广大农工党党员在危急中担当奉献、在风雨中砥砺前行，锤炼了思想作风，增强了本领能力。农工党各级组织和广大党员在抗疫斗争中彰显出的优秀品质和优良作风，既是伟大抗疫精神在统一战线的具体体现，更是对爱国、革命、奉献优良传统的传承弘扬，展现了新时代中国特色社会主义参政党的担当作为，续写了农工党参政报国、履职为民的历史新篇章。

三、致力建设新时代中国特色社会主义参政党

（一）持续加强思想政治建设

农工党十五大以来，农工党坚持中国共产党的领导，以习近平新时代中国特色社会主义思想为指导，牢牢把握中国特色社会主义参政党政治定位，深入实施政治建党战略，着力深化思想政治建设，引领全党增强“四个意识”、坚定“四个自信”、做到“两个维护”，建设政治坚定的中国特色社会主义参政党。

深入学习贯彻习近平新时代中国特色社会主义思想。农工党全党以深入学习习近平新时代中国特色社会主义思想为主题主线，中央领导班子发挥示范引领作用，在中央全会、中央常委会、中央主席战略研讨会、中央理论中心组学习会上专题学习中共十八大、十九大及历次中共中央全会精

神，学习习近平总书记关于加强和改进统一战线工作的重要思想，学习《中国共产党统一战线工作条例》、中共中央关于加强中国特色社会主义参政党建设的相关文件精神和中央统战工作会议、中央政协工作会议精神，及时跟进学习习近平总书记最新重要讲话精神和中共中央重要会议、文件精神等。农工党中央制定《中国农工民主党理论学习中心组学习办法（试行）》，在京中央主席会议成员组成中央理论学习中心组，陈竺、刘晓峰、何维等中央领导同志积极参加学习、亲自撰写学习文章，带动中央领导班子理论学习制度化规范化。2013 年至 2020 年，农工党中央理论学习中心组累计组织专题学习 30 余次，引领 20 个省级组织建立理论中心组学习制度，推动全党理论学习落到实处。农工党中央每年都通过印发通知、举办培训班、研讨班等形式，引领全党加强政策学习，强化理论武装，确保全体农工党党员始终在思想上政治上行动上同以习近平同志为核心的中共中央保持高度一致。

★ 2017 年 10 月，农工党中央理论学习中心组召开学习贯彻中共十九大精神专题座谈会。

持续深入开展主题活动。2013 年至 2017 年，农工党开展“坚持和发展中国特色社会主义”学习实践活动，农工党中央制定工作规划，成立领导小组，陈竺任组长，刘晓峰任常务副组长，何维、龚建明任副组长。在学习实践活动中突出政治导向、主题引领、共识教育，全体农工党党员做中国特色社会主义事业亲历者、实践者、维护者、捍卫者的政治责任感进一步增强。2014 年，以“中国梦 · 农工情”为专题在全党开展演讲比赛、巡回演讲、征文竞赛系列活动；2015 年，以“学精神 · 学党章 · 学党史”为专题在全党开展知识竞赛，成功举办“学习党史、缅怀先烈、再创辉煌”文艺会演；2016 年，以“走进基层，贴近党员，培育和践行社会主义核心价值观”为专题在全党举办宣讲活动；2017 年，以“不忘合作初心，继续携手前进”为专题在全党开展系列学习教育活动。2017 年年底，举行农工党坚持和发展中国特色社会主义学习实践活动总结表彰大会。2018 年，农工党开展“三学一讲”活动（即“学习习近平新时代中国特色社会主义思想和中共十九大精神，学习宪法，学习农工党十六大精神、《中国农工民主党章程》和多党合作历史，领导干部讲党课”活动），将全党思想政治教育引向深入。2019 年 7 月，经中共中央批准，在中央统战部指导支持下，农工党开展“不忘合作初心，继续携手前进”主题教育活动，锚定“加强理论武装、巩固政治共识、强化责任担当、推进自身建设”的目标任务，明确“学习教育、履职尽责、查找不足、整改提高”的基本要求，完成了深化学习教育、开展纪念活动、开好民主生活会、加强代表人士队伍建设、推进基层组织建设、深入调查研究、积极履职尽责、抓好整改提高、注重典型教育、强化宣传交流等 10 项重点工作。2020 年 1 月，召开农工党“不忘合作初心，继续携手前进”主题教育活动总结大会，对主题教育活动经验进行总结，部署建立“不忘合作初心，继续携手前进”长效机制。

扎实做好宣传思想工作。重大事件及时明确表态，坚决做到“两个维护”。中共中央及时向党外人士通报习近平总书记在《告台湾同胞书》发表 40 周年纪念会上重要讲话、G20 杭州峰会、全国金融工作会议等重要讲话或会议精神，通报“南海仲裁案”等重要事件相关情况，陈竺代表农工党中央第一时间明确表态，坚决支持和拥护中共中央的决策部署，始终同以习近平同志为核心的中共中央保持高度一致。

农工党中央领导积极发声，加强思想政治引领。农工党中央领导以身作则、率先垂范，带头开展宣传教育工作，就学习习近平新时代中国特色社会主义思想、践行新型政党制度、推进新时代中国特色社会主义参政党建设，接受中央媒体采访或发表署名文章。2013年，《中华英才》刊发陈竺专访报道，题为《胸存社稷疾苦，魂牵民生国运》；香港《文汇报》人民政协专刊采访何维政协大会发言形成过程；《团结报》刊发龚建明《学“三同”做“三者”》署名文章。2014年，《团结报》刊发陈竺《充分发挥民主党派的特点和优势，积极投身全面推进依法治国伟大实践》署名文章，《人民政协报》刊登刘晓峰《多党合作绘蓝图同心共筑中国梦——纪念人民政协成立暨多党合作确立65周年》署名文章。2015年，《求是》刊发陈竺《发挥参政党特点和优势，助力全面建成小康社会》署名文章。2016年，《中国政协》刊发刘晓峰《不忘合作初心，进一步履行职能》署名文章；《中国统一战线》就深入开展学习实践活动对龚建明进行专访。2017年，《瞭望东方周刊》刊发陈竺《我们会讲坦率的意见，提真诚的意见》《从“第三党”到参政党》两篇文章；《中国统一战线》刊发何维《百年梦想广聚才，立德立言又立功》署名文章，《中国统一战线》刊发曲凤宏《共商国是建真言，情牵党派寄厚望》署名文章。2018年，《中央社会主义学院学报》刊发陈竺《弘扬优良传统，深化政治交接，建设适应新时代要求的高素质中国特色社会主义参政党》署名文章。2019年，《光明日报》刊发陈竺《共同推动新时代高素质中国特色社会主义参政党建设》署名文章；《人民政协报》刊发何维《在人民政协舞台上担当新使命彰显新作为》署名文章。2020年，《人民政协报》刊发陈竺、何维《沿着中国特色社会主义道路阔步前进》署名文章；《中国政协》刊发陈竺《凝心聚力，服务大局，为全面建设社会主义现代化国家不懈奋斗》署名文章。

紧扣履职重点，着力加强宣传舆论工作。农工党中央充分利用各种新闻媒体，以专版、社评、专访、综述、专题网页等形式，宣传农工党履职尽责和自身建设成果。加强和改进农工党党刊《前进论坛》、中央网站和微信公众号等宣传主阵地建设，推动传统媒体与新兴媒体融合发展，提高舆论引导能力。积极做好网络舆情风险防范和网络安全工作。

深化参政党建设理论研究。加强理论研究是参政党建设的内在要求，农工党高度重视理论研究，推动形成一批研究成果。2015 年，将民主党派市级机关条件保障情况研究作为重点调研课题，有关建议在之后印发的民主党派自身建设政策中得到体现。2018 年，何维牵头深入研究政协界别有关课题，向中国人民政协理论研究会提交论文《健全完善界别发挥作用的工作机制》，产生良好反响。2019 年，开展《新时代农工党提高参政议政能力研究》等课题研究；围绕庆祝中华人民共和国成立 70 周年、人民政协成立 70 周年和中国共产党领导的多党合作和政治协商制度确立 70 周年，开展理论征文活动。2020 年，开展庆祝农工党成立 90 周年理论征文。农工党中央编印《理论研究参考》，刊发理论学习中心组学习成果、参政党研究优秀理论成果。农工党中央在部分省级组织设立理论研究点，农工党十五大以后增设北京、辽宁两个理论研究点，健全上下联动的理论研究机制。

持续推进党史工作，制定党史规章制度。为规范党史工作开展，2015 年 4 月，农工党中央制定《关于进一步加强党史工作的意见》；2018 年 10 月，农工党中央印发《党史教育基地设立和管理办法》；2019 年 11 月，制定《党史工作条例（试行）》，明确党史工作必须坚持正确政治导向，规范有序开展收集整理党史资料、编纂党史书刊、党史宣传教育、建设管理党史教育基地等工作。

设立农工党中央党史教育基地。为发挥党史存史、资政、团结、育人作用，农工党十五大以来，将一批反映农工党重要历史人物、重大党史事件的场所设立为农工党中央党史教育基地。2014 年 10 月，邓演达纪念园作为第一个党史教育基地正式挂牌。2015 年 1 月，中央主席办公会议决定将第一次全国干部会议会址列为第二个党史教育基地，动员广大党员缴一次特别党费，用于一干会址的修缮和布展等工作，广大农工党党员积极参与，共缴纳特别党费600多万元，经过修缮和布展，2015年9月农工党中央在一干会址举行揭幕仪式。截至2020年12月，除以上两处外，先后设立农工党中央党史教育基地20处：翔仪堂（广东梅州）、彭泽民故居（广东四会）、丘哲故居（广东梅州）、邓演达烈士墓（江苏南京）、邓演达烈士殉难处（江苏南京）、保定军校纪念馆（河北保定）、中央机关旧址陈列馆（重庆）、农工党江西革命活动史料陈列馆（江西修水）、季方史料陈列馆（江苏海门）、农工党江苏地方组织革命活动史料陈列馆（江苏苏州）、农工党湖南地方组织革命活动史料陈列馆（湖南溆浦）、农工党四川革命活动史料陈列馆（四川中江）、常州农工党革命活动史料陈列室（江苏常州）、苏皖边区政府旧址纪念馆——季方生平展厅（江苏淮安）、武昌中央农民运动讲习所旧址纪念馆（湖北武汉）、周谷城故居（湖南益阳）、农工党浙江革命活动史料陈列馆（浙江绍兴）、农工党安徽六安革命活动史料陈列馆（安徽六安）、樊氏图书馆（江苏东海）、卢嘉锡院士纪念室（福建福州）。江苏、浙江、山东、河南等省级组织在省内建立起地方性农工党党史教育基地。党史教育基地成为研究、宣讲农工党党史，弘扬传承农工党优良传统的重要平台。

开展党史研究。农工党十五大以来，先后组织开展农工党与“福建事变”、社会主义过渡时期的农工党、民主革命时期农工党开展的武装斗争、农工党地方组织发展史、农工党大事记、农工党人物传等专题研究，编写完成《中国农工民主党与“福建事变”史料研究汇编》《过渡时期的中国农工民主党研究参考资料》《中国农工民主党第一次全国干部会议》《中国农工民主党地方志资料汇编》《中国农工民主党的历史道路》《卢嘉锡与中国农工民主党》《民主革命时期中国农工民主党的武装斗争》等党史研究成果。农工党十六大以来，积极开展社会主义革命与建设时期的农工党、改革开放时期的农工党、中国特色社会主义新时代的农工党等专题研究，于2019年启动、2020年完成了农工党中央机关党史陈列室重新布展，系统反映农工党90年的发展历程与历史成就。

组织举办党史纪念活动。农工党十五大以来，农工党中央召开了纪念

“福建事变”80周年座谈会，举办了农工党建党85周年暨邓演达诞辰120周年纪念活动、彭泽民追思会，配合全国政协和中共中央统战部举办了纪念卢嘉锡同志诞辰100周年座谈会等。通过这些纪念活动，重温重大历史事件，深切缅怀老一辈农工党人与中国共产党风雨同舟、肝胆相照、亲密合作、同心同行的政治信念和优良传统，不断夯实多党合作共同思想政治基础。2020年是农工党成立90周年，农工党组织系列纪念活动。在北京举行纪念大会，中共中央政治局委员、国务院副总理孙春兰代表中共中央致贺词，对农工党90年光辉历程给予高度评价和充分肯定，首次将农工党优良传统概括为爱国、革命、奉献，农工党同志备受鼓舞、倍感振奋。会议系统总结90年不平凡发展历程，陈竺在讲话中提出必须坚持中国共产党领导，必须坚持我国新型政党制度，必须坚持知行合一、行动至上，必须坚持强化自身建设、永葆进步性等宝贵经验，在全党引起强烈共鸣。农工党中央领导先后赴邓演达烈士殉难处、邓演达烈士墓、邓演达纪念园、一干会址等党史教育基地瞻仰、拜谒，在缅怀革命先烈中重温光荣历史。农工党中央组织党史理论研讨和理论征文活动，完成中央机关党史陈列室改造布展并同步举办档案展、美术摄影作品展，编写《光辉历程——中国农工民主党90年简史》等书籍。农工党各级组织结合实际开展丰富多彩的纪念活动，激励广大农工党党员牢记多党合作初心，将纪念活动激发的热情转化为砥砺奋进的动力。

（二）扎实推进组织建设

组织建设是参政党发挥作用的基础，人才是高质量履职的保障。2013年，十五届农工党中央领导集体提出人才强党战略。此后，农工党深入实施人才强党战略，扎实推进组织建设，切实加强领导班子建设，推进代表人士队伍建设，提高组织发展质量，提升机关工作水平，建设组织坚实的中国特色社会主义参政党。

加强领导班子建设。农工党十五大以来，农工党中央领导集体以建设政治坚定、团结民主、工作高效、关系和谐、廉洁自律的领导班子为目标，贯彻民主集中制原则，健全议事决策制度，提高制度化规范化水平，强化领导班子建设，取得了明显成效。农工党中央领导班子贯彻集体领导和分工负责制，重要事项、重大决策必须集体讨论作出决定，定期举行中央主席会议、主席办公会议，及时研究审议各项工作议题。农工党中央领导坚持理论学习制度，主要领导同志亲自讲党课，利用多种场合开展廉政警示教育。中央领导班子成员以身作则，带头贯彻中共中央八项规定精神，引领各级领导班子充分发扬民主、增进团结协作，提升“五种能力”、发挥整体合力。

深入联系基层。2018 年 3 月，农工党十六届二次中央主席会议明确了中央领导班子成员联系省级组织和中央专委会分工；十六届四次中央常委会通过了《中央常务委员会委员联系基层工作制度（试行）》，要求每位中央常委确定一个支部为联系点，参加支部组织活动、了解农工党党员思想动态、宣讲多党合作优良传统、推动基层组织建设。2019 年、2020 年，农工党中央领导班子成员全面落实分工联系制度，结合主题教育活动和廉洁风险预警提示活动，分赴所联系省份，深入地方和基层组织调研指导，积极与中共地方党委相关部门沟通，推动基层组织建设提质增效；以普通党员身份参加所在支部组织活动，与党员一起学习交流。2019 年 2 月，陈竺、何维、杨震、曲风宏参加农工党中央机关支部活动，与支部党员一起学习习近平总书记同党外人士共迎新春时的重要讲话精神，听取支部主委介绍有关情况，同党员、入党积极分子座谈交流，为中央机关“农工党党员之家”揭牌。

建立民主生活会制度。2018 年 3 月，农工党十六届二次中央主席会议通过《关于中央领导班子民主生活会的若干规定（试行）》。同年年底，农工党中央首次召开主席办公会议成员民主生活会，达到了查找问题、增进团结、促进工作的预期效果。2019 年 11 月，农工党中央首次召开中央领导班子民主生活会，开展批评与自我批评，发扬民主作风、增进班子团结，强化党内监督、推动解决自身问题能力的提升。2020 年，农工党中央推动各省级组织全部召开民主生活会，实现民主生活会省级组织全覆盖。

深化政治交接。2016 年 9 月，农工党中央成立换届工作领导小组，陈竺任组长，刘晓峰任副组长，何维、龚建明、曲凤宏为成员。领导小组提前分析谋划，分析测算中央、省、市三级换届的整体情况，为换届政策的制定提供依据，为地方组织换届提供指导。年初，农工党中央印发关于省级、市级组织换届工作程序指导性文件，规范换届工作程序；6 月印发关于省级组织换届工作有关文件；7 月印发关于中央换届工作有关文件；9 月召开农工党十五届十五次中央常委会，对换届工作进行部署；11 月召开农工党十五届五次中央全会、十五届十六次中央常委会，分别审议通过《关于召开中国农工民主党第十六次全国代表大会的决议》《农工党第十六次全国代表大会代表名额分配及产生办法》。

2017 年 4 月至 6 月，农工党省级组织先后召开代表大会，选举产生新的省级组织委员会，共计主委 30 人、副主委 188 人、常委 602 人、委员 1583 人，选出农工党十六大的代表 565 人。26 个省级监督委员会同步换届，任命主任 26 人、副主任 56 人、委员 373 人。2017 年 11 月，农工党召开第十六次全国代表大会，圆满完成中央换届工作。农工党中央换届工作领导小组先后召开 12 次会议研究换届工作，切实加强了组织领导，确保政治交接平稳顺利。

2020 年 11 月，农工党十六届四次中央全会对做好新一轮地市级组织换届作出部署，启动新一届组织换届工作。

做好组织发展工作。农工党十五大以来，农工党始终坚持“三个为主”的方针，突出质量优先，严把政治关、廉洁关、质量关，保持党员数量稳步增长；有针对性地在分工领域重点发展，主体界别优势更加突出。发挥“高层发展高层，骨干发展骨干”的作用，抓住机遇做好党员发展工作。努力拓宽高层次人才发展渠道，重视从政府机关、国有企事业单位发展党员，适度发展符合农工党界别特色、代表性强的新的社会阶层人士和非公有制经济人士。2019 年，农工党中央贯彻落实中共中央关于加强中国特色社会主义参政党建设的相关文件精神，结合工作实际，印发

《组织发展工作规程》，制定《2020年度党员发展规划》，规范组织发展工作。截至2020年年底，农工党党员总数18.4万，其中医药卫生界占55.7%，人口资源、生态环境领域占3.8%，相关的科学技术、教育领域占5.7%，党员结构进一步优化。农工党十五届、十六届中央期间，各省级组织主要负责人任职情况见表6。

★ 农工党各省级组织主要负责人任职情况表6

省级组织	主　委	在省级人大、政府、政协领导班子任职情况
北京市委会	于文明（2012年7月至2017年7月任第十二届主委）	任国家中医药管理局局长
	于鲁明①（2017年7月起任第十三届主委）	任北京市第十三届政协副主席
天津市委会	沈中阳（2012年6月至2017年6月任第十届主委，2017年6月至2020年6月任第十一届主委）	任天津市第十三、十四届（至2020年5月）政协副主席
	马延和（2021年1月起任第十一届主委）	任天津市第十七届人大常委会副主任
河北省委会	段惠军（2012年5月至2017年6月任第七届主委）	任河北省第十一届政协副主席
	王宝山（2017年6月起任第八届主委）	任河北省第十二届政协副主席
山西省委会	周然（2012年4月至2017年6月任第六届主委）	任山西省第十二届人大常委会副主任
	李思进（2017年6月起任第七届主委）	任山西省第十二届政协副主席
内蒙古区委会	牛广明（2012年5月至2017年5月任第六届主委）	任内蒙古自治区第十一届政协副主席
	云治厚（2017年5月起任第七届主委）	

① 因违法违纪，于2022年5月25日，被免去职务，撤销委员资格。

续表

省级组织	主　委	在省级人大、政府、政协领导班子任职情况
辽宁省委会	唐建武（2012 年 6 月至 2017 年 7 月任第六届主委）	任辽宁省第十一届政协副主席
	杨关林（2017 年 7 月起任第七届主委）	任辽宁省第十三届人大常委会副主任
吉林省委会	赵吉光（2012 年 6 月至 2017 年 7 月任第六届主委）	任吉林省第十一届政协副主席
	秦海涛（2017 年 7 月起任第七届主委）	
黑龙江省委会	陈述涛（2012 年 6 月至 2017 年 5 月任第六届主委）	任黑龙江省第十二届人大常委会副主任
	马立群（2017 年 5 月起任第七届主委）	任黑龙江省第十二届政协副主席
上海市委会	蔡威（2012 年 4 月至 2017 年 4 月任第十二届主委，2017 年 4 月起任第十三届主委）	任上海市第十二届政协副主席，上海市第十五届人大常委会副主任
江苏省委会	周健民（2012 年 5 月至 2017 年 5 月任第十一届主委，2017 年 5 月起任第十二届主委）	任江苏省第十一、十二届政协副主席
浙江省委会	姚克（2012 年 5 月至 2017 年 5 月任第十一届主委）	任浙江省第十一届政协副主席
	罗建红（2017 年 5 月起任第十二届主委）	
安徽省委会	牛立文（2012 年 5 月至 2017 年 5 月任第十届主委，2017 年 5 月起任第十一届主委）	任安徽省第十一、十二届政协副主席

续表

省级组织	主　委	在省级人大、政府、政协领导班子任职情况
福建省委会	陈绍军（2012 年 8 月至 2017 年 6 月任第十一届主委）	任福建省第十一届政协副主席
	刘献祥（2017 年 6 月起任第十二届主委）	任福建省第十二届政协副主席
江西省委会	郑小燕（2012 年 6 月至 2017 年 6 月任第十一届主委）	任江西省第十一届政协副主席
	史可（2017 年 6 月起任第十二届主委）	
山东省委会	王新陆（2012 年 6 月至 2016 年 4 月任第六届主委）	任山东省第十一届政协副主席
	段青英（2016 年 4 月至 2017 年 5 月任第六届主委，2017 年 5 月起任第七届主委）	任山东省第十二届政协副主席
河南省委会	高体健（2012 年 6 月至 2017 年 6 月任第六届主委，2017 年 6 月起任第七届主委）	任河南省第十一、十二届政协副主席
湖北省委会	吕忠梅（2013 年 1 月至 2017 年 6 月任第七届主委）	任湖北省第十一届政协副主席
	杨玉华（2017 年 6 月起任第八届主委）	任湖北省第十二届政协副主席
湖南省委会	龚建明（2012 年 6 月至 2016 年 12 月任第七届主委）	
	张灼华（2016 年 12 月至 2017 年 6 月任第七届主委，2017 年 6 月起任第八届主委）	任湖南省第十二届政协副主席

续表

省级组织	主　委	在省级人大、政府、政协领导班子任职情况
广东省委会	马光瑜（2012年6月至2017年6月任第十二届主委，2017年6月起任第十三届主委）	任广东省第十二届政协副主席
广西区委会	彭钊（2012年6月至2017年6月任第十一届主委）	任广西壮族自治区第十一届政协副主席
	蒋和生（2017年6月起任第十二届主委）	
海南省委会	王路（2012年5月至2017年6月任第六届主委，2017年6月起任第七届主委）	任海南省副省长
重庆市委会	杜黎明（2012年4月至2017年4月任第四届主委，2017年4月起任第五届主委）	任重庆市第四、五届人大常委会副主任
四川省委会	王正荣（2012年6月至2017年6月任第十一届主委，2017年6月起任第十二届主委）	任四川省第十一、十二届政协副主席
贵州省委会	谢庆生（2012年5月至2017年6月任第七届主委）	任贵州省副省长，贵州省第十二届人大常委会副主任
	张光奇（2017年6月起任第八届主委）	任贵州省第十二届政协副主席
云南省委会	杨鸿生（2012年7月至2017年7月任第六届主委，2017年7月至2019年2月任第七届主委）	
	张宽寿（2019年2月起任第七届主委）	

续表

省级组织	主　委	在省级人大、政府、政协领导班子任职情况
陕西省委会	朱静芝（2012 年 7 月至 2017 年 7 月任第六届主委，2017 年 7 月起任第七届主委）	任陕西省副省长，陕西省第十二、十三届人大常委会副主任
甘肃省委会	栗震亚（2012 年 6 月至 2017 年 7 月任第六届主委）	任甘肃省第十一届政协副主席
	郭天康（2017 年 7 月起任第七届主委）	任甘肃省第十二届政协副主席
青海省委会	张周平（2012 年 6 月至 2017 年 6 月任第六届主委，2017 年 6 月起任第七届主委）	
宁夏区委会	戴秀英（2012 年 6 月至 2017 年 6 月任第六届主委，2017 年 6 月至 2020 年 12 月任第七届主委）	
	杨淑丽（2021 年 1 月起任第七届主委）	
新疆区委会	孟庆才（2012 年 5 月至 2017 年 8 月任第四届主委）	
	孟庆才（2017 年 8 月起任第五届主委）	
备注：此表中省级组织主委任职时间为 2012 年至 2020 年前后，（农工党十五届、十六届中央期间）		

分层分类做好党员培训。农工党十五大以来，农工党认真贯彻《2010—2020 年党外代表人士教育培训改革和发展纲要》，强化政治共识教育，积极创新方式方法，细分对象，分层次分类别开展培训，探索符合农工党实际的培训机制。农工党中央重点培训省级以上代表人士，同时兼顾基层骨干党员，每年根据工作实际需要安排培训任务；每年推荐党员参加中共中

央统战部举办的民主党派干部进修班、培训班；充分利用与中国人民大学、中国社会科学院研究生院等合作平台，加大人才培养力度。

2013 年，农工党中央首次举办新任中央委员、中央监督委员会委员培训班。2014 年，落实陈竺关于加强西部骨干党员培训的指示，启动举办中西部骨干党员培训班。2016 年，为规范党员干部教育培训工作，农工党中央制定《关于加强党员干部教育培训工作的实施方案》，并举办全国组工干部培训班，培训基层组织负责人。2017 年，市级组织换届工作基本完成后，农工党中央首次对市级组织新任主委开展系统培训。2018 年，农工党中央重点集中培训新任中央委员、省级组织领导班子成员、中央监督委员会委员和中央专委会委员。2019 年，农工党中央组织举办基层组织负责人、中西部骨干党员、企业界党员、参政议政骨干、社会服务骨干、理论骨干、宣传干部、党史宣讲员等专题培训班，培训针对性、时效性、多样性显著增强。2020 年，克服新冠肺炎疫情影响，依托中共中央党校（国家行政学院）网络在线学习平台举办党员培训班，继续紧抓对新党员、基层组织负责人、中西部骨干党员的培训工作。

不断加强代表人士队伍建设。农工党十五大以来，农工党中央和省级组织坚持以政治坚定、代表性强、品行良好、热爱多党合作事业的标准，加强代表人士的发现、培养、使用和管理，努力建设一支高素质的代表人士队伍，取得显著成效。

做好各级人大代表、政协委员的推荐工作。截至 2013 年 3 月，农工党党员担任各级人大代表的共 1991 人、担任各级政协委员的共 11386 人，其中，十二届全国人大代表 54 名、十二届全国政协委员 86 名。截至 2020 年 12 月，农工党党员担任各级人大代表的共 2737 人、担任各级政协委员的共 13704 人，其中，十三届全国人大代表 54 名，十三届全国政协委员 85 名。

农工党十五大以来，农工党中央和各级组织积极与中共各级党委统战部门保持沟通，积极推进农工党党员干部安排使用。至 2020 年年底，农工党党员在政府及组成部门和司法机关担任省部级领导职务的有 3 人；担任厅局级领导职务的有 121 人，其中正厅级有 19 人。农工党中央和各级组织严格标准，规范程序，推荐一批符合条件的农工党党员担任各类特邀（约）人员和各类社团职务。

广大农工党党员在各自岗位上积极作为、敬业奉献，大批党员双岗建功、荣获殊荣。农工党十五大以来，3 位农工党党员当选为中国科学院院士，4 位农工党党员当选中国工程院院士；据不完全统计，97 人荣获国家科学技术奖、17 人荣获全国五一劳动奖章、11 人被评为全国“三八”红旗手、4 人荣获何梁何利奖，一批中华人民共和国成立前参加革命工作以及作出突出贡献的农工党党员荣获“庆祝中华人民共和国成立 70 周年纪念章”。

推进地方和基层组织建设。有序推进地方组织建设。农工党十五大以来，新成立地市级组织 14 个。截至 2020 年 12 月底，农工党共有地方组织 361 个（其中省级组织 30 个、地市级组织 285 个、区县级组织 46 个），基层组织 7679 个。

促进地方组织横向交流。农工党中央支持副省级城市组织召开工作联席会议，自农工党十五大以来共举行 16 次。2015 年 12 月，形成《农工党副省级城市联席会议总结交流会纪要》，推动联席会议更加规范有序。召开部分地市级组织联系工作会议，推动组织规模较大的地级市建立横向交流工作机制。很多地方组织以联席会议、联合调研、联合培训等形式开展交流合作，如省级组织发起片区工作交流会，部分地市级组织召开联系工作会议等。

促进基层组织增强活力。农工党十五大以来，全党各地方组织积极创新，采取各具特色的方式方法推进基层组织建设，有的开展“星级支部”“特色支部”创建，有的编制“支部活动手册”，有的印制“党费缴纳证”。2018 年，农工党中央印发《关于开展基层组织创优工作的指导意见》，明确基层组织更好承担起对党员进行教育、管理、监督、服务的职责。农工党中央总结部分省市先期设立农工党党员之家经验做法，于 2019 年 9 月印发《关于规范农工党党员之家建设的指导意见》。

开展表彰活动。为表彰先进，树立榜样，推动工作，2015 年，农工党中央开展优秀地市级组织、县级组织和先进基层组织评选表彰工作；2017 年，农工党中央开展坚持和发展中国特色社会主义学习实践活动评选表彰工作；2020 年，农工党中央开展纪念农工党成立 90 周年表彰和抗击新冠肺炎疫情表彰工作，开展关爱扶助困难党员活动，实施“佐农”公益项目，对中华人民共和国成立前参加革命的老党员、家庭贫困党员、参与抗击新冠肺炎疫情一线困难党员给予扶助，发放慰问金共 100 万元。

推进机关建设。改进机关机构设置。2013 年 4 月，为适应新时期工作需要，农工党中央对中央机关内设部门处室作出调整。负责中央专委会联络服务职能的联络处，由参政议政部调整到办公厅；负责机关网站建设和维护、机关局域网建设和维护、机关电子设备维护保养工作的信息处，由研究室调整到宣传部；负责参政党理论研究工作的理论研究处，由宣传部调整到研究室；人事处挂靠组织部；反映社情民意工作职能由研究室调整到参政议政部，设社情民意处负责；社会服务部综合处加挂人口资源环境处牌子；中央书画院挂靠办公厅管理。

做好机关人事工作。农工党中央以建设忠诚、干净、担当的高素质干部队伍为目标，在中央机关鲜明树立重实干、重实绩的用人导向，落实《党政领导干部选拔任用工作条例》，大力提拔担当作为、实绩突出的干部。积极开拓干部挂职交流的新渠道，将干部挂职安排与国家重大战略相结合，先后选派八名干部到贵州、云南、河南挂职锻炼。建设学习型机关，组织开展机关干部专题培训、“机关小讲堂”专题讲座。严格落实干部管理要求，在选人用人工作中坚持“凡提四必”，出台多项规定办法，在防止“带病提拔”、做好领导干部个人有关事项报告工作等方面取得显著成效，完成干部人事档案专项审核、领导干部社团兼职专项治理，落实职务与职级并行的国家干部管理制度改革。

提高综合服务保障水平。农工党十五大以来，农工党中央机关严格机关管理，提升机关效能，综合服务保障水平显著提高。规范、强化财务管理，严格预算执行与管理，依据国家法律法规规范组织实施政府采购，重点对建设项目和大额采购进行严格监管。加强国有资产配置、使用、处置管理，推动资产管理与预算管理相结合。强化机关法律和财务咨询服务支撑，加强机关内部控制建设，提升机关管理水平。提高办文与办会质量，依托网络办公系统，优化公文办理流程，推动会议筹办的规范化、精细化。修订和出台一批机关管理规章制度，强化制度执行和监督。规范档案的收集、管理，完成库存档案的系统整理和数字化，启动档案智库建设。机关中共支部、农工党支部、共青团支部、工会、女工委、书画院等围绕中心工作开展活动，积极发挥作用。

（三）切实强化履职能力建设

农工党十五大以来，农工党中央把提高履职质量和实效放在更加突出的位置，深入实施履职兴党战略，切实强化履职能力建设，引领各级组织和广大党员切实发挥自身人才智力优势和界别特色，在围绕中心、服务大局中提升参政议政、民主监督、参加中国共产党领导的政治协商能力，建设履职有力的中国特色社会主义参政党。

健全专门委员会，发挥智库作用。2013 年 3 月，农工党中央十五届二次中央常委会通过《中国农工民主党中央专门工作委员会工作条例》《中国农工民主党第十五届中央专门工作委员会主任人选建议名单》，设置医疗卫生、生物技术与药学、人口与资源、生态环境、经济金融、教育、科技、文化体育、社会与法制、联络、妇女等 11 个中央专门工作委员会。2013 年 5 月，农工党第十五届中央专门工作委员会成立大会暨培训工作会议在北京举行，陈竺、刘晓峰出席会议并讲话，农工党中央领导班子全体成员出席会议。陈竺指出："专委会是农工党开展工作的一种有效形式，专委会组成人员来自方方面面，大家既有扎实的专业知识，又有丰富的实践经验；既熟悉情况，又掌握政策。可以说是知识密集、人才荟萃，是农工党履行职能、发挥作用的中坚力量。""发挥专委会的作用，对于整合全党人才智力优势，提高农工党参政议政、社会服务、自身建设的质量和水平，具有十分重要的意义。"2014 年 9 月，农工党中央举办中央专委会主任、副主任培训班。12 月，中央专委会主任联席会议召开，陈竺出席会议并讲话，要求不断推动专委会之间的横向联系以及专委会与地方组织的纵向联系，鼓励各专委会发挥专家库、智囊团作用。

十五届农工党中央期间，中央各专委会围绕推进健康中国和美丽中国建设两条工作主线开展工作，成果丰硕，亮点突出。注重加强同地方组织和政府部门、研究机构的合作，五年共开展各类专题调研 56 次，累计向农工党中央报送提案 310 件、社情民意信息 523 件，积极参与组织各类议政研讨交流活动。医卫委作为主办单位与中国癌症基金会等多家单位共同举办第六、七、八届“中国肺癌南北高峰论坛”；药学委牵头撰写的《中国仿制药产业发展报告（蓝皮书）》取得良好社会反响，作为合作单位联合工信部下属的工业信息研究中心共同举办了“全国医药工业信息年会”；人资委配合中央脱贫攻坚民主监督工作，在南京参与组织召开了“脱贫攻坚与民主监督”高峰论坛，与南京邮电大学联合举办了首届“人口与城市发展论坛”和“精准扶贫与民主监督高层论坛”；生态委连续支持中国生态健康论坛举办；教育委、科技委围绕“坚定文化自信讲好中国故事”主题，组织中医药界高层人才深入研讨；社法委为农工党中央领导参与法律案审议提供智力支持；妇女委关注妇女儿童问题，从立法建议到建言献策，从义诊捐助到教育帮扶，认真履职尽责。经济委、文体委、联络委分别在经济建设、传统文化发展、祖国和平统一方面积极作贡献。专委会之间横向合作、专委会与地方组织之间纵向联系持续加强。医卫委、药学委共同主办 2017 年“促进发展中国家肿瘤防控圆桌会”；教育委、科技委联合开展调研，提交《坚定文化自信讲好中医故事——关于传统中医药文化普及和弘扬的报告》；医卫委、药学委作为支持单位组织召开第八届中国医药企业家年会暨 2016 医药产业创新论坛；医卫委与经济委共同组织召开“促进社会办医，推动分级诊疗交流会”；社法委联合江苏省委会组织召开“互联网视域下的食品安全及其法治保障”论坛；联络委联合湖南省委会组织召开了“健康养生养老经验交流会”等。

2018 年 3 月，农工党中央十六届二次中央常委会通过《中国农工民主党中央专门工作委员会工作规则》《中国农工民主党第十六届中央专门工作委员会机构设置方案和主任名单》，决定新设立青年工作委员会，同时对中央专委会涉及业务领域进行适当调整，共设医疗卫生、生物技术与药学、人口与资源、生态环境工、经济金融、教育、科技、文化体育、社会与法制、联络、妇女和青年等 12 个专门工作委员会。2018 年 4 月，农工党十六届中央专门工作委员会成立大会在北京举行，陈竺出席会议并讲话，何维出席会议。陈竺在讲话中指出，中央专委会是农工党履行职能的重要支撑，是人才培养的重要平台，是增进团结凝聚共识的重要载体。要将自身专业优势和新时代国家社会发展大势结合起来，聚焦党和国家中心任务，立足本职岗位和专委会平台双岗建功立业。陈竺提出把加强调查研究作为提高专委会协商议政水平的基础环节来抓，在求深、求实上下功夫，继续围绕推进健康中国和美丽中国建设两条工作主线聚焦发力，争取在经济建设、文化建设等更宽、更广的领域有所突破。何维在闭幕讲话中希望委员们以新时代的新气象，认真履职，热诚奉献，锐意进取，更好展现新一届专委会的新作为，为农工党事业的持续发展作出新的更大贡献。

农工党中央高度重视专委会建设，十六届中央专委会成立后，从加强对专委会工作的组织领导、建立健全专委会工作机制和中央机关内部工作机制三个方面进行了调整完善：修订中央专委会工作规则；完善中央主席会议成员对口联系专委会工作机制；设立中央专委会主任、第一副主任、执行秘书，构建“三驾马车”的工作格局；设立专委会办公室、配备青年骨干，建立“办公厅 +”的工作协调机制和服务保障机制，为新一届专委会履行职能、发挥作用提供全面保障。中央专委会工作方向全面拓展，从过去主要为农工党参政议政服务，转变为围绕农工党中心工作，服务履行参政议政、民主监督、参加中国共产党领导的政治协商职能，开展社会服务工作为重点。农工党十六届中央各专委会结合自身特点，紧紧围绕党和国家中心工作，牢牢把握农工党推进健康中国和美丽中国建设两条工作主线，充分发挥人才荟萃、智力密集、联系广泛的优势，积极主动作为，切实发挥履职支撑、人才培养、团结联络等方面的平台作用。深度参与农工党中央重点调研，积极围绕医药卫生、环保、民生等社会发展的重大问题建言献策，为农工党中央参与政党协商提供重要支撑，对推动医药卫生体制改革、生态环境保护、国民经济健康发展等作出积极贡献。持续参与筹办中国生态健康论坛、中医科学大会、生物医药企业家高峰论坛、健康中原高峰论坛、健康产业发展研讨会、人口发展战略研讨会、2020 年中日医药健康交流会等品牌活动，助力农工党品牌活动社会影响力持续增强。积极响应中共中央号召，广泛动员各界人士，全面参与毕节试验区建设，倾情帮扶贵州省大方县，开展健康扶贫、健康宣讲、捐资助学、科技惠民等系列公益活动，赢得社会广泛赞誉。积极配合开展对台、港、澳联络交流，争取人心、增进认同，助推祖国和平统一大业和港澳地区长期繁荣发展。

农工党各省级组织结合实际设立各专门委员会。整体上看，专委会为农工党各级组织参政履职提供了专业支撑，为凝聚共识、增进团结搭建了平台，为人才培养、组织发展拓展了渠道。

组织系列论坛，广泛聚智聚力。举办中国生态健康论坛。2013 年至 2020 年，农工党先后在北京、天津、厦门、攀枝花、黔西南、重庆、南昌等地召开第八届至十五届中国生态健康论坛，主题分别为“生态健康与生态文明制度建设”“生态文明制度创新与实践”“水与土壤的环境保护”“绿色发展与长江经济带生态环境保护”“绿色发展与脱贫攻坚”“共抓长江大保护，推动长江经济带绿色发展”“绿色生态与高质量发展”“黄河流域生态保护和高质量发展”。陈竺、刘晓峰、何维、杨震、龚建明、曲凤宏等中央领导，分别莅临论坛作主旨报告或发表重要讲话。农工党中央通过主办中国生态健康论坛，在凝聚发展共识、加强各方合作、促进人民健康、共建生态文明等方面建言献策，提出许多富有价值的意见建议，为推动健康中国和美丽中国建设作出了积极贡献。

举办中医科学大会。中医科学大会由农工党中央和国家中医药管理局共同主办，贯彻落实习近平总书记关于中医药的重要论述，以“科学认识中医药，促进中医药传承和创新”为宗旨，从理论和实践两个层面阐释中医药的内涵和价值，努力搭建推动中西医互学互鉴、凝聚共识、形成合力、助推中医药走向世界的平台，使中医药真正肩负起“打开中华文明宝库的钥匙”的历史使命。2014 年至 2019 年，共举办六届，主题分别是“中医药——国家战略资源”“国粹中医　健康中国”“弘扬青蒿素精神，传承创新中医药，共促人类健康”“中医科学与‘一带一路’”“中西医汇聚更强大的医学科学”“传承创新发展中医药，服务全面小康新时代”。第一、二届中医科学大会分别于 2014 年、2015 年，在北京举办；第三届至六届中医科学大会分别于 2016 年至 2019 年，在广东惠州、福建平潭、广东惠州、山东济南举办。六届中医科学大会共有 43 人次院士，27 人次国医大师、包括诺贝尔奖获得者在内的各方面著名专家 67 人次在大会上作主旨演讲。中共中央统战部、有关政府部门领导、农工党省级组织代表和省级中医药管理部门代表，中医药大专院校及研究机构负责人，世界卫生组织的代表参加大会。

★ 2016 年 9 月，第三届中医科学大会在广东省惠州市举办。此次会议有四位诺贝尔奖获得者出席并作报告。

举办人口发展战略研讨会。为加强人口资源领域议政建言，农工党中央创立人口发展战略研讨会。2018 年，农工党中央以“加强人口发展战略研究，促进人口长期均衡发展”为主题，在南京邮电大学举办首届人口发展战略研讨会，在有效发挥界别优势、提高人口资源领域履职能力方面迈出坚实步伐。2019 年，农工党中央会同北京市政协，以“人口老龄化与大城市养老服务体系建设”为主题，在北京举办第二届人口发展战略研讨会，为推动我国老龄事业高质量发展建言资政。2020 年，农工党中央会同江西省政协、中国老龄协会，以“农村养老服务体系”与“女性发展和女性社会贡献”两大主题，在南昌召开第三届人口发展战略研讨会，为应对人口老龄化、促进人口均衡发展议政建言。

举办中国节水论坛。由农工党中央发起主办，旨在深入贯彻习近平总书记生态文明思想，发挥农工党生态环境领域界别特色，为提升水资源管理和节水事业的制度保障和治理能力现代化水平，深入推进节水型社会建设建睿智之言、献务实之策，为加快形成新发展格局提供有力支撑，为全面建设社会主义现代化强国筑牢基础。第一届、第二届中国节水论坛，分别于 2019 年、2020 年在北京、兰州举办。

举办健康中原高峰论坛。2017 年，由农工党中央、河南省人民政府主办，农工党河南省委会、河南省卫计委承办的首届健康中原高峰论坛在河南省郑州市举行，陈竺出席论坛并作主旨演讲，何维主持论坛。2018 年，由农工党中央和河南省人民政府主办的第二届健康中原高峰论坛在河南省郑州市召开，主题是“推进健康医疗大数据应用”，何维出席并致辞。2019 年，由农工党中央和河南省人民政府主办，农工党河南省委会、河南省卫健委、南阳市人民政府承办的第三届健康中原高峰论坛在河南省南阳市举办，主题是“推进健康产业高质量发展”。陈竺出席并通过视频发表讲话，杨震出席并讲话。2020 年，由农工党中央、国家中医药管理局、河南省人民政府共同主办的第四届健康中原高峰论坛在河南省郑州市举行，主题为“推进中医药传承创新发展”，何维出席论坛并讲话，于文明、杨震出席。农工党中央通过举办健康中原高峰论坛，以实际行动落实农工党中央和中共河南省委、省人民政府签署的战略合作框架协议，协调推进国家优质医疗卫生资源向河南布局，提高区域医疗和公共卫生服务能力，助力“健康中原”建设。

举办北京—加州华人生物医药企业家高峰论坛。2017 年，农工党中央发挥在生物医药产业领域联系广泛的优势，主动团结华人创新创业群体，联合北京经济技术开发区管理委员会共同主办了第三届北京—加州华人生物医药企业家高峰论坛。陈竺为论坛作视频致辞，何维作专题报告。2019 年，由农工党中央牵头发起，北京经济技术开发区管委会、农工党湖北省委会等共同主办，农工党中央生物技术与药学工作委员会、农工党北京市委员会等联合承办的第五届北京—加州华人生物医药企业家高峰论坛分别在北京和湖北武汉举办，论坛主题为“共建全球科技创新生态，推动生物医药产业发展”，杨震出席并致辞。2020 年，由农工党中央发起、北京经济技术开发区管委会支持举办的第六届北京—加州华人生物医药企业家交流活动在北京召开，围绕“国内国际双循环下的中美医药健康产业创新合作”主题进行深入交流，杨震出席并致辞。

举办中国・以色列医疗科技产业高峰论坛。2018 年，由农工党中央、北京经济技术开发区管理委员会共同举办首届中国・以色列医疗科技产业高峰论坛，立足中以两地，面向全球，在国家“一带一路”建设、《中以创新合作行动计划（2018—2021）》和《中以卫生合作会议纪要》等有关国家战略和政策基础上，为政府、企业、专家、学者及社会组织提供了医疗科技领域创新与发展的对话、交流、协调、合作的平台，何维出席论坛。2019 年，由农工党中央生物技术与药学工作委员会协办的第二届中国・以色列医疗科技产业高峰论坛，以“新科技、新健康、新未来”为主题，积极推进了中以双方在大健康领域的务实合作，为中以两国医疗产业发展植入了新的基因、注入新的活力，何维、杨震、焦红出席论坛。2020 年，第三届中国・以色列医疗科技产业高峰论坛，以“中以细胞治疗创新合作”为主题，着眼中以医疗产业发展趋势，深入推进国际医疗科技合作，谋划细胞治疗产业发展生态，推动先进医疗技术落地转化，杨震出席开幕式并致辞。

开展联络活动，扩大交流合作。贯彻落实中共中央新时期对台工作方针和政策，农工党围绕两岸关系和平发展主题，开展以行业交流、青年交往为重点的联络交流工作，为促进祖国和平统一不懈努力。

召开健康产业发展研讨会。农工党中央于2015年首次召开“健康产业发展研讨会”，旨在研讨海峡两岸医疗服务业、生物医药产业合作新模式，促进海峡两岸医药界专业人员资质互认和产品互认，推动相关制度改进与创新。同时，也为海峡两岸暨港澳地区医药界人士提供专业交流平台，为推进海峡两岸暨港澳地区健康产业交流互动，发挥农工党作用。2018年，中央联络委与医卫委、药学委、青年委等共同举办“2018年健康产业发展研讨会——海峡两岸暨港澳地区医院院长高峰论坛”。2019年，农工党中央联合中共海南省委统战部、海南省台办、农工党海南省委会、海南省卫健委等相关单位共同举办“2019年健康产业发展研讨会”，邀请8名中国科学院、中国工程院院士，近300名来自国家部委、行业机构、科研院所以及海峡两岸暨港澳地区的专家、领导、行业精英出席。2019年，应台湾中华食品药品经济发展协会邀请，农工党中央组织党内交流考察团赴台湾开展医药健康产业考察，考察团重点突出医药健康特色，推动两岸民间学术和产业交流。

举办青年学生走访名医名家系列交流活动。2019年，农工党在江苏、福建、山东、陕西、广东等地，面向南京中医药大学、南京医科大学、福建省中医药大学、山东中医药大学、西北大学、中山大学、华南理工大学、暨南大学、广州中医药大学等高校就读的台港澳地区青年学生，围绕中医药方面的内容开展交流互动。通过走访、座谈、参观、授课等方式，让台港澳地区青年学子尤其是“首来族”，加深对祖国历史、文化、经济、教育、科技等方面发展情况的认知与了解。

（四）全面加强作风建设

农工党坚持以执政党为师，认真学习借鉴中国共产党在管党治党方面的好经验好做法，深入实施作风固党战略，全面加强作风建设，切实改进思想作风、工作作风，严格纪律要求，强化党内监督，建设作风优良的中国特色社会主义参政党。

高度重视加强作风建设。2013 年 9 月，农工党在贵州省贵阳市召开全国机关建设工作会议，陈竺在讲话中要求：各级机关领导同志要作表率，带领机关全体同志不断加强作风建设，努力打造健康向上、团结协作、求真务实、风清气正的良好局面。为认真落实中共中央八项规定精神，2013 年 1 月至 2 月，农工党中央先后下发《关于厉行勤俭节约、反对铺张浪费的通知》《关于改进机关工作作风的十项规定》。2014 年 3 月，陈竺在中央主席办公会议上对认真学习践行“三严三实”、持之以恒改进机关作风等提出明确要求。为推动全党学习践行“三严三实”、不断加强作风建设，2016 年 5 月，农工党中央监督委员会下发《关于开展践行“三严三实”、加强作风建设工作的意见》，要求农工党全党加强学习教育，将党章、民主作风、廉政意识等列为常设学习培训内容，将“三严三实”和作风建设专题宣讲与“培育和践行社会主义核心价值观百场宣讲”活动相结合，在宣讲和活动中突出廉政教育内容，提升警示教育实际效果。2017 年 11 月，陈竺在农工党十六大报告中强调：作风是关乎一个政党生存发展的重大问题。风清则气正，气正则心齐，心齐则事成。要深入持久抓好作风建设，认真学习借鉴中国共产党全面从严治党经验，坚定不移推进依规从严治党。要把作风建设和廉洁自律作为党员干部培训的重要内容，严格执行党的纪律，确保党员干部忠诚、干净、担当，在全党营造风清气正、团结奋进的良好政治生态和工作氛围。

全面推进作风固党战略。2018 年 7 月，陈竺在农工党十六届三次中央常委会上提出，实施作风固党战略，将农工党建设成为作风优良的新时代高素质中国特色社会主义参政党。同年 12 月，陈竺在农工党十六届二次中央全会上指出，坚持以执政党为师，坚定不移推进依规从严治党，全面加强作风建设，争做懂党派、会协商、善议政、守纪律、讲规矩、重品行的模范，更好展现新时代、新担当、新作为的良好形象。强调要持之以恒狠抓作风建设。认真研究构建作风建设长效机制，贯彻中共中央八项规定及实施细则精神，落实农工党中央关于改进工作作风的相关规定，加强和改进文风、会风，坚决纠正形式主义。弘扬求真务实精神，锤炼思想作风、改进工作作风、严明生活作风，增强责任和担当意识，形成讲实效、重实绩、办实事的良好导向。强化党员自我教育，筑牢拒腐防变思想防线，营造廉洁自律的良好氛围。

2019年在“不忘合作初心，继续携手前进”主题教育活动中，农工党将主题教育活动作为作风建设的有力抓手，紧紧抓住查找不足、整改提高关键环节，营造风清气正的政治生态，推动树立务实进取、清正廉明的良好形象。端正思想作风，持续加强理论武装，提升全党理论素养，增强用科学理论认识问题、分析问题、解决问题的能力。改进工作作风，严格遵守中共中央八项规定精神，坚决反对“四风”，深入基层、深入群众、深入实际，以严和实的精神真抓实干。在定点扶贫和脱贫攻坚民主监督工作中，明确提出“考察调研自己安排、调研经费自己承担、调研问卷自己完成”要求，减少多层级陪同、减轻基层负担；在参政议政工作中，坚持全方位、多层次、多渠道掌握第一手资料，确保议政建言道实情、办实事、出实招。

全面加强党内监督工作。农工党十五大以来，农工党中央规范党内监督工作程序，健全工作机制，突出政治监督，强化日常监督，不断增强自身政治素质和监督意识，持续推进体系机制完善和能力水平提高，党内监督体系总体框架基本形成。

中共十八大以来，中国共产党坚持党要管党，全面从严治党，坚持真管真严、敢管敢严、长管长严，坚持思想从严、执纪从严、治吏从严、作风从严、反腐从严，不断推动全面从严治党向纵深发展，以反腐败斗争全覆盖、无禁区、零容忍的坚定决心，推动反腐败斗争取得压倒性胜利。《国家监察法》《公职人员政务处分法》等法律法规相继颁布实施，实现对包括民主党派成员在内的所有行使公权力的公职人员监察全覆盖，依法强化对公职人员监督。农工党中央深刻认识严格依规从严治党的必要性与紧迫性，提出农工党必须以执政党为师，加强党内监督。陈竺在农工党十六届六次中央常委会上强调：“要以执政党为师，加强全面依规从严治党，这是一项重大而紧迫的任务。各级监督委员会要强化责任担当意识，守土有责、守土负责、守土尽责，做到真管真严、敢管敢严、长管长严。”农工党中央监督委员会深入贯彻落实，自农工党十五大以来召开中央监督委员会全体会议 13 次，接续举办党内监督专题调研和培训班、研讨会、交流会，认真学习国家监察法、政务处分法等法律法规和民主党派党内监督制度规定，切实提高农工党党员干部接受监督的自觉意识，增强做好党内监督工作的责任感使命感。

按照民主党派关于内部监督工作有关会议精神，农工党建立起党内监督工作责任体系，明确各级组织领导班子要切实担负起党内监督的主体责任，主要负责人要承担起党内监督第一责任人责任，班子成员在职责范围内落实“一岗双责”；提出要始终坚持党内监督的政治属性，突出政治监督，不断规范党内政治生活，推进监督工作具体化、常态化。农工党十五大修订的农工党党章对党内监督内容进行完善，规范党内监督机构为监督委员会，明确监督委员会在同级委员会领导下工作。2017 年，农工党十六大修订的农工党党章将党内监督单列成章，对党内监督的性质、定位、职责、监督重点、监督机构等作出具体规定。2020 年 11 月，农工党十六届十一次中央常委会审议通过《中国农工民主党党内监督条例》，明确党内监督职责、党内监督形式、机构设置、工作保障等规范。贯彻落实上述规定，农工党各级组织加快完善党内监督工作机构。至 2012 年年底，农工党 6 个省级组织率先成立监督委员会，至 2018 年 2 月，30 个省级组织全部建立起监督委员会，其中 26 个省级组织设立监督委员会办公室。截至 2020 年 12 月底，全国有 95 个地市级组织成立监督委员会，个别省份实现地市级监督委员会全覆盖。中央、省、市三级党内监督体系日臻健全。从各级监督委员会规模看，中央监督委员会委员 19 人，各省级监督委员会委员 7 人至 22 人不等，全党各级监督委员会委员数量突破 1000 人。各级监督委员会委员按照政治强、业务精、作风正、敢担当要求配备，并注意吸收有监督、监察、法律背景的人才参与，初步建立起一支党内监督工作队伍。

农工党十五大以来，中央监督委员会持续推进党内监督专题培训、理论研究和工作交流。2014 年，就健全党内监督体系、理顺监督机制、发挥监督实效等问题在全党开展征文活动；2015 年，开展专题调查研究，形成“关于党内监督工作有关情况的调研报告”；2016 年，召开农工党内部监督理论研讨座谈会，总结提炼实践经验与创新思路。

农工党各级监督委员会在本级委员会的领导下，不断完善行之有效的监督方式。通过列席同级组织和参加下一级组织领导班子谈心谈话会、民主生活会、述职和民主评议，与班子成员和下级组织主委谈心谈话、处置问题线索、加强日常履职监督等形式，把日常监督实实在在做起来，抓早抓小、防微杜渐。2016 年 7 月，为严肃换届纪律，农工党中央监督委员会下发《关于严肃换届纪律保证换届风清气正的通知》，各级监督委员会切实担负起监督责任，对换届工作全程监督、全面监督，保障各级组织换届工作平稳进行。2019 年 9 月，农工党中央下发《关于开好省级领导班子民主生活会的通知》，推动实现中央和 30 个省级组织民主生活会全覆盖。2019 年 12 月，印发《农工党中央委员会委员履职工作规则（试行）》，启动开展对中央委员、中央常委的日常履职监督。部分省级组织结合创建星级基层组织活动，开展基层组织建设督导、党内巡查工作等，提升了监督工作实效。

坚持执纪必严，违纪必究。陈竺强调“对那些敢于触碰纪律‘红线’，特别是敢于违反政治纪律、政治规矩的党员干部都要严肃查处，凡是影响参政党进步性的问题都要彻底整改，凡是滋生在党的健康肌体上的毒瘤都要坚决祛除，有多少处理多少，绝不姑息手软”。中央监督委员会针对农工党党员干部违纪违法新情况新问题，深入研究、逐步规范农工党党内纪律处分。2019 年 4 月，中央监督委员会召开党纪处分工作专题研讨会，龚建明出席并讲话，会后形成《农工党中央关于党纪处分工作的建议》报送中共中央统战部。在对违纪违法农工党党员的纪律处分过程中，探索出发挥中央领导班子和中央监督委员会“两个责任”的党纪处理程序。中央监督委员会召开全体会议研究党纪处分问题，提出处分意见按程序报中央常委会、中央全会等决定；对重大案件在农工党党内一定范围内通报，发挥党纪处分的震慑与警示作用。畅通监督渠道，印发《关于农工党中央机关及所属机构举报信件办理的暂行规定》，规范举报信件办理程序，既严格事实调查、依纪处理，还对不实举报予以核实澄清，维护干部合法权益，塑造风清气正良好政治生态。

创新开展廉洁风险预警提示活动。坚持把纪律和规矩挺在前面，从2019年开始，农工党中央创新开展廉洁风险预警提示活动。陈竺、何维先后主持召开专题会议研究，提出以各级领导班子成员和掌握一定公权力的农工党党员干部等“关键少数”为重点，预警、提醒他们在行使公权力的过程中主动防控和化解廉洁风险，筑牢拒腐防变的思想防线。农工党十六届七次中央常委会部署在全党范围内开展廉洁风险预警提示活动，中央监督委员会随即召开专题会研究并制定下发《农工党廉洁风险预警提示活动实施方案》(以下简称《方案》)。《方案》提出从2019年7月份开始到年底，在全党范围内开展廉洁风险预警提示活动。活动分三个阶段，第一阶段为宣传教育阶段，要采取开会动员、集中学习、培训教育、宣讲等形式，充分调动网站、微信公众号、党刊等载体，广泛宣传，提高认识，营造全党积极主动参与廉洁风险预警提示活动的良好氛围。第二阶段为风险预警提示阶段，中央领导班子成员分别带队赴30个省级组织部署推动廉洁风险预警提示活动，省级组织领导班子成员和监督委员会委员参加。省级组织要到市级组织开展廉洁风险预警提示活动和部署推进工作。各级监督委员会要做好活动的组织实施工作。第三阶段为总结分析阶段，对各地好的做法和经验进行总结，探索建立廉洁风险预警提示的长效机制。

《方案》印发后，农工党中央领导班子成员带队到所联系的省级组织召开座谈会，对省级组织领导班子成员、监督委员会委员和部分掌握公权力的党员干部进行预警提示，听取省级组织开展预警提示活动情况介绍并提出针对性要求。活动实现中央领导班子成员对各省级组织指导推动的全覆盖，龚建明带队赴天津、湖北、湖南、云南、河北、河南、甘肃、青海、宁夏、吉林、四川等省级组织；曲凤宏带队赴北京、重庆、内蒙古、新疆、贵州等省级组织；姚建年、杨震、朱静芝、蔡威、王路、焦红、于文明等分别带队赴各自联系的省级组织指导和推进工作。中央监督委员会全体委员分别参加相关省级组织的活动。另外，中央监督委员会对担任全国人大代表和政协委员的农工党党员开展廉洁风险预警提示专场活动。在中央对省级组织预警提示活动基础上，各省级组织向地市级组织延伸拓展，使活动实现中央、省、市级三级组织全覆盖。全年，农工党各级组织共开展廉洁风险提示相关活动 1217 次，覆盖党员 24273 人。有的地方组织把廉洁风险预警提示活动深入到基层，活动范围扩大到基层党员，进一步扩大活动效果。在预警提示活动中，各地结合实际，采取形式多样的方式提升实效。有的组织参观廉政教育基地，举办警示教育专题培训班；有的梳理预警提示对象名单，把“关键少数”具体化、靶向化；有的邀请纪检监察组作廉政建设专题报告；有的签订廉洁责任书，发出廉洁风险预警提示公开信等。通过活动，各级领导班子成员和掌握一定公权力的党员干部，进一步增强了纪律意识、红线意识，加固了拒腐防变的思想防线，达到了教育、引导、提示、预警目的。2020 年，农工党统筹疫情防控和各项党务工作，在全党范围内持续开展廉洁风险预警提示活动，推动廉洁教育常态化、廉政谈话常态化、警示教育常态化，巩固拓展了廉洁风险预警提示活动效果。

（五）着力深化制度建设

农工党将制度建设贯穿自身建设和履行职能全过程，深入实施制度治党战略，切实抓好制度建设，逐步构建一套适合自身特点、系统规范、运行有效的制度体系，着力提升全党工作规范化、程序化水平，建设制度健全的中国特色社会主义参政党。

与时俱进修订农工党党章。为适应新时代中国特色社会主义建设的新形势新任务新要求，农工党适时对党章作出修订，以更好引领全党工作开展。

农工党十五大对党章作出修改。坚持充分发扬民主，广泛听取各方面意见，集思广益、综合选优、严格程序，使修改党章的过程成为学习贯彻中共中央精神、明确目标任务的过程，成为统一思想、形成共识、凝聚力量的过程，成为明确党员权利和义务、增强政治责任和政党意识的过程。本次党章修改主要包括：在总纲部分将科学发展观同邓小平理论、“三个代表”重要思想一道确立为农工党指导思想；将农工党主体界别表述为“以医药卫生、人口资源和生态环境领域高中级知识分子为主”；完善了农工党的基本任务，增写了“致力于推进生态文明建设的任务”。在条文部分完善了党内监督工作的有关内容，修改了农工党纪律相关规定，还对党员权利和义务、中央和地方各级代表大会调整和增补选委员程序等部分进行了文字上的规范和修改。

农工党十六大对党章作出修改。农工党中央成立党章修改领导小组，组长为刘晓峰，副组长为何维、龚建明、曲凤宏。此次党章修改坚持政治性、体现时代性、保持稳定性，坚持发扬民主、深入调研、集思广益，分别召开五个片区调研座谈会，充分体现各级组织和广大党员的集体智慧。本次党章修改主要包括：在总纲部分将习近平新时代中国特色社会主义思想同邓小平理论、“三个代表”重要思想、科学发展观一道确立为农工党的指导思想；增加“中国共产党的领导是中国特色社会主义最本质的特征，是中国特色社会主义制度的最大优势”以及中国特色社会主义参政党政治定位、农工党推进健康中国和美丽中国建设工作主线等内容。完善了农工党的基本任务，增加“助力打赢脱贫攻坚战”“践行绿水青山就是金山银山的理念”等表述。关于“党员”一章，增加对农工党党员的教育和日常管理等内容，增加发展党员“必须坚持把政治标准放在首位的原则”等表述。关于“干部”一章，增加“德才兼备、以德为先”的选人用人原则，增加“遵守政治纪律、政治规矩”的政治要求，增加“信念坚定、为民服务、勤政务实、敢于担当、清正廉洁”的好干部标准等表述。关于“党内监督”，予以单列成章，对党内监督的性质、任务、重点对象、专责机构等作出规定。

健全党内规章制度体系。陈竺在农工党十六大报告中指出：制度建设是提升全党各项工作科学化、规范化水平的重要保障，要以制度建设为保障，全面加强自身建设，做适应新时代要求的高素质中国特色社会主义参政党。要立足当前，将工作中行之有效的作法用制度的形式固定下来，突出针对性和指导性，抓紧制定完善一批自身建设和履职亟须的制度规则，提高工作的执行力。要着眼长远，把握好制度建设规律，处理好阶段性任务和战略性目标的关系，对制度建设进行整体规划设计，加快形成结构合理、配套完善、运行有效的党内制度体系。2018 年 12 月，陈竺在农工党十六届二次中央全会上所作工作报告中指出，要切实强化制度建设，健全完善以党章为核心的党内制度体系，修订完善中央全会、中央常委会、中央主席会、中央主席办公会等工作规则，指导省级组织完善各项制度规范。探索建立履职评价制度，研究建立中央委员履职规则、加强和改进调查研究工作办法等提升履职成效的相关制度规范，着力提高制度执行力，更好调动全党干事创业积极性、主动性和创造性。2019 年 7 月，农工党十六届七次中央常委会专题研究深入推进中国特色社会主义参政党建设问题，首次提出“制度治党”战略。2019 年 11 月，陈竺在农工党十六届三次中央全会上所作工作报告中明确提出，将制度治党作为农工党自身建设五大战略之一，推进制度建设。

构建党内规章骨干框架。提出制度治党战略后，农工党中央将制度建设摆在全党工作的重要位置持续推进。农工党中央成立以何维为组长、曲凤宏为副组长的制度建设领导小组，着眼打基础、利长远，明确协同推进参政党建设和机关建设两大制度板块的总体思路，全面梳理中央 2003 年以来各项规章制度，构建制度框架，以农工党党章为根本，以准则、规则、条例为主干，以各领域各层级的规定、规程、办法、细则为支撑，以意见、方案、规划等规范性文件为补充的有机衔接的规章制度体系。明确制度修订坚持“于法有据、于规有验，于事有法、于人有约，宽严有度、连贯有序”原则，有计划、分批次地开展制度制定修订工作。2019 年制定修订参政党建设方面的规章 13 项，包括《中国农工民主党全国代表大会工作规则（试行）》《中国农工民主党中央委员会工作规则（试行）》《中国农工民主党中央委员会委员履职规则（试行）》《中国农工民主党中央常务委员会工作规则（试行)》《中国农工民主党中央主席会议工作规则（试行)》《中国农工民主党党内规章制定条例（试行)》《中国农工民主党组织建设工作条例（试行)》《中国农工民主党组织发展工作规程（试行)》《中国农工民主党宣传工作条例（试行)》《中国农工民主党社会服务工作条例（试行)》《中国农工民主党参政议政工作条例（试行)》《中国农工民主党参加政党协商工作条例（试行)》和《中国农工民主党党史工作条例（试行)》。2020 年 11 月，农工党十六届十一次中央常委会审议通过了《中国农工民主党党内监督条例》《中国农工民主党基层组织工作条例》。这些新制定或修订的党内规章，弥补了制度短板、填补了制度空白，搭建起农工党规章制度体系的骨干框架。

完善党内规章制度体系。2020 年，在农工党中央主席办公会议领导下，中央多次召开会议专题研究、不断细化完善党内规章制度体系，制定修订与党章、规则、条例相配套的规定、规程、办法、细则，为各项工作高质量发展提供坚实制度保障。年初，中央制定 28 项规章制度，规范各项党务工作以及中央机关各项工作。规范各项党务工作的党内规章有《中国农工民主党中央参政议政调研工作办法》《中国农工民主党中央提案工作办法》《中国农工民主党中央社情民意工作办法》《中国农工民主党中央反映社情民意信息采编评分和奖励表彰工作实施细则》《中国农工民主党理论学习中心组学习办法（试行)》《中国农工民主党专项民主监督工作办法（试行)》等 6 项；规范中央机关各项工作的党内规章涵盖中央主席办公会议工作规则、中央机关工作规则、各部门工作规程，公文及档案管理、公务活动、财务及审计、干部和人事管理、外事管理等 22 项。这些配套制度与党章、条例等规章相衔接，形成农工党较为系统完备的制度体系。

严格规章制度执行。农工党中央主席办公会议、中央主席专题办公会议、中央秘书长办公会议等，强化各项规章制度的贯彻执行。农工党中央及时将规章制度印发全党，并通过会议、培训进行解读、组织学习，推动制度贯彻落实。各级组织严格用制度管权、管人、管事，广大农工党党员制度意识不断增强，有力推进各项制度落实见效。

附　录

大 事 记

1930 年

8 月 9 日　邓演达在上海法租界萨坡赛路 290 号（今上海市黄浦区淡水路 332 弄 1 号），主持召开有十个省区代表参加的第一次全国干部会议，“中国国民党临时行动委员会”（即中国农工民主党的前身，简称临委会）正式成立。

会议通过临委会党纲《我们的政治主张》，会议选举中央领导机构——中央干部会，25 人担任干事，邓演达被推选为总干事。会议决定设立中央工作部门，在中央干部会之下设立组织、宣传、设计、民运、总务、侨务 6 个委员会。

8 月 16 日　临委会第一次中央联席会议召开，成立党纲整理委员会，将党纲《我们的政治主张》修改为《中国国民党临时行动委员会政治主张》。

8 月 23 日　临委会第二次中央联席会议召开，决定成立中央训练委员会，由邓演达兼任主席委员。

8 月 30 日　临委会第三次中央联席会议召开，讨论如何开展军事工作问题。

9 月 1 日　临委会中央机关刊物《革命行动》创刊，邓演达担任主编。

9 月 21 日　临委会南方局筹备委员会在香港成立。

10 月　临委会北方区行动委员会在北平成立。

11 月　邓演达指导部分黄埔毕业生在上海扩大黄埔革命同学会组织。

1931 年

年初　临委会中央将设计委员会改为军事委员会。

4 月　临委会中央在上海创办中央机关报《革命行动日报》。

年中　邓演达在上海与陈铭枢、杨杏佛等商议“停止内战与反蒋”。

7 月　临委会中央在上海开办起义干部训练班，培训反蒋骨干力量。

8 月 17 日　邓演达在上海被捕。

8 月 21 日　邓演达被押送到南京。

11 月 12 日　临委会中央发布《对时局宣传大纲》。

11 月 29 日　蒋介石指派其卫队长王世和将邓演达秘密押送到南京麒麟门外沙子岗枪杀。

12 月 16 日　临委会中央发出《中央通告》，通告全党邓演达被杀害，号召全党踏着先烈光荣的血迹前进。

12 月　临委会中央推举黄琪翔主持党务。

1932 年

1 月　日寇在上海闸北寻衅，十九路军总指挥兼军长蔡廷锴找黄琪翔商谈对策，黄琪翔力促十九路军抗战。

2 月　临委会中央在上海组织“义勇军”，编入十九路军补充一团参战；组织“后援队”，为十九路军提供物资支援。

3 月 2 日　临委会发表《对上海事件紧急宣言》，提出对日宣战、反对南京政府等反蒋抗日主张。

8 月 17 日　临委会发表《为邓演达先生被捕周年纪念告民众书》，成立临委会各省市联合办事处，编发《行动通讯》刊物。

1933 年

年初　临委会成员 150 余人先后到达福建，配合十九路军，开展反蒋抗日宣传、“计口授田”等工作。

9 月 23 日　临委会成员陈公培受十九路军将领委派，到福建南平王台镇，与工农红军将领彭德怀等人会晤。

10 月 26 日　十九路军与中华苏维埃共和国临时中央政府及工农红

军，签订《反日反蒋的初步协定》，十九路军总部秘书长、临委会成员徐名鸿代表十九路军签字。

11月上旬　黄琪翔、章伯钧、郭冠杰、丘哲等人陆续到达福州。临委会将中央机关设在黄巷32号（黄琪翔住所）。

11月17日　黄琪翔、章伯钧等人参加筹备“福建事变”的紧急会议，黄琪翔代表农工党表达坚定的反蒋立场。

11月20日　“中国全国人民临时代表大会”在福州南校场（今五一广场）召开，黄琪翔被推选为主席团主席。

11月22日　中华共和国人民革命政府宣告成立，黄琪翔、章伯钧、彭泽湘、郭冠杰等人均担任重要职务。

1934年

年初　为保存队伍、积蓄力量，临委会决定分散隐蔽，以香港为联络点，由彭泽民、丘哲留守。

2月　黄琪翔、章伯钧、彭泽民、丘哲、彭泽湘、郭冠杰等在香港集会，决定按邓演达的政治纲领继续奋斗。

1935年

年中　黄琪翔、连瑞琦在德国柏林积极参加中国共产党领导的“旅欧华侨抗日联合会德国分会”及爱国救亡活动，先后被推选为该会负责人。

7月　在日本的临委会领导人及骨干集会，讨论重振临委会的组织及发动反蒋抗日等问题。

11月10日　临委会在香港召开第二次全国干部会议，决定响应中共“八一宣言”，易党名为“中华民族解放行动委员会”（简称解委会），以反蒋、联共、抗日为党的总方针。会议选举中央领导机构——中央临时执行委员会，推选黄琪翔为总书记。

1936 年

年初　解委会华北局在北平成立，领导北平、天津、山东、河北、河南、绥远、山西工作。

年初　解委会在上海、广州成立华东局和华南局，分别领导上海、浙江、江西、安徽、福建、广东、湖南等省市工作。

2 月　解委会发表《组织反日阵线提议的宣言》，将解委会响应中共《八一宣言》行动措施进一步具体化。

10 月　黄琪翔从德国回到香港，同章伯钧、彭泽民、彭泽湘、丘哲等会晤，商定响应中共《关于逼蒋抗日的指示》，调整解委会工作方针由“反蒋抗日”转变为“逼蒋抗日”。

11 月　解委会派中央执委罗任一到西安，与张学良、杨虎城联络，促进联合抗日及早实现。

1937 年

年初　彭泽湘以中央特派员身份到北平视察党务，进行促进抗日联合战线的活动。

年初　黄琪翔与到南京同国民党谈判团结抗战大局的中共领导人周恩来、朱德、叶剑英时有往来，盛赞中共团结抗战的主张。

6 月 15 日　彭泽民发表《告全国各界领袖书》，要求国民党刷新政治，顺从民意，抵抗日军。

6 月　彭泽湘应中共领导人毛泽东邀请访问延安，聆听毛泽东对历史和形势的分析，商谈合作抗日问题。

7 月 10 日　彭泽民代表解委会向国民党当局提出抗日救国《八大政治主张》。

7 月　解委会成员何世琨、王一帆等人到达河南新乡，以新乡铁工厂的一批党员为基础，筹组抗日游击队。

9 月至 11 月　黄琪翔先后任第九集团军副总司令、第八集团军总司令，参加淞沪会战。

10 月 彭泽民与经香港回国抗日的叶挺会面，表达对新四军抗日充满希望和必胜信念。此后在香港多次募集物资，通过渠道送往新四军。

12 月 解委会中央机关从香港跑马地迁到汉口华中里 62 号。

1938 年

2 月 1 日 解委会中央机关刊物《抗战行动》旬刊在汉口创刊出版。

2 月下旬 解委会代表章伯钧、彭泽湘同周恩来等中国共产党代表在汉口举行会谈。双方一致表示今后应密切合作，共同战斗。

3 月 1 日 解委会在汉口璇宫饭店召开第三次全国干部会议。中共领导人周恩来、叶剑英、秦邦宪应邀参加会议。会议贯彻中共全面抗战、持久抗战的路线方针，通过《抗战时期的政治主张》《抗战时期人民自卫武装组织条例》等文件，决定由章伯钧担任总联络人。

4 月 解委会在汉口创办中央机关报《前进日报》。

年中 广州沦陷后，彭泽民领导建立“大鹏人民自卫总队”，配合中共领导的武装开展敌后抗日斗争。

9 月 解委会中央机关从汉口迁到重庆，设在李子坝半山新村 3 号（今渝中区嘉陵新路 55 号）。

10 月 章伯钧等解委会领导人从武汉撤到重庆。

1939 年

1 月 2 日 解委会发表《声讨汪兆铭通敌卖国》通电。

6 月 解委会将一批医疗器械秘密送交重庆八路军办事处。

7 月 7 日 解委会成员朱程率“河北民军”第四团发表脱离“河北民军”宣言通电。次月，以该团为基础组建“华北抗日民军”，由八路军前方指挥部直接领导，朱程任司令员。

9 月 9 日至 18 日 章伯钧参加国民参政会第一届第四次会议，参与联名提案，要求结束国民党一党专政，实行宪政。

9 月 解委会在重庆北碚金刚碑创办“利民制革厂”及附设农场。章伯钧任董事长，彭泽湘任经理。

11 月 23 日　章伯钧、丘哲代表解委会，参与组建“统一建国同志会”。章伯钧担任常务干事。

1940 年

4 月　朱程所部正式编入八路军第二纵队，朱程任华北抗日民军第一旅旅长兼任冀鲁豫军区第一军分区司令员。

10 月 10 日　解委会中央向全党发出《整党通知》，开展整党工作，规定“重质不重量之原则”，提出成员工作标准和八条“戒律”。

11 月初　季方担任江苏省第四区游击指挥部总指挥，后将苏四区交由新四军苏北指挥部接管。

年中至年底　章伯钧多次与周恩来、叶剑英、博古等人商谈，会商国内政局及抗日工作。

1941 年

1 月 12 日　彭泽民在香港参加联名发表《关于皖南事变致蒋介石及国民党中委书》，谴责国民党顽固派制造皖南事变。

1 月中旬　章伯钧、丘哲代表解委会，在重庆同中共领导人周恩来、董必武、叶剑英举行会谈。

3 月 19 日　中国民主政团同盟成立会议召开，章伯钧、丘哲当选为中央执行委员，章伯钧当选为中央常委兼组织部部长。

3 月　新四军苏中第四军分区司令部成立，季方任司令员。

9 月 18 日　解委会发表对时局宣言，提出对当前时局的十四条意见，反对国民党顽固派投降、反共活动，要求实现民主团结，抗战到底。

10 月 29 日　解委会在重庆举办邓演达逝世十周年纪念活动。

年初至年底　章伯钧多次与周恩来、董必武等人商谈，会商时局及抗日主张。

1942 年

1 月 11 日　章伯钧为《新华日报》创刊四周年发表《誓为民主奋斗》文章。

2 月　章伯钧参加周恩来等人与刘文辉秘密会商，讨论团结西南实力派，抗日反蒋等问题。

1943 年

年初　张云川代表民盟和解委会，前往苏北解放区考察访问。6 月返回重庆后，向中外记者介绍了解放区的真实情况，揭露国民党媒体对解放区的污蔑。

2 月 16 日　章伯钧参加同周恩来、董必武等人就世界战局的讨论。

1944 年

1 月至 3 月　章伯钧等在重庆积极推动宪政运动，参加系列宪政座谈会。

5 月 23 日　章伯钧等在重庆半山新村 3 号与林伯渠、董必武、王若飞、蓢伯赞等，就当时战局及国共两党谈判等问题进行商谈。

9 月 19 日　中国民主政团同盟在重庆特园召开全国代表大会，改名为中国民主同盟。章伯钧、丘哲、张云川、韩兆鹗、郭则沉等当选中央执行委员，章伯钧当选为中央常委兼组织部部长。

10 月　经与中共党组织协商，解委会领导的广东“大鹏人民抗日联防自卫大队”与中共的地方民兵常备大队合并，后改归东江游击纵队，番号为“东江游击纵队江南独立大队”。

1945 年

年初　章伯钧多次参加同周恩来等人的商谈，讨论团结民主力量、坚持抗日等问题。

2 月 1 日　解委会创办《中华论坛》半月刊，章伯钧等人连续发表文章，支持中国共产党提出的“立即废除国民党一党专政，成立联合组成的临时中央政府”提议。

7 月 1 日至 5 日　章伯钧等六名参政员赴延安访问，与中共领导人毛泽东等人进行会谈。

7 月 18 日　章伯钧发表谈话，要求国民党当局应即放弃举行国民大会的计划，迅速召开政治会议。

8 月 28 日　章伯钧到重庆机场欢迎中共中央领导人毛泽东、周恩来、王若飞等人。

8 月 30 日　章伯钧在重庆桂园参加与毛泽东的叙谈。

9 月至 11 月　章伯钧多次参加国共两党代表举行的活动，共商政治会议、停止军事冲突等问题。

11 月 12 日　章伯钧代表解委会发表《抗战胜利后对时局宣言》，主张迅速召开政治协商会议，根据国共两党会谈纪要，切实解决有关问题。

12 月 28 日　章伯钧参加中共代表团举行的活动，交换对参加政协会议的意见。

1946 年

2 月 10 日　重庆“较场口血案”发生后，章伯钧参加政协各方代表紧急会议，同周恩来、沈钧儒、张申府等 11 人联署抗议信。

3 月 1 日　解委会创办的《人民报》在香港出版，次月迁广州出版。

5 月 15 日　章伯钧等人在上海对记者发表谈话，呼吁全国同胞一致起来制止内战，挽救危局。

5 月　解委会中央机关由重庆迁到上海，设在愚园路联安坊 11 号（今愚园路 1352 弄 5 号楼）。

6 月 7 日　章伯钧参加民主人士会谈，讨论促进国共双方用政治方式解决纠纷的办法。

6 月 25 日　章伯钧等人就下关事件联名致函国民党政协代表，指出此事件系特务活动，要求国民党政府取消特务机关、切实保护人民各项自由。

6月29日 《人民报》被广州警察局查封。

7月20日 章伯钧等就李公朴、闻一多被暗杀事件，向国民党政协代表提出严重责问与抗议，要求参加调查、审判，立即取消特务机关。

年中 章伯钧多次到南京国府路梅园新村十七号、上海马思南路107号，与周恩来等人商谈有关政治问题。

1947年

2月3日 第四次全国干部会议在上海愚园路联安坊十一号召开，会议决定易党名为中国农工民主党（简称农工党），通过第一部党章，产生新的中央执行委员会和中央监察委员会。

2月15日 第一次执监委联席会议推选章伯钧为执行委员会主席，彭泽民为监察委员会主席。

3月12日 农工党中央在上海发表《对时局宣言》，反对内战、反对分裂，要求政治解决国共矛盾问题。

4月下旬 彭泽民等发表《对改组政府的意见》，揭露国民党所谓的“改组政府”目的是保持其一党专政。

5月21日 章伯钧、韩兆鹗致函并捐款给中央大学学生自治会，慰问在“五二〇”运动中受伤的学生。

5月23日 章伯钧、韩兆鹗等向国民参政会提出《停止内战恢复和平案》。

7月至8月 农工党中央连续发出通知，要求各地组织对国民党提高警惕，提出“严密组织，保全机构，隐蔽分散，扩大自己”的方针。

11月 农工党中央机关从上海迁往香港，章伯钧等领导人离沪赴香港。在上海设立驻沪办事处，由丘哲任主任。

1948年

2月 农工党驻沪办事处改组为华东局，连瑞琦任主任委员，李士豪、曾伟任副主任委员。

5 月 5 日　彭泽民代表农工党，与其他民主党派和无党派民主人士在香港联合致电中共中央主席毛泽东，响应中共“五一口号”。

6 月 6 日　章伯钧、彭泽民与各民主党派领导人联合发表《反美扶日宣言》。

6 月 16 日　农工党单独发表《对时局宣言》，响应中共“五一号召”，以示竭诚。

9 月 2 日至 11 日　农工党在香港召开中央扩大会议，决定调整对国民党顽固派的斗争方式，由“和平的民主斗争”转为“武装的军事斗争”，开展在中国共产党领导下的“新军事运动”。

9 月 29 日　章伯钧等第一批从香港北上解放区的民主人士到达哈尔滨。

9 月底　韩兆鹗、严信民到达河北平山县李家庄，其后多次参加中共组织的民主人士活动。

10 月 21 日、23 日和 11 月 25 日　章伯钧在哈尔滨参加中共东北局负责人约集召开的讨论新政协有关问题的三次座谈会。

10 月 22 日　农工党等民主党派联合发表《为美帝侵华向联合国大会控诉书》，全面清算美帝国主义的侵华政策。

11 月 16 日　章伯钧等发表时局声明，提出彻底摧毁反动独裁统治集团、彻底铲除内战的根源、通过新政协组织民主联合政府等意见。

1949 年

1 月 15 日　农工党中央发言人就响应毛泽东主席《关于时局的声明》发表谈话。

1 月 22 日　彭泽民、章伯钧、丘哲、韩兆鹗、严信民与其他民主党派和人民团体代表人物及民主人士 55 人，发表《我们对时局的意见》，明确宣布“愿在中国共产党领导下，献其绵薄”。

2 月　农工党中央向全党发出指示，开展城市组织工作，组织地方人民武装，策动国民党军政人员起义，宣传人民解放军的政策，保护一切公共财物，组织人民群众支援人民解放军进军。

3 月 25 日　章伯钧、彭泽民等前往西苑机场，欢迎中共中央和人民解放军总部进驻北平。

4 月 23 日　农工党与其他民主党派发表联合声明，对 4 月 21 日毛泽东主席、朱德总司令发布的进军命令，表示完全赞同，并竭诚拥护。

6 月　彭泽民、丘哲、季方（未到北平前由严信民代）、郭冠杰、韩兆鹗五人代表农工党参加新政协会议筹备会，章伯钧当选为筹备会常务委员会委员。

6 月 6 日　章伯钧、彭泽民致电农工党江西省委提出，在蒋匪区域之武装组织由负责同志向中国人民解放军接洽协助杀敌；在解放工作完成以后，即遵照“全国各民主党派均经一致决定，凡有武装部队统交人民解放军改编”的原则办理。

7 月　农工党中央发表《“七·七”十二周年纪念宣言》。

9 月 21 日至 30 日　彭泽民等 12 人以农工党代表身份参加中国人民政协会议第一届全体会议（还有 8 位农工党党员以其他界别身份参加），彭泽民、黄琪翔分别在全体会议上发言，章伯钧、彭泽民当选中央人民政府委员会委员。

9 月　黄琪翔等人向中国人民政治协商会议第一届全体会议提交《请以大会名义急电联合国否认国民党反动政府代表案》。

10 月 1 日　章伯钧、彭泽民参加中央人民政府委员会第一次会议，随中央人民政府领导人一同登上天安门城楼，参加开国大典。

10 月 9 日　章伯钧、郭冠杰在中南海勤政殿参加全国政协一届一次会议，章伯钧当选全国政协常委。

10 月　农工党中央机关从香港迁到北京鼓楼方砖厂辛寺胡同 14 号（今辛安里 66 号）。

10 月 21 日　政务院成立，章伯钧任政务院政务委员、政务院财政经济委员会委员，兼任交通部部长；彭泽民任政务院政治法律委员会副主任、华侨事务委员会委员。

10月25日至11月9日　农工党四届二次中央执监委员全体会议在北京召开。

11月14日至26日　农工党第五次全国干部会议在北京召开。会议决定以全国政协《共同纲领》为农工党的行动纲领，在组织工作方面停止吸收党员、发展组织，继续切实进行全国党务的整理。会议前后，毛泽东、周恩来、朱德等中共领导人接见会议代表，与代表座谈或发表讲话。会议选举产生农工党第五届中央执行委员会，推举章伯钧为中央执行委员会主席，彭泽民为中央监察委员会主席。

1950年

2月11日　农工党中央工作委员会通过《农工党旧党员恢复党籍办法》。

6月14日　章伯钧、黄琪翔、郭冠杰在全国政协一届二次会议上提出《建议民主党派参加土改工作案》。

9月3日　农工党中央机关欢送业经核准参加土地改革工作的党员。

10月1日　章伯钧在《人民日报》发表署名文章《庆祝中华人民共和国一年来的成就》。

11月4日　中国共产党与各民主党派发表《关于抗美援朝的联合宣言》。

12月15日　农工党中央机关刊物《学习通讯》创刊。

1951年

1月1日　彭泽民在《光明日报》发表署名文章《立下决心！从积极反美侵略的战斗中继续扩大和巩固中国人民革命的胜利》。

2月22日　中国共产党和各民主党派、人民团体联合欢迎宴请中国人民志愿军归国代表，章伯钧在宴会上致辞。

3月18日　农工党中央制订实施《农工党旧党员复党修正办法》。

6月2日　农工党中央作出关于《响应中国人民抗美援朝总会三项爱国号召的指示》。

9月2日　农工党与其他民主党派及人民团体为纪念抗日战争胜利六周年发表联合宣言。

11月22日至12月3日　农工党第六次全国干部会议在北京召开。会议决定调整农工党中央领导机构，合并中央执行委员会和监察委员会为中央委员会。会议通过新修订的党章。

12月5日　农工党六届一次中央全会在北京召开。会议选举章伯钧为中央主席，彭泽民为中央副主席。12日，中央执行局举行第一次会议，推选黄琪翔为中央执行局秘书长。

12月27日　农工党中央向全党发出《关于执行反贪污反浪费反官僚主义的指示》。

1952年

3月8日　各民主党派联合发表《对于美帝国主义进行细菌战的抗议》。

8月9日　章伯钧发表关于共同纲领学习的谈话。

9月1日　农工党中央执行局发布《关于学习共同纲领的指示》。

10月1日　章伯钧在《人民日报》发表署名文章《迎接更伟大的胜利》。

1953年

2月24日　农工党中央执行局发布《关于执行1953年三大任务的指示》。

3月4日　章伯钧发表谈话，拥护《中华人民共和国全国人民代表大会及地方各级人民代表大会选举法》。

4月2日　章伯钧发表谈话，拥护周恩来总理关于朝鲜停战谈判问题的声明。

11 月 27 日　章伯钧发表署名文章《为祖国伟大光明的前途而欢呼》。

11 月　农工党中央执行局发布《关于认真学习国家过渡时期总路线的通知》。

12 月 10 日　彭泽民发表谈话，拥护中央人民政府发行 1954 年国家经济建设公债，呼吁农工党党员踊跃认购并动员亲属和所联系群众积极认购。

1954 年

6 月 29 日　农工党中央机关召开《中华人民共和国宪法（草案）》座谈会。

8 月 22 日　农工党与其他民主党派和人民团体发表《为解放台湾联合宣言》。

8 月 28 日　农工党中央执行局发出通知，号召各级组织展开关于《为解放台湾联合宣言》的学习宣传工作。

9 月　在一届全国人大一次会议上，彭泽民当选为全国人大常务委员会委员。

9 月　农工党中央执行局向全党发出《关于宣传和贯彻执行中央人民政府政务院实行棉布计划收购、计划供应和棉花计划收购的命令的通知》。

10 月 14 日　农工党中央执行局向全党发出《关于学习和宣传中华人民共和国宪法和第一届全国人民代表大会第一次会议文件的通知》。

10 月 16 日　彭泽民在《人民日报》发表署名文章《解放台湾，彻底消灭蒋介石卖国集团》。

11 月 29 日　农工党中央执行局向全党发出《关于宣传和踊跃认购 1955 年国家经济建设公债的通知》。

12 月，在全国政协二届一次会议上，章伯钧当选为全国政协副主席，彭泽民、黄琪翔当选为全国政协常委会委员。

1955 年

2 月 5 日　农工党中央执行局向全党发出《关于在大中城市重点进行

社会阶层的调查》的通知。

4月7日 农工党中央执行局向全党发出《关于学习辩证唯物主义和批判资产阶级唯心主义的通知》。

4月18日 农工党中央执行局向全党发出《关于医药卫生界的调查的要求》的通知。

5月 农工党中央与江苏省、南京市人民政府取得一致意见，确定建造邓演达烈士墓。

7月14日 章伯钧在《光明日报》发表署名文章《为实现第一个五年计划而奋斗》。

11月29日 农工党中央执行局和北京市委员会召开邓演达先生殉难24周年纪念会。

12月3日 农工党中央执行局和北京市委员会召开关于知识分子的团结改造问题座谈会。

12月 农工党中央向中共中央报送《关于知识分子团结改造问题的几点建议》。

1956年

1月1日 章伯钧在《光明日报》发表署名文章《关于知识分子的团结改造问题》。

2月9日至11日 农工党六届二次中央全体（扩大）会议在北京召开，决定“以医药卫生界人员为联系和发展重点，积极吸收医药卫生工作者参加组织”。

3月12日 农工党中央成立邓演达烈士墓“建墓委员会”，筹备邓演达烈士墓迁葬事宜。

6月20日 农工党中央执行局向全党发出《为贯彻“百家争鸣”的方针创造条件的通知》。

7月3日至7日 农工党中央召开座谈会，学习讨论中共中央提出的中国共产党与民主党派“长期共存、互相监督”方针。

10月1日　农工党中央机关刊物《学习通讯》改为报纸《前进报》，当日创刊号出版。

10月18日　彭泽民在北京逝世，22日公祭仪式在北京中山公园举行。

1957年

1月3日　黄琪翔在《光明日报》发表署名文章《民主党派工作上的两个问题》。

3月21日至4月4日　农工党全国工作会议在北京召开。

4月8日至12日　农工党六届三次中央全会在北京召开。会议通过《政治决议》，提出“在国家的政治生活中创造性地发挥作用”。

6月21日　农工党中央执行局向全党发出《关于认真学习毛主席“关于正确处理人民内部矛盾的问题”的通知》。

7月　季方在一届全国人大四次会议上被补选为全国人大常务委员会委员。

9月16日至20日　农工党全国整风工作会议在北京召开。

11月25日　邓演达烈士遗骸从南京麒麟门外小营岗，迁葬于紫金山中山陵左侧的灵谷寺附近邓演达烈士墓。

11月29日　农工党中央举行邓演达烈士安葬公祭典礼。

1958年

1月15日至25日　农工党六届四次中央全会在北京召开，会议决定对右派分子分别作出处理，开始党内的一般整风运动。

4月4日　农工党中央执行局召开第三十五次委员会议，推选季方代理主席。

5月30日　农工党中央召开座谈会，一致拥护中共八届二中全会所制定的社会主义建设总路线。

8月30日　农工党中央宣布，党内一般整风运动结束。

11 月 13 日　农工党六届五次中央全会在北京召开，会议研究决定农工党第七次全国代表大会筹备事项。

12 月 8 日至 12 月 10 日　农工党第七次全国代表大会在北京召开。会议通过工作报告、社会主义改造规划报告和新修订的农工党党章，选举产生第七届中央委员会。

12 月 11 日　农工党七届一次中央全会在北京召开。会议选举季方为中央主席团主席，周谷城、唐午园、刘树勋、郭则沉、严信民、夏康农、徐彬如、王人旋为主席团委员。

1959 年

1 月 14 日　农工党中央主席团向全党发出《关于健全各级领导机构，巩固组织，纯洁队伍的通知》。

5 月 2 日　农工党中央主席团向全党发出《关于加强改造，更好地为社会主义建设服务的通知》。

8 月 19 日　农工党中央主席团向全党发出《关于坚决执行中国共产党和政府的指示，积极投入抗灾斗争的通知》。

8 月 31 日　农工党中央主席团向全党发出《关于学习、宣传、响应中共八届八中全会号召的通知》。

9 月 15 日　毛泽东主席邀集各民主党派中央负责人等民主人士召开会议，座谈坚持社会主义建设总路线等问题。季方、郭则沉参加会议。

9 月 27 日　季方在《光明日报》发表署名文章《让我们再一次竭诚宣誓：永远跟着中国共产党》。

1960 年

7 月 25 日至 9 月 6 日　农工党七届二次中央全体（扩大）会议在北京召开。会议讨论民主党派今后任务等问题。

8 月 14 日　中共中央统战部在人民大会堂举行报告会，李维汉作题为《学习毛主席著作，逐步改造世界观》报告。农工党七届二次中央全体（扩大）会议会议代表及中央机关干部参加报告会。

1961 年

2 月 5 日　农工党中央主席团召开第二十一次会议，决定出版中央机关刊物《前进》杂志。

2 月 26 日　中共中央统战部在人民大会堂召开座谈会，国务院总理周恩来就国际国内形势作讲话。季方参加座谈会。

4 月 15 日　农工党中央机关报《前进报》改为 16 开杂志《前进》创刊。

11 月 29 日　农工党中央在全国政协礼堂召开邓演达殉难 30 周年纪念大会。

1962 年

4 月 20 日至 23 日　农工党中央主席团召开第二十八次（扩大）会议，讨论人民民主统一战线的新形势和民主党派的新任务。

7 月 10 日　农工党中央主席团向全党发出《关于在巩固组织的基础上进行适当发展的几点意见》。

10 月 11 日至 24 日　农工党八市（北京、上海、天津、武汉、长沙、西安、济南、大连）宣传工作会议在天津召开，研究如何加强思想政治工作。

11 月 11 日　农工党中央医药卫生工作组成立。

12 月 27 日至翌年 1 月 19 日　农工党七届三次中央全体（扩大）会议在北京召开。会议研究如何在全体党员中进行国际主义、爱国主义与社会主义的思想教育等问题。

1963 年

1 月 14 日　中共中央领导人刘少奇、邓小平、董必武、彭真、李先念、杨尚昆等，接见各民主党派中央、全国工商联负责人和无党派民主人士并座谈。季方参加。

3月20日　农工党中央主席团向部分省市组织发出通知，要求调查研究医卫界党员进行爱国主义、国际主义、社会主义学习的情况。

5月16日至25日　农工党七省市（北京、上海、天津、湖北、江苏、浙江、四川）组织汇报会议在北京召开。

1964年

3月11日　农工党中央主席团第四十六次（扩大）会议通过《农工民主党中央机关学习农村社会主义教育运动问题的两个文件的计划》。

1965年

1月　在三届全国人大一次会议和全国政协四届一次会议上，季方分别被选为全国人大常委会委员和全国政协常委会委员。

1月6日至11日　农工党中央主席团召开第五十次（扩大）会议，讨论研究贯彻三届全国人大一次会议及全国政协四届一次会议精神，交流一年来开展爱国主义、国际主义和社会主义教育运动的情况。

8月8日　各民主党派中央和全国工商联负责人在政协礼堂联合举行茶会，欢迎李宗仁、郭德洁、程思远回国。季方、黄琪翔参加茶会。

10月15日、16日　各民主党派代表和无党派民主人士召开双周座谈会，讨论当前国内外的形势问题。

1966年

4月17日至30日　农工党中央工作汇报会议在北京召开。

8月27日　农工党中央机关停止活动。

1969年

5月17日　章伯钧因病在北京逝世。

1970 年

12 月 10 日　黄琪翔因病在北京逝世。随后，由全国政协主办遗体告别仪式。

1977 年

12 月　中共中央统战部召集各民主党派中央领导人宣布中共中央决定，各民主党派开始恢复活动，并分别商定了各民主党派中央的临时领导小组名单。农工党中央由季方、徐彬如、严信民组成临时领导小组，季方为召集人。

1978 年

3 月　在全国政协五届一次会议上，季方当选为全国政协副主席。

3 月 10 日至 11 日　农工党工作座谈会在北京召开，汇报交流中央及地方组织情况，交流如何把工作活跃起来的意见。

7 月 8 日　农工党中央临时领导小组扩大会议决定设立临时工作机构，包括组织组、宣传组、秘书组。

10 月 6 日至 25 日　农工党中央工作组赴四川省，调查研究地方组织的思想、组织等情况。

10 月 26 日至 31 日　农工党七省市组织调查汇报会在江苏南京召开。

11 月 21 日至 12 月上旬　农工党中央工作组赴广东省，调查研究地方组织的思想、组织等情况。

11 月 29 日　农工党中央召开纪念邓演达先生殉难 47 周年座谈会。

12 月 10 日至 20 日　农工党九地组织调查汇报会在广州召开。

1979 年

2 月 2 日　农工党中央临时领导小组会议研究决定设立医药卫生工作委员会。

3 月 7 日至 15 日　农工党全国工作会议在北京召开。

6月28日　季方参加中共中央召开的民主协商会。

8月28日　农工党中央机关刊物《前进》期刊复刊。

10月9日至10日　农工党七届四次中央全会在北京召开。

10月11日至22日　农工党第八次全国代表大会在北京召开。会议通过第七届中央委员会的工作报告和关于修改党章的决议，选举产生第八届中央委员会，决定把工作重点转移到为社会主义现代化建设服务上来。

10月23日　农工党八届一次中央全会在北京召开。会议选举季方为中央主席，周谷城、沈其震、刘树勋、严信民、徐彬如、叶桔泉为中央副主席。

10月24日　农工党八届一次中央常委会在北京召开。会议研究中央工作机构等问题。

11月23日　农工党邀请在京的部分党员与全国政协在政协礼堂联合召开座谈会，就如何更好地发挥知识分子在"四化"建设中的作用、培养科技人才等问题进行座谈。季方参加座谈会。

1980年

4月5日　农工党八届二次中央常委会在北京召开。会议通过《关于中央常务委员会和中央机关工作会议的规定》；批准《中国农工民主党中央委员会设立工作部门的决定》，决定在中央委员会设立办公厅、宣传部、组织部和医药卫生工作委员会、联络工作委员会、党史资料研究委员会。

4月22日　农工党中央向全党发出《关于为"四化"建设开展建议活动的通知》。

8月20日至24日　季方参加中共中央召开的各民主党派中央负责人和无党派民主人士协商会。

9月11日至12日　农工党八届三次中央常委（扩大）会议在北京召开。

11月26日至12月8日　农工党全国工作会议在北京召开。会议学习中国共产党和国家的路线、方针、政策，结合全国人大、全国政协五届三次会议精神，明确新时期农工党工作任务。

1981 年

3 月 6 日　农工党八届四次中央常委（扩大）会议在北京召开。会议通过《关于学习和贯彻经济上实行进一步调整、政治上实现进一步安定方针的通知》，决定由沈其震担任中央常务副主席。

5 月 24 日至 6 月 2 日　农工党为“四化”建设服务经验交流会在北京召开。

6 月 21 日　季方在《人民日报》发表署名文章《紧密团结在中国共产党周围》。

6 月 22 日至 25 日　季方参加中共中央召开的各民主党派中央、全国工商联负责人、无党派代表人士和全国政协的部分老同志座谈会。

7 月 11 日　农工党中央向全党发出《关于认真学习〈关于建国以来党的若干历史问题的决议〉的通知》。

10 月 2 日　季方发表谈话，拥护全国人大常委会委员长叶剑英发表的关于台湾回归祖国，实现和平统一的九条方针政策的谈话。

10 月 8 日至 17 日　农工党全国宣传工作会议在南宁召开。

11 月 15 日　农工党中央和民盟中央联合举行章伯钧骨灰安放仪式，骨灰安放在北京八宝山革命公墓。

11 月 24 日至 25 日　季方参加中共中央召开的民主协商会。

11 月 29 日　农工党中央在北京召开邓演达烈士殉难五十周年纪念会。

12 月 12 日至 14 日　农工党八届五次中央常委（扩大）会议在北京召开，会议通过《关于学习和贯彻五届人大、政协四次会议精神的决议》等。

1982 年

2 月 28 日至 3 月 9 日　农工党全国组织工作会议在北京召开。

6 月 21 日　农工党八届六次中央常委会在北京召开。

6 月 23 日至 7 月 1 日　农工党八届二次中央全会在北京召开。会议讨论宪法修改草案，增选中央领导机构人员。

6 月 28 日　农工党八届七次中央常委会在北京召开。会议批准《关于调整和补充中央机关部门领导人员的决定》。

6 月 30 日　农工党八届八次中央常委会在北京召开。

7 月 30 日至 8 月 6 日　农工党医卫界知识分子问题讨论会在北京召开。会后，农工党中央向中共中央报送《关于医卫界中年知识分子问题的调查报告》。

9 月 14 日　农工党八届九次中央常委（扩大）会议在北京召开。会议通过《关于学习宣传中共十二大文件的通知》。

10 月 28 日至 11 月 4 日　农工党中央同民建中央、全国工商联在北京联合召开中药专业咨询座谈会，会后向中共中央、国务院报送《关于扶持和振兴中药事业的建议》。

12 月 5 日　农工党八届十次中央常委会在北京召开。会议通过《关于五个多月来的工作情况和 1983 年的工作设想》。

1983 年

2 月 20 日至 27 日　民主党派为边疆、少数民族地区“四化”建设服务挂钩会在北京召开。农工党中央负责人参会。

2 月 21 日至 3 月 3 日　农工党全国工作会议在北京召开。会议号召全党“面向社会，面向四化，发挥民主党派智力集团的作用”。

3 月 19 日　农工党中央、民建中央、全国工商联中药专业咨询联络中心成立。

4 月 14 日至 17 日　农工党八届十一次中央常委会在北京召开。会议通过《关于提前召开第九次全国代表大会的决定》《第九次全国代表大会代表名额及产生办法》等。

6 月　在六届全国人大一次会议，周谷城当选为全国人大常委会副委员长。

6月　在全国政协六届一次会议上，季方当选为全国政协副主席。

6月23日　农工党八届十二次中央常委（扩大）会议在北京召开。会议讨论第九届中央委员会人事安排的意见，通过《关于认真学习和贯彻第六届全国人民代表大会第一次会议和中国人民政治协商会议第六届全国委员会第一次会议精神的决议》。

8月16日　农工党中央向全党发出《关于认真学习〈邓小平文选〉的通知》。

8月11日至24日　农工党中央组织全国知名中医专家成立“中医讲学团”，赴宁夏回族自治区讲学。

10月22日至28日　农工党八届十三次中央常委（扩大）会议在北京召开。会议通过《关于拥护〈中共中央关于整党的决定〉的决议》等，决定“九大”特邀代表名单。

11月22日　农工党八届十四次中央常委会在北京召开。

11月23日至24日　农工党八届三次中央全会在北京召开。

11月25日至12月4日　农工党第九次全国代表大会在北京召开。会议通过第八届中央委员会的工作报告和新修订的农工党章程，选举产生第九届中央委员会。

12月7日　农工党九届一次中央全会在北京召开。会议选举季方为中央主席，周谷城、沈其震、刘树勋、严信民、徐彬如、叶桔泉、卢嘉锡、方荣欣为中央副主席。

12月7日　农工党九届一次中央常委会在北京召开。会议决定《中国农工民主党第九届中央委员会顾问名单》。

1984年

5月5日至7日　农工党九届二次中央常委会在北京召开。会议通过《关于中央执行局职权的规定的决议》，决定中央委员会下设组织部、宣传部、办公厅和党史资料研究委员会、医药卫生工作委员会、联络工作委员会、妇女工作委员会、科学教育文化工作委员会。

8月21日至31日　农工党全国工作会议在安徽徽州召开。会议研究如何加强思想建设和组织建设，更好地为社会主义现代化建设服务。

10月12日至19日　季方参加中共中央召开的党外人士座谈会。

12月13日　农工党九届三次中央常委会在北京召开。会议就成立出版社及咨询服务中心事宜进行研究讨论。

12月14日至20日　农工党九届二次中央全会在北京召开。会议通过《关于学习贯彻〈中共中央关于经济体制改革的决定〉的决议》《拥护中英两国关于香港问题的联合声明的决议》等。

12月21日至22日　农工党中央工作座谈会在北京召开。

1985年

3月1日　农工党中央在北京召开邓演达诞辰90周年纪念座谈会。

4月9日　农工党九届四次中央常委会在北京召开。会议通过《关于学习和贯彻全国人大六届三次会议和全国政协六届三次会议精神和文件的决议》等，讨论医卫体制改革问题，任命田光涛代理中央秘书长。

4月10日　农工党中央科教文工作委员会成立会议在北京召开。

6月3日至8日　农工党为“四化”服务经验交流和表彰大会在北京召开。

6月9日至11日　农工党中央工作座谈会在北京召开。

6月7日　农工党中央妇女工作委员会成立会议在北京召开。

9月26日　农工党中央执行局第五十次（扩大）会议召开，通过《关于认真贯彻中共中央统战部〈关于民主党派、工商联引进新人，加强领导班子问题的几点建议〉的意见》。

10月2日至6日　各民主党派、工商联为“四化”服务先进集体和先进个人表彰大会在北京召开。

11月11日　农工党中央和民盟中央在北京联合召开章伯钧诞辰90周年纪念座谈会。

1986 年

1月9日至13日　农工党全国地方组织负责人工作座谈会在北京召开。

1月15日　农工党九届五次中央常委会在北京召开。

2月1日　农工党中央和北京市委会联合就《关于“中华人民共和国义务教育法（草案）及说明”的征求意见稿》召开座谈会。

2月28日　农工党中央与贵州省人民政府签订《关于开展智力支援工作的商谈纪要》。

3月6日至9日　农工党中央、民建中央、全国工商联中药咨询服务中心理事会成立会在北京召开。

4月12日　农工党九届六次中央常委（扩大）会议在北京召开。会议通过《关于进一步参加社会主义精神文明建设的通知》等。

5月20日　农工党中央向部分省市组织发出《关于支援贵州的通知》。

10月14日至20日　农工党九届七次中央常委（扩大）会议在北京召开。会议通过《关于拥护〈中共中央关于社会主义精神文明建设指导方针的决议〉的决议》《关于召开全国代表会议的决定》等。

12月28日　农工党九届八次中央常委会在北京召开。会议同意将中央咨询服务办公室升格为咨询服务部（司局级）。

12月29日至翌年1月4日　农工党九届三次中央全会在北京召开。会议选举周谷城为中央委员会主席，推选季方为名誉主席，增选姚峻、章师明、田光涛、杨烈宇为副主席，通过《关于加强领导班子和工作班子建设，逐步实现年轻化的意见》《关于调整和加强省一级组织领导班子和工作班子的意见》《关于参加社会主义精神文明建设的意见》等。

1987 年

4月5日　农工党九届九次中央常委会在北京召开。会议讨论全国代表会议相关事项和文件。

4月28日至5月10日　农工党中央组织党员中的文艺界部分知名演

员，赴广西边防前线法卡山等地，为中国人民解放军指战员进行慰问演出。

6 月 16 日　农工党九届十次中央常委会在北京召开。会议协商《关于增选中央常务委员、中央委员、中央候补委员候选人建议名单》《中央咨监委员会主席、副主席、常务委员、委员、秘书长建议名单》。

6 月 17 日　农工党九届四次中央全会在北京召开。

6 月 18 日至 24 日　农工党全国代表会议在北京召开。会议通过《关于追认中央设名誉主席和省级组织设荣誉职务的决定》《关于设立中央咨监委员会的决定》《中央咨监委员会组织条例》《全国代表会议决议》等，增选中央委员、中央候补委员，选举中央咨监委员会委员。

6 月 25 日　农工党九届五次中央全会在北京召开。会议补选中央常务委员，通过《关于召开第十次全国代表大会的决定》。

6 月 25 日　农工党中央咨监委员会第一次全体会议在北京召开。会议选举卢嘉锡为中央咨监委员会主席，何世琨、李健生、郭秀仪、邓昊明、李洁之、梅日新为副主席。

6 月 26 日至 28 日　农工党全国秘书长会议在北京召开。会议传达贯彻全国代表会议精神，讨论加强自身建设问题。

9 月　周谷城参加中共中央召开的党外人士座谈会。

11 月 7 日　农工党中央召开纪念彭泽民诞辰 110 周年座谈会。

11 月 19 日至 21 日　农工党九届十一次中央常委（扩大）会议在北京召开。会议讨论加强自身建设问题，通过《关于学习和贯彻中国共产党第十三次全国代表大会精神的决议》《关于省、自治区、直辖市级组织召开代表大会进行换届的意见》。

11 月 19 日至 28 日　农工党自身建设研讨会在北京召开。

12 月 17 日　季方在北京逝世。28 日遗体告别仪式在八宝山革命公墓礼堂举行。

1988 年

1 月 13 日至 19 日　农工党全国咨询工作会议在北京召开。

1月22日　周谷城参加中共中央统战部召开的党外人士座谈会。

3月10日至15日　农工党中央党务工作研讨会在北京召开。

3月14日　周谷城参加中共中央召开的各界人士民主协商会。

4月　在全国人大七届一次会议上，周谷城当选为全国人大常委会副委员长；在全国政协七届一次会议上，卢嘉锡当选为第七届全国政协副主席。

4月　农工党九届十二次中央常委（扩大）会议在北京召开。会议讨论第十次全国代表大会有关事项，通过《关于学习贯彻七届全国人大、政协第一次会议精神的决议》等。

4月8日　各民主党派中央领导人在人民大会堂接受中外记者的采访。周谷城参加并答记者问。

7月19日　在京的各民主党派中央和社会团体负责人，无党派代表人士和有关专家学者座谈香港特别行政区基本法（草案）征求意见稿。周谷城参加。

9月2日　农工党中央在北京召开纪念黄琪翔诞辰90周年座谈会。

9月13日至17日　周谷城参加中共中央召开的党外人士民主协商会。

9月20日至26日　农工党九届十三次中央常委会在北京召开。会议通过《第十次全国代表大会选举办法（草案）》《第十次全国代表大会主席团组成原则的决定》《第十次全国代表大会代表组成代表团的意见》。

10月11日　周谷城参加中共中央召开的党外人士座谈会。

11月3日　农工党九届十四次中央常委会在北京召开。

11月4日　农工党九届六次中央全会在北京召开。

11月9日至13日　农工党第十次全国代表大会在北京召开。会议通过第九届中央委员会的工作报告和新修订的党章，选举第十届中央委员会和第二届中央咨监委员会。

11月13日　农工党第二届中央咨监委员会第一次会议在北京召开。会议选举沈其震为中央咨监委员会主席，叶桔泉、李健生、郭秀仪、邓昊明、李洁之、梅日新为副主席。

11月14日　农工党十届一次中央全会在北京召开。会议选举卢嘉锡为中央主席，方荣欣、姚峻、章师明、田光涛、杨烈宇、光仁洪、翦天聪、陈灏珠为中央副主席。同日，中央主席办公会第一次会议推举方荣欣为中央常务副主席。

1989年

1月30日　卢嘉锡参加中共中央召开的党外人士座谈会。

2月20日至24日　农工党十届一次中央常委会在北京召开。会议研讨如何进一步坚持和完善中国共产党领导的多党合作和政治协商制度；通过《中国农工民主党中央关于会议制度和议事规则的决定》等，决定中央保留办公厅、组织部、宣传部、咨询服务部和医药卫生工作委员会、妇女工作委员会、联络工作委员会和党史资料研究委员会等机构，撤销科教文工作委员会，新设置科学技术工作委员会、教育文化工作委员会，新设置研究室（局级）。

2月26日至3月3日、5月3日至11日　卢嘉锡率队对河北省沧州、唐山、秦皇岛进行考察咨询。

3月15日　卢嘉锡参加中共中央召开的党外人士协商会。

4月17日　方荣欣参加中共中央召开的党外人士座谈会。

4月21日　方荣欣参加中共中央召开的党外人士座谈会。

4月28日至30日　卢嘉锡参加贵州毕节地区开发扶贫生态建设试验区发展规划论证会。

6月17日　方荣欣参加中共中央召开的党外人士座谈会。

6月28日　方荣欣参加中共中央召开的党外人士座谈会。

7月7日至11日　农工党十届二次中央常委（扩大）会议在北京召开。会议通过《关于学习贯彻中共十三届四中全会精神的决议》。

10月16日至22日　农工党自身建设研讨会在陕西西安召开。

11月6日　方荣欣参加中共中央召开的各民主党派协商会。

12月9日至11日　农工党十届三次中央常委会在北京召开。会议通过《关于表彰长期专职从事党务工作的干部的决定》《关于庆祝建党60周年的意见》等决议文件。

12月13日至17日　农工党十届二次中央全会在北京召开。

12月18日　农工党第二届中央咨监委员会第二次会议在北京召开。会议通过《中央咨监委员会向中央委员会提出的关于加强中央监委会工作的建议》。

12月26日　卢嘉锡、方荣欣参加中共中央召开的党外人士座谈会。

12月28日　由农工党中央筹建主办的“中国中医药研究促进会”获民政部批准成立。

12月30日　卢嘉锡参加中共中央召开的党外人士座谈会。

12月　农工党中央在京举办中国共产党领导的多党合作制度研讨班。

1990年

2月10日　卢嘉锡在《人民日报》发表署名文章《同心齐奋斗，合力共兴邦》。

3月12日至14日　农工党十届四次中央常委会在北京召开。会议通过《中央专门工作委员会组织通则》《关于拥护和贯彻〈中共中央关于坚持和完善中国共产党领导的多党合作和政治协商制度的意见〉的决定》等制度文件。

3月19日　卢嘉锡、方荣欣参加中共中央召开的民主协商会。

4月6日至20日　卢嘉锡赴贵州对毕节开发扶贫、生态建设试验区进行考察咨询。

4月22日　纪念季方诞辰100周年座谈会在北京召开。

7月4日至13日　农工党全国工作会议在北京召开。

8月9日　农工党庆祝成立60周年大会在全国政协礼堂召开。

9月4日至6日　农工党智力支边工作会议在贵州贵阳召开。

10月8日至19日　农工党第二届中央咨监委员会第三次会议在江苏南京召开。

11月5日至9日　农工党十届五次中央常委会在北京召开。会议通过《关于发挥参政党作用、加强自身建设几项工作的意见》等制度文件。

12月17日　卢嘉锡、方荣欣参加中共中央召开的党外人士座谈会。

12月23日　农工党十届六次中央常委会在北京召开。

12月24日至28日　农工党十届三次中央全会在北京召开。会议学习贯彻《中共中央关于坚持和完善中国共产党领导的多党合作和政治协商制度的意见》，通过《关于提前召开第十一次全国代表大会的决定》。

1991年

2月13日　周谷城参加中共中央召开的党外人士迎春座谈会。

3月　卢嘉锡代表农工党中央在全国政协七届四次会议上作题为《大力发展科技和教育　为实现第二步战略目标而奋斗》的大会发言，指出要“树立‘科技兴国’的意识”和“坚持把教育放在优先发展的战略地位”，为国家确立“科教兴国”战略提供了参考。

3月20日　方荣欣参加中共中央统战部召开的各民主党派中央负责人会议研究换届问题。

3月28日　卢嘉锡参加中共中央召开的民主协商会。

4月4日　农工党十届七次中央常委（扩大）会议在北京召开。

4月21日至28日　农工党全国思想政治工作会议在四川乐山召开。

5月1日至15日　卢嘉锡率队赴广西开展考察咨询。

6月15日　方荣欣参加中共中央召开的征求对江泽民总书记“七一”讲话意见的座谈会。

6月18日至21日　农工党十届八次中央常委（扩大）会议在北京召开。会议通过《关于中央和省级组织换届工作的意见》《第十一次全国代表大会代表名额及产生办法》。

7月17日　卢嘉锡、方荣欣参加中共中央召开的党外人士座谈会。

8月2日至10日　农工党全国组织工作会议在北京召开。

8月26日　卢嘉锡、方荣欣参加中共中央召开的国际形势座谈会。

10 月 10 日　卢嘉锡、方荣欣参加中共中央召开的协商会。

11 月 29 日　卢嘉锡、方荣欣参加中共中央召开的党外人士情况通报会。

11 月 29 日　纪念邓演达烈士殉难 60 周年座谈会在北京召开。

12 月 2 日　方荣欣参加中共中央召开的党外人士情况通报会。

12 月 13 日　农工党十届九次中央常委会在北京召开。

12 月 14 日至 20 日　农工党十届四次中央全会在北京召开。

12 月 21 日　农工党第二届中央咨监委员会第四次会议在北京召开。

1992 年

1 月 7 日　卢嘉锡、方荣欣参加国务院召开的通报会。

1 月 9 日　方荣欣参加中共中央统战部召开的民主党派换届工作座谈会。

2 月 1 日　卢嘉锡参加中共中央召开的党外人士迎春座谈会。

2 月 17 日至 21 日　农工党省级组织主委座谈会在北京召开，卢嘉锡参加座谈会并讲话，中共中央统战部副部长刘延东到会讲话。

3 月 14 日　卢嘉锡、方荣欣参加中共中央召开的党外人士座谈会。

3 月 29 日　农工党十届十次中央常委会在北京召开。会议讨论修改党章，汇报换届工作中有关人事安排几个问题的意见等。

6 月 4 日至 10 日　卢嘉锡、方荣欣赴陕西省榆林地区考察。

6 月 20 日　卢嘉锡、方荣欣参加中共中央召开的党外人士情况通报会。

8 月 31 日至 9 月 4 日　农工党“三引进”工作经验交流会在福建福州召开。

9 月　卢嘉锡、方荣欣参加中共中央召开的党外人士座谈会。

10 月 27 日至 31 日　农工党十届十一次中央常委（扩大）会议在北京召开。会议任命宋金升为中央秘书长，通过《关于学习和贯彻中共十四大精神的决议》。

10月27日　卢嘉锡参加中共中央召开的党外人士座谈会。

12月1日　农工党十届十二次中央常委会在北京召开。

12月2日　农工党十届五次中央全会在北京召开。

12月2日　农工党第二届中央咨监委员会第五次会议在北京召开。

12月3日至8日　农工党第十一次全国代表大会在北京召开。会议通过第十届中央委员会的工作报告和新修订的党章，推举周谷城为农工党中央名誉主席，选举产生第十一届中央委员会和第三届中央咨监委员会。

12月9日　农工党十一届一次中央全会在北京召开。会议选举卢嘉锡为中央主席，方荣欣、姚峻、章师明、田光涛、杨烈宇、蒯天聪、陈灏珠、阎洪臣、宋金升、蒋正华为中央副主席；决定宋金升兼任中央秘书长。

12月9日　农工党第三届中央咨监委员会第一次会议在北京召开。会议推举沈其震为中央咨监委员会主席，郭秀仪、邓昊明、李洁之、梅日新为中央咨监委员会副主席，王大鲁为中央咨监委员会秘书长。

1993年

1月　农工党第十一届一次主席会议同意方荣欣继续担任中央常务副主席。

1月20日　方荣欣参加中共中央召开的党外人士迎春座谈会。

2月17日　卢嘉锡参加国务院召开的党外人士座谈会。

3月　在八届全国人大一次会议上，卢嘉锡当选为全国人大常委会副委员长。

3月　农工组向全国政协八届一次会议提交《尽快制定中医药法案》。

3月6日　卢嘉锡、方荣欣参加中共中央召开的民主协商会。

3月21日　农工党十一届一次中央常委会在北京召开。会议通过《关于学习贯彻全国人大全国政协八届一次会议精神的决议》等文件。

4月　卢嘉锡就开展爱国主义教育发表《知我中华爱我中华兴我中华》讲话。

6 月 29 日　方荣欣参加中共中央召开的党外人士座谈会。

7 月 20 日至 30 日　卢嘉锡率农工党中央考察咨询组赴内蒙古开展考察咨询，后于 8 月 21 日致信中共中央、国务院领导同志，对我国稀土工业的发展问题提出意见和建议。

8 月 18 日　卢嘉锡、方荣欣参加中共中央召开的党外人士情况通报会。

8 月 20 日至 21 日　卢嘉锡参加中共中央召开的党外人士座谈会。

8 月 22 日　卢嘉锡、方荣欣参加中共中央召开的党外人士座谈会。

10 月 12 日至 15 日　农工党十一届二次中央常委（扩大）会议在北京召开。会议研究贯彻执行《中共中央、国务院关于当前经济情况和加强宏观调控的意见》《中共中央、国务院关于反腐败斗争近期抓好几项工作的决定》的措施。

10 月 20 日　中共中央政治局常委、全国政协主席李瑞环走访农工党中央机关，并与农工党中央领导座谈。

11 月 14 日至 15 日　卢嘉锡、方荣欣参加中共中央召开的党外人士座谈会。

11 月 22 日　方荣欣参加国务院召开的党外人士座谈会。

12 月 15 日　农工党十一届三次中央常委会在北京召开。会议通过《中央主席会议工作规程》。

12 月 16 日至 19 日　农工党十一届二次中央全会在北京召开。

12 月　各民主党派工商联智力支边扶贫经验交流暨表彰会在北京召开，卢嘉锡参加闭幕会并讲话。

12 月 20 日　农工党中央工作座谈会在北京召开。

12 月 27 日　中共中央政治局常委、全国政协主席李瑞环视察农工党中央机关办公大楼。

1994 年

1 月 22 日　农工党中央机关迁入北京市东城区安定门外大街 55 号

新址。

3月20日　农工党十一届四次中央常委会在北京召开。会议通过《关于加强组织建设若干问题的决定》《关于学习贯彻全国人大全国政协八届二次会议精神的决议》。

4月4日至9日　农工党全国组织工作会议在浙江宁波召开。

6月8日　卢嘉锡参加国务院召开的党外人士座谈会。

7月16日至21日　农工党全国咨询工作会议在山东烟台召开。

8月5日至10日　农工党十一届五次中央常委（扩大）会议在辽宁大连召开。会议研究加强组织建设和提升参政议政水平问题。

8月29日　卢嘉锡、方荣欣参加中共中央召开的党外人士座谈会。

9月16日至21日　农工党全国宣传思想工作会议在湖北宜昌召开。

10月11日至15日　农工党联络工作经验交流会在四川成都召开。

12月9日至10日　农工党十一届六次中央常委会在北京召开。

12月11日至14日　农工党十一届三次中央全会在北京召开。

12月15日　卢嘉锡、方荣欣参加中共中央政治局常委、全国政协主席李瑞环召开的党外人士座谈会。

1995年

1月　农工党中央机关刊物《前进》改名为《前进论坛》发行。

2月16日　卢嘉锡、方荣欣参加国务院召开的党外人士座谈会。

3月1日　纪念邓演达先生诞辰100周年座谈会在北京召开。

3月12日　农工党十一届七次中央常委会在北京召开。会议通过《关于学习贯彻全国人大全国政协八届三次会议精神的决议》。

3月　卢嘉锡、方荣欣参加中共中央召开的民主协商会。

4月22日　卢嘉锡参加中共中央政治局常委、全国政协主席李瑞环召开的党外人士座谈会。

5月3日至5日　农工党全国妇女工作会议在北京召开。

5月3日　方荣欣参加中共中央召开的党外人士座谈会。

6月12日至16日　农工党后备干部队伍建设工作研讨会在北京召开。

7月4日至7日　农工党十一届八次中央常委会在北京召开。会议通过《关于加强后备干部队伍建设的决定》，研讨参政议政和民主监督工作。

8月9日　庆祝农工党成立65周年大会在北京召开。

8月31日　卢嘉锡、方荣欣参加中共中央召开的党外人士座谈会。

9月21日至23日　农工党全国社会力量办学经验交流会在浙江温州召开。

9月28日　方荣欣参加中共中央、国务院召开的党外人士座谈会。

12月8日　卢嘉锡、方荣欣参加中央经济工作会议精神通报会。

12月10日　农工党十一届九次中央常委会在北京召开。

12月11日至14日　农工党十一届四次中央全会在北京召开。会议补选李蒙为中央副主席。

1996年

2月9日　方荣欣参加国务院召开的党外人士座谈会。

2月27日　卢嘉锡、方荣欣参加中共中央政治局常委、全国政协主席李瑞环召开的党外人士协商会。

3月10日　农工党十一届十次中央常委会在北京召开。会议通过《关于学习贯彻全国人大全国政协八届四次会议精神的决议》。

3月　卢嘉锡、方荣欣参加中共中央召开的党外人士民主协商会。

4月6日　中国人民银行批复同意农工党中央成立“中国初级卫生保健基金会”。

4月14日至16日　农工党十一届十一次中央常委会在北京召开。会议通过《关于中央和省级组织换届工作的决定》。

4月18日至20日　农工党全国秘书长工作会议在北京召开。

5月3日至5日　农工党党刊党报工作会议在四川重庆召开。

6月18日　方荣欣参加中共中央召开的党外人士座谈会。

7 月 13 日至 16 日　农工党全国组织工作会议在湖南张家界召开。

9 月 13 日　卢嘉锡参加中共中央召开的党外人士座谈会。

9 月 19 日　卢嘉锡与贵州省领导座谈扶贫工作。

9 月 20 日至 24 日　农工党中央定点扶贫工作会议在贵州省贵阳市和大方县召开。

10 月 15 日至 17 日　农工党十一届十二次中央常委会在北京召开。会议通过《第十二次全国代表大会代表名额及产生办法》《关于学习和贯彻中共十四届六中全会精神的决议》等制度和文件。

11 月 7 日至 9 日　各民主党派、工商联为两个文明建设服务经验交流会在北京召开。方荣欣参加会议。

11 月 10 日　周谷城在上海逝世。

12 月 9 日　农工党十一届十三次中央常委会在北京召开。

12 月 10 日至 13 日　农工党十一届五次中央全会在北京召开。会议通过《关于授权第十一届中央常务委员会增选中央委员的决议》《关于召开第十二次全国代表大会的决议》等决议文件。

12 月 30 日　民政部批准农工党中央主办的"中国初级卫生保健基金会"成立。

1997 年

2 月 17 日　卢嘉锡、方荣欣参加国务院召开的党外人士座谈会。

3 月 9 日　农工党十一届十四次中央常委会在北京召开。会议通过《关于学习贯彻全国人大、全国政协八届五次会议精神的决议》等决议文件。

3 月 25 日　卢嘉锡参加国务院召开的党外人士座谈会。

6 月 20 日　中国初级卫生保健基金会在人民大会堂召开成立大会。

6 月 21 日　各民主党派中央、全国工商联喜迎香港回归座谈会在人民大会堂召开。卢嘉锡作书面发言。

6 月 30 日至 7 月 1 日　方荣欣作为中国代表团成员，在香港会议展览中心参加香港政权交接仪式。

7 月 14 日至 17 日　农工党全国宣传工作会议（南方片区）在福建福州、厦门召开。

8 月 1 日　卢嘉锡、方荣欣参加中共中央召开的党外人士座谈会。

9 月 19 日至 22 日　农工党十一届十五次中央常委会在北京召开。会议通过《关于学习和贯彻中国共产党第十五次全国代表大会精神的决议》。

10 月 13 日至 16 日　农工党十一届十六次中央常委会在北京召开。

10 月 26 日　农工党十一届六次中央全会在北京召开。会议通过《关于第三届中央咨监委员会工作报告的决议》。

10 月 27 日至 11 月 1 日　农工党第十二次全国代表大会在北京召开。会议通过第十一届中央委员会的工作报告和新修订的党章，选举产生第十二届中央委员会，推举卢嘉锡为中央委员会名誉主席。

10 月 31 日　农工党十二届一次中央全会在北京召开。会议选举蒋正华为中央主席，姚峻、章师明、陈灏珠、阎洪臣、宋金升、李蒙、朱兆良、陈建生、陈宗兴、张大宁为中央副主席；推举方荣欣、田光涛、翦天聪、郭秀仪为中央委员会名誉副主席。

11 月 14 日　方荣欣参加中共中央召开党外人士座谈会。

12 月 19 日至 20 日　方荣欣在深圳参加各民主党派中央、全国工商联京九沿线经济合作和社会发展研讨会。

12 月 23 日　蒋正华、卢嘉锡、方荣欣参加中共中央召开的党外人士座谈会。

12 月 24 日至 26 日　农工党参政议政工作会议在北京召开。

1998 年

2 月 6 日　蒋正华参加国务院召开的党外人士座谈会。

2 月 26 日　蒋正华、卢嘉锡参加中共中央召开的民主协商会。

3 月　在九届全国人大一次会议上，蒋正华当选为全国人大常委会副委员长；在全国政协九届一次会议上，卢嘉锡当选为全国政协副主席。

3 月 8 日　农工党十二届一次中央常委会在北京召开。会议通过《关于学习贯彻全国人大全国政协九届一次会议精神的决议》。

3 月 15 日　蒋正华参加中共中央召开的中央计划生育和环境保护工作座谈会。

5 月 12 日至 15 日　农工党全国宣传思想工作会议在浙江宁波召开。

5 月 27 日　蒋正华在中共中央统战部参加党外人士座谈会。

6 月 11 日至 13 日　农工党全国咨询服务工作研讨会在湖南长沙召开。

7 月 5 日至 7 日　农工党十二届二次中央常委会在北京召开。会议通过《关于组建新一届中央专门工作委员会的决定》。

8 月 18 日至 20 日　农工党中央政治交接工作研讨会在北京召开。

9 月 22 日　各民主党派中央在人民大会堂召开响应中共“五一口号”50 周年纪念座谈会。蒋正华作书面发言。

9 月 23 日至 25 日　农工党参政议政工作研讨会在重庆召开。

9 月 24 日　农工党中央与中共重庆市委签署《加强协作座谈会议纪要》。

10 月 5 日至 7 日　蒋正华参加各民主党派中央领导人赴河北省平山县西柏坡的参观学习活动。

10 月 10 日至 12 日　农工党全国组织工作会议在山东淄博召开。

10 月 24 日　农工党十二届中央专门工作委员会成立大会在北京召开。

11 月 21 日　农工党十二届三次中央常委会在北京召开。会议通过《关于表彰支援抗洪抢险救灾工作先进集体和先进个人的决定》。

11 月 22 日至 25 日　农工党十二届二次中央全会在北京召开。会议通过《关于进一步搞好政治交接，加强自身建设的意见》。

12 月 21 日　蒋正华、卢嘉锡参加中共中央召开的党外人士座谈会。

1999 年

1 月下旬　蒋正华、卢嘉锡参加中共中央召开的党外人士座谈会。

2月3日　蒋正华、卢嘉锡参加国务院召开的党外人士座谈会。

3月2日　农工党十二届四次中央常委会在北京召开。会议通过《关于学习贯彻全国人大全国政协九届二次会议精神的决议》。

5月10日　国务院副总理钱其琛、中共中央统战部部长王兆国与各民主党派中央、全国工商联负责人及无党派代表人士，就"响应江泽民主席八项主张，推动两岸政治谈判、经济合作和'三通'考察活动"举行座谈。蒋正华参加。

6月7日至10日　农工党全国宣传思想工作会议在云南昆明召开。

6月7日至12日　农工党全党办医办学经验交流会在安徽合肥召开。

6月27日至30日　农工党十二届五次中央常委（扩大）会议在北京召开。会议通过《中央领导班子议事决策规则》《中央领导班子成员考核暂行规定》等制度文件。

7月15日至8月4日　蒋正华在甘肃、宁夏、内蒙古考察环保工作和农工党党务工作。

8月20日　蒋正华参加中共中央召开的党外人士座谈会。

9月3日至10日　以蒋正华为团长的农工党中央长江上游水质污染整治情况考察团，赴重庆、湖北等地开展考察调研。

12月1日　蒋正华参加中共中央召开的党外人士座谈会。

12月6日　农工党十二届六次中央常委会在北京召开。

12月7日至10日　农工党十二届三次中央全会在北京召开。会议增选左焕琛为中央副主席。

12月19日至20日　蒋正华作为中央代表团成员，赴澳门参加澳门回归祖国政权交接仪式、澳门特别行政区政府成立及特区政府官员宣誓就职大会。

12月27日　中共中央统战部和各民主党派中央在人民大会堂召开"坚持多党合作，走向新的世纪"座谈会，纪念中国共产党领导的多党合作和政治协商制度创立50周年。蒋正华参加。

2000 年

3 月 1 日　蒋正华参加国务院召开的“保护和合理利用国土资源”考察情况座谈会。

3 月 10 日　农工党十二届七次中央常委会在北京召开。会议通过《关于学习贯彻全国人大全国政协九届三次会议精神的决议》。

3 月　农工党十二届十五次主席会议决定李蒙为中央常务副主席。

3 月　章师明向全国政协九届三次会议提交《关于我国加入 WTO 后对现行企业审批和许可管理法律制度的影响与对策案》。

5 月 27 日至 31 日　农工党全国组织建设工作会议在江西南昌召开。

6 月 4 日至 21 日　蒋正华、李蒙参加由中共中央统战部组织的西部大开发考察团，赴西藏考察经济和社会发展情况。

7 月 12 日至 27 日　中共中央统战部组织以蒋正华为团长的西部大开发考察团赴甘肃、青海考察。

8 月 9 日至 11 日　农工党十二届八次中央常委会在北京召开。会议通过《关于加强思想建设的若干意见》《关于积极参与西部大开发的决议》《组织发展工作规程》《基层组织工作条例》《中央专门工作委员会工作规程》。

8 月 11 日　农工党成立 70 周年纪念大会在人民大会堂召开。

9 月 1 日　蒋正华、李蒙参加中共中央召开的党外人士座谈会。

9 月 14 日至 18 日　农工党全国宣传思想工作会议在贵州省贵阳市召开。

9 月 15 日　蒋正华参加中共中央召开的党外人士座谈会，代表农工党中央提出加强西藏等边远地区广播电视工作的建议。中共中央领导同志对此建议高度重视，并作重要批示。之后，国家先后投入几十亿元，启动实施西藏、新疆等边远地区广播覆盖工程（简称“西新工程”）。

12 月 10 日　农工党十二届九次中央常委会在北京召开。会议通过《关于 2002 年中央和省级组织换届工作的决定》《关于撤销中央党史研究委员会的决定》等决议文件。

12 月 11 日至 14 日　农工党十二届四次中央全会在北京召开。会议增选桑国卫为中央副主席。

2001 年

2 月 5 日　蒋正华、李蒙参加国务院召开的党外人士座谈会。

3 月 9 日　农工党十二届十次中央常委会在北京召开。会议通过《关于学习贯彻九届全国人大四次会议和全国政协九届四次会议精神的决议》。

5 月 10 日　蒋正华、李蒙参加国务院召开的党外人士座谈会。

6 月 4 日　卢嘉锡在福建福州逝世。

6 月 5 日至 13 日　农工党全国思想政治工作会议暨宣传部部长培训班在宁夏银川召开。

7 月 9 日至 12 日　农工党十二届十一次中央常委（扩大）会议在浙江杭州召开。会议通过《第十三次全国代表大会代表名额及产生办法》《第十三届中央委员会委员候选人提名办法》。

8 月 22 日　李蒙参加中共中央召开的党外人士座谈会。

9 月 2 日至 5 日　蒋正华、李蒙赴重庆考察三峡库区库底清理工作。

11 月 25 日　农工党十二届十二次中央常委会在北京召开。

11 月 26 日至 28 日　农工党十二届五次中央全会在北京召开。会议通过《关于召开第十三次全国代表大会的决议》等决议文件。

11 月 27 日　纪念邓演达烈士殉难 70 周年座谈会在北京召开。

12 月 17 日　蒋正华参加中共中央召开的党外人士座谈会。

2002 年

1 月 31 日　蒋正华参加国务院召开的党外人士座谈会。

3 月 10 日　农工党十二届十三次中央常委会在北京召开。会议通过《关于学习贯彻九届全国人大五次会议和全国政协九届五次会议精神的决议》《关于成立中央换届筹备机构的决定》。

7月16日至18日　农工党十二届十四次中央常委会在北京召开。会议通过《关于认真学习领会江泽民同志“5·31”重要讲话精神的决议》。

8月14日至17日　农工党全国社会服务工作会议在内蒙古呼和浩特召开。

9月17日　蒋正华、李蒙参加中共中央召开的党外人士座谈会。

10月10日至11日　农工党宣传部部长暨党刊工作会议在北京召开。

10月21日至23日　农工党全国秘书长暨办公室主任会议在北京召开。

12月2日　农工党十二届十五次中央常委会在北京召开。

12月3日　农工党十二届六次中央全会在北京召开。

12月4日至8日　农工党第十三次全国代表大会在北京召开。会议通过第十二届中央委员会的工作报告和新修订的党章，选举产生第十三届中央委员会。

12月8日　农工党十三届一次中央全会在北京召开。会议选举蒋正华为中央主席，李蒙、阎洪臣、宋金升、朱兆良、陈建生、陈宗兴、张大宁、左焕琛、桑国卫、王宁为中央副主席；推举方荣欣、姚峻、章师明、田光涛、翦天聪、郭秀仪为中央名誉副主席。同日，十三届一次主席会议推举李蒙为中央常务副主席。

12月9日　中共中央政治局常委贾庆林接见新当选的农工党中央领导班子成员。

12月27日　中共中央总书记胡锦涛走访农工党中央机关，与农工党中央领导班子座谈。中共中央政治局常委贾庆林、曾庆红参加。

2003年

2月12日　蒋正华、李蒙参加国务院召开的党外人士座谈会。

2月26日　蒋正华、李蒙参加中共中央召开的党外人士民主协商会。

3月　在全国人大十届一次会议上，蒋正华当选为全国人大常委会副委员长；在全国政协十届一次会议上，李蒙当选为全国政协副主席。

3月8日　农工党十三届二次中央常委会在北京召开。会议通过《关于学习贯彻十届全国人大一次会议和全国政协十届一次会议精神的决议》等决议文件。

4月11日　蒋正华、李蒙参加党外人士座谈会。

5月7日　各民主党派中央、全国工商联负责人和统一战线各界人士，到北京慰问抗击"非典"斗争一线的干部群众和医务人员。

7月13日至15日　农工党十三届三次中央常委会在北京召开。会议通过《关于表彰抗击非典型性肺炎斗争先进党员和先进集体的决定》。

8月26日、28日　蒋正华、李蒙参加中共中央召开的党外人士座谈会。

9月15日至18日　农工党全国宣传思想工作会议在河南郑州召开。

10月8日　农工党抗击"非典"先进表彰大会在北京农工党中央机关召开。

10月23日　李蒙参加国务院召开的党外人士座谈会。

10月23日至25日　李蒙赴重庆考察三峡库区二期移民后期扶持和三期移民工作。

12月12日　农工党十三届四次中央常委会在北京召开。会议通过《中央专门工作委员会工作规程》。

12月12日至15日　农工党十三届二次中央全会在北京召开。会议通过《关于同意宋金升同志辞去第十三届中央委员会副主席等职务的决定》等决议文件。

2004年

2月5日　蒋正华、李蒙参加国务院召开的党外人士座谈会。

3月6日　农工党十三届五次中央常委会在北京召开。会议通过《关于学习贯彻十届全国人大二次会议和全国政协十届二次会议精神的通知》。

6月4日至6日　农工党全国理论建设工作会议在北京召开。

6月9日至18日　蒋正华率团赴黑龙江考察资源型城市现状及转型

发展问题。

6月17日　农工党中央与中共黑龙江省委、省政府签署《关于加强协作的座谈会纪要》。

7月2日至4日　农工党十三届六次中央常委会在辽宁大连召开。会议通过《关于加强参政党理论建设的意见》《关于加强参政议政工作的意见》。

7月10日至11日　农工党中央参政议政工作会议在北京召开。

7月19日　李蒙参加中共中央召开的党外人士座谈会。

8月18日　蒋正华、李蒙参加中共中央召开的党外人士座谈会。

9月20日至24日　农工党全国定点帮扶乡镇卫生院工作会议在四川成都召开。

9月25日至30日　农工党全国宣传部部长培训班暨党刊工作会议在山西忻州召开。

10月18日至21日　农工党全国组织工作会议在云南昆明召开。

11月8日、29日　蒋正华、李蒙参加中共中央召开的党外人士座谈会。

11月9日至11日　农工党全国机关建设工作会议在北京召开。

11月26日　农工党中央网站开通试运行。

12月9日　农工党十三届七次中央常委会在北京召开。会议通过《组织发展工作规程》《基层组织工作条例》《党费交纳标准、管理和使用的规定》。

12月10日至11日　农工党十三届三次中央全会在北京召开。

2005年

2月1日　蒋正华、李蒙参加国务院召开的党外人士座谈会。

2月17日、25日　蒋正华参加全国政协召开的民主协商会。

3月9日　农工党十三届八次中央常委会在北京召开。会议通过《关于学习贯彻十届全国人大三次会议和全国政协十届三次会议精神的通知》。

3 月　农工党党员姚守拙向全国政协十届三次会议提交《关于建立武陵山民族地区区域经济合作机制的提案》。

4 月 12 日至 15 日　农工党全国社会服务工作会议在重庆召开。

5 月 12 日　李蒙参加国务院召开的党外人士座谈会。

5 月 30 日　农工党全国社情民意信息工作会议在北京召开。

6 月 13 日至 19 日　蒋正华、李蒙率考察团赴江西调研新型农村合作医疗制度试点情况。

7 月 2 日至 4 日　农工党十三届九次中央常委会在北京召开。会议研究、交流组织建设工作。

7 月 26 日、8 月 16 日、11 月 22 日　蒋正华、李蒙参加中共中央召开的党外人士座谈会。

9 月 14 日至 15 日　农工党全国智力支边扶贫工作会议在山东泰安召开。

10 月 14 日至 16 日　农工党全国宣传思想工作会议在福建厦门召开。

10 月 18 日至 19 日　农工党中央主办的国家医药卫生体制改革研讨会在北京召开。

12 月 2 日　农工党十三届十次中央常委会在北京召开。会议通过《关于补选中央委员会副主席的决定》。

12 月 2 日至 5 日　农工党十三届四次中央全会在北京召开。会议同意朱兆良辞去中央副主席等职务，补选陈勋儒为中央副主席。

2006 年

2 月 10 日　李蒙参加国务院召开的党外人士座谈会。

3 月 7 日　农工党十三届十一次中央常委会在北京召开。会议通过《关于学习贯彻十届全国人大四次会议和全国政协十届四次会议精神的通知》。

5 月 29 日至 31 日　农工党全国组织工作会议在陕西西安召开。

6月1日至6日　蒋正华、李蒙率考察团赴四川调研优化医疗执业环境。

6月6日　蒋正华参加中共中央召开的党外人士座谈会。

6月9日　蒋正华、李蒙参加中共中央召开的党外人士座谈会。

7月8日至10日　农工党十三届十二次中央常务会议在山西太原召开。会议通过《关于省级委员会换届工作的意见》，研究进一步为构建和谐社会、完善医疗卫生体制、建设社会主义新农村作贡献问题。

7月21日、8月14日　蒋正华、李蒙参加中共中央召开的党外人士座谈会。

9月9日至12日　农工党宣传工作暨党刊工作会议在吉林长春召开。

9月20日　中共中央统战部和各民主党派中央、全国工商联在人民大会堂联合召开各民主党派中央、全国工商联、无党派代表人士为全面建设小康社会作贡献经验交流暨表彰大会。

9月27日至31日　农工党秘书长和办公室主任工作座谈会在重庆召开。

11月13日　蒋正华、李蒙参加中共中央召开的党外人士座谈会。

12月8日　农工党十三届十三次中央常务会议在北京召开。会议通过《第十四次全国代表大会代表名额及产生办法》。

12月9日至11日　农工党十三届五次中央全会在北京召开。会议通过《关于召开第十四次全国代表大会的决议》，补选汪纪戎为中央副主席。

2007年

1月5日、2月1日　蒋正华、李蒙参加国务院召开的党外人士座谈会。

3月10日　农工党十三届十四次中央常务会议在北京召开。会议通过《关于学习贯彻十届全国人大五次会议和全国政协十届五次会议精神的通知》。

5月30日至6月5日　农工党中央在海南就“海洋经济”进行考察。

7月8日至13日　农工党十三届十五次中央常委会在黑龙江哈尔滨召开。会议部署开展政治交接学习教育活动，通报省级委员会换届情况等。

7月25日、27日　蒋正华、李蒙参加中共中央召开的党外人士座谈会。

10月30日至31日　农工党十三届十六次中央常委会在北京召开。会议通过《关于学习宣传贯彻中共十七大精神的决议》《关于2007年中央换届工作的决定》。

11月23日　蒋正华、李蒙参加中共中央召开的党外人士座谈会。

12月10日　农工党十三届十七次中央常务会议在北京召开。

12月10日　农工党十三届六次中央全会在北京召开。

12月11日至15日　农工党第十四次全国代表大会在北京召开。会议通过第十三届中央委员会的工作报告和新修订的党章，选举产生第十四届中央委员会。

12月15日　农工党十四届一次中央全会在北京召开。会议选举桑国卫为中央主席，陈宗兴、张大宁、王宁生、陈勋儒、汪纪戎、刘晓峰、陈述涛、何维、姚建年、杨震为中央副主席。同日，十四届一次主席会议推举陈宗兴为中央常务副主席。

12月16日　中共中央政治局常委、全国政协主席贾庆林接见农工党十三届、十四届中央领导班子成员。

12月24日　蒋正华、李蒙、桑国卫、陈宗兴参加中共中央召开的各民主党派中央、全国工商联新老主要领导人座谈会。

2008年

1月24日　桑国卫、陈宗兴参加国务院召开的党外人士座谈会。

1月26日至30日　桑国卫率调研组赴贵州就“加强贫困地区农村卫生室建设”等开展调研。

2月27日　桑国卫、蒋正华、李蒙、陈宗兴参加中共中央召开的民主协商会。

3月　在十一届全国人大一次会议上，桑国卫当选为全国人大常委会副委员长；在全国政协十一届一次会议上，陈宗兴当选为全国政协副主席。

3月12日　农工党十四届二次中央常委会在北京召开。会议通过《关于认真学习贯彻十一届全国人大一次会议和全国政协十一届一次会议精神的通知》《中央专门工作委员会工作规则修正案》和中央专委会设置及主任人选建议名单。

5月4日　农工党中央纪念中共中央发布“五一口号”60周年座谈会在北京召开。

5月29日至31日　中共中央政治局常委、全国政协主席贾庆林赴四川地震灾区慰问，桑国卫随同参加。

6月2日　农工党支援地震灾区重建工作座谈会在中央机关召开。

6月30日至7月1日　农工党十四届三次中央常委会在北京召开。会议通过《中央常务委员会会议规程》《中央主席会议规程》。

7月8日至10日　农工党中央参政议政工作会议在北京召开。

7月21日、8月21日　桑国卫、陈宗兴参加中共中央召开的党外人士座谈会。

10月13日至15日　农工党全国宣传思想工作会议在江西南昌召开。

10月20日至22日　农工党全党社情民意信息工作会议在福州召开。

11月21日　桑国卫、陈宗兴参加中共中央政治局常委、全国政协主席贾庆林主持召开的党外人士座谈会。

11月24日至28日　农工党全国组织部部长工作会议在四川成都召开。

11月28日　桑国卫、陈宗兴参加中共中央召开的党外人士座谈会。

12月2日至6日　农工党全国社会服务工作会议在福建泉州召开。

12月13日　农工党十四届四次中央常委会在北京召开。会议通过《党内监督条例（试行）》《关于加强思想政治建设的意见》。

12月14日至16日　农工党十四届二次中央全会在北京召开。会议通过《中央监督委员会组成人员名单》，决定表彰政治交接学习教育活动先进集体以及抗震救灾先进集体和优秀党员。

2009年

2月9日　桑国卫参加国务院召开的党外人士座谈会。

3月10日　农工党中央监督委员会第一次全体会议在北京召开。

3月11日　农工党十四届五次中央常委会在中央机关召开。会议通过《关于认真学习贯彻十一届全国人大二次会议和全国政协十一届二次会议精神的通知》。

4月5日至12日　桑国卫赴江苏、上海、重庆调研推动基层医疗卫生服务机构装备技术改造，拉动内需，促进医疗器械产业发展问题。

5月11日　农工党全国秘书长和办公室主任工作座谈会在湖北武汉召开。

5月18日至20日　农工党全国组织工作会议在广东惠州召开。

7月6日至10日　农工党十四届六次中央常委会在重庆召开。会议通过《关于进一步做好组织发展工作的若干意见》。

7月15日至20日　农工党中央在浙江就“公立医院改革”进行考察。

7月21日、8月11日　桑国卫、陈宗兴参加中共中央召开的党外人士座谈会。

10月16日至17日　农工党全国宣传工作会议在天津召开。

10月19日至21日　农工党全国副省级城市工作联席会议在山东青岛召开。

11月24日　桑国卫、陈宗兴参加中共中央召开的党外人士座谈会。

12月11日　农工党十四届七次中央常委会在北京召开。

12月11日　农工党中央监督委员会第二次全体会议在北京召开。

12月11日至12日　农工党十四届三次中央全会在北京召开。

2010 年

1 月 27 日　桑国卫参加中共中央政治局常委、全国政协主席贾庆林主持召开的民主协商会。

1 月 29 日　桑国卫、陈宗兴参加国务院召开的党外人士座谈会。

3 月 10 日　农工党十四届八次中央常委会在中央机关召开。会议通过《关于认真学习贯彻十一届全国人大三次会议和全国政协十一届三次会议精神的通知》等。

3 月 10 日　农工党中央监督委员会第三次全体会议在中央机关召开。

6 月 12 日至 13 日　农工党十四届九次中央常委会在上海召开。会议结合纪念建党 80 周年，交流树立和践行社会主义核心价值体系的情况。

7 月 20 日　桑国卫、陈宗兴参加中共中央召开的党外人士座谈会。

7 月至 8 月　桑国卫率调研组赴河南、山东调研国家基本药物制度基层试点情况。

8 月 9 日　纪念农工党成立 80 周年大会在北京人民大会堂召开。

8 月 16 日　桑国卫、陈宗兴参加中共中央召开的党外人士座谈会。

8 月 17 日至 19 日　农工党全国社会服务工作会议在吉林延吉召开。

9 月 26 日至 29 日　农工党全国副省级城市工作联席会在福建厦门召开。

10 月 22 日至 26 日　农工党省级组织部长工作会议在河南郑州召开。

11 月 6 日至 9 日　农工党办公室主任工作座谈会在陕西西安召开。

11 月 30 日　桑国卫、陈宗兴参加中共中央召开的党外人士座谈会。

12 月 10 日　农工党十四届十次中央常委会在北京召开。

12 月 10 日　农工党中央监督委员会第四次全体会议在北京召开。

12 月 11 日至 12 日　农工党十四届四次中央全会在北京召开。

2011 年

1 月 21 日　桑国卫、陈宗兴参加国务院召开的党外人士座谈会。

3 月 9 日　农工党十四届十一次中央常委会在中央机关召开。会议通过《关于认真学习贯彻十一届全国人大四次会议和全国政协十一届四次会议精神的通知》。

5月27日　桑国卫在贵阳参加“贵州毕节贫困山区同心助医工程”启动仪式。

6月1日至4日　农工党反映社情民意信息工作会议在四川成都召开。

6月6日至10日　桑国卫、陈宗兴率团赴江苏南京、扬州、苏州等地，开展“加强土壤环境保护，保障人民身体健康”大考察。

7月1日　桑国卫、陈宗兴参加中共中央庆祝中国共产党成立90周年大会。

7月9日至10日　农工党十四届十二次中央常委会在北京召开。会议通过《关于做好2011—2012年省级组织和中央换届工作的意见》。

7月21日、8月17日　桑国卫、陈宗兴参加中共中央召开的党外人士座谈会。

9月1日至3日　农工党全国组织部长工作会议在天津召开。

9月27日至28日　农工党全国宣传工作会议在哈尔滨召开。

11月9日至13日　农工党全国办公室主任工作座谈会在浙江杭州召开。

11月22日至26日　农工党中央参政议政工作会议在海南海口召开。

11月30日　桑国卫、陈宗兴参加各民主党派、工商联、无党派代表人士“为全面建设小康社会作贡献”表彰大会召开。

12月5日　桑国卫、陈宗兴参加中共中央召开的党外人士座谈会。

12月9日　农工党十四届十三次中央常委会在北京召开。会议通过《第十五次全国代表大会代表名额分配及产生办法》《关于加强宣传工作的意见》。

12月9日　农工党中央监督委员会第五次全体会议在北京召开。

12月10日至11日　农工党十四届五次中央全会在北京召开。会议通过《关于召开第十五次全国代表大会的决议》。

2012 年

2 月 9 日　桑国卫、陈宗兴参加国务院召开的党外人士座谈会。

3 月 9 日　农工党十四届十四次中央常委会在北京召开。会议通过《关于认真学习贯彻十一届全国人大五次会议和全国政协十一届五次会议精神的通知》。

6 月 4 日至 8 日　桑国卫率团在湖北开展“积极推进县级公立医院改革发展”大考察。

7 月 7 日至 10 日　农工党反映社情民意信息工作交流会在宁夏银川召开。

7 月 14 日至 15 日　农工党十四届十五次中央常委会在北京召开。会议通过《第十五届中央委员会委员名额分配及提名办法》。

7 月 26 日、9 月 3 日　桑国卫、陈宗兴参加中共中央召开的党外人士座谈会。

9 月 17 日至 19 日　农工党全国宣传部长会议在陕西西安召开。

10 月 9 日至 12 日　农工党中央参政议政会议在四川西昌召开。

10 月 16 日　农工党十四届十六次中央常委会在北京召开。会议对中央换届有关工作进行部署。

10 月 28 日　农工党十四届十七次中央常委会在北京召开。

10 月 28 日　农工党十四届六次中央全会在北京召开。会议增选陈竺为中央副主席。

11 月 30 日　桑国卫、陈宗兴参加中共中央召开的党外人士座谈会。

12 月 5 日　农工党十四届十八次中央常委会在北京召开。

12 月 5 日　农工党十四届七次中央全会在北京召开。

12 月 6 日至 10 日　农工党第十五次全国代表大会在北京召开。会议通过第十四届中央委员会的工作报告和党章修正案，选举产生第十五届中央委员会。

12 月 10 日　农工党十五届一次中央全会在北京召开。会议选举陈竺为中央主席，刘晓峰、陈述涛、何维、姚建年、杨震、朱静芝、蔡威、龚建明、谢庆生为中央副主席；通过刘晓峰为中央监督委员会主任。同日，十五届一次中央主席会议决定刘晓峰为中央常务副主席。

12 月 10 日　农工党十五届中央监督委员会第一次全体会议在北京召开。

12 月 24 日　中共中央总书记习近平走访农工党中央机关，并与农工党中央领导座谈。中共中央政治局常委俞正声等参加。

2013 年

1 月 25 日　陈竺、刘晓峰参加国务院召开的党外人士座谈会。

2 月 17 日　陈竺、刘晓峰参加中共中央组织部、中共中央统战部召开的民主协商会。

2 月 28 日　陈竺、桑国卫、刘晓峰、陈宗兴参加中共中央召开的民主协商会。

3 月　在十二届全国人大一次会议上，陈竺当选为全国人大常委会副委员长；在全国政协十一届一次会议上，刘晓峰当选为全国政协副主席。

3 月　农工党中央向全国政协十二届一次会议提交《关于积极应对区域灰霾污染的有关工作的提案》；何维代表农工党中央在全国政协十二届一次会议上作题为《应对灰霾污染，净化祖国天空，维护人民健康权益》的大会发言，产生积极反响。

3 月 10 日　农工党十五届二次中央常委（扩大）会议在北京召开。会议通过《关于认真学习贯彻十二届全国人大一次会议和全国政协十二届一次会议精神的通知》《中央工作规则（试行）》《中央专门工作委员会工作条例》等决议文件。

5 月 2 日　陈竺参加中共中央统战部召开的党外人士座谈会。

5 月 11 日至 12 日　第十五届中央专门工作委员会成立大会暨培训工作会议在北京召开。

5 月 27 日至 30 日　陈竺率调研组在上海、江苏开展“动员社会力量促进健康服务业发展，有效拉动内需、保障民生”重点考察调研。

5月31日　陈竺、刘晓峰参加中共中央统战部召开的党外人士座谈会。

7月5日至6日　农工党十五届三次中央常委会在北京召开。

7月25日　陈竺、刘晓峰参加中共中央召开的党外人士座谈会。

8月8日至10日　农工党全国社情民意信息工作及培训会议在内蒙古满洲里召开。

9月4日至5日　农工党全国机关建设工作会议在贵州贵阳召开。

9月17日　陈竺、刘晓峰参加中共中央召开的党外人士座谈会。

9月24日至26日　农工党全国社会服务工作会议在重庆合川召开。

10月11日至12日　农工党全国宣传思想工作会议在海南海口召开。

10月14日至18日　农工党省级组织部长工作会议在广西南宁召开。

11月5日至7日　农工党党史研究工作研讨会在四川成都召开。

11月11日至13日　农工党组织工作研讨会在辽宁丹东召开。

11月22日　陈竺参加中共中央召开的党外人士座谈会。

12月11日　农工党纪念“福建事变”80周年座谈会在福建福州召开。

12月11日至12日　农工党全国参政议政工作会议在福建厦门召开。

12月12日　农工党十五届中央监督委员会第二次全体会议在福建福州召开。

12月13日　农工党十五届四次中央常委会在福建福州召开。

12月13日至15日　农工党十五届二次中央全会在福建福州召开。会议通过《关于认真学习贯彻中共十八届三中全会精神的决议》《关于在全党开展坚持和发展中国特色社会主义学习实践活动的决定》等，决定龚建明任第十五届中央监督委员会副主任。

2014年

2月10日　刘晓峰参加国务院召开的党外人士座谈会。

2月21日　陈竺、刘晓峰参加中共中央统战部召开的党外人士座谈会。

3月9日　农工党十五届五次中央常委会在北京召开。会议通过《关于认真学习贯彻十二届全国人大二次会议和全国政协十二届二次会议精神的通知》《组织发展工作规程》《基层组织工作条例》《关于做好2014—2017年省级组织领导班子后备干部队伍建设工作的意见》《关于加强社会服务工作的指导意见》等制度和文件。

3月21日至22日　农工党宣传部长会议在广东湛江召开。

4月15日　中国农工民主党微信公众号开通。

5月5日至12日　陈竺率调研组在浙江、山东开展“卫生立法推动医药卫生体制改革”重点考察调研。

5月13日至14日　农工党坚持和发展中国特色社会主义学习实践活动情况交流会在河南郑州召开。

6月19日至22日　农工党十五届六次中央常委会在山东济南召开。会议通过《开展坚持和发展中国特色社会主义学习实践活动2013—2017年工作规划》。

7月29日、8月19日　陈竺、刘晓峰参加中共中央召开的党外人士座谈会。

11月2日至4日　农工党十五届七次中央常委会在湖北宜昌召开。会议研讨实施“人才强党”战略举措，通过《关于认真学习贯彻中共十八届四中全会精神的决议》等决议文件。

12月1日　陈竺、刘晓峰参加中共中央召开的党外人士座谈会。

12月18日　农工党十五届八次中央常委会在北京召开。

12月18日至20日　农工党十五届三次中央全会在北京召开。

2015年

1月7日至8日　农工党全国组织工作会议在湖南郴州召开。

1月13日　中共中央政治局委员、中央统战部部长孙春兰一行走访农工党中央机关。

1月16日至18日　陈竺率调研组在福建厦门、江苏扬州开展“公立医院改革”调研。

1 月 27 日　陈竺、刘晓峰参加国务院召开的党外人士座谈会。

3 月 10 日　农工党十五届九次中央常委会在北京召开。会议通过《关于学习贯彻十二届全国人大三次会议和全国政协十二届三次会议精神的通知》。

3 月　农工党中央向全国政协十二届三次会议提交《关于推进国家医疗保障管理体制改革的提案》。

5 月 19 日至 24 日　陈竺、刘晓峰率调研组在江苏、河北开展“水污染防治与水资源利用”重点考察调研。

6 月 12 日至 13 日　农工党十五届十次中央常委会在河北唐山召开。会议研讨如何推动京津冀协同发展，通过《关于认真学习贯彻中共中央统战工作会议和〈中国共产党统一战线工作条例（试行）〉精神的决定》。

6 月 11 日　农工党中央与中共河北省委、河北省政府签署《战略合作框架协议》。

7 月 24 日、8 月 21 日　陈竺、刘晓峰参加中共中央召开的党外人士座谈会。

8 月 21 日　陈竺、刘晓峰参加中共中央政治局常委、全国政协主席俞正声主持召开的调研协商座谈会。

9 月 16 日至 18 日　农工党十五届十一次中央常委会在上海召开。会议研讨服务“一带一路”倡议，结合纪念农工党成立 85 周年开展优良传统教育等工作。

10 月 28 日　农工党成立 85 周年暨邓演达先生诞辰 120 周年纪念活动在广东惠州举行。

10 月 30 日　纪念卢嘉锡同志诞辰 100 周年座谈会在北京召开。

11 月 5 日至 6 日　农工党宣传部长会议在四川遂宁召开。

12 月 10 日　刘晓峰参加中共中央召开的党外人士座谈会。

12 月 14 日　农工党十五届十二次中央常委会在北京召开。

12 月 15 日至 17 日　农工党十五届四次中央全会在北京召开。会议通过《关于认真学习贯彻中共十八届五中全会精神的决议》。

2016 年

1 月 25 日　陈竺、刘晓峰参加国务院召开的党外人士座谈会。

3 月 11 日　农工党十五届十三次中央常委会在北京召开。会议通过《关于认真学习贯彻十二届全国人大四次会议和全国政协十二届四次会议精神的通知》。

3 月 18 日　陈竺参加中共中央统战部召开的党外人士座谈会。

3 月 23 日至 24 日　全国党务工作会议在北京召开。

4 月 11 日至 15 日　陈竺率调研组在上海、安徽，开展“通过‘三医联动’促进公立医院改革，协同推进新型城镇化建设”重点考察调研。

6 月 2 日至 4 日　农工党十五届十四次中央常委会在江苏无锡召开。会议通过《关于“十三五”期间全党参与精准扶贫精准脱贫工作的指导意见》《关于做好 2017 年省级组织换届工作的意见》。

7 月 25 日　陈竺、刘晓峰参加中共中央召开的党外人士座谈会。

7 月 26 日　农工党中央对口云南省脱贫攻坚民主监督工作座谈会在云南昆明召开，启动脱贫攻坚民主监督工作。

8 月 16 日　陈竺、刘晓峰参加中共中央召开的党外人士座谈会。

9 月 2 日　陈竺、刘晓峰参加中共中央政治局常委、全国政协主席俞正声主持召开的调研协商座谈会。

9 月 12 日至 13 日　农工党十五届十五次中央常委会在湖南长沙召开。会议研究部署换届和脱贫攻坚民主监督工作。

11 月 28 日　农工党十五届十六次中央常委会在北京召开。会议通过《第十六次全国代表大会代表名额分配及产生办法》等。

11 月 29 日至 12 月 1 日　农工党十五届五次中央全会在北京召开。会议通过《关于认真学习贯彻中共十八届六中全会精神的决议》《关于召开第十六次全国代表大会的决议》等，补选曲凤宏为中央副主席。

12 月 6 日　刘晓峰参加中共中央召开的党外人士座谈会。

12 月 16 日　农工党中央与中共河南省委、河南省政府签署《战略合作框架协议》。

2017 年

1 月 18 日　农工党“同心全科医生特岗人才计划”座谈会在广西百色召开。

1 月 19 日　陈竺、刘晓峰参加国务院召开的党外人士座谈会。

3 月 10 日　农工党十五届十七次中央常委会在北京召开。

3 月 17 日　陈竺、刘晓峰参加中共中央统战部召开的党外人士座谈会。

3 月 27 日　中共中央政治局常委、全国政协主席俞正声主持召开脱贫攻坚民主监督工作座谈会，陈竺出席并发言。

3 月 27 日至 28 日　农工党全国党务工作会议在北京召开。

4 月 14 日至 19 日　陈竺率调研组在甘肃、云南开展“推进‘健康丝绸之路’建设”重点考察调研。

6 月 1 日　陈竺、刘晓峰参加中共中央政治局常委、全国政协主席俞正声主持召开的调研协商座谈会。

6 月 25 日至 26 日　农工党十五届十八次中央常委会在北京召开。会议通过《关于做好 2017 年中央换届工作的意见（草案）》，研究第十六届中央委员会委员名额分配原则、方案和提名工作要求。

7 月 8 日　农工党中央对口云南省脱贫攻坚民主监督工作座谈会在云南昆明召开，陈竺出席并讲话。

7 月 21 日　刘晓峰参加中共中央召开的党外人士座谈会。

8 月 30 日　陈竺、刘晓峰参加中共中央召开的党外人士座谈会。

10 月 29 日至 30 日　农工党十五届十九次中央常委（扩大）会议在北京召开。会议通过《关于认真学习宣传贯彻中共十九大精神的决议》。

11 月 14 日　中共中央书记处书记、中央统战部部长尤权走访农工党中央机关。

11 月 26 日　农工党十五届二十次中央常委会在北京召开。

农工党十五届六次中央全会在北京召开。

农工党开展坚持和发展中国特色社会主义学习实践活动总结表彰大会在北京召开。

11 月 27 日至 12 月 1 日　农工党第十六次全国代表大会在北京召开。会议通过第十五届中央委员会的工作报告和党章修正案，选举产生第十六届中央委员会。

12 月 1 日　农工党十六届一次中央全会在北京召开。会议选举陈竺为中央主席，何维、姚建年、杨震、朱静芝、蔡威、龚建明、曲凤宏、王路、焦红、于文明为中央副主席；通过龚建明为中央监督委员会主任，曲凤宏为中央监督委员会副主任。同日，十六届一次中央主席会议决定何维为中央常务副主席。

12 月 1 日　十六届中央监督委员会第一次全体会议在北京召开。

12 月 6 日、15 日　陈竺、何维参加中共中央召开的党外人士座谈会。

2018 年

1 月 11 日至 13 日　何维率调研组在上海开展“健全药品供应保障制度”调研。

1 月 24 日　何维参加国务院召开的党外人士座谈会。

2 月 28 日　陈竺、刘晓峰、何维参加中共中央召开的党外人士民主协商会。

3 月 12 日　农工党十六届二次中央常委会在北京召开。会议通过《关于认真学习贯彻十三届全国人大一次会议和全国政协十三届一次会议精神的通知》《中央专门工作委员会工作规则》《第十六届中央专门工作委员会机构设置方案和主任人选建议名单》。

3 月 21 日　陈竺、何维在中共中央统战部参加党外人士座谈会。

3 月 23 日　中共中央政治局常委、全国政协主席汪洋代表十九届中共中央走访农工党中央，并同中央领导班子成员座谈。中共中央书记处书记、中央统战部部长尤权参加。

3 月 27 日至 28 日　农工党全国党务工作会议在北京召开。

3 月 30 日，各民主党派中央脱贫攻坚民主监督工作座谈会在北京召开，中共中央政治局常委、全国政协主席汪洋出席会议并讲话，陈竺出席并发言。

3 月　在十三届全国人大一次会议上，陈竺当选为全国人大常委会副委员长；在全国政协十三届一次会议上，何维当选为全国政协副主席。

3 月　农工党中央向全国政协十三届一次会议提交《关于打赢精准健康脱贫攻坚战的提案》。

4 月 2 日至 3 日　农工党第十六届中央专门工作委员会成立大会在北京召开。

4 月 28 日　农工党中央纪念中共中央发布“五一口号”70 周年座谈会暨理论学习中心组学习（扩大）会议召开。

5 月 10 日至 17 日　陈竺、何维率调研组在四川、云南开展“深入开展精准健康脱贫　助力实施乡村振兴战略”重点考察调研。

7 月 3 日至 5 日　农工党十六届三次中央常委会在内蒙古呼和浩特召开。会议通过《关于在全党深入开展“不忘合作初心，继续携手前进”主题教育活动的决定》等。

7 月 17 日　陈竺、何维参加中共中央召开的党外人士座谈会。

7 月 19 日　陈竺在贵州毕节参加统一战线参与毕节试验区建设座谈会。

7 月 22 日　陈竺率调研组在江西开展“癌症综合防治”调研。

7 月 23 日　陈竺、何维参加中共中央政治局常委、全国政协主席汪洋主持召开的调研协商座谈会。

9 月 27 日　农工党“不忘合作初心，继续携手前进”主题教育活动暨脱贫攻坚民主监督工作会议在广西南宁召开。

11 月 12 日至 13 日　何维率调研组在海南开展“发挥中医药特色优势助力海南卫生健康事业发展”调研。

12 月 1 日　农工党十六届四次中央常委会在北京召开。会议通过

《中央常务委员会委员联系基层工作制度（试行）》《关于党费收缴、使用和管理的规定》。

12 月 2 日至 4 日　农工党十六届二次中央全会在北京召开。会议期间召开农工党中央 2018 年脱贫攻坚表彰大会，表彰 2018 年定点扶贫大方县和对口云南省脱贫攻坚民主监督先进集体和先进个人。

12 月 3 日　中央主席办公会成员民主生活会在北京召开。

12 月 11 日　陈竺、何维参加中共中央召开的党外人士座谈会。

2019 年

1 月 7 日至 9 日　陈竺率调研组在海南开展“海南自贸区（港）健康产业高质量发展”调研。

1 月 7 日至 10 日　农工党组织建设、党内监督专题研讨会在广东深圳召开。

1 月 9 日　农工党中央与海南省政府签署《合作框架协议》。

1 月 17 日　陈竺参加国务院召开的党外人士座谈会。

3 月 10 日　农工党十六届六次中央常委会在北京召开。会议通过《关于认真学习贯彻十三届全国人大二次会议和全国政协十三届二次会议精神的通知》。

3 月 18 日至 22 日　何维率调研组赴安徽、浙江开展组织工作调研。

3 月 19 日至 21 日　陈竺在贵州省大方县调研定点扶贫工作。

3 月 27 日至 28 日　农工党全国党务工作会议在北京召开。

4 月 1 日　各民主党派中央脱贫攻坚民主监督工作座谈会在北京召开，中共中央政治局常委、全国政协主席汪洋出席会议并讲话，陈竺出席并发言。

4 月 8 日至 9 日　陈竺、何维率调研组在上海开展“优化营商环境，推动健康产业高质量发展”重点调研。

4 月 24 日　陈竺在中共中央统战部参加召开党外人士座谈会。

5 月 23 日　农工党高端人才组团支持海南自贸区（港）建设行动启

动暨签约仪式在海南省海口市举行。

5月31日至6月1日　何维率调研组在山东开展“国家碧海保护行动计划”调研。

7月3日至6日　农工党机关建设工作研讨会在四川成都举办。

7月8日　陈竺、何维参加中共中央政治局常委、全国政协主席汪洋主持召开的调研协商座谈会。

7月10日至12日　农工党十六届七次中央常委会在广西南宁召开。会议通过贯彻落实中共中央关于加强中国特色社会主义参政党建设相关文件的工作方案。

7月29日　陈竺、何维参加中共中央召开的党外人士座谈会。

8月26日至9月1日　陈竺、何维率调研组在云南开展脱贫攻坚民主监督专题调研，并参加对口云南省脱贫攻坚民主监督座谈会。

9月25日　陈竺、何维参加中共中央召开的党外人士座谈会。

11月13日至14日　陈竺率调研组在河北承德调研中医药传承创新发展、癌症防治、远程医疗服务等工作。

11月25日　农工党十六届八次中央常委会在北京召开。会议通过《中央常务委员会工作规则（试行)》《中央主席会议工作规则（试行)》《宣传工作条例（试行)》《参加政党协商工作条例（试行)》《参政议政工作条例（试行)》《社会服务工作条例（试行)》《党史工作条例（试行)》《党内规章制定条例（试行)》。

11月26日至28日　农工党十六届三次中央全会在北京召开。会议通过《全国代表大会工作规则（试行)》《中央委员会工作规则（试行)》《中央委员会委员履职工作规则（试行)》。

11月26日　农工党中央领导班子首次召开民主生活会。

12月4日　何维参加中共中央召开的党外人士座谈会。

2020年

1月5日　陈竺、何维赴国家卫生健康委员会了解武汉不明原因肺炎相关情况。

1月6日至8日　陈竺率调研组在云南开展脱贫攻坚民主监督专题调研，并参加对口云南省脱贫攻坚民主监督工作座谈会。

1月9日　陈竺赴湖北武汉开展不明原因肺炎防治调研。

1月18日　农工党“不忘合作初心，继续携手前进”主题教育活动总结大会在北京召开。

2月17日，农工党中央召开新冠肺炎疫情防控工作专题视频会议，何维主持会议，陈竺出席会议并讲话，总结前一阶段农工党参与疫情防控的工作情况，对下一步全党参与疫情防控工作进行动员部署。

2月18日，各民主党派中央脱贫攻坚民主监督工作座谈会在北京召开，中共中央政治局常委、全国政协主席汪洋出席会议并讲话，陈竺出席并发言。

4月28日　农工党中央召开庆祝中国农工民主党成立90周年党史、理论研究视频会。

5月8日　陈竺、何维参加中共中央召开的党外人士座谈会。

5月9日　农工党十六届九次中央常委会在北京召开。

5月11日　陈竺、何维参加国务院召开的党外人士座谈会。

6月4日至5日　农工党全国党务工作会议在北京召开。

6月5日至9日，何维率调研组在云南开展脱贫攻坚民主监督专题调研，并参加对口云南省脱贫攻坚民主监督工作座谈会。

6月10日　农工党定点帮扶大方县工作座谈会在贵州省大方县召开，何维出席并讲话。

7月8日　农工党十六届十次中央常委会在北京召开。会议围绕“继承优良传统，建设新时代中国特色社会主义参政党”主题进行战略研讨。

7月28日　陈竺、何维参加中共中央召开的党外人士座谈会。

8月9日　农工党成立90周年纪念大会在中央机关召开。

8月19日　陈竺、何维率调研组在北京开展“改革完善重大疫情防控救治体系，全面提高公共卫生服务能力”重点考察调研。

8月25日　陈竺、何维参加中共中央召开的党外人士座谈会。

8月31日至9月2日　陈竺率调研组在吉林开展“改革完善重大疫情防控救治体系　全面提高公共卫生服务能力”重点考察调研。

9月10日　陈竺在中共中央统战部参加中国特色社会主义参政党建设研讨会。

10月20日至21日　农工党全国社会服务工作研讨会在四川省乐山市召开。

10月19日至24日　农工党2020年全国宣传干部培训在上海举行。

11月23日　农工党十六届一一次中央常委会在北京召开。会议通过《基层组织工作条例》《党内监督条例》等。

11月24日至25日　农工党十六届四次中央全会在北京召开。会议通过《关于认真学习贯彻中共十九届五中全会精神的决议》等。

12月28日　农工党中央抗击新冠肺炎疫情表彰大会在北京召开。

后　记

中共十八大以来，以习近平同志为核心的中共中央高度重视历史学习、历史研究工作，习近平总书记多次指出，历史是最好的教科书。2021年2月，习近平总书记在中共党史学习教育动员大会发表重要讲话，深刻阐述开展中共党史学习教育的重大意义，系统回答了为什么学、学什么、如何学等重要问题，对中共党史学习教育进行全面动员部署，为开展好中共党史学习教育指明了方向，提供了根本遵循。农工党十六大以来，农工党中央领导班子认真学习贯彻习近平总书记系列重要论述精神，在加强中共党史学习教育的同时，重视农工党自身党史工作，推动完善农工党党史教育基地建设管理机制。

2020年是农工党成立90周年。为总结回顾90年发展历史、传承弘扬优良传统，农工党中央将编纂党史书籍列为纪念农工党成立90周年活动的重要内容。农工党中央成立农工党90年史书编委会，陈竺主席任主任，何维常务副主席任常务副主任，专职副主席杨震、龚建明、曲凤宏任副主任，中央机关各部门负责同志为成员。在何维常务副主席直接领导下，农工党中央研究室于2018年年初启动、2019年年底完成了农工党90年史料素材的收集整理工作，并于2019年9月成立编写组，由郭洪泉任组长，王善学任副组长，王夫玉、樊振、张意愿、邓拥军、贺凯、曹振华为成员。

农工党90年发展历经中国革命、建设、改革各个历史时期，能否以唯物史观客观、科学、准确地编纂好农工党党史，对编写组来说是一个较大考验。在农工党中央有力领导下，在农工党中央各部门和广大农工党党务工作者大力支持下，编写组于2020年4月形成《中国农工民主党90年》初稿。陈竺主席审阅初稿并提出重要指导意见和具体修改意见，明确编纂原则遵循；何维常务副主席指导确定编写工作的政治要求与总体思路，审定全书篇章框架与重点内容；专职副主席杨震、龚建明、曲凤宏审阅初稿并提出多项建设性修改意见。2020 年 7 月，编写组将书稿提交参加农工党十六届十次中央常委会的中央常委征求意见，同时送农工党中央机关各部门、各省级组织征求意见，得到各方积极的意见反馈与热情的帮助指导。

在编委会指导下，承担本书编写任务的编写组成员，主要是农工党中央研究室的同志以及地方党史工作骨干。中央研究室党史处将此项工作作为每年的重点工作持续推进，王善学同志作了大量组织协调工作。此外，农工党中央机关各部门负责人与有关同志参与了中国特色社会主义新时代农工党党史相关章节的资料汇编、文稿校核等工作。本书各章的主要编写人员为：第一章，王善学、王夫玉、张意愿、樊振；第二、三章，郭洪泉、樊振、贺凯；第四、五、六章，张意愿、贺凯、郭洪泉；第七章，曹振华、王善学、张意愿、贺凯以及农工党中央办公厅李想、毛长松，组织部邓蓉玲、谭利华、徐战英，宣传部杨晓波、李秀英、丁灿辉，社会服务部耿丽丽、刘雪君、刘茜茹，参政议政部王素芳、卢婧、熊凤，研究室胡勇、邓拥军、李响、任晗、刘芳瑜等同志。郭洪泉对书稿进行统稿，何维常务副主席审改书稿，最后报陈竺主席审定书稿。

2020 年 8 月，《中国农工民主党 90 年》作为“中国参政党丛书”之一，正式定书名为《中国农工民主党史》。这是农工党历史上的首部通史。作为农工党党史研究的集体成果，本书凝聚着农工党中央领导、中央机关各部门、各省级组织和广大党史工作者共同的心血和付出。

本书在编写和出版过程中，得到中共中央统战部的悉心指导，得到农工党各省级组织、党史教育基地、党史工作者和热心党员的大力支持，得到华文出版社的热情帮助。在此，谨向上述单位和个人表示衷心感谢！

我们深知，由于编者水平有限、经验不足，书中存在不妥之处在所难免，恳请广大读者朋友批评指正。

本书编写组

2021 年 10 月 15 日